# PRATIQUE DE L'ITALIEN DE A À Z



GEORGES ULYSSE

Professeur à l'université de Provence

HATIER

# PRÉFACE

■ Comme l'indique son titre, **L'italien de A à Z** se propose, avec ses **300 rubriques** et ses **350 exercices,** d'aider les utilisateurs – étudiants de l'enseignement secondaire et supérieur, vaste public d'adultes ayant de plus en plus besoin de connaître la langue de nos voisins – **à comprendre, à lire, à traduire, à parler, à écrire un italien courant, contemporain, pratique.**

■ **L'accent a été mis sur les éléments essentiels** qui caractérisent l'italien par rapport au français et sur ce qui, pour diverses raisons, risque d'entraîner de la part de francophones des erreurs plus ou moins graves.

■ **L'italien de A à Z n'est pas une grammaire systématique : on y recense ce qui,** en grammaire, **est le plus fréquemment employé.** On n'y trouve pas tout ce qui est réuni dans une grammaire, mais, à l'inverse, on fait porter l'attention sur des **éléments linguistiques** très utiles, **plus lexicaux que grammaticaux.** Dans la même optique, les explications sont réduites au strict nécessaire : ce qui compte, c'est l'**exemple** qui **illustre le phénomène,** et c'est la comparaison avec le **schéma français** plus ou moins éloigné de celui qui caractérise l'italien. Ce qui rapproche les deux langues invite à s'exprimer sans crainte excessive, les différences signalées incitent à être attentif pour éviter confusions, approximations ou barbarismes. Certaines rubriques proposent la description exhaustive d'un phénomène linguistique, d'autres en offrent une ou des versions éclatées en fonction des difficultés ou de la fréquence des erreurs que l'expérience permet de répertorier. Cette variété **favorise la mémorisation** de ce qu'il faut assimiler et retenir.

■ **L'italien de A à Z** n'est pas non plus un dictionnaire ni même un répertoire du vocabulaire de base ou un guide de conversation, mais on y a regroupé dans des rubriques qu'un bandeau de couleur distingue des autres, ou dans **Pour aller plus loin,** des phrases, des expressions, des mots qu'on est amené à employer spontanément dans certaines **situations de la vie courante.** Ces rubriques ont un **rôle fonctionnel :** comment **compter, communiquer** (correspondre, téléphoner), aborder les notions d'**obligation,** de **propriété,** parler de la **famille,** des **voyages,** de certaines **réalités italiennes,** disposer du bagage nécessaire pour **appeler, interroger, expliquer, décrire,** etc.
L'utilisateur est invité à observer les ressemblances et les différences qui existent entre l'italien et le français : exemples et exercices fournissent un **vocabulaire fondamental, utile, sélectionné en fonction des besoins.** La couleur attire l'attention sur cette partie de l'ouvrage.

■ Les **exemples** très nombreux, variés, ont été choisis en prévision des **besoins,** en tenant compte de la **fréquence d'emploi** de formes et de structures essentielles. Ils favorisent l'**usage naturel, spontané, correct, de l'italien de nos jours,** celui de la **communication** sous toutes ses formes : conversation privée, échanges sociaux, langage des mass-media – télévision, radio, presse, publicité... –, du cinéma, etc.

■ Quand il est utilisé comme le suggère **le Mode d'emploi, l'italien de A à Z** favorise l'acquisition d'une compétence linguistique indispensable si l'on veut avoir une connaissance pratique de l'italien utile.

---

 ISBN 2-218-02510-8

# MODE D'EMPLOI

## Connaître : Pratique de l'italien de A à Z

■ Avant toute chose il convient de se familiariser avec cet **instrument de travail** qui comprend **quatre parties** :

- **300 rubriques classées par ordre alphabétique de A à Z** (p. 5-340);
- **350 exercices, tous corrigés** (corrections, pp. 352-371);
- **une annexe** présentant les **conjugaisons régulières et irrégulières,** (pp. 341-351);
- **un index** très développé qui complète le classement alphabétique et facilite la recherche des informations (pp. 372-384).

■ **Les rubriques** signalées par un bandeau de couleur présentent des éléments **fonctionnels** appartenant pour la plupart au domaine lexical et particulièrement utiles dans **la pratique** usuelle de l'italien.

- Le signe ▽ attire l'attention sur des points qui, pour des raisons variées, entraînent de fréquentes erreurs.
- **Pour aller plus loin** présente des phrases, des expressions, des particularités plus ou moins idiomatiques qu'on rencontre souvent dans la conversation.

## Utiliser : Pratique de l'italien de A à Z

**1 Consultation :**

Se reporter aux rubriques classées par ordre alphabétique en tenant compte des renvois aux rubriques numérotées dans lesquelles on trouve un complément d'information ou d'autres exemples. Dans de nombreux cas, causes d'erreurs fréquentes, on n'a pas hésité à reprendre plusieurs fois la **présentation** sous une forme plus ou moins différente, **synthétique** ou **fragmentée,** cette répétition et cette variété ayant pour but d'aider la mémoire à enregistrer ce qui tend à lui échapper.

On a insisté particulièrement sur les éléments pratiques :

| LIRE |
|---|
| prononciation, 222, 96, 127, 226, 248, 251, 280, 283, 297. |
| COMPRENDRE |
| abréviations, 4, sigles, 257, – faux amis, 18, – anglicismes, 21, gallicismes, 116, – la césure, 51, présentation des annonces, 1. |
| S'EXPRIMER |
| appels, cris, exclamations, interjections, 24, 35, 47, 103, 138, injures, jurons, 135. |

| COMMUNIQUER |
|---|
| correspondre, 62, téléphoner, 271, tutoyer, 282, emploi de la forme de politesse, 149, titres, 274, la famille, 107, 192, les fêtes, 172 – l'obligation, 184, 106. |
| **DÉCRIRE ET SITUER DANS LE TEMPS ET L'ESPACE** |
| décrire, 154, couleurs, 63, comparer, 56,<br>compter, 57, mesurer, peser, 166, 230, payer, 198,<br>l'heure, 125, la date, 68, 256, le temps qui passe, 275, l'âge, 11,<br>le temps qu'il fait, 272, 275,<br>voyager, villes, régions, 289, 292. |

**2 Pour l'apprentissage de l'italien ou l'amélioration des connaissances déjà acquises, on peut :**

- étudier systématiquement l'ouvrage de A à Z **en faisant tous les exercices;**
- partir des **exercices** pour s'assurer qu'on possède les connaissances permettant de les réussir sans faute : après avoir fait l'exercice et vérifié son exactitude à l'aide du corrigé, on relit la rubrique;
- donner, de temps en temps, la préférence aux **pages signalées par un bandeau de couleur** : ces rubriques ont un tour moins grammatical que d'autres;
- si on a déjà un bon niveau en italien, chercher les passages portant un ▽ : il s'agit d'éléments particuliers à l'italien et qu'il faut bien assimiler;
- très utile lorsqu'on possède de fort bonnes connaissances : partir de **l'index.** On doit être capable de deviner ce qu'on trouve dans la rubrique signalée, puis on vérifie dans le texte.

N.B. Quel que soit le niveau des connaissances, il est primordial de **donner la préférence :**

- **aux exemples** nombreux, variés, directement **utilisables sur le plan pratique :** les lire, les relire, les réutiliser, les traduire en partant de l'italien puis de français;
- **aux exercices** qu'on fera en partant du sujet mais aussi dans le sens inverse : on part du corrigé pour retrouver le texte de départ.

# I AAAAAAAAAAAAAA Attenzione

**1** **En Italie, les petites annonces** ***(avvisi*** **ou** ***annunci economici)*** **sont classées par ordre alphabétique :**

Pour attirer l'attention, il est recommandé de commencer par un A :

- le A est en tête du premier mot :
  — *Affittasi appartamento ammobiliato* = appartement meublé à louer
  *affittasi* = *si affitta.*
  Au pluriel on rencontre : *affittasi* et *affittansi appartamenti...*
- ou il est ajouté en début de ligne :
  — *A vendesi appartamento ammobiliato.*

**2** **Pour conserver la première place, certains annonceurs n'hésitent pas à commencer par plusieurs A :**

— *AAAAAAAAA Dieci milioni urgonmi.*
J'ai absolument besoin de 10 millions.
(AAAAAAAA n'est pas le cri d'angoisse d'un malheureux aux abois...)

Selon les journaux on emploie A ou des signes typographiques divers : ***, + + +, –, ...

**52 — Varie**

A.A.A.A.A. GIOIELLERIA compra vende oro argenteria monete gioielli massimi prezzi. C.so Peschiera 161, tel. 000.000.
A.A.A.A. COMPRIAMO argenteria oreficeria gioielleria vecchia antica valutando massimo. Tel. 000.0000 via Mazzini 27.
A. REALIZZERETE di più su oro monete preziosi argento numismatica, francobolli ecc. Tel 0000.000. Via Rismondo 47.

**19 — Vendita alloggi**

A.A. IMPRESA vende alloggi signorili due camere cucina salone ingresso doppi servizi e box zona c.so Lombardia stessa casa. Tel. 000 000.0000 ore 19-20.
ALLA SIS 519.977 - 532.080 nuovi alloggi consegna settembre 91 signorile residenza 2/3 camere tinello cucina. Inizio Settimo Torinese zona residenziale via Regio Parco - Visite in loco anche festivi. Permute-mutuo.

**1** Classer les annonces suivantes comme l'aurait fait un journal italien : 1. Comprasi appartamento centralissimo... 2. Compransi macchine usate (d'occasion). 3. Vendesi pelliccia (fourrure) misura 46... 4. Vendonsi macchine da scrivere... 5. Noleggiansi (louer) biciclette...

**2** Traduire les annonces suivantes (*la Stampa,* 6 avril 1991) :

**VENTICINQUENNE** diplomata esperienza quinquennale impiegata amministrativa e lavorì ufficio cerca lavoro in Chivasso, Torino e cintura. Telefonare ore pasti al 000.000.0000.
**24ENNE** corrispondente in lingue estere inglese francese esperienza triennale import export stenodattiligrafia e video scrittura cerca impiego passaggio diretto. Tel. 000.0000 ore serali.
**24ENNE** diplomata cerca lavoro come segretaria presso seria ditta o studio medico. Tel. ore pasti 000.000.
**24ENNE** ragioniera esperienza pluriennale gestione ordini, fatturazione, magazzino su sistema IBM 36 valuta offerte di lavoro. Possibile passaggio diretto. Tel. 000.0000 ore pasti.
**26ENNE** ex disegnatore responsabile di produzione, con esperienza di controllo qualità offresi. Tel. 000.000 ore pasti.
**28ENNE** impiegata pratica lavori ufficio e computer offresi, disponibile subito. Tel. 000.000.

## 2 -a (mots se terminant par -)

**1 En italien, les mots se terminant par *-a* au singulier sont généralement :**

**a** Des mots féminins :

— *la ragazza italiana*
— *la turista tedesca* (allemande)
— *la signora bionda*
— *la collega belga*

- Au pluriel le **-a** devient **-e** :
  — *le ragazze italiane, le turiste tedesche, le colleghe belghe*

**b** Certains mots se terminant par **-a** sont masculins :

— *il turista vietnamita* (vietnamien)
— *il pianista polacco* (polonais)
— *il programma socialista*
— *il collega belga*

- Au pluriel le **-a** devient **-i** :
  — *i turisti vietnamiti*
  — *i pianisti polacchi*
  — *i programmi socialisti*
  — *i colleghi belgi*

**2 Au pluriel, les mots se terminant par *-a* sont :**

**a** Invariables :

— *cinema, boa, gorilla, boia* (bourreau/x), *paria, sosia, vaglia* (mandat/s)

**b** Féminins pluriels et proviennent d'un masculin singulier en **-o** (214) :

— *le paia, le centinaia, le migliaia*
< *il paio, il centinaio, il migliaio*
— *le dita, le risa, le lenzuola, le uova*
< *il dito, il riso, il lenzuolo, l'uovo.*

**c** Certains de ces mots féminins pluriels en **-a** sont employés à côté d'un pluriel masculin en **-i** (214) :

- avec le même sens : *vestigi, vestigia;*
- ou avec un sens différent : *i membri* (société), *le membra* (corps).

**3 Les mots se terminant par *-à* sont invariables :**

— *la città* → *le città*
— *la realtà* → *le realtà*
— *la novità* → *le novità*
— *la specialità* → *le specialità*

**1** Indiquer par F (féminin), M (masculin) ou F + M (masculin et/ou féminin) le genre des mots suivants :
1. automobilista. 2. teorema. 3. belga. 4. signora. 5. collega. 6. grida. 7. comunista. 8. fascista. 9. razzista. 10. porta. 11. giacca. 12. pianta. 13. uova. 14. braccia. 15. membra. 16. tennista. 17. dentista. 18. donna. 19. risa. 20. sistema.

# 3 A (la préposition -)

## Préposition simple

**1 Dans la plupart des cas, la préposition italienne *«a»* est l'équivalent de la préposition française «à» :**

**a** Sans article contracté :

— *Andrò **a** Parigi.* J'irai à Paris.
— *una barca **a** vela* un bateau à voile
— ***a** mezzogiorno* à midi

Devant une autre voyelle on peut trouver ***ad***:
— *Esita **ad** entrare.* Il (elle) hésite à entrer

**b** Avec l'article contracté :

— ***al** ristorante, **al** cinema, **al** tegame* (au plat), ***alla** griglia / **ai** ferri* (au gril), ***alle** spese di* (aux dépens de), ***alla** mezza* (à la demie)...

**2 Différences entre l'italien et le français :**

**a** Article contracté en italien, pas en français :

— ***alle** otto* (à huit heures), ***all'**una* (à une heure)...

**b** Article en français, pas d'article en italien :

— ***a** caso* au hasard
— ***a** mano **a** mano* au fur et à mesure
— ***a** teatro* au teatro
— ***a** scuola* à l'école
— ***a** nord* au nord
— ***a** disposizione di* à la disposition de...
— ***a** casa* à la maison

mais on dit : ***alla** scuola elementare*

**c** Préposition ***a*** en italien, pas de préposition en français :

- après un verbe de mouvement devant un autre verbe :
  — *Vado, corro, scendo... **a** vedere*
  Je vais, je cours, je descends... voir;
- pour décrire une attitude :
  — ***a** testa alta* la tête haute
  — ***a** occhi aperti* les yeux ouverts
  — ***a** bocca aperta* bouche bée

**d** Préposition ***a*** en italien, autre préposition en français :

- **avec :**
  — ***a** stento / **a** mala pena* (avec peine);
- **contre :**
  — *la lotta **alla** mafia, **al** terrorismo, **alla** droga, l'attacco **alla** banca, ribellarsi **a*** (se rebeller contre)...
- **de :**
  — ***ai** giorni nostri* de nos jours
  — *ispirarsi **a*** s'inspirer de
  — *fare meglio **a*** faire mieux de
  — *affrettarsi **a*** se hâter de
  — *avvicinarsi **a*** s'approcher de
  — *essere costretto / obbligato **a*** être obligé de

- **en :**
— *a colori, **a** parole, **a** favore di, atteggiarsi **a** padrone* (se comporter en patron, jouer les patrons), ***a** forma di* (en forme de), ***a** pera, **a** mela* (en forme de poire, de pomme)...
- **par :**
— ***a** due **a** due* deux par deux — ***a** centinaia, **a** migliaia* par centaines, par milliers — ***a** memoria / **a** mente* par cœur
- **pour :**
— *prendere uno **a** modello*
prendre quelqu'un pour modèle;

**e** Préposition **«à»** en français, autre préposition en italien :

- ***di* :**
— ***Di** chi è? È **di** mia moglie.*
A qui est-ce? C'est à ma femme.
- ***in* :**
— ***in** campagna* à la campagne — ***in** montagna* à la montagne — ***in** ufficio* au bureau
— ***in** segreteria* au secrétariat — ***in** orario* à l'heure — ***in** primavera* au printemps...

### POUR ALLER PLUS LOIN

- *insieme / assieme **a*** (ou : ***con***) :
— *È intervenuto insieme **ai** sindacalisti.*
Il est intervenu avec les syndicalistes.
- *andare **a** passeggio :* aller se promener / en promenade.
- *fare in tempo **a***
— *(Non) ha fatto in tempo a salire.*
Il a (n'a pas) eu le temps de monter.
- *neanche **a** farlo apposta :* même si on avait voulu le faire exprès.

## Prépositions italiennes composées avec *«a»*

**a** Préposition ***a*** en italien, préposition **«à»** en français :

— *fino **a*** jusqu'à — *rispetto **a** / riguardo **a*** par rapport à — *in faccia **a** / di fronte **a** / dirimpetto **a*** : face à...

**b** Préposition ***a*** en italien, pas de préposition en français :

— *davanti **a**,* devant
— *addosso **a**,* sur
— *Hanno trovato una pistola addosso **alla** vittima.*
On a trouvé un pistolet sur la victime.

**c** Préposition ***a*** en italien, préposition **«de»** en français :

— *vicino / accanto **a*** près de — *intorno **a*** autour de — *in mezzo **a*** au milieu de

| | | |
|---|---|---|
| — *in seno a* | — *incontro* ***a*** | — *in fondo* ***a*** |
| au sein de | au-devant de | au fond de |
| — *in capo* ***a*** | — *in cima* ***a*** | — *in riva* ***a*** |
| à la tête de, au bout de | au sommet de | au bord de |

**1** Traduire :
1. A qui est ce stylo (questa penna) ? Il est à Jean (Giovanni). 2. Tu viens avec moi au théâtre ? Non, je vais au cinéma. 3. Rome est au nord de Naples (Napoli). 4. J'ai rendez-vous (un appuntamento) à 10 heures. 5. Je reviendrai à midi. 6. On se voit au restaurant (in trattoria) à une heure. 7. Je passe mes vacances (trascorrere le vacanze) à la montagne. 8. Il s'empresse de payer pour ne pas avoir d'ennuis (guai). 9. Ils auraient mieux fait de se taire (tacere). 10. Ça coûte (costa) cent francs (franchi) par jour.

**2** Traduire :
1. Viens me voir ce soir (stasera). 2. Je cours le lui dire. 3. Il est resté bouche bée. 4. Le téléphone (telefono) est près de la fenêtre (finestra), devant le téléviseur (televisore). 5. Je suis obligé de le dire. 6. Nous sommes obligés de partir. 7. Ils se sont connus au bureau. 8. Ce train n'arrive jamais à l'heure. 9. Le metteur en scène (regista) s'est inspiré d'un roman. 10. Il est intervenu en faveur de ses amis.

## 4 Abréviations

Voici quelques abréviations italiennes courantes. Pour les sigles (257). Dans de nombreux cas, les abréviations italiennes sont les mêmes qu'en français.
Complétez ces listes au fur et à mesure que vous rencontrerez des abréviations au cours de vos lectures (journaux, publicité, etc.).
En principe, au pluriel, on redouble la consonne : *ff = fogli, pp = pagine, nn = numeri.*

**A**

*a.c.* *anno corrente*
*a.C.* *avanti Cristo*
*accl.* *accluso* (joint, cf. *all.*)
*all.* *allegato* (joint, ci-joint)
*a. m.* et *ant.* *antimeridiano*
*avv.* *avvocato (274* et *avverbio)*

**B**

*B.I.* *Banca d'Italia*
*B.U.* *Bollettino Ufficiale*

**C**

*c.* *conto*
*ca* *circa*
*cap.* *capitolo, capitano*
*C.A.P.* *Codice di avviamento postale* (code postal)
*c.c.* *conto corrente*
*c.d.d.* *come dovevasi dimostrare* (CQFD)
*cent.* *centesimo, centigrado centimetro*

*C.ia* *compagnia*
*cm.* *centimetro*
*c.m.* *corrente mese*
*c/o* *presso*
*cod.* *codice*
*C.P.* *Casella postale* (boîte postale) ou *Codice penale*
*c.s.* *come sopra* (comme ci-dessus)
*C.so* *corso*
*c.to* *conto*

**D**

*d.C.* *dopo Cristo*
*d.c.* *da capo*
*dir.* *direttore*
*dol.* *dollaro*
*dott.* *dottore* *
*dott.essa, dottoressa*

**E**

*ecc.* etc.
*Ecc.* *Eccellenza*
*Egr.* *sig (egregio)*
*Em.* *Eminenza*
*es.* *esempio (p. es.)*
*E.P.T.* *Ente provinciale per il Turismo* (Office du tourisme)

**F**

*f.* *foglio*
*feb.* *febbraio*
*fem.* *femminile*
*fasc.* *fascicolo*
*fatt.* *fattura*
*ferr.* *ferrovia*
*F.lli* *fratelli*
*F.P.* *fermo posta* (poste restante)
*Fr.* *franco*
*f.to* *firmato* (signé)

**G**

*G.C.* *Gesù Cristo*
*gen.* *generale*
*gr.* *grammo*
*G.7.* *Gruppo dei sette (paesi più industrializzati del mondo)*

**H**

*H* *ora*
*ha* *ettaro*
*hg* *ettogrammo*
*hm* *ettometro*

**I**

*ibid* *ibidem*
*imp. imper.* *imperativo*
*imperf. impf.* *imperfetto*
*indic.* *indicativo*
*inf.* *infinito*
*ing. ingegnere (274)*
*intrans.* *intransitivo*

**K**

*kg* *chilogrammo*
*km* *chilometro*
*km/h* *chilometro ora*
*kmq chilometro quadrato*
*kW* *chilowatt*
*kWh* *chilowattora*

**L**

*l.* *linea* ou *litro*
*l.c.* *luogo citato*
*lett.* *lettera, letteratura*
*l.it* *lira italiana*
*l.st* *lira sterlina*
*lug.* *luglio*

**M**

*M* *a morte!*
*m.* *metro* ou *maschile,* ou *mio,* ou *morto,* ou *mese*
*M.* *Monte* ou *Maestà*
*M.E.* *Medio Evo*
*min.* *minuto* ou *minimo*
*mitt.* *mittente* (expéditeur)
*mons.* *monsignore*
*ms.* *manoscritto*

**N**

*n.* *numero* ou *nato*
*naz.* *nazionale*
*N.B.* *Nota bene*

* ***Dottore*** *:* le mot désigne un médecin ou tout autre personne ayant fait des études (même non médicales) du niveau de la licence (= *laurea*).

*ns* *nostro*
*N.S.* *Nostro Signore*
*N.U.* *Nettezza Urbana* (Services du Nettoiement)

**O**

*on.* *onorevole* (député)
*op. cit.* *opera citata*

**P**

*P.* *padre*
*p.* ou *pag.* *pagina*
*par.* *paragrafo*
*part.* *participio*
*p.c.c.* *per copia conforme*
*p.e.* *per esempio*
*pers.* *persona* ou *personale*
*P.I.* *Pubblica Istruzione*
*p.p.* *passato prossimo*
*p.le* *piazzale*
*P.M.* *Pubblico Ministero* et *Polizia Militare*
*p.m.* *pomeridiano*
*pref.* *prefazione* ou *prefisso*
*pres.* *presente*
*prof.* *professore*
*prof.ssa* *professoressa*
*pron.* *pronome*
*prov.* *provincia*
*P.S.* *poscritto* (post-scriptum) ou *Pubblica sicurezza* ou *pronto soccorso* (Police secours)
*P.T.* ou *PP TT* *Poste e Telegrafi*
*p.v.* *prossimo venturo*
*p.zza* *piazza*

**Q**

*q.* *quintale* ou *quadrato*
*Q.E.D.* *Quod erat demonstrandum* *come dovevasi dimostrare* (= C.Q.F.D.)

**R**

*rag.* *ragioniere (274)*
*R.I.* *Repubblica Italiana*

**S**

*S.* *Santo* ou *Sud*
*s.* *secondo* ou *secolo* ou *sostantivo*
*s.d.* *senza data*
*S.E.* *Sua Eccellenza*
*sec.* *secolo*
*seg.* *seguente*
*S. Em.* *Sua Eminenza*
*sen.* *senatore*
*sig.* *signore*
*sig.a* *signora*
*sig.na* *signorina*
*sigg.* *signori*
*s.l.m.* *sul livello del mare*
*spett.* *spettabile* (correspondance commerciale : *spettabile ditta* = Messieurs)
*S.P.M.* *Sue Proprie mani* (en mains propres)
*S.S.* *Santissimo* ou *Sua Santità*
*sup.* *superiore* ou *superlativo*

**T**

*t.* *tonnellata*
*tav.* *tavola* (planche)
*tec.* *tecnico*
*tel.* *telefono*
*trim.* *trimestre* ou *trimestrale*

**U**

*uff.* *ufficiale*
*urg.* *urgente*
*u.s.* *ultimo scorso* (mois dernier)

**V**

*v.* *vedi (vedasi)*
*v.le* *viale*
*v/* *vostro, vostra*
*V.E.* *Vostra Eccellenza*
*V.Em.* *Vostra Eminenza*
*V.F.* *vigili del fuoco* (pompiers)
*v.r.* *vedi retro* (voir au verso)
*vs.* *vostro*

**W**

*W* *Evviva!*
*W.L.* *carrozza letto*

# 5 L'adjectif qualificatif

## 1 Formation du féminin et du pluriel :

**a** Cas général : les adjectifs qualificatifs ont les mêmes terminaisons, au singulier et au pluriel, que les substantifs (183 et 211 mots se terminant par *-o*, (2) mots se terminant par *-a*, (87) mots se terminant par *-e*).

| singulier | |
|---|---|
| masculin | féminin |
| **o** *italiano* | **a** *italiana* |
| **e** *inglese* | **e** *inglese* |
| **a** *socialista* | **a** *socialista* |

| pluriel | |
|---|---|
| masculin | féminin |
| **i** *italiani* | **e** *italiane* |
| **i** *inglesi* | **i** *inglesi* |
| **i** *socialisti* | **e** *socialiste* |

**b** Cas particuliers : adjectifs se terminant par **-co, -go, -io** :

| | | | | |
|---|---|---|---|---|
| **co** | *ricco* → **ca** | *ricca* | **chi** | *ricchi* → **che** *ricche* |
| **go** | *largo* → **ga** | *larga* | **ghi** | *larghi* → **ghe** *larghe* |
| **io** | *serio* → **ia** | *seria* | **i** | *seri* → **ie** *serie* |

**Exceptions (211)**

- *amico, nemico, greco, belga* → *amici, nemici, greci, belgi*
  *amica, nemica, greca, belga* → *amiche, nemiche, greche, belghe*
- adjectifs *«sdruccioli»* : les adjectifs se terminant par **-co** font leur pluriel en **-ci** :
  *nostalgico* → *nostalgici* *periodico* → *periodici* *rustico* → *rustici*
  sauf :
  *carico, scarico, glauco, rauco* → *carichi, scarichi, glauchi, rauchi*
- les adjectifs se terminant par **-go** font leur pluriel en **-ghi** et non pas en **-gi** comme la plupart des noms (211) :
  *analogo, prodigo, sacrilego, centrifugo, idrofugo*
  → *analoghi, prodighi, sacrileghi, centrifughi, idrofughi.*

**c** Adjectifs ***bello*** (45), ***buono*** (48), ***grande*** (123), ***santo*** (249) :

## 2 Adjectifs invariables :

**a** Terminés par *-i* : *pari* (pair), *dispari* (impair)

**b** Certains adjectifs de couleur : *rosa, viola, blu* et *arancione* (orange), *granata* (grenat), ainsi que les adjectifs de couleur suivis d'un autre adjectif : *grigio cupo* (gris sombre), *giallo chiaro* (jaune clair).
On rencontre *marrone* et *marroni* (marron, inv.) (63).

**1** Mettre au féminin puis au pluriel les adjectifs suivants :
intelligente – inglese – rapido – cattivo – gentile – serio – ricco – lungo – largo – nostalgico – periodico – glauco – analogo – nemico – greco – ellenistico – medioevale – rinascimentale – contemporaneo – europeo.

**2** Traduire :
1. Ma fille porte souvent des chemisettes roses. 2. J'ai déjà plusieurs paires de souliers (scarpa) marron. 3. Les élèves de cette école ont des uniformes (uniforme, féminin) grenat. 4. Le dossier est composé de trois feuilles (foglio) orange. 5. Il est toujours très chic : il ne porte que des costumes (abito) gris foncé. 6. Sa femme au contraire met des vêtements clairs : des pantalons vert clair et des robes jaune clair. 7. Les femmes riches ne fréquentent que des hommes riches. 8. Les produits belges ou français sont aussi bons que les marchandises (la merce) allemandes ou anglaises. 9. Les lecteurs les plus sérieux lisent aussi des livres amusants (divertente).

## 6 Adjectif «verbal»

**a** Dans certains cas, l'italien distingue entre le participe passé et l'adjectif «verbal» qui indique le résultat de l'action :

— *Si **chinò** sulla rosa per vederla meglio e restò **chino** per dieci minuti.*
Il se pencha sur la rose pour mieux la voir et resta penché pendant dix minutes.

**b** Voici les adjectifs verbaux les plus employés :

*adatto* < *adattare,* adapter
*asciutto* < *asciugare,* essuyer
*avvezzo* < *avvezzare,* habituer
*carico* < *caricare,* charger
*chino* < *chinarsi,* se pencher
*colmo* < *colmare,* remplir
*desto* < *destare,* éveiller
*fermo* < *fermare,* arrêter
*gonfio* < *gonfiare,* gonfler
*guasto* < *guastare,* abîmer, casser
*logoro* < *logorare,* user
*marcio* < *marcire,* pourrir
*privo* < *privare,* priver
*salvo* < *salvare,* sauver
*sazio* < *saziare,* rassasier
*spoglio* < *spogliare,* dépouiller
*stanco* < *stancare,* fatiguer
*storpio* < *storpiare,* estropier
*sveglio* < *svegliare,* éveiller
*vuoto* < *vuotare,* vider

■ Traduire :
1. È tanto assorto (assorbire, absorber) che non ti sente. 2. La carta-suga (buvard) ha assorbito l'inchiostro (encre). 3. Quel cretino mi ha pestato (pestare, écraser) un piede. 4. Aggiungi un po' di basilico pesto. 5. Il viaggio lo ha stancato molto : è stanchissimo. 6. Non camminare a piedi scalzi (scalzare, déchausser). 7. Se continuerai così ti storpierai un membro. Cosa farai quando sarai storpio? 8. È facile fare un lesso (pot-au-feu) basta lessare (faire bouillir) la carne con verdura. 9. Non mi pari ben sveglio. A che ora ti sei destato? 10. Io sono desto dalle due.

## 7 Adresser/s'adresser (traduction de -)

**1** **«Adresser» dans le sens de «envoyer quelque chose» se dit :** ***indirizzare, mandare, inviare :***

— *Il pacco* ***è stato indirizzato (inviato, mandato)*** *al Ministero.*
Le paquet a été adressé au Ministère.
— *Mi* ***hanno mandato*** *ad un altro ufficio.*
On m'a adressé à un autre bureau.

**2** **«S'adresser à quelqu'un» se dit :** ***rivolgersi a*** **:**

— *Si* ***rivolga al*** *mio collega.*
Adressez-vous à mon collègue.
— *Non* ***gli rivolgo*** *più la parola.*
Je ne lui adresse plus la parole.

■ Traduire :
1. Cela ne me concerne pas (riguardare). Adressez-vous au guichet (sportello). 2. Adressez la réponse à l'adresse suivante. 3. Ils décidèrent de s'adresser directement au Président de la République.

## 8 L'adverbe

**1** **Les adverbes de manière sont très nombreux :**

**a** On rencontre souvent :

— *bene, male, presto, in fretta* (en hâte), *soprattutto / specie* (surtout), *piuttosto, volentieri, sul serio* (sérieusement), *forte, piano, adagio* (doucement, lentement), *veloce* (rapidement)...

**b** Les autres adverbes sont formés en ajoutant ***-mente*** à l'adjectif féminin singulier :

*lento* → *lenta* → *lentamente*
*intelligente* → *intelligente* → *intelligentemente*

**c** Il y a des exceptions :

Les adjectifs en ***-le*** et ***-re*** perdent le *-e* final devant ***-mente*** :
*docile* → *docilmente*
*regolare* → *regolarmente*

*leggero* → *legger**a*** → *leggermente*
*violento* → *violent**a*** → *violentemente*

on dit : *di rado* et *raramente, di recente* et *recentemente*
*altrimenti* (autrement), *parimenti* (pareillement, de même)

2 **Adverbes d'attitude :**

*bocconi* (couché sur le ventre), *supino* (couché sur le dos), *carponi* (à quatre pattes), *coccoloni* (à croupetons), *ginocchioni* (à genoux), *penzoloni* (pendant, ballant) (126).

**Adverbes de lieu (154), adverbes de temps (273), adverbes de quantité (230).**

**1** Traduire les adjectifs suivants et former l'adverbe de manière correspondant :
cattivo – gentile – rapido – leggero – vivace – lento – rumoroso – silenzioso – corretto – scorretto – astuto – pigro (paresseux) – febbrile – largo – lungo – rigoroso – esatto – particolare – generale – cortese – scortese – garbato (poli) – sgarbato (mal élevé) – irregolare – violento – benevolo – delicato – delizioso – caldo – freddo – attivo – sincero – ipocrita – stupido – intelligente.

**2** Traduire :
1. Ils viennent rarement. 2. Il a heurté (urtare) violemment la porte. 3. Je te suivrai volontiers. 4. Tu parles sérieusement? 5. Il parle trop fort. 6. Marche lentement tu marcheras plus longtemps. 7. J'ai répondu autrement. 8. Il est resté les bras ballants. 9. Il était à genoux. 10. Le bébé (bimbo) est couché sur le dos, mets-le sur le ventre.

## 9 Affaire (traduction de -)

Il n'est pas rare que les Français veuillent traduire le mot **affaire** qui, selon les cas, se dit :

1 ***Affare*** **(masculin) :**

— *un buon affare*
une bonne affaire
— *l'affare* (ou «affaire») *Dreyfus*
l'affaire Dreyfus
— *un uomo d'affari*
un homme d'affaires
— *il giro d'affari* ou *il fatturato*
le chiffre d'affaires
— *Non è affare suo.*
Ce n'est pas son affaire.
— *Non immischiarti negli affari (nei fatti) altrui.*
Ne te mêle pas des affaires d'autrui.

2 ***La roba*** **= «les affaires» (ce qu'on possède) :**

— *Prendi la tua **roba** e vattene.*
Ramasse tes affaires et va-t'en.

3 ***La causa, il processo*** **(affaire judiciaire) :**

— *Il giudice Savio istruisce il processo.*
Le juge Savio instruit l'affaire.

4 ***L'azienda*** **(entreprise commerciale ou industrielle) :**

— *È riuscito a sviluppare la sua azienda.*
Il est arrivé à développer son affaire.

5 ***La faccenda*** **(la question) :**

— *Sarà una brutta faccenda.*
Ce sera une sale affaire.

— *A proposito della faccenda...*
A propos de la question...

POUR ALLER PLUS LOIN

- **avoir affaire à :**

— *Ho avuto da fare con / a che fare con...* J'ai eu affaire à...

- **faire l'affaire :**

— *Questo converrà / andrà bene / farà al caso mio.* Cela fera l'affaire.

■ Traduire :
1. Je cherche une bonne affaire. 2. Ils ont augmenté leur chiffre d'affaires de 10 %. 3. Ce n'est pas mon affaire. Je ne m'en occuperai pas. 4. Il se mêle trop des affaires d'autrui. 5. Ils ont laissé toutes leurs affaires en désordre. 6. Je n'ai plus assez de place pour mes affaires. 7. Cela fait l'affaire, donne-le moi. 8. C'est une étrange affaire. 9. J'ai déjà eu affaire à eux. 10. Il n'a plus d'affaires ici.

## 10 Affatto

1 **Dans les phrases affirmatives, *affatto* renforce l'affirmation : «tout à fait», «entièrement» :**

— *È **affatto** esatto.*
C'est tout à fait exact.

On peut remplacer ***affatto*** par ***del tutto :***
— *È **del tutto** esatto.*

**2** **Dans les phrases négatives *affatto* renforce la négation et signifie «pas du tout», «absolument pas» :**

— *Non è* ***affatto*** *esatto.*
Ce n'est pas du tout exact (c'est entièrement faux).
— *Sei stanco?* ***Affatto!*** (*Nient'affatto*)
Tu es fatigué? Pas du tout.
— *Lei non c'entra* ***affatto!***
Elle n'est pas du tout concernée.

Au contraire ***del tutto*** signifie **«pas entièrement», «pas tout à fait» :**
— *Non è* ***del tutto*** *esatto.*
Ce n'est pas tout à fait exact (il y a quand même une part d'exactitude).

**1** Traduire :
1. Questa persona mi è affatto sconosciuta. 2. Questa città ci è del tutto sconosciuta. 3. Il problema non mi è affatto noto (connu). 4. La costruzione non è del tutto terminata. 5. Hanno espresso punti di vista affatto diversi. 6. Non fa affatto freddo. 7. Non è del tutto cotto. 8. Hai fame? Affatto! 9. Non è affatto sicuro che sia colpevole (coupable). 10. Ti disturbo? Affatto!

**2** Traduire :
1. Tu as peur? (paura) Pas du tout. 2. Je ne suis pas du tout convaincu (convinto). 3. Il n'est pas entièrement guéri (guarito). 4. En disant (dicendo) cela nous étions pleinement sincères. 5. J'ai complètement oublié cette date. 6. Ce n'est pas du tout la même chose. 7. Ce n'est pas totalement faux.

## II L'âge (demander et dire...)

**1** **Pour demander son âge à quelqu'un :**

— *Quanti anni* ***hai****?*
Quel âge as-tu?

— *Quanti anni* ***ha****?*
Quel âge avez-vous?

**2** **Pour dire son âge :**

— *Ho diciott'anni. Ho ottantott'anni.*
J'ai dix-huit ans. J'ai quatre-vingt-huit ans.

On en déduira que :
— *È un diciottenne.*
C'est un jeune homme de dix-huit ans.
— *È un ottantottenne.*
C'est un vieillard de quatre-vingt-huit ans.

Ne pas confondre les suffixes ***-enne*** (*ventenne...* 93) et ***-ennio*** (*un decennio*: une décennie, *un ventennio*: une période de vingt ans...)

POUR ALLER PLUS LOIN

- ***andare su :***

— ***Va sui*** *novanta (anni).* Il va sur ses quatre-vingt-dix ans.

- ***Essere su :***

— ***È sui*** *cinquanta.* Il frise la cinquantaine.

- ***compiere :***

— ***Ha compiuto*** *trent'anni.* Il a eu trente ans.

- ***dimostrare :***

— *Non* ***dimostra*** *la sua età.* Il ne fait pas son âge.

Quand on parle d'âge on est amené à employer les verbes :

— *È invecchiato, ringiovanito, imbianchito...*
Il a vieilli, rajeuni, blanchi...

**1** Traduire :
1. Ha solo settant'anni? Ne dimostra di più. 2. È morto ieri un sedicenne. 3. Il ventennio fascista. 4. È più vecchio di me. 5. Era una sessantenne in gamba. 6. Quanti anni compierai il mese prossimo? 7. Vado sui sessant'anni. 8. Sua moglie è ringiovanita. Lui invece è molto invecchiato, è dimagrito e imbianchito. 9. Avrà diciott'anni fra due mesi.

**2** Traduire :
1. Quel âge as-tu? 2. J'ai fêté mes quinze ans dimanche. 3. Je l'ai vu : c'était un garçon de vingt ans. 4. Vous savez, j'ai plus de soixante-dix ans. Eh bien! Vous ne les faites pas. 5. Dans deux ans il aura cent ans.

## 12 Aggiornare

**a** L'italien ***aggiornare*** ressemble au français **«ajourner»** mais il signifie **mettre à jour, tenir au courant :**

— *I libri di geografia vanno* ***aggiornati*** *periodicamente.*
Les livres de géographie doivent être périodiquement mis à jour.

**b** **«Ajourner»** (= **renvoyer à plus tard**) se dit ***rinviare***:

— *Hanno* ***rinviato*** *la seduta.*
On a ajourné la séance.

Au verbe ***aggiornare*** correspond le substantif ***aggiornamento*** qui a connu un bon succès même en dehors de l'Italie.
On parle de l'*«aggiornamento»* de l'Église, des partis politiques, etc.

**1** Traduire :
1. Les journaux devraient mettre à jour leurs informations. Ces données (il dato) sont périmées (superato). 2. Le Ministre a ajourné pour la troisième fois sa rencontre (incontro) avec la presse (la stampa). 3. Le procès a encore été ajourné. 4. Ce que vous dites ne correspond plus à la réalité, tenez-vous au courant. 5. Le Concile (concilio) Vatican II a contribué à l'aggiornamento de l'Église (Chiesa). 6. Comment font-ils pour tenir à jour leurs comptes? 7. Mon frère est toujours très au courant des nouveautés.

## 13 Ailleurs / d'ailleurs (traduction de -)

**a** Ailleurs se traduit par ***altrove*** :

— *Qui non c'è. Cerca* ***altrove.***
Il n'est pas ici. Cherche ailleurs.
— *L'ho già visto* ***altrove.***
Je l'ai déjà vu ailleurs.

**b** Ne pas confondre ***d'altrove*** **(d'ailleurs, d'un autre endroit)** et ***d'altronde*** **(d'ailleurs = de plus, *ad ogni modo, del resto)* :**

— *Da dove viene? Da Roma?*
D'où vient-il? De Rome?
— *No, non viene da Roma, viene* ***d'altrove.***
Non, il ne vient pas de Rome, il vient d'ailleurs.
— *Non lo conosco.* ***D'altronde,*** *non importa affatto.*
Je ne le connais pas. D'ailleurs c'est sans aucune importance.

Traduire :
1. Il n'y a plus de place ici. Va ailleurs. 2. Si ton sac (la borsa) n'est pas ici tu as dû le mettre (l'avrai messa) ailleurs. 3. Quand on vient d'ailleurs on est surpris par ce paysage (paesaggio). 4. Ici les gens sont très accueillants pour ceux qui arrivent d'ailleurs. 5. Pour moi c'est pareil (è lo stesso). D'ailleurs c'est le même prix. 6. Inutile d'insister. D'ailleurs tu me l'as déjà dit inutilement. 7. Il a toujours la tête ailleurs. 8. Tu te trompes (sbagliare). Tu l'as rencontré ailleurs. D'ailleurs c'est toi-même qui me l'as dit.

## 14 Aimer (traduction de -)

**Aimer** se traduit selon le cas par : ***amare, voler bene*** ou ***piacere.***

**1** ***Amare :***

Le verbe ***amare*** est utilisé généralement pour exprimer la force d'un sentiment pour une personne ou un idéal :

— *Ti amo.*
Je t'aime.

— *Amano il proprio paese.*
Ils aiment leur pays.

**2** ***Voler bene*** **est très couramment employé pour exprimer le sentiment éprouvé pour quelqu'un :**

— *Dimmi che mi vuoi bene.*
Dis-moi que tu m'aimes.

**3** ***Piacere :***

Ce verbe exprime le plaisir éprouvé pour quelque chose :

— *Mi piace la musica jazz.*
J'aime le jazz.

— *A Caterina piace la cocacola.*
Catherine aime le coca-cola.

- ***Piacere*** s'accorde avec le sujet :
  — *Mi **piacciono** i viaggi.*
  J'aime les voyages

  — *A questa ragazza **piacciono** i western.*
  Cette fille aime les westerns.
- On entend de plus en plus souvent ***amare*** à la place de ***mi piace :***
  — ***Mi piacciono*** *gli spaghetti /* ***Amo*** *gli spaghetti.*
- Pour traduire **ne pas aimer,** on emploie ***piacere*** à la forme négative :
  — *Non mi piace questo ragazzo.* Je n'aime pas ce garçon.

  ***Mi dispiace*** traduit : **Je regrette** (244).

**POUR ALLER PLUS LOIN**

- **aimer mieux** = ***preferire, volere piuttosto***

  — *Preferisco tacere.*
  Je préfère me taire.

  — *Vorrei piuttosto essere altrove.*
  J'aimerais mieux être ailleurs.
- **aimer à la folie, raffoler de, adorer...** = ***andare pazzo, andare matto per :***
  — *Vanno pazzi / matti per il calcio.* Ils sont fous de football.

**1** Traduire :
1. Lo so che mi vuoi bene. Anch'io ti amo. 2. Ti voglio bene assai. 3. A me non piace il calcio. 4. Ti piace il vino bianco? 5. Mi piacciono i giovani sportivi. 6. Lui va pazzo per i telequiz (jeux télévisés). 7. Non mi piace questo colore. 8. Tutti vanno matti per la TV. 9. Perché non le hai ancora detto che le vuoi bene? 10. A chi non piace lo champagne?

**2** Traduire :
1. Il l'aime depuis (da) des années. 2. Pour lui dire qu'il l'aime il lui (le) a chanté une chanson d'amour. 3. Je n'aime que le vin rouge. 4. J'aime la cuisine italienne. 5. Je n'aime pas ces hors-d'œuvre (antipasti). 6. Nous aimons les huîtres (ostrica) à la folie. 7. Il aime son métier (il proprio mestiere). 8. Il ne suffit pas (non basta) de dire à une personne qu'on l'aime. Il faut le lui prouver. 9. Il aime mieux rester chez lui (a casa). 10. Elle l'aime de tout son cœur (di tutto cuore).

**3** Mettre ***piacere*** à la forme qui convient :
1. Ti ............ queste canzoni? 2. Vi ............ il pesce? 3. Non mi ............ questo programma. 4. Mi ............ molto queste guide. 5. Le ............ la letteratura italiana. 6. Gli ............ i romanzi inglesi.

## 15 Aller

**1** **Dans la plupart des cas «aller» se traduit par *andare* (20) :**

— ***Andrò*** *dal medico.*
J'irai chez le médecin.
— *Come* ***va****?* ***Va*** *benone.*
Comment ça va? Ça va très bien.

— ***Vado*** *ad aprire la porta.*
Je vais ouvrir la porte.
— ***Va*** *a passeggiare.*
Va te promener.

**2** **Pour traduire «aller» dans le sens de «être sur le point de...» (futur proche, 115) on emploie *stare per...* suivi du verbe :**

— ***Sto per*** *uscire.*
Je vais sortir.
— ***Stavo per*** *entrare quando squillò il telefono.*
J'allais sortir quand le téléphone sonna.

Pour exprimer l'imminence on emploie aussi ***quasi*** ou ***quasi quasi*** :
— ***Quasi quasi*** *giocavo l'asso...*
J'allais (j'étais sur le point de) jouer mon as.

**3** **Les expressions : «Je vais te montrer, t'expliquer» se traduisent par *ora* ou *adesso* suivi du verbe au présent de l'indicatif :**

— ***Adesso (ora)*** *ti mostro come si fa.*
Je vais te montrer comment on fait.

**4** **Dans de nombreuses expressions le français «aller» se traduit par *stare* (261) :**

— *Come* ***stai****?*
Comment vas-tu?

— *Questo vestito ti* ***sta*** *bene.*
Cette robe te va bien.

**1** Traduire :
1. Stanno per guarire. 2. Adesso ti spiego tutto. 3. Sbrigati, il treno sta per partire. 4. Se tu non fossi intervenuto quasi quasi si lasciava abbindolare (rouler). 5. Come sta? Bene e Lei? 6. Quasi quasi confessava tutto. 7. Adesso scappa (il s'enfuit) e chi lo ritrova? 8. Come mi sta questo cappello? 9. Stavano per rinunciare quando trovarono la soluzione. 10. Vada ad aprire per favore.

**2** Traduire :
1. Je vais au cinéma. Tu viens avec moi? 2. Nous allons prendre le journal. 3. Vous allez jouer au tennis? 4. Tu es arrivé au bon moment (al momento giusto), j'allais partir. 5. Il va changer de travail. 6. C'est facile, je vais t'expliquer ce qu'il faut faire. 7. Comment allez-vous? 8. Va ouvrir le garage. 9. Vas-y toi-même. 10. La chemise ne me va pas.

## 16 *Alors que (traduction de -)*

Tout naturellement, les Français ont tendance à traduire **alors que** par ***allorché.*** Au contraire il vaut mieux employer systématiquement ***mentre*** parce que :

### 1 «Alors que» exprime le temps et signifie «au moment où» :

On peut traduire par ***allorché*** ou ***proprio quando*** mais aussi par ***mentre*** :
— *È stata aggredita* ***allorché (proprio quando, mentre)*** *usciva dal metrò.*
Elle a été agressée alors qu'elle sortait du métro.

### 2 «Alors que» exprime l'opposition :

**On ne peut traduire par *allorché* :** on dit ***mentre*** (suivi de l'indicatif) ou ***sebbene, nonostante*** (suivi du subjonctif) :
— *Voltò a destra* ***mentre*** *gli avevo detto di andare sempre dritto.*
— *Voltò a destra* ***sebbene*** *(nonostante) gli avessi detto di...*
Il tourna à droite alors que je lui avais dit d'aller toujours tout droit.

### 3 «Alors même que» (= quand bien même, même si) se traduit par : *quand'anche, anche se :*

— ***Anche se (quand'anche)*** *rifiutasse di darmi retta direi lo stesso quello che penso.*
Alors même qu'il refuserait de m'écouter, je dirais quand même ce que je pense.

**1** Traduire :
1. Allorché si stava preparando per le ferie ha avuto un incidente stradale. 2. Si è ammalato allorché aveva trovato un buon lavoro. 3. Sono tornati ieri mentre avevano promesso di restare a lungo all'estero (étranger). 4. Non hanno rimborsato i debiti sebbene si fossero impegnati (engagés) a farlo entro il mese. 5. Quand'anche fosse malato dovrebbe essere garbato (poli).

**2** Traduire :
1. Alors que je m'apprêtais à répondre, le téléphone sonna (squillare). 2. Il mange de la viande (carne) alors qu'il devrait manger du poisson (pesce). 3. La police l'a arrêté alors qu'il cherchait à passer la frontière (il confine). 4. Il conduit encore son auto alors qu'il n'en est plus capable. 5. Il s'amuse alors qu'il devrait étudier.

## 17 *Alphabet (alfabeto)*

Les lettres (26) sont les mêmes en italien et en français.

| A | B | C | D | E | F | G | H | I | J | K | L | M | N | O | P | Q |
|---|---|---|---|---|---|---|---|---|---|---|---|---|---|---|---|---|
| a | bi | ci | di | é | èffé | dji | acca | i | i lungo | cappa | èllé, | èmmé | ènné | o | pi | kou |

| R | S | T | U | V | W | X | Y | Z |
|---|---|---|---|---|---|---|---|---|
| èrré | èssé | ti | ou | vi/vou | doppia vi/vou | iksé | ipsilon i greco | zetta |

Pour citer une lettre, on emploie de préférence le féminin : *una a, una di.*

### 1 Les lettres *J, K, W, X* et *Y* ne sont pas d'un emploi courant :

**a** *J* se prononce :

- *[i]* dans des mots comme *Juventus* (équipe de football de Turin), *Jugoslavia* (ou *Iugoslavia*)
- *[dj]* dans des mots d'origine étrangère : *jazz, jeans, jet, jogging...*

**b** *K, W, X* et *Y* ne se rencontrent que :

- dans des abréviations : *km (chilometro), kg (kilogrammo)...*
- des mots étrangers : *watt, weekend, whisky, taxi, yacht, yard, yen...*
- ou savants : *bauxite, uxoricida, xilografia, xenofobo...*

### 2 Sur l'emploi de *H* (124).

**1** Vous téléphonez en Italie pour réserver une chambre dans un hôtel. On vous demande :
Per favore può compitare il Suo cognome? (s'il vous plaît, pouvez-vous épeler votre nom?).

**2** Epeler le nom (cognome) et le prénom (nome) des hommes politiques italiens suivants :
Francesco Cossiga (Président de la République), Giulio Andreotti (démocrate-chrétien), Bettino Craxi (socialiste), Achille Occhetto (communiste), Marco Pannella (radical).

**3** Épeler le nom et le prénom des acteurs et metteurs en scène italiens suivants :
Ornella Muti, Marcello Mastroianni, Nanni Moretti, Sofia Loren, Sergio Leone, Pupi Avati, Federico Fellini, Francesco Rosi, Liliana Cavani.

## 18 *Amis (vrais ou faux -)*

L'italien étant proche du français, la forme ou la prononciation de certains mots français font penser à des mots italiens ou vice versa. Attention à ces «faux amis».

| mot italien | sens | on pense à : | qui se traduit |
|---|---|---|---|
| *accidenti!* | zut | accident | *incidente* |
| *accucciarsi* | se coucher (chien) | accoucher | *partorire* |
| *affollarsi* | se presser en foule | s'affoler | *perdere la testa* |
| *albergo* | hôtel | auberge | *osteria* |
| *assai* | très, beaucoup | assez | *abbastanza* |
| *atterrire* | terrifier | atterrir | *atterrare* |
| *autocarro* | camion | autocar | *autobus, pullman* |
| *biscia* | couleuvre | biche | *cerva* |
| *botte* (fem.) | tonneau | botte | *stivale* (masc.) |
| *buccia* | épluchure, peau de fruit | bouche | *bocca* |
| *budino* | flan | boudin | *sanguinaccio* |
| *bugia* | mensonge | bougie | *candela* |
| *calzoni* | pantalons | caleçons | *mutande* |
| *camera* | chambre | caméra | *cinepresa* |
| *campare* | vivre, vivoter | camper | *campeggiare* |
| *cancro* | cancer | cancre | *scaldapanche* |
| *cane* | chien | cane | *anatra* |
| *cantina* | cave | cantine | *mensa* |
| *casa* | maison | case | *capanna* |
| *cembalo* | clavecin | cymbales | *i piatti* |

| mot italien | sens | on pense à : | qui se traduit |
|---|---|---|---|
| *confetto* | dragée | confetti | *coriandoli* |
| *conforto* | réconfort | confort | *comfort, le comodità* |
| *cornicione* | corniche (arch.) | cornichon | *cetriolino* |
| *creta* | argile, glaise | crête | *cresta, sommità* |
| *decoro* | dignité, décorum | décor | *scenario* |
| *digiunare* | jeûner | déjeuner | *fare colazione* |
| *diplomato* | diplômé | diplomate | *diplomatico* |
| *drappello* | peloton, détachement | drapeau | *bandiera* (fém.) |
| *fattore* | fermier | facteur | *postino, portalettere* |
| *feriale* | ouvrable | férié | *festivo* |
| *fermare* | arrêter | fermer | *chiudere* |
| *figliolo* | fils, enfant | filleul | *figlioccio* |
| *firma* | signature | firme | *ditta* |
| *forestiero* | étranger (au lieu) | forestier | *forestale* |
| *fresco, a* | frais, fraîche | fresque | *affresco* (masc.) |
| *gara* | compétition | gare | *stazione, guai!* (gare!) |
| *gatto* | chat | gâteau | *dolce* |
| *gita* | excursion | gîte | *covo* (animaux) |
| *grappa* | eau-de-vie, marc | grappe | *grappolo* (masc.) |
| *grondare* | ruisseler | gronder | *brontolare, sgridare uno* |
| *grossezza* | grosseur | grossesse | *gravidanza* |
| *lampione* | réverbère | lampion | *lampioncino* |
| *larghezza* | largeur | largesse | *liberalità* |
| *lepre* (fém.) | lièvre | lèpre | *lebbra* |
| *lordo* | brut (poids) | lourd | *pesante* |
| *lutto* | deuil | lutte | *lotta* |
| *mai* | jamais | mai | *maggio* |
| *mancia* | pourboire | manche | *manica* |
| *marciapiede* | trottoir | marchepied | *predellino, montatoio* |
| *mare* (masc.) | mer | mare | *pozza, pozzanghera* |
| *mite* | doux | mite | *tarma, tignola* |
| *morbido* | souple | morbide | *morboso* |
| *neve* | neige | névé | *nevaio* |
| *nonna* | grand-mère | nonne | *monaca* |
| *notizia* | nouvelle | notice | *avvertenza, istruzioni per l'uso* |
| *ondata* | lame, grande vague | ondée | *acquazzone, piovasco* |
| *ossequi* | hommages | obsèques | *esequie* |

| mot italien | sens | on pense à : | qui se traduit |
|---|---|---|---|
| *panna* | chantilly (et panne) | panne | *guasto* |
| *pari* | égal, pair | pari | *scommessa* (fém.) |
| *pestare* | fouler aux pieds | pester | *imprecare, inveire* |
| *picchiare* | frapper | piquer | *pungere* |
| *pigione* (fém.) | loyer | pigeon | *piccione* |
| *pigliare* | prendre | piller | *saccheggiare* |
| *poltrone* | paresseux, fainéant | poltron | *codardo, vigliacco* |
| *porcheria* | saleté, "saloperie" | porcherie | *porcile* (masc.) |
| *potenza* | puissance | potence | *forca, patibolo* |
| *primavera* (fém.) | printemps | primevère | *primula* |
| *pulire* | nettoyer | polir | *levigare* |
| *quadro* | tableau | cadre | *cornice* (fém.) |
| *querela* | plainte (porter –) | querelle | *lite, alterco* |
| *radice* | racine | radis | *ravanello* |
| *ragliare* | braire | railler | *beffare, canzonare* |
| *rame* | cuivre | rame | *remo* (masc.) |
| *rapa* | rave | rape | { *grattugia* (fromage)<br>{ *raspa* (bois) |
| *reclamo* | réclamation | réclame | *pubblicità* |
| *regalo* | cadeau | régal | { *delizia* (fém.)<br>{ *leccornia* |
| *riguardo* | égard | regard | *sguardo* |
| *riverbero* | réverbération, reflet | réverbère | *lampione* |
| *riviera* | riviera, côte | rivière | *fiume* |
| *roba* | les "affaires" | robe | *veste, abito* |
| *romanesco* | romain (dialecte) | romanesque | *romanzesco* |
| *sala* | salle, essieu | sale | *sporco, sudicio* |
| *scenario* | décor | scénario | *sceneggiatura* |
| *seccatore* | casse-pieds | sécateur | *le cesoie* |
| *sindaco* | maire | syndic | *amministratore, curatore* |
| *sole* | soleil | sole | *sogliola* |
| *tutto il mondo* | le monde entier | tout le monde | *tutta la gente, tutti* |
| *verrò* | je viendrai | je verrai | *vedrò* |
| *veste* | la robe | la veste | *la giacca* |
| *solo* | seul | sol | *suolo* |
| *somigliare* | ressembler | sommeiller | *sonnecchiare* |

| mot italien | sens | on pense à : | qui se traduit |
|---|---|---|---|
| *spigo* | lavande | épi | *spiga* (fém.) |
| *su* | sur | sous, | *sotto* |
| *tappare* | boucher | taper | *picchiare* |
| *testardo* | têtu | têtard | *girino* |
| *tornare* | retourner | tourner | *girare, voltare* |
| *trarre* | tirer (de), extraire | traire | *mungere* |
| *travagliare* | tourmenter | travailler | *lavorare* |
| *trave* | poutre | travée | *campata* |
| *truffa* | escroquerie | truffe | *tartufo* |
| *vite* (fém.) | vis et : vigne | } vite ! | *presto !* |
| *vita* | vie et : tour de taille | | |

**1** Traduire :
1. Ce spectacle est morbide. 2. Donne-moi du boudin. 3. A midi je mange à la cantine. 4. Cela nous apportera (recare) un peu de réconfort. 5. C'est une firme italienne. 6. Le chat a mangé le gâteau. 7. Prends une bougie. 8. J'en ai assez!. 9. J'ai cassé (rotto) ma caméra. 10. Je n'ai pas pu fermer le robinet d'eau.

**2** Traduire :
1. Je le vois tous les jours fériés. 2. Quelle belle grappe de raisin! (uva) 3. Laisse un pourboire. 4. J'ai déjà traversé la Manche en bateau (la nave). 5. C'est un régal! 6. Ce n'est pas un cadeau pour toi. 7. Le scénario est ennuyeux (fastidioso). 8. Le décor est trop triste. 9. Ne laisse pas la sole au soleil. 10. Tout le monde me connaît.

## 19 Anche (traduction de -)

**1** ***Anche* : selon le contexte *anche*** traduit **«aussi» ou «même» :**

**a** Aussi :

— *Ne prenderò* ***anch'****io.*
J'en prendrai moi aussi.

— *Lo credi* ***anche*** *tu?*
Tu le crois toi aussi?

**b** Même (164) :

— ***Anche*** *mia suocera è venuta.*
Même ma belle-mère est venue.

## 2 *Anche* ou *perfino?*

**a** Selon le contexte ou l'intention de la personne qui parle, ***anche*** peut prêter à confusion :

— *C'era* ***anche*** *tua moglie.*
Il y avait même ta femme; ou : Ta femme aussi y était.

**b** Dans le sens de **même** on peut remplacer ***anche*** par ***perfino*** qui ne laisse place à aucune ambiguïté et qui exprime un certain étonnement :

— *Il ladro ha preso* ***anche*** *la radiolina.*
Le voleur a pris aussi le transistor.
Dans un sens un peu différent :
Le voleur a même pris le transistor (il n'a vraiment rien laissé).

Si on emploie ***perfino,*** le sens est clair :
— *Il ladro ha preso* ***perfino*** *la vecchia radiolina.*
Le voleur a même pris le vieux transistor (pour étonnant que cela puisse paraître).

Autre exemple :
— *Ha parlato* ***anche*** *il mio vicino. /* ***Anche*** *il mio vicino ha parlato.*
Mon voisin a parlé lui aussi. / Même mon voisin a parlé.

Ces deux traductions françaises ont un sens différent. Au contraire :
— *Ha parlato* ***perfino*** *il mio vicino,* ne présente aucune difficulté de compréhension.
La phrase signale que le voisin en question, qu'on ne s'attendait pas à entendre, a pris la parole : Même mon voisin a parlé.

## 3 *Anche* et *neanche* (164 et 176) :

***Neanche,*** et son équivalent ***nemmeno,*** expriment le contraire de ***anche :*** **non plus** ou **même pas** :
— ***Neanche*** *tua moglie è venuta.*
Ta femme n'est pas venue non plus. ou : Même ta femme n'est pas venue.

**1** Traduire :
1. Ton frère aussi vient avec nous? 2. Tu as même oublié son adresse (indirizzo)? 3. Elle est très élégante, elle met même un chapeau. 4. Il n'est pas frileux (freddoloso) il ne met même pas de pull (la maglia). 5. Il fait froid; mets ton pull et aussi ton pardessus (soprabito). 6. Même le Premier Ministre peut se tromper. 7. Ils ne parlent même pas anglais. 8. Nous ne parlons pas allemand non plus.

**2** Traduire :
1. Vous m'attendez vous aussi? 2. Même ma sœur n'a pas voulu t'attendre. 3. Elle est furieuse. Tu ne l'as même pas regardée. 4. Ils ne nous ont même pas donné un verre (bicchiere) d'eau. 5. Nous n'avons même pas une tranche de pain (fetta di pane). 6. Moi non plus je ne veux pas partir. 7. Je veux rester moi aussi.

# 20 Andare

## Formes

| indicatif | | | | |
|---|---|---|---|---|
| présent | futur | imparfait | passé comp. | passé simple |
| *vado* | *andrò* | *andavo* | *sono andato* | *andai* |
| *vai* | *andrai* | *andavi* | *sei andato* | *andasti* |
| *va* | *andrà* | *andava* | *è andato* | *andò* |
| *andiamo* | *andremo* | *andavamo* | *siamo andati* | *andammo* |
| *andate* | *andrete* | *andavate* | *siete andati* | *andaste* |
| *vanno* | *andranno* | *andavano* | *sono andati* | *andarono* |

| subjonctif | | impératif | | conditionnel |
|---|---|---|---|---|
| présent | imparfait | affirmatif | négatif | présent |
| *vada* | *andassi* | | | *andrei* |
| *vada* | *andassi* | *va (vai, va')* | *non andare* | *andresti* |
| *vada* | *andasse* | *vada* | *non vada* | *andrebbe* |
| *andiamo* | *andassimo* | *andiamo* | *non andiamo* | *andremmo* |
| *andiate* | *andaste* | *andate* | *non andate* | *andreste* |
| *vadano* | *andassero* | *(vadano)* | *(non vadano)* | *andrebbero* |

A la forme **tu** de l'impératif suivi d'un pronom ou de l'adverbe ***ci*** (y), on redouble la consonne :

— *vacci*
vas-y

— *vattene*
va-t'en

— *valle a dire che...*
va lui dire (à elle) que...

■ Remplacer les pointillés par la forme de ***andare*** qui convient : 1. Domani ........... a Parigi. 2. Bisogna che io ........... in questura (au commissariat). 3. Speravo che tutto ........... bene. 4. Partirono per l'Africa poi ........... negli Stati Uniti. 5. Perché non vai dal dottore? ........... ci subito. 6. Se avrò tempo ........... in Italia. 7. Non devi salire. Non ........... sopra, ti prego. 8. Lei non deve salire. Non ........... sopra, prego. 9. Se ........... con voi perderemmo troppo tempo. 10. Per favore ........... a prendere il giornale, ti prego.

## Emplois

**1** ***Andare*** **signifie «aller» (15) :**

— *Vado a teatro.*
Je vais au théâtre.

Comme tous les verbes de mouvement, il est suivi de la préposition ***a*** devant un autre verbe (3) :

— *Vanno **a** sciare nelle Dolomiti.*
Ils vont skier dans les Dolomites.

même si s'intercalent d'autres mots entre *andare* et le verbe :
— *Andrò subito con i miei genitori ed i miei amici **a** prenotare i posti.*
J'irai tout de suite avec mes parents et mes amis louer les places.

## 2 *Andare* peut être employé comme auxiliaire :

**a** Il traduit alors une idée d'obligation :

— *Questo **va detto** a tutti.*
Cela doit être dit à tout le monde.
— *Il lavoro **va eseguito** entro il mese.*
Le travail doit être exécuté avant la fin du mois.

**b** Il remplace l'auxiliaire **être,** sans valeur particulière, avec les verbes *perdere, sprecare, smarrire...*

— *Molti sforzi **vanno perduti (sprecati, spesi...)** invano.*
Beaucoup d'efforts sont perdus (gaspillés, dépensés) vainement..

**c** ***Andare*** suivi du **gérondif** exprime une action continue et insistante :

— ***Andavano dicendo** sciocchezze.*
Ils allaient disant (ils ne cessaient de dire) des bêtises.
— ***Andava chiedendo** a tutti la stessa cosa.*
Il allait demandant (il ne se lassait pas de demander) la même chose à tout le monde.

**d** Pour la traduction de **aller : être sur le point de** (15 et 115).

### POUR ALLER PLUS LOIN

Comme le français **aller**, le verbe ***andare*** est présent dans de nombreuses expressions usuelles :

— *Come va?*
Comment ça va?

— *andare d'accordo*
être d'accord

— *andare giù, su, dentro, fuori, avanti, indietro...*
descendre, monter, entrer, sortir, avancer, reculer...

— *andare in cerca di...*
chercher, rechercher.

— *andare per funghi*
aller aux champignons

— *andare pazzo per...*
raffoler de, être fou de...

— *andare a male*
échouer, péricliter

— *andare a vuoto*
faire fiasco

— *andare in fumo*
partir en fumée

— *andare contro corrente*
aller (ramer) à contre-courant

— *andare sul milione (aggirarsi sul –)*
tourner autour de, monter, s'élever à...

— *andare in onda*
passer, diffuser (radio, télévision)

— *lasciare andare (perdere)*
laisser aller (tomber)

Traduire :

1. Va voir où il est. 2. Je vais prendre ma voiture. 3. Non, ça ne va pas : cette facture doit être payée dans la semaine. 4. Ils vont disant partout qu'ils n'ont pas d'argent mais je sais bien qu'ils ont des économies (risparmio). 5. Ce produit doit être lavé avec soin (accuratamente). 6. Ils ne sont jamais d'accord. 7. J'ai passé ma journée à monter et à descendre. 8. En reculant il a heurté le trottoir (marciapiede). 9. Il est fou de champignons (fungo). 10. Cette chanson est passée plusieurs fois à la radio aujourd'hui. 11. Laisse tomber, ne te fatigue pas pour rien (invano). 12. Ce projet a fait fiasco. Tout l'argent est parti en fumée (fumo).

## 21 Anglicismes courants

Comme les Français, les Italiens emploient couramment des mots anglais. S'agissant d'une mode (quand le mot ne désigne pas une réalité étrangère n'ayant pas d'équivalent en Italie), tel ou tel mot peut connaître un succès foudroyant puis tomber en désuétude.
Vous pourrez donc compléter les listes suivantes au fur et à mesure que vous rencontrerez des anglicismes au cours de vos lectures ou en écoutant des Italiens (cinéma, télévision, rencontres...).

### 1 Mots anglo-saxons pour lesquels il n'y a pas d'équivalent italien usuel :

*il bluff, il boom, il cow-boy, il detective, il dumping, la gag, la gang, il golf, il groom, l'handicap, l'hobby, la hit parade, la joint venture, il krach, la leadership, il partner, il poker, la privacy, il puzzle, il sex-appeal* (tonalité un peu différente du *fascino* ou de l'*attrattiva fisica* = charme), *lo shampoo, lo show, lo snob* (d'où : *snobbare uno*), *lo standard, lo status symbol, la suspense, il western, il whisky...*

Remarquez que beaucoup de ces mots sont au féminin.

### 2 Mots en concurrence avec des mots italiens :

all right / *bene, benissimo*
il barman / *il barista*
la boxe / *il pugilato*
il breakfast / *la prima colazione*
il challenge / *la gara, la sfida*
il chewing gum / *la gomma (da masticare)*
il clown / *il pagliaccio*
il club / *il circolo*

il manager / *il dirigente*
il meeting / *il raduno*
il musical / *la commedia musicale*
il night-club / *il locale notturno*
il pick-pocket / *il borsaiolo*
il pullover / *la maglia*
il quiz / *il quesito*
il record / *il primato*
il reporter / *il cronista*

il computer / *l'elaboratore elettronico*
dry / *secco, prosecco* (sec : vin, alcool)
il floppy disk / *il dischetto*, la disquette (informatique)
il game (tennis) / *il gioco*
*il gap / il divario* (le fossé : technologique notamment)
good bye / *ciao*
l'happy end / *il lieto fine*
il killer / *l'assassino*
knock out (k o) / *fuori combattimento*
il living room / *il soggiorno*
il lobby / *il gruppo di potere* (le groupe de pression)
il lunapark / *il parco di divertimento*
il lunch / *la colazione*
il sandwich / *il panino, il tramezzino*
il self control / *la padronanza di sé*
lo (gli) short / *i calzoncini*
lo stand / *il reparto*
lo starter / *il mossiere*
lo striptease / *lo spogliarello*
il summit / *il vertice*
il supporter / *il tifoso*
il tank / *il carro armato*
il team / *la squadra* (l'équipe)
il test / *la prova*
il thriller / *il film dell'orrore* (le film d'horreur)
il ticket / *lo scontrino, il biglietto*
il toast / *il pane tostato*
il trend / *le abitudini*
il trust / *la società consociata*
il tunnel / *la galleria, il traforo*

## 22 Anzi

Ne pas confondre ***anzi*** et ***anche*** même si, en français, on tend à les traduire à peu près de la même façon (19).

### 1 *Anche :*

— ***Anche*** *Paolo verrà.*
Même Paul viendra
(et : Paul viendra lui aussi).

### 2 *Anzi* a le sens de :

- ***al contrario, invece :***
  — *Non sei in ritardo* ***anzi*** *sei in anticipo.*
  Tu n'es pas en retard, au contraire, tu es en avance.
  — *Disturbo?* ***Anzi!***
  Je vous dérange? Au contraire!
- sert à renforcer ou à corriger :
  — *Non è bella,* ***anzi*** *è bruttina.*
  Elle n'est pas belle. Elle est même plutôt laide.
  — *Paolo verrà di sicuro,* ***anzi*** *arriverà per primo.*
  Paul viendra certainement, il arrivera même le premier.
  — *Ho mangiato male,* ***anzi*** *malissimo.*
  J'ai mal mangé, que dis-je? très mal.
- ***anzitutto, innanzitutto*** (avant tout, d'abord) = ***prima di tutto.***

■ Traduire :
1. Non è antipatica, anzi! 2. Così non ci aiuti, anzi! 3. È un incidente, anzi una catastrofe! 4. Non è avaro, anzi è generoso. 5. Prendi un'altra brioche, anzi due se vuoi. 6. Mi servirebbe un coltello, anzi un cacciavite (tourne-vis). 7. Sai, è bionda, anzi biondissima.

## 23 Apercevoir / s'apercevoir (traduction de -)

Ne pas confondre **«s'apercevoir»** : ***accorgersi,*** et **«apercevoir»** : ***scorgere, vedere, intravedere*** :

— *Si accorse che non aveva più benzina.*
Il s'aperçut qu'il n'avait plus d'essence.
— *L'ho visto (scorto) mentre usciva.*
Je l'ai aperçu au moment où il sortait.
— *Non so se lo riconoscerei. L'ho appena intravisto.*
Je ne sais si je le reconnaîtrais. Je n'ai fait que l'apercevoir.

■ Traduire :
1. Je t'ai aperçu hier à la sortie du métro et je t'ai appelé. Tu ne m'as pas entendu? 2. Je ne m'étais pas aperçu que la valise était ouverte. 3. Dès que (appena) l'enfant m'a aperçu, il s'est mis à sourire. 4. Ils ne se sont pas encore aperçus de leur erreur.

## 24 Appels, cris, interjections

### 1 Pour demander de l'aide :

— *Al ladro!*
Au voleur!

— *Aiuto!*
A l'aide! Au secours!

— *Al fuoco!*
Au feu!

### 2 Pour manifester sa satisfaction :

— *Evviva (W)!*
Vive...

— *Bravo!* (à un homme)
— *Brava!* (à une femme)

— *Bravi! Brave!*
(au pluriel)

### 3 Pour exprimer le plaisir ou des vœux :

— *Prosit! Cin Cin!*
A la vôtre!

— *Congratulazioni!*
Félicitations!

— *Piacere.*
Enchanté.

**4** **Pour attirer l'attention :**

— *Zitto! Zitta! Zitti! Zitte!*
Silence! Tais-toi! Taisez-vous!
— *Mi dia retta! Dia retta a me!*
Écoutez-moi bien!
— *Dimmi! Mi dica!*
Dis-moi. Dites-moi
— *Dammi retta! Da' retta a me!*
Écoute-moi bien.
— *Ascolti! Mi ascolti! Senta! Mi senta!*
Écoutez! Écoutez-moi!
— *Ascolta! Ascoltami! Senti! Sentimi!*
Écoute! Écoute-moi!
— *Tieni (tenga) conto del fatto che...*
Tiens (tenez) compte du fait que...

**5** **Pour donner des ordres ou des conseils :**

— *Attenzione! Attento...*
Attention!
— *Vieni! Venga!*
Viens! Venez
— *Salga! Venga su!*
Montez!
— *Molla! Molli!*
Lâche! Lâchez!
— *Scenda! Venga giù!*
Descendez!

— *Avanti!*
Entre! Entrez!
— *Posto!*
Place!
— *Sali! Vieni su!*
Monte!
— *Tieni! Tenga!*
Tiens! Tenez!
— *Scendi! Vieni giù!*
Descends!

Pour les jurons et insultes (135).

■ Traduire :
1. Bravo les enfants, continuez! 2. Bravo papa! 3. Bravo maman!
4. Bravo les filles! 5. Bravo les champions!

## 25 Appena (traduction de -)

**1** ***Appena* a le même sens que le français «à peine» :**

— *Sono **appena** le sette.*
Il est à peine (tout juste) sept heures.
— *Ha **appena** di che pagare il fitto.*
Il a à peine de quoi payer son loyer.
— *Riesco **appena** (a pena, a mala pena) a tenere gli occhi aperti.*
J'arrive à peine (avec difficulté) à garder les yeux ouverts.

2 **Mais le mot traduit aussi :**

- **dès que :**

  — ***Appena*** *entrò tutti applaudirono.*
  Dès qu'il entra tout le monde applaudit.
  — ***Appena / non appena*** *scoprí il furto chiamò il commissariato.*
  Dès qu'il découvrit le vol, il appela le commissariat.

- **venir de** (288) :

  — *Sono* ***appena*** *arrivati.*
  Ils viennent (tout juste) d'arriver.
  — *Erano* ***appena*** *entrati.*
  Ils venaient (tout juste) d'entrer.

  On peut dire aussi :
  — *È arrivato* ***or ora / poco fa.***
  Il vient d'arriver.
  — *Era entrato* ***allora allora / poco prima.***
  Il venait d'entrer.

**1** Traduire :
1. Appena la vide le corse incontro. 2. Non mi va. È appena cotto. 3. Costa appena un milione di lire. 4. Ho appena avuto il tempo di uscire. 5. È appena uscito dalla Facoltà di medicina. 6. Finivamo appena di rispondere quando ci fecero altre domande ancora più precise. Rispondemmo a mala pena. 7. Appena tornerai a casa potrai riposarti. 8. Fecero appena in tempo a saltare in macchina. 9. Aveva appena diciott'anni quando si sposò.

**2** Traduire :
1. Reste encore un peu avec nous il est tout juste onze heures. 2. Il arrivera à peine jusqu'au refuge (rifugio). 3. Dès que j'arrive à la maison j'allume la télévision. 4. Il est parti à la retraite (andare in pensione) dès qu'il l'a pu. 5. Dès qu'il ouvre la bouche il dit une bêtise (sciocchezza). 6. Nous venions tout juste de finir de manger quand l'incendie a éclaté (scoppiò). 7. Viens me voir dès que tu le pourras. 8. Le facteur (postino) venait de m'apporter sa lettre quand il m'a téléphoné. 9. Elle a tout juste eu le temps de prendre son sac (la borsa).

## 26 *Apposta / A posto*

Il ne faut pas confondre :

**a** ***Apposta*** qui veut dire **exprès, justement, uniquement** :

— *Non l'ho fatto* ***apposta.***
Je ne l'ai pas fait exprès.

— *Sono venuto* ***apposta*** *per questo.*
Je suis venu exprès (justement, uniquement) pour cela.
— *Neanche a farlo* ***apposta****!*
On dirait un fait exprès.

**b** Et ***a posto*** qui exprime ce qui **est en place, en ordre, comme il faut** :

— *Ho lasciato tutto* ***a posto****.*
J'ai tout laissé en place, en ordre.
— *La contabilità è* ***a posto****.*
La comptabilité est en ordre.
— *Tutto è* ***a posto****.*
Tout va bien (tout fonctionne, tout est en ordre).

POUR ALLER PLUS LOIN

— *Lui ha la testa a posto.*
Il a la tête solide.
— *Lei non aveva la coscienza a posto.*
Elle n'avait pas la conscience tranquille.
— *Tenga le mani a posto!*
Bas les pattes.

* Ironiquement, par antiphrase :
— *Adesso siamo a posto!* Nous voilà bien!
Nous sommes dans de beaux draps!

■ Traduire :
1. Assaggiate questo dolce (gâteau). L'ho fatto apposta per voi. 2. Si può sistemare in questa casa. Tutto è a posto. 3. Non si preoccupi, ho dato un'occhiata al motore : è a posto. 4. Puoi dire quello che vuoi contro di me. Ho la coscienza a posto. 5. Dicono che Lei ha fatto apposta di arrivare in ritardo. 6. Per la foto mettetevi i capelli a posto.

## 27 Apprendre (traduction de -)

Selon le cas, **«apprendre»** se traduit par : ***insegnare, imparare, apprendere, sapere.***

**1** ***Insegnare*** **: apprendre dans le sens de «enseigner», «apprendre quelque chose à quelqu'un» :**

— ***Insegnami*** *come si fa.*
Apprends-moi comment on fait.

2 *Imparare* : **apprendre dans le sens de «bénéficier d'un enseignement» :**

— *Quel poco che **ho imparato** lo devo al Prof. Milani.*
Le peu que j'ai appris, je le dois à M. Milani.

On emploie aussi ***apprendere*** :
— *L'inglese l'**ho appreso** (imparato) da solo.*
L'anglais, je l'ai appris tout seul.
— ***Apprendere** a proprie spese.*
Apprendre à ses dépens.
— ***Apprendere** (imparare) a memoria.*
Apprendre par cœur.

3 **«Apprendre une nouvelle» (savoir que...) se traduit par : *apprendere, sapere, venire a sapere*** :

— ***Ho appreso** che ti sei sposato.*
J'ai appris que tu t'es marié.
— ***Ho saputo** (appreso) dalla radio che...*
J'ai appris par la radio que...
— ***Sono venuto a** sapere (ho appreso) che ci sarà una nuova tassa.*
J'ai appris qu'il y aura un nouvel impôt.

**1** Traduire :
1. Tutto quello che ho imparato me lo ha insegnato un vecchio professore. 2. Il valtzer me lo insegnò lei. 3. Impara a memoria le date e gli avvenimenti. 4. Come è venuto a sapere che la moglie lo tradiva (tromper)? 5. Ho appreso che sei stato promosso (reçu) all'esame di maturità (Baccalauréat). Congratulazioni! (félicitations)!

**2** Compléter avec ***imparare*** ou ***insegnare*** selon le cas :
1. Mio marito è professore ............ il tedesco (allemand). 2. Ho cominciato a ............ lo spagnolo tre mesi fa, non lo parlo ancora bene. 3. Per ............ la matematica al figlio ha dovuto ............ prima.

## 28 *Appunto*

Le mot ***appunto*** sert à renforcer ce qui est exprimé et signifie **justement, précisément**.

— *Stavo **appunto** parlando di te.*
J'étais justement en train de parler de toi.
— ***Appunto** così si provocano incidenti.*
C'est justement ainsi qu'on provoque des accidents.
— *Vuoi quest'oggetto? **Appunto**.*
Tu veux cet objet? Justement.

■ Traduire :
1. Disse appunto quello che doveva tacere. 2. Vuole andar via? Appunto! 3. Volevo appunto avvertirti in anticipo. 4. Vuole entrare? Per l'appunto!

## 29 A qui... (traduction de -)

Selon le cas, on traduit **«à qui»** par :

1 ***A chi :***

— ***A chi*** *farai credere questo?*
A qui feras-tu croire cela?
— *Dillo* ***a chi*** *vuoi, non a me.*
Dis-le à qui tu veux, pas à moi.
— ***A chi*** *lo dici?*
A qui le dis-tu?

2 ***Di chi?***

— ***Di chi*** *è questa macchina? È del vigile del fuoco.*
A qui est cette voiture? Elle est au pompier.

3 ***A cui*** **ou :** ***cui (al/alla quale, ai/alle quali, 245)*** :

— *La banca* ***a cui*** */* ***cui*** *scrivo ha la sede a Ginevra.*
La banque à qui / à laquelle j'écris a son siège à Genève.

*POUR ALLER PLUS LOIN*

- **A qui le tour?** se traduit par : ***A chi tocca?***

— *A chi tocca / spetta pagare?*
C'est à qui de payer?
(50, emplois de ***toccare a*** et ***spettare a***).

■ Traduire :
1. A qui est ce sac à dos (zaino)? 2. A qui sont ces valises (valigia)? 3. A qui téléphones-tu? 4. A qui le tour de jouer? 5. A qui dois-je m'adresser (rivolgersi)? 6. A qui as-tu envoyé cette carte postale (cartolina)? 7. Donne ce tableau (quadro) à qui tu voudras. 8. C'est la personne à qui il écrit toutes les semaines (ogni settimana). 9. L'homme à qui j'ai parlé n'a pas su me renseigner (informarmi). 10. La femme à qui tu penses n'habite plus ici.

# 30 Arriver (traduction de -)

Le français **«arriver»** se traduit de façon différente selon le cas :

1 **«Arriver quelque part» :** ***arrivare, giungere*** **et parfois** ***venire*** **:**

— *Sono* ***arrivato*** *a mezzogiorno.*
Je suis arrivé à midi.
— *Sono* ***giunti (arrivati)*** *in ritardo.*
Ils sont arrivés en retard.
— *Aspettami.* ***Vengo.***
Attends-moi. J'arrive!

2 **Dans le sens de «arriver à quelque chose» :** ***riuscirvi*** **ou, plus familièrement,** ***farcela*** **:**

— *Ci sono riuscito da solo.* ***Ce l'ho fatta*** *da solo.*
J'y suis arrivé tout seul.

3 **«Un fait qui arrive» :** ***accadere, succedere, capitare*** **:**

— *Che cosa è* ***successo (accaduto, capitato)****? È scoppiato uno scandalo.*
Qu'est-il arrivé? (que s'est-il passé?) Un scandale a éclaté.
— *Talvolta gli* ***capita*** *di...*
Il lui arrive parfois de...

4 **«En arriver à» se traduit** ***giungere al punto di*** **:**

— *Siamo* ***giunti al punto di*** *non fidarci più di nessuno.*
Nous en sommes arrivés à ne plus nous fier à personne.

**1** Traduire :
1. Quando siete arrivati? 2. Siamo giunti a Firenze ieri sera. 3. Che cosa è successo? È successo un incidente stradale (accident de la route). 4. È venuta la sua ora. 5. Ce l'hai fatta? Bravo. 6. Penso che non riuscirà a riparare il motore. 7. Sta diventando pazzo : è giunto al punto di non ricordare neanche il proprio indirizzo. 8. Signora, la chiamano al telefono! Grazie, vengo subito! 9. Cosa vuoi? son cose che capitano. 10. Ha troppi debiti. Non ce la fa più.

**2** Traduire :
1. Quand arriverez-vous? 2. Nous arriverons à l'aéroport à minuit. 3. Je suis arrivé cette nuit (stanotte). 4. Qu'est-il arrivé? 5. Attends-moi. Je mets mes souliers et j'arrive. 6. J'en arrive à m'interroger sur son honnêteté (onestà). 7. Donne-moi un coup de main (dare una mano). Je n'y arrive pas tout seul. 8. Ici, il n'arrive jamais rien d'extraordinaire. 9. Tu y arrives ou tu veux que je t'aide? 10. Ils arriveront avec une demi heure de retard.

# 31 Articles

## Formes

### 1 Formes simples :

**a** Article indéfini masculin :

- cas général : devant consonne **un**

| | |
|---|---|
| *un giorno* | *(dei) giorni* |

- devant voyelle **un**

| | |
|---|---|
| *un individuo* | *(degli) individui* |

- devant *s* «impur» (248), *z, x, gn, ps, i* + voyelle **uno**

| | |
|---|---|
| *uno studio* | *(degli) studi* |
| *uno zigomo* | *(degli) zigomi* (pommettes) |
| *uno xilofono* | *(degli) xilofoni* |
| *uno psicologo* | *(degli) psicologi* |
| *uno iugoslavo* | *(degli) iugoslavi* |
| *uno gnomo* | *(degli) gnomi* |

**b** Article défini masculin :

- devant consonne : **il**

| | |
|---|---|
| *il giorno* | *i giorni* |

- devant voyelle : **l'**

| | |
|---|---|
| *l'individuo* | *gli individui* |

- devant *s* «impur», *z, x, gn, ps, i* + voyelle **lo**

| | |
|---|---|
| *lo studio* | *gli studi* |
| *lo zigomo* | *gli zigomi* |
| *lo xilofono* | *gli xilofoni* |
| *lo psicologo* | *gli psicologi* |
| *lo iugoslavo* | *gli iugoslavi* |
| *lo gnomo* | *gli gnomi* |

**c** Article indéfini féminin :

- devant consonne : **una**

| | |
|---|---|
| *una giornata* | *(delle) giornate* |
| *una strada* | *(delle) strade* |

- devant voyelle : **un'**

| | |
|---|---|
| *un' ora* | *(delle) ore* |

**d** Article défini féminin :

- devant consonne : **la**

| | |
|---|---|
| *la giornata* | *le giornate* |
| *la strada* | *le strade* |

- devant voyelle : **l'**

| | |
|---|---|
| *l'ora* | *le ore* |

## 2 Articles contractés :

L'article défini se combine avec les prépositions : ***a, da, su, di, in*** (et en partie seulement avec ***con***) pour former des «articles contractés» *(preposizioni articolate).*

| | | a | da | su | di | in | con |
|---|---|---|---|---|---|---|---|
| masculin | *il* | *al* | *dal* | *sul* | *del* | *nel* | *col* |
| | *i* | *ai* | *dai* | *sui* | *dei* | *nei* | *coi* |
| | *l'* | *all'* | *dall'* | *sull'* | *dell'* | *nell'* | |
| | *lo* | *allo* | *dallo* | *sullo* | *dello* | *nello* | |
| | *gli* | *agli* | *dagli* | *sugli* | *degli* | *negli* | |
| féminin | *la* | *alla* | *dalla* | *sulla* | *della* | *nella* | |
| | *l'* | *all'* | *dall'* | *sull'* | *dell'* | *nell'* | |
| | *le* | *alle* | *dalle* | *sulle* | *delle* | *nelle* | |

La série n'est pas complète pour la préposition ***con***. On emploie ***con il*** et ***con i*** parallèlement à ***col*** et ***coi***.

**1** Mettre l'article indéfini puis défini d'abord au singulier puis au pluriel devant les mots suivants :
camicia, cravatta, scarpa, fazzoletto (mouchoir), cappello, giacca (veste), viso (visage), fronte (fémin.), zigomo (pommette), psichiatra, psicologo, svizzero, schema, italiano, italiana.

**2** Mettre l'article contracté formé sur ***di***, d'abord au singulier puis au pluriel devant les mots ci-dessus.

## Emplois

## 1 L'article indéfini :

**a** Dans la plupart des cas, on l'emploie comme en français :

— *Sto cercando un libro.*
Je cherche un livre.
— *Prestami una guida.*
Prête-moi un guide.

**b** Au pluriel on utilise, comme en français, l'article contracté formé de ***di*** et de l'article défini mais :

- son emploi n'est pas obligatoire.
  — *Ho comprato dei libri*
  *(= ho comprato libri).*
  J'ai acheté des livres.

- et on ne le trouve jamais dans les phrases négatives (cf. article partitif ci-dessous) :
  — *Non ho comprato libri.*
  Je n'ai pas acheté de livres.

**c** Avec ***mezzo*** on ne l'emploie pas en italien, contrairement au français :

- **heure** :
  — *Tornerò fra mezz'ora.*
  Je reviendrai dans une demi-heure.
- **quantité** :
  — *Voglio mezzo chilo di carne.*
  Je veux un demi-kilo de viande.
- dans ces cas, l'article traduirait **environ** :
  — *Occorre un mezzo chilo...*
  Il faut environ un demi-kilo...

## 2 L'article défini :

**a** Dans la plupart des cas, son emploi est le même qu'en français :

| | | |
|---|---|---|
| — *il pane* | — *lo zucchero* | — *la carne* |
| le pain | le sucre | la viande |
| — *le uova* | — *il pollo* | — *il coniglio* |
| les œufs | le poulet | le lapin |

**b** Mais les différences entre le français et l'italien sont nombreuses :

- L'article défini remplace assez souvent le possessif quand le rapport d'appartenance est évident (216) :
  — *Chiama il cane.*
  Il appelle son chien.
  — *Guarda la sorella.*
  Il regarde sa sœur.
- Article défini en italien, pas d'article en français :
  En italien, on emploie l'article défini avec :

  **l'heure** :

| | | |
|---|---|---|
| — *È l'una* | — *Sono le sette.* | — *Sono le due.* |
| C'est une heure. | Il est sept heures. | Il est deux heures. |

  Mais on dit :
  — *È mezzogiorno. È mezzanotte.*
  C'est midi. C'est minuit.

  **la date** :
  — *Il 1991 fu importante per me.*
  — *Sono arrivato nel 1990 (nel '90).*
  — *È tornato nel 1989 (nell'89);*

  **les pourcentages** :
  — *Ho già rimborsato il 40 per cento del debito.*
  J'ai déjà remboursé 40 % de ma dette.

**les noms** :

– célèbres : *il Machiavelli, il Goldoni...*
Cet usage n'est pas toujours respecté : on dit aussi : *Machiavelli, Goldoni...* et on n'emploie jamais l'article avec les noms appartenant à l'Antiquité : *Aristotele, Virgilio...*
ou au monde de la musique : *Mozart, Verdi...*
On n'emploie jamais l'article quand il s'agit de prénoms : *Michelangelo, Dante...*
– d'entreprises : *la Fiat, la Olivetti...*
– assez souvent (familièrement) avec les prénoms féminins : *la Marisa* mais aussi les noms de famille : *la Grimaldi, il Rossi*;

**l'adjectif possessif** (216) :
*la mia casa, le mie chiavi* (clés).

Pour l'emploi sans article avec les noms de parenté (et les nombreuses exceptions), (107).

- Avec les titres, la place de l'article défini est différente en italien et en français :
  — *la signora Direttrice*
  Madame la Directrice
  — *il signor Ministro*
  Monsieur le Ministre
  — *Il vostro signor padre, fratello...*
  Monsieur votre père, votre frère...
- Article défini en français, pas d'article en italien :
  — *Buona sera signora Direttrice, signor Ministro.*
  Bonsoir Madame la Directrice, Monsieur le Ministre.
- En général, on n'emploie pas l'article défini avec les noms de rois ou de papes :
  — *Papa Giovanni Paolo II benedice la folla.*
  Le Pape Jean-Paul II bénit la foule.
  — *Re Luigi XIV ha fatto costruire Versaglia.*
  Le roi Louis XIV a construit Versailles...

  On l'emploie devant le mot *imperatore* :
  — *L'imperatore Napoleone I morì a Sant'Elena nel 1821.*
  L'empereur Napoléon 1er mourut à Sainte-Hélène en 1821.

## 3 L'article contracté :

**a** L'article contracté est employé la plupart du temps comme en français :

— *Il libro è sul cassettone.*
Le livre est sur la commode.

Mais assez souvent avec des compléments de lieu, on emploie la préposition sans article :
***a*** (3) *(restare a casa),* ***di*** (78 et 80) *(uscire di casa),* ***in*** (133) (*in tasca* dans la poche)...

**b** L'article partitif est formé de la préposition ***di*** et de l'article défini :

— *Una parte dello stipendio...*
Une partie du salaire...

— *Voglio del pane.*
Je veux du pain.

## 4 L'article partitif :

**a** L'article partitif s'emploie pour indiquer une partie, une quantité indéterminée :

— *Voglio del vino.*
Je veux du vin.

— *Hanno degli amici.*
Ils ont des amis.

**b** Il n'est pas obligatoire en italien :

— *Voglio vino.*
Je veux du vin.

— *Prenderò solo fichi.*
Je ne prendrai que des figues.

— *Voglio ancora vino.*
Je veux encore du vin.

— *Mangerò solo pane.*
Je ne mangerai que du pain.

**c** On ne l'emploie jamais dans les phrases négatives :

— *Non bevo vino.*
Je ne bois pas de vin.
— *Non comprerò fichi.*
Je n'achèterai pas de figues.

**d** Il vaut mieux ne pas l'utiliser quand il est précédé d'une préposition :

— *Fu trovato con armi.*
On le trouva avec des armes.
— *Scrisse ad amici.*
Il écrivit à des amis.

On peut alors le remplacer :

- au singulier par : ***un po', alquanto*** :
  — *Un bicchiere d'acqua con un po' di vino.*
  Un verre d'eau avec du vin.
  — *Voglio alquanto vino (un po' di vino).*
  Je veux du vin.
- au pluriel par ***alcuni*** (suivi du pluriel) ou ***qualche*** (suivi du singulier) (228) :
  — *Scrisse ad alcuni amici. Scrisse a qualche amico.*
  Il écrivit à des amis.

**1** Traduire :
1. Donne-moi du sucre (zucchero). 2. Je ne veux pas de jambon (prosciutto). 3. Je prendrai des sandwichs. 4. Il n'y a pas de verres. 5. Il ne va jamais au cinéma avec sa femme (moglie). 6. Il enleva (tolse) ses souliers. 7. C'est la demie. 8. J'arriverai à 9 heures. 9. 1990 fut l'année de la réunification de l'Allemagne (Germania). 10. La révolution a éclaté (scoppiò) en 89.

**2** Traduire :
1. S'il y a des bénéfices (utile) 15 % pour moi et 20 % pour vous. 2. Dante est l'auteur de la Divine Comédie (Commedia). 3. Il travaille chez (presso) Fiat. 4. Merci, Monsieur le Président. 5. J'ai bien connu Madame votre mère. 6. Le pape Jean XXIII était très populaire. 7. L'empereur Napoléon III aida (aiutare) beaucoup l'Italie. 8. Je ne veux plus de champagne. Donnez-moi de l'eau minérale. 9. Je n'ai pas beaucoup d'amis.

## 32 Assai

**a** ***Assai*** est l'équivalent de ***molto*** ou de ***tanto*** (beaucoup, 44, 168) :

— *Il mio vicino di casa è **assai** rumoroso.*
Mon voisin est très bruyant.

**b** Ne pas confondre avec le français **assez** qui se traduit par :

- ***abbastanza*** **:**
  — *Ne ho **abbastanza**! Non riesco a guadagnare abbastanza denaro.*
  J'en ai assez! Je n'arrive pas à gagner **assez** d'argent!
- **ou** ***piuttosto*** :
  — ***È piuttosto*** *severo.*
  Il est **assez** sévère.

Traduire :
1. Ti voglio bene assai. 2. Questa ragazza è assai carina. 3. Non spendere di più hai già speso assai denaro! 4. Non lavori abbastanza! 5. Ha molto successo perché lavora assai. 6. Sarà assai più caro di quanto pensassi. 7. È stato assai peggio del previsto. 8. Questo è successo assai prima della guerra. 9. Me ne sono accorto (aperçu) assai dopo i fatti. 10. Come stai? Mi sento assai meglio. 11. Hanno viaggiato assai. 12. Ci è dispiaciuto assai. 13. Non c'era abbastanza gente. Ma che dici? C'era gente assai.

## 33 Attaccare (traduction de -)

Le verbe ***attaccare*** ressemble au français **«attaquer»**. C'est parfois une source de confusion car, selon le contexte, il signifie :

**1** **Attaquer :**

— ***Hanno attaccato*** *una banca.*
On a attaqué une banque.

et, dans le sens de **commencer** :
— ***Attaccava*** *i discorsi con uno scherzo.*
Il commençait (attaquait) ses discours par une plaisanterie.

Un ***attaccabrighe*** est quelqu'un qui cherche querelle aux autres.

2 **Attacher** :

— *Attaccalo con uno spago.*
Attache-le avec une ficelle.
— *Non sai* ***attaccare*** *i due estremi di una corda?*
Tu ne sais pas nouer les deux bouts d'une corde?
— ***Sono*** *troppo* ***attaccati*** *ai privilegi.*
Ils sont trop attachés à leurs privilèges.

***Attaccaticcio*** signifie **collant, poisseux** :
— *Perché la carta delle caramelle è sempre* ***attaccaticcia****?*
Pourquoi le papier des bonbons est-il toujours collant?

3 **Pendre, accrocher, atteler** :

— ***Attaccherò*** *questo quadro sotto l'applique.*
J'accrocherai ce tableau sous l'applique.
— *Mancano gli attaccapanni. Dove posso* ***attaccare*** *i miei vestiti?*
Il manque des cintres. Où puis-je pendre mes vêtements?
— *In quei tempi dovevano ancora* ***attaccare*** *i buoi all'aratro.*
En ce temps-là ils devaient encore atteler les bœufs à la charrue.

■ Traduire :
1. Non attaccano più il governo. 2. Non riesco ad attaccare questo francobollo (timbre). 3. Questo cerotto (sparadrap) non attacca. 4. Avevano attaccato un'asse (une planche) sulla porta. 5. Perché attaccate questo manifesto (affiche) sul muro? È vietato. 6. Lo stufato (ragoût) si è attaccato. Sa di bruciato. 7. Dove s'attacca l'edera (le lierre) muore. 8. Mancavano i bicchieri, si sono attaccati alla bottiglia. 9. L'orchestra attaccò l'apertura. 10. Hanno attaccato l'antipasto (hors d'œuvre) con appetito.

## 34 Attendre (traduction de -)

Pour traduire «**attendre**» on choisira entre :

1 ***Aspettare*** **ou** ***attendere*** :

— ***Aspetto (attendo)*** *il treno da mezz'ora.* ***Me l'aspettavo.***
J'attends le train depuis une demi-heure. Je m'y attendais!
— ***Non aspetto*** *(non mi* ***aspetto****) niente da te.*
Je n'attends rien de ta part.

2 ***Indugiare, tardare*** **(attendre, hésiter, tarder) :**

— ***Indugia*** *troppo per curarsi.*
Il attend trop pour se soigner.

POUR ALLER PLUS LOIN

— *In attesa di una risposta*
Dans l'attente d'une réponse...
— *Aspettate in sala d'attesa.*
Attendez dans la salle d'attente.
— *Lo Stato non ha saputo rispondere all'aspettativa dei cittadini.*
L'État n'a pas su répondre à l'attente des citoyens.

■ Traduire :
1. Lo aspettiamo al varco (varcare, franchir). 2. Si aspettava di vederti più presto. 3. Ci si aspetta che sia sconfitto alle prossime elezioni. 4. Ti ho fatto aspettare molto? 5. Confesso che mi aspettavo qualcosa di meglio. 6. Non indugiare troppo, deciditi. 7. È quasi impossibile rispondere all'aspettativa degli studenti.

## 35 Attention

On emploie ***attenzione*** ou ***attento*** variable en genre et en nombre. L'emploi de cet adjectif utilisé comme exclamatif est donc semblable à celui de ***bravo*** (47) ou ***zitto*** (138).

— *Attent**o**, signore!*
Attention, Monsieur!
— *Attent**a**, signora!*
Attention, Madame!
— *Attent**i**, ragazzi!*
Attention les enfants!
— *Attent**e**, signorine!*
Attention, mesdemoiselles!

■ Traduire :
Attention, Marie! Attention, messieurs! Attention, les filles! Attention, papa (papà)! Attention maman (mamma)!

## 36 Attitude (traduction de -)

**a** Le français **«attitude»** se traduit par ***atteggiamento*** :

— *Ebbe un* ***atteggiamento*** *ostile.*
Il eut une attitude hostile.

— *Dovrebbe cambiare **atteggiamento** nei tuoi confronti.*
Il devrait changer d'attitude à ton égard.

**b** Ne pas confondre avec l'italien ***attitudine*** qui signifie : **«aptitude»**, **«disposition»** :

— *È privo di **attitudini** particolari.*
Il est dépourvu d'aptitudes particulières.
— *Come valutare **l'attitudine** al lavoro?*
Comment juger l'aptitude au travail?

## 37 *Aucun (traduction de -)* *( nessuno, 117)*

En français **aucun** peut être adjectif ou pronom.

### 1 Traduction de «aucun» adjectif :

**a** L'adjectif **aucun** ne se traduit par ***alcuno*** que dans les phrases où le verbe est précédé de la négation ***non.*** On peut le remplacer par *nessuno* :

— *Non c'è **alcun** / **nessun** pesce.*
Il n'y a aucun poisson.

**b** Dans les phrases où le verbe n'est pas précédé de la négation ***non*** en italien, on ne peut employer que ***nessuno*** :

— ***Nessun** pesce è fresco.*
Aucun poisson n'est frais.

### 2 Traduction de «aucun» pronom :

**a** Le pronom **aucun** se traduit par ***nessuno*** :

— ***Nessuna** vedrà la differenza.*
Aucune ne verra la différence.

**b** ***Alcuno (qualcuno)*** signifie : **quelqu'un**.
— ***Alcuno** (qualcuno) troverà la soluzione.*
Quelqu'un trouvera la solution.

Traduire :
1. Je n'ai vu aucun progrès. 2. Il n'y a aucune solution. 3. Je n'en ai vu aucune. 4. Aucun n'est compétent. 5. Aucune difficulté ne l'arrête (fermare). 6. Aucun magasin (negozio) n'est ouvert. 7. Je n'ai trouvé aucun supermarché fermé. 8. Aucun n'a su me renseigner. 9. Quelle cravate prends-tu? Je n'en achète aucune car aucune ne me plaît. 10. Aucun n'est assis?

# 38 Augmentatifs (suffixes - )

L'italien dispose de certains suffixes augmentatifs *(accrescitivo)* :

## 1 Le suffixe *-one* :

*il titolo* → *il titolone* (le gros titre)
*lo stivale* → *lo stivalone* (la grande botte)
*bene* → *benone* (très bien)

- Au féminin le suffixe est ***-ona*** :
  *pigra* (paresseuse) → *pigrona*
  *febbre* (fièvre) → *febbrona*

  Mais quand ils sont accompagnés du suffixe ***-one***, beaucoup de mots féminins deviennent masculins :
  *la pagina* (page) → *il paginone*
  *la scarpa* (soulier) → *lo scarpone*
  *la stanza* (pièce) → *lo stanzone*
  *la cena* (souper) → *il Cenone* (le repas de Nouvel An)
  *la tavola* → *il tavolone*
  *la maglia* (pull) → *il maglione*
- Certains mots ont une forme féminine : *la donnona, la febbrona, la manona*... et masculine : *il donnone, il febbrone, il manone*...

**POUR ALLER PLUS LOIN**

*il cagnone* < *il cane*, le chien
*il boccone*, la bouchée < *la bocca*
*il gommone*, le canot pneumatique < *gomma*, pneu
*lo zuccone*, le cancre < *la zucca*, la courge

## 2 Le suffixe *-otto* :

- Le suffixe ***-otto*** exprime l'idée de robustesse, de solidité. En ce sens on peut le considérer comme un augmentatif :
  *un ragazzo* → *un ragazzotto* (un enfant robuste)
  *un giovane* → *un giovanotto* (un jeune homme solide, un gaillard)
  *un palazzo* → *un palazzotto* (une belle demeure cossue)
- ***-otto*** peut traduire une nuance légèrement péjorative :
  *vecchio* → *vecchiotto* (vieillot)

■ Indiquez sur quels mots sont formés les augmentatifs suivants et traduisez-les :
Il macchinone – il portone – un librone – uno scatolone – il giubbotto – un bicchierone – il cucchiaione – il fannullone – il minestrone – il pallone – una riccona – un affarone – il tabellone – il telone.

## 39 Autant (traduction de - )

Le français «**autant**» a pour équivalents italiens ***tanto*** et ***altrettanto*** (270). **Autant** est toujours invariable. ***Tanto*** et ***altrettanto*** sont :

**a** **Invariables** quand ils sont **adverbes de quantité** :

— *Non sapevo che bevesse* ***tanto****.*
Je ne savais pas qu'il buvait autant.
— *Pagherete* ***altrettanto****.*
Vous paierez autant (tout autant).

**b** **Variables** en genre et en nombre quand ils sont **adjectifs** :

— *Sapevi che beveva tant****a*** *birr****a****?*
Tu le savais qu'il buvait autant de bière?
— *Prese tant****e*** *(altrettant****e****) per****e*** *quant****e*** *mele.*
Il prit autant de poires que de pommes.
— *Ha tant****i*** *(altrettant****i****) amic****i*** *quante amiche.*
Il a autant d'amis que d'amies.
— *Ti hanno dato due chili di ciliegie? Ne voglio altrettant****e****.*
On t'a donné deux kilos de cerises? J'en veux autant.
— *Posso fare lo stesso.*
Je peux en faire autant.

**1** Traduire :
1. Quando morì lasciò tanto denaro alla moglie quanto alle figlie. 2. Non preoccuparti tanto. Non sarà niente, vedrai. 3. Per praticare questo sport, occorre tanta forza quanta agilità. 4. Ci saranno tanti americani quanti giapponesi. 5. Non ho più fame, non darmi tanto puré! 6. Non credevo che avrebbe aspettato tanto. 7. Perché lavori tanto? 8. Hanno avuto tanti figli quanto i genitori. 9. Non ho ancora tanti dischi quanti ne avete voi. 10. Non tornerà, tanto più che non conosce nessuno in questa città.

**2** Traduire :
1. Il a lu autant de chefs-d'œuvre (capolavoro) classiques que de romans policiers (giallo). 2. On t'a offert cinq livres? J'en veux autant. 3. Je crois que tu ne sais pas en faire autant. 4. Il boit autant de vin que d'eau. 5. Il y a autant d'Italiens que d'Allemands.

## 40 Autrui (traduction de - )

Le français «**autrui**» se traduit par :

**a** ***Altrui*** quand il a une fonction d'**adjectif possessif** :

— *Rispetta i beni* ***altrui****.*
Respecte les biens d'autrui.

— *Mi frego dell'opinione* ***altrui****.*
Je me moque de l'opinion d'autrui.

**b** ***Gli altri*** quand il est **pronom** :

— *Pensa un poco **agli altri.***
Pense un peu à autrui (aux autres).
— *Non mi occupo **degli altri.***
Je ne m'occupe pas d'autrui (des autres).

**1** Traduire :
1. Si sacrifica per il bene altrui. 2. Non invidiate il denaro altrui. 3. Non badare (faire attention) agli altri, fa quello che devi fare. 4. Non immischiarti (se mêler) nei fatti altrui. 5. Mi rallegro dell'altrui bene.

**2** Traduire :
1. Il faut aider (aiutare) autrui. 2. Il ne tient pas compte (tener conto) des conseils d'autrui. 3. Nous n'agirons pas aux dépens (alle spese) d'autrui.

## 41 Avant (traduction de - )

Le mot «**avant**» est très employé. Il se traduit en italien par :

**a** ***Avanti*** :

— *avanti Cristo*
avant Jésus-Christ
— *Questo poeta è nato nell'80 a.C. ed è morto nel 7 d.C.*
Ce poète est né en 80 avant J.C. et il est mort en 7 après J.C.
— *avanti l'alba, avanti giorno (prima dell'alba)*
avant l'aube

**b** ***Prima, prima di*** :

— *prima di Pasqua, prima di Natale*
avant Pâques, avant Noël
— *prima della fine del mese*
avant la fin du mois
— *Prima di uscire metti la maglia.*
Avant de sortir mets ton pull.
— *prima del diluvio*
avant le déluge
— *prima di me*
avant moi
— *Mi ama come prima.*
Elle m'aime comme avant.

**c** ***Entro*** (ou ***dentro***) quand on veut indiquer une date à ne pas dépasser :

— *Questo va pagato entro il mese.*
Cela doit être payé avant la fin du mois.
— *entro l'anno*
avant la fin de l'année

**d** ***Fra poco, presto :***

— *Avrai la risposta fra poco, presto.*
Tu auras la réponse avant (sous) peu.

POUR ALLER PLUS LOIN

- ***avanti!*** En avant! Entrez!
- *andare avanti :* avancer, aller de l'avant.
- *farsi avanti :* se mettre en avant *(farsi valere)* ou s'avancer

— *Non venga innanzi tempo.*
Ne venez pas avant l'heure.
— *È arrivato un (il) giorno prima.*
Il est arrivé un jour avant (la veille).

* Au football ***(calcio)*** les avants sont ***gli attaccanti (gli avanti)***, l'avant-centre est ***il centrattacco*** (ou ***centravanti***) et, pour ce qui est des automobiles, une traction avant est ***una macchina a trazione anteriore...***

**1** Traduire :
1. Ce temple (tempio) a été construit deux siècles (secolo) avant J.-C. 2. Je l'ai vu avant-hier. 3. Il a crié (gridare) avant de tomber. 4. Réfléchis avant de te décider. 5. En avant, les gars! (ragazzi). 6. Entrez! la porte est ouverte. 7. Reposez-vous avant le match (la partita). 8. Il a trompé (ingannare) plusieurs personnes avant moi. 9. Je ne peux plus attendre! Remboursez-moi avant la fin du mois.

**2** Traduire :
1. Posso entrare? Avanti! 2. Chi ha fischiato (siffler)? Su, coraggio, si faccia avanti! 3. Come prima più di prima t'amerò (chanson). 4. Prima di rispondere rifletti un po'. 5. Ti telefonerò prima di martedì. 6. Ieri l'altro pioveva. 7. Lui ha reagito innanzi tempo. 8. Poc'anzi c'era stata una frana (éboulement). 9. Sbagli. L'accento batte sull'antepenultima. 10. Stasera danno il balletto in anteprima.

## 42 Avere (auxiliaire avoir)

### Conjugaisons

indicatif

| présent | imparfait | futur | passé comp. | passé simple |
|---|---|---|---|---|
| *ho* | *avevo* | *avrò* | *ho avuto* | *ebbi* |
| *hai* | *avevi* | *avrai* | *hai avuto* | *avesti* |
| *ha* | *aveva* | *avrà* | *ha avuto* | *ebbe* |
| *abbiamo* | *avevamo* | *avremo* | *abbiamo avuto* | *avemmo* |
| *avete* | *avevate* | *avrete* | *avete avuto* | *aveste* |
| *hanno* | *avevano* | *avranno* | *hanno avuto* | *ebbero* |

| subjonctif | | impératif | | conditionnel |
|---|---|---|---|---|
| présent | imparfait | affirmatif | négatif | présent |
| *abbia* | *avessi* | | | *avrei* |
| *abbia* | *avessi* | *abbi* | *non avere* | *avresti* |
| *abbia* | *avesse* | *abbia* | *non abbia* | *avrebbe* |
| *abbiamo* | *avessimo* | *abbiamo* | *non abbiamo* | *avremmo* |
| *abbiate* | *aveste* | *abbiate* | *non abbiate* | *avreste* |
| *abbiano* | *avessero* | *(abbiano)* | *(non abbiano)* | *avrebbero* |

**1** Mettre au futur les formes suivantes qui sont au conditionnel : avrei – avrebbe – avremmo – avresti – avreste – avrebbero.

**2** Mettre à l'imparfait de l'indicatif les formes suivantes qui sont au passé simple : avemmo – ebbi – ebbero – avesti – ebbe – aveste.

**3** Mettre à l'impératif affirmatif à la personne indiquée entre parenthèses les phrases suivantes : avere coraggio (tu) (voi) (lei) (noi) – avere pazienza (lei) (tu) (voi) (noi).

**4** Mettre à l'impératif négatif à la personne indiquée entre parenthèses les phrases suivantes : essere impaziente (tu) (voi) (noi) (lei) – essere stupido (voi) (lei) (tu).

## Emplois

### 1 *Avere* en italien, «être» en français :

Les verbes suivants sont pronominaux en français mais non en italien; ils se construisent avec l'auxiliaire **être** en français et ***avere*** en italien :
*passeggiare* (se promener),
*canzonare / deridere uno* (se moquer de quelqu'un),
*diffidare di* (se méfier de),
*esclamare* (s'exclamer, s'écrier),
*litigare* (se disputer),
*fare a meno di* (se passer de)

— *Ho passeggiato per due ore.*
Je me suis promené pendant deux heures.
— *Non è vero, ha esclamato.*
Il s'est exclamé : ce n'est pas vrai.
— *Ha fatto a meno di mangiare.*
Il s'est passé de manger.

### 2 «Avoir» en français, *essere* en italien (99) :

### 3 Emploi de l'auxiliaire avec les verbes «serviles» (254) :

— *Ho preso il treno.* →
***Ho** dovuto (potuto, voluto) prendere il treno.*
— *Sono andato a trovarlo.* →
***Sono** dovuto (potuto, voluto) andare a trovarlo.*

On emploie normalement ***essere*** qui est l'auxiliaire de ***andare*** mais on entend aussi :
— *Mio malgrado ho dovuto andare a trovarlo.*
Malgré moi j'ai dû (il m'a bien fallu) aller le voir (on insiste sur la notion d'obligation).

Avec ***essere***, on emploie l'auxiliaire ***avere*** :
— *Ha dovuto essere operato.*
Il a dû être opéré (on a dû l'opérer).

### 4 *Avere* ou *essere* en italien, «être» en français :

Certains verbes ont une forme pronominale et une forme non pronominale. A la forme pronominale, ils se construisent avec l'auxiliaire *essere* :

- ***bisticciare*** (se disputer) :
  *Hanno bisticciato* et, moins courant, ***bisticciarsi*** : *si sono bisticciati;*
- ***sbagliare*** (se tromper) :
  *ha sbagliato,* et ***sbagliarsi*** : *si è sbagliato.*
- ***litigare*** (se disputer) et ***litigarsi*** (se disputer quelque chose)
  — *Hanno litigato a lungo.*
  Ils se sont disputés longuement.
  — *I gatti si sono litigati il topolino.*
  Les chats se sont disputé la souris.

### 5 «Avoir» en français, en italien *avere* + verbes transitifs, *essere* + verbes intransitifs :

En français on n'utilise que l'auxiliaire **avoir** :

**a** Emploi intransitif :

- ***cambiare*** (changer) :
  — *Il titolo è cambiato.* Le titre a changé.
- ***correre*** (courir) :
  — *Siamo corsi ad aiutarlo.* Nous avons couru l'aider.
- ***cominciare, iniziare, principiare, continuare, durare, cessare :***
  — *Il lavoro è cominciato, continuato, durato, cessato.*
  Le travail a commencé, continué, duré, cessé...
- ***finire, terminare*** :
  — *È finito, terminato in ospedale.* Il a fini, abouti à l'hôpital.
- ***suonare*** (sonner) :
  — *È suonata l'ora della partenza.* L'heure du départ a sonné.
- ***vivere*** :
  — *È vissuto felice con la moglie.* Il a vécu heureux avec sa femme.

- ***fuggire*** :
  — *È fuggito all'estero.* Il a fui (il s'est enfui) à l'étranger.
- ***mancare*** :
  — *Sono mancati due minuti.* Il a manqué deux minutes.
- ***saltare*** :
  — *L'autobomba è saltata in aria.* La voiture piégée a sauté.

**b** Emploi transitif :

— *Ho cambiato treno.*
J'ai changé de train.
— *Ha suonato il campanello.*
Il a sonné.
— *Ho vissuto poche ore di felicità.*
J'ai vécu peu d'heures de bonheur.
— *Ha corso i cento metri.*
Il a couru le cent mètres.
— *Ha continuato a ridere.*
Il a continué à rire.
— *Ha saltato la barriera.*
Il a sauté la barrière.

**1** Traduire :
1. Il a plongé du rocher (scoglio). 2. Ils n'ont pas daigné m'écrire. 3. Le ministre de l'Intérieur (degli Interni) a démissionné. 4. Pourquoi n'as-tu pas bougé? 5. Le chat a grimpé sur le tilleul (tiglio).

**2** Traduire :
1. Les prix ont augmenté. 2. L'œil a gonflé. 3. Comme il a vieilli! Tu trouves? J'avais l'impression qu'il avait rajeuni! 4. Quand je lui ai dit cela, elle a pâli. 5. La situation s'est améliorée. Pourquoi m'as-tu dit qu'elle avait empiré? 6. Il a grossi puis il a maigri. 7. Toutes les roses ont fleuri au même moment. 8. Les feuilles (foglia) n'ont pas encore reverdi. 9. Ce problème a toujours existé.

**3** Traduire :
1. En une minute ils ont apparu et disparu. 2. La nouvelle (notizia) a circulé rapidement. 3. L'avion a atterri à Orly. 4. En 1966 l'Arno a débordé et il a inondé (allagare) Florence. 5. Le pétrole a jailli tout de suite (subito). 6. La balle (pallottola) a pénétré jusqu'au foie.

**4** Traduire :
1. Ce concert m'a plu. 2. Il a suffi de deux secondes d'inattention (disattenzione)... 3. Ce discours m'a déplu. 4. Les conditions de paiement (pagamento) ont changé. 5. Tous mes efforts n'ont servi à rien. 6. Il a échoué dans sa tentative (tentativo). 7. Nous n'avons jamais réussi à gagner (vincere). 8. Cette bible (bibbia) a appartenu au roi de France. 9. Ce tableau (quadro) nous a coûté les yeux de la tête (un occhio). 10. J'ai voulu entrer quand même (lo stesso).

**5** Traduire :
1. Ils se sont disputés pendant toute la soirée. 2. Excuse-moi, je me suis trompé. 3. Les temps ont changé mais je n'ai pas changé d'opinion. 4. Il a glissé sur le verglas et il a fini sa course contre le parapet. 5. Ils ont toujours fui les responsabilités. 6. Pourquoi a-t-il fui quand je suis entré? 7. La joie (gioia) n'a pas duré.

## 43 Battere / battre (traduction de -)

1 **L'italien *battere* correspond souvent au français «battre» :**

— *battere i nemici*
battre ses ennemis
— *battere in breccia*
battre en brèche
— *battere un primato*
battre un record
— *battere il tempo*
battre la mesure

2 ***Battere* se trouve parfois sous la forme renforcée *sbattere* :**

— *sbattere* (ou *battere*) *i tappeti*
battre les tapis
— *L'imposta sbatte per il vento.*
Le volet bat à cause du vent.

Dans certaines expressions :

- l'article est différent dans les deux langues :
  — *battere le mani, le ali, ...* battre des mains, des ailes...
- les différences sont plus ou moins sensibles :
  — *battere i denti*
  claquer des dents
  — *battere i piedi*
  taper du pied
  — *battere le palpebre*
  cligner des yeux
  — *battere le ore*
  sonner les heures
  — *battere la testa contro qualcosa*
  se cogner la tête contre quelque chose

■ Traduire :
1. Chi batte alla porta? 2. È una strada battuta. 3. L'ho fatto in un batter d'occhio. 4. Lei sa mentire senza batter ciglio. 5. Chiudi le persiane : il sole batte tutto il pomeriggio. 6. La festa è al suo culmine. 7. Mescola le carte molto rapidamente. 8. Hanno litigato poi hanno fatto a pugni. 9. Bella questa ringhiera (rampe) di ferro battuto! 10. Battevano le 10 quando è tornato.

## 44 Beaucoup (traduction de –)

1 **«Beaucoup», invariable en français, se traduit *molto* qui est :**

a Invariable quand il est adverbe :

— *Lavora **molto**.*
Il travaille beaucoup.
— *Ha sofferto **molto**.*
Il a beaucoup souffert.

b Variable :

- quand il est adjectif :
  — *Ci sono **molti** turisti.*
  Il y a beaucoup de touristes.
  — *C'è **molta** gente.*
  Il y a beaucoup de monde.

- ou a une fonction de pronom indéfini :

— ***Molti*** *sono tornati.*
Beaucoup sont revenus.

— ***Molte*** *sono stanche.*
Beaucoup sont fatiguées.

2 ***Molto,*** **adverbe, peut être remplacé par** ***assai*** **ou** ***tanto*** **:**

— *Mi aiuta* ***molto****. Mi aiuta* ***assai****. Mi aiuta* ***tanto****.*
Il m'aide beaucoup.

3 ***Molto,*** **adjectif ou pronom, peut être remplacé par** ***tanto*** **:**

— *Hanno* ***tanti*** *soldi.*
Ils ont beaucoup d'argent.

— ***Tanti*** *non sanno leggere.*
Beaucoup ne savent pas lire.

4 **L'emploi de** ***molto*** **(168) ressemble à celui des adjectifs des adverbes de quantité et des pronoms indéfinis** ***poco*** (205 et 230) **et** ***troppo*** (281) :

— *Molti i chiamati e pochi gli eletti.*
Il y a beaucoup d'appelés et peu d'élus.

POUR ALLER PLUS LOIN

- **Merci beaucoup :** *Grazie molte, tante grazie, grazie mille*
- **Beaucoup trop :** ***anche troppo, fin troppo :***

— *Lavora anche troppo. Lavora fin troppo.*
Il travaille beaucoup trop.

- **Il s'en faut de beaucoup :** *Ci manca assai.*

## 45 Bello

1 **La forme de l'adjectif** ***bello*** **dépend du substantif devant lequel il se trouve : voir article défini (31) ou** ***quello*** **(234 et 74) :**

| | singulier | pluriel | |
|---|---|---|---|
| masculin | *il bel ragazzo*<br>*il bell'albero*<br>*il bello sguardo*<br>*il bello zaffiro* | *i bei ragazzi*<br>*i begli alberi*<br>*i begli sguardi*<br>*i begli zaffiri* | devant consonne<br>devant voyelle<br>devant *s* impur, *z*... |
| féminin | *la bella ragazza*<br>*la bell'idea* | *le belle ragazze*<br>*le belle idee* | devant consonne<br>devant voyelle |

On dit aussi : *una bella idea, una bella azione.*

2 **Si *bello* n'est pas placé devant le nom, il n'y a plus que deux formes au masculin :**

— *È bello → Sono belli.*
— *Fu un **bel** giorno per me. Anche per me fu **bello**.*
Ce fut un beau jour pour moi. Pour moi aussi il fut beau.
— *Ho visto un **bel** pesce. Tutti i pesci sono **belli**.*
J'ai vu un beau poisson. Tous les poissons sont beaux.

POUR ALLER PLUS LOIN

— *L'hai fatta bella...*
Tu en as fait une belle...
— *È bell'e finito.*
C'est bel et bien terminé.
— *Adesso vien il bello...*
On arrive au plus beau...
— *Questa è bella !*
Elle est bien bonne !
— *fare bella figura*
se montrer à son avantage

— *Avere un bel fare, dire, gridare...*
Avoir beau faire, beau dire, crier...
— *Non ci capisco un bel niente (un'acca).*
Je n'y comprends rien (goutte).
— *Sul più bello...*
Au meilleur moment...
— *Ciao, bello !*
Salut mon beau !
— *fare una brutta figura*
se ridiculiser

■ Mettre l'adjectif ***bello*** à la place des pointillés :
1. Oggi fa ............ tempo. 2. Che ............ scarpe ! Sono italiane? 3. Lei indossa sempre dei ............ vestiti. 4. Guarda che ............ occhi ha questa bambina. Hai ragione sono proprio ............ 5. Hai un ............ giardino. Congratulazioni (félicitations). 6. ............ questo quadro. Infatti è davvero una ............ opera. 7. Grazie a te ho fatto una ............ figura. 8. Avete un ............ dire questa non è la soluzione adatta. 9. L'avete fatta ............ Adesso come si può rimediare? 10. Per i Mondiali hanno costruito un ............ stadio.

## 46 *Bien (traduction de -)*

1 **Le français « bien » se traduit en général par *bene* :**

— *Come stai? Sto bene.*
Comment vas-tu? Je vais bien.
— *Sta poco bene.*
Il ne se sent pas très bien.

- Au superlatif on dit : ***benissimo, molto / assai bene*** et ***benone*** (plus familier), très bien.
- Au comparatif, on dit : ***migliore***, mais on entend aussi : *più buono*, meilleur.

## 2 Différences entre l'italien et le français :

**a** Dans les expressions où **bien** remplace **beaucoup**, **très**, on ne peut employer ***bene*** que si la phrase exprime effectivement un bien, une réalité agréable :

— *Sono ben lieto di vederti.*
Je suis bien content de te voir.

Dans le cas contraire on emploie *molto* ou *proprio* :

— *Sono molto / proprio deluso.*
Je suis bien déçu.

— *Hai proprio torto.*
Tu as bien tort.

**b** Contrairement au français **bien**, ***bene*** se place **après le verbe** :

— *Bisogna capire bene.*
Il faut bien comprendre.

— *Ho mangiato bene.*
J'ai bien mangé.

**c** Conjonctions avec **bien** :

- **bien que** : *benché* + subjonctif;
- **si bien que** : *sicché, tanto che, di modo che* + indicatif;
- **quand bien même** : *anche se, quand'anche, quando pure* + subjonctif;
- **mais bien** : *bensì.*
  — *Non è un colpo **bensì** una ferita.*
  Ce n'est pas un coup mais bien une blessure.

### POUR ALLER PLUS LOIN

**Bien** entre dans des expressions dont la traduction italienne ne comprend pas toujours l'adverbe ***bene*** :

— *Ti sta bene.*
C'est bien fait (tant pis pour toi).

— *È una persona perbene (seria).*
C'est quelqu'un de bien.

— *È proprio italiano!*
C'est bien un Italien!

— *Altro che! Certo! Senz'altro!*
Bien sûr!

— *Può darsi.*
C'est bien possible.

— *Te l'avevo pur detto.*
Je te l'avais bien dit.

— *Essere proprio fortunato.*
Avoir bien de la chance.

— *Ma guarda!*
Eh bien! Ça alors!

- ***Voler bene*** signifie **aimer** (14) : *Ti voglio bene.* Je t'aime.
- **Je veux bien** se traduit ***d'accordo, volentieri.***
  — *Vuoi un succo di frutta? Volentieri.*
  Tu veux un jus de fruit? Je veux bien.

Traduire :
1. Comment ça va? Tout va bien. 2. Nous sommes bien contents d'être arrivés. 3. Je l'ai trouvé bien fatigué. 4. Tu as bien travaillé? 5. C'est bien payé? 6. Il est arrivé en retard si bien qu'il n'y avait plus personne pour l'accueillir (accogliere). 7. Ce n'est pas un soulève-

ment (una sommossa) mais bien un coup d'État (colpo di Stato). 8. Quand bien même il avouerait (confessare) son erreur, je ne l'aiderais pas (aiutare). 9. Tu es bien un menteur (bugiardo), comme ton père. 10. Il est bien possible que ce train circule le dimanche.

## 47 Bravo

Si vous aimez l'**opéra** ***(opera in musica)*** vous irez à l'**Opéra** ***(teatro dell'Opera)*** et vous crierez votre admiration en disant : ***Bravo!*** au ténor ***(tenore)***, ***Brava!*** à la soprano, ***Bravi!*** aux choristes et ***Brave!*** aux danseuses ***(ballerine).*** Cf. ***Attento*** (attention, 35) et ***zitto*** (taisez-vous, 138).

■ Traduire :
Bravo, Marie! Bravo, messieurs! Bravo, les filles! Bravo, papa (papà)! Bravo, maman (mamma)!

## 48 Buono / bon

**1 Formes :**

La forme de l'adjectif ***buono*** varie en fonction du substantif qui le suit :

**a** Masculin :

| singulier | pluriel |
|---|---|
| *un buon ragazzo*<br>(devant consonne)<br>*un buon **elemento***<br>(devant voyelle)<br>*un buono **scrittore, zio, psicologo***<br>(devant ***s*** «impur», ***z***, ***ps***) | *(dei) buon / buoni ragazzi*<br>(devant consonne)<br>*(dei) buoni **elementi***<br>(devant voyelle)<br>*(dei) buoni **scrittori, zii, psicologi***<br>(devant ***s*** «impur», ***z***, ***ps***) |

**b** Féminin :

| singulier | pluriel |
|---|---|
| *un buona ragazza,*<br>*una buona strada*<br>(devant consonne)<br>*una buon' (buona) **allieva***<br>(devant voyelle) | *(delle) buone ragazze, (delle) buone strade*<br>(devant consonne)<br>*(delle) buone **allieve***<br>(devant voyelle) |

Quand l'adjectif suit le nom il garde la forme complète ***buono*** :

— *un buon pranzo* — un bon repas

— *un pranzo buono ma caro* — un repas bon mais cher

**c** Comparatif (56) et superlatif (269) :

- Le comparatif est ***migliore***, mais on entend aussi : *più buono*.
- Le superlatif est ***molto / assai buono*** ou ***ottimo***.

## 2 Emplois :

**a** Dans beaucoup d'expressions, on a **bon** en français, ***buono*** en italien :

— *Questa sì (che) è buona!*
Elle est bien bonne!
— *Buon compleanno!*
Bon anniversaire!
— *A buon intenditore poche parole!*
A bon entendeur salut!
— *alla buona*
à la bonne franquette
— *di buon grado*
de bon gré
— *darsi buon tempo*
se donner du bon temps

**b** Mais ce n'est pas toujours le cas :

- l'italien ***buono*** ne se traduit pas par **bon** dans les expressions :

— *con le buone o con le cattive*
de gré ou de force
— *lavorare alla buona*
travailler à la va comme je te pousse
— *ci vuole del bello e del buono...*
on a toutes les peines du monde à...
— *un buontempone*
un gai-luron
— *tenersi buono uno*
ménager quelqu'un
— *sii buono...*
sois gentil, etc.

- le français **bon** ne se traduit pas par ***buono*** dans les expressions :

— *Racconta delle belle.*
Il en raconte de bonnes.
— *Sta bene! Ora basta!*
C'est bon (d'accord, ça suffit) !
— *(Non) ci mancava altro!*
Allons bon!
— *Fai come credi.*
Fais comme bon te semble.
— *È bene a sapersi.*
C'est bon à savoir.
— *Meno male!*
Ah bon!
— *È da buttare.*
C'est bon à jeter.
— *A che serve?*
A quoi bon?

**1** Traduire :
1. Tenere sodo. Tenere duro. Non mollare. 2. Fa bene per il morale. 3. Essere bravo in matematica. 4. Puoi essere tanto gentile da aiutarmi? 5. Giova notare che... 6. Ha risposto in buona fede. 7. Oggi è bello. 8. Mio figlio è stato dichiarato idoneo al servizio di leva. 9. Da bravo rivoluzionario (da quel rivoluzionario) che è parla sempre di combattere per le giuste cause. 10. Fai quel che ti pare e piace.

**2** Traduire :
1. Bonjour. 2. Bonsoir. 3. Bonne nuit. 4. Bon appétit. 5. Bon Noël. 6. Bonne chance. 7. Il a toujours été bon avec moi. 8. Tiens bon, j'arrive. 9. A quoi bon étudier? 10. Elle est bien bonne!

## 49 Cent/cento

**1** **Le français «cent» est variable, *cento* est invariable :**

— *Ci sono duecento persone.*
Il y a deux cent**s** personnes.

— *La guerra dei cento anni.*
La guerre de Cent ans.

**2** **Pourcentage (31) :**

— *Voglio il dieci per cento della somma.*
Je veux dix pour cent de la somme.
— *Si era d'accordo sull'otto per cento.*
On était d'accord sur huit pour cent.

POUR ALLER PLUS LOIN

Le mot **cent** se trouve dans des expressions françaises dont la traduction italienne :

- comprend le mot ***cento*** :

— *Scommetto uno contro cento.*
Je parie à cent contre un.
— *essere in cento contro uno*
être à cent contre un

- ne comporte pas ce mot :

— *camminare su e giù*
faire les cent pas
— *essere lontano mille miglia dal pensare che...*
être à cent lieues de penser que...
— *guadagnare un sacco di soldi, fare soldi a palate* (fam.)
gagner des cents et des mille
— *fare il diavolo a quattro, condurre una vita scapestrata*
faire les quatre cents coups
— *non saper dove battere la testa*
être aux cent coups

## 50 C'est (traduction de -)

Le «**c'est**» français se traduit :

**a** Par ***essere*** :

- à la troisième personne du singulier :

— *È vero.*
C'est vrai.

— *Che cos'è?*
Qu'est-ce que c'est?

- à la forme verbale correspondant au sujet :

— *Chi è? Sei tu? Sono loro?*
Qui est-ce? C'est toi? Ce sont eux?

— *Sì, sono io. Sono loro.*
Oui, c'est moi. Ce sont eux.

**b** En employant le verbe suivi du sujet :
— *Pagherò io.*
C'est moi qui paierai.

On peut dire aussi :
— *Sarò io a pagare.*

— *Partono loro. / Sono loro a partire.*
Ce sont eux qui partent.

## POUR ALLER PLUS LOIN

**Dans les phrases du type : « Qui a répondu ?... » « C'est moi / c'est nous... » on répond** :

- en employant le pronom sans verbe :

— *Chi ha risposto? Io/ Noi.*

- ou en reprenant le verbe suivi du pronom :

— *Ho risposto io. / Abbiamo risposto noi.*

**Pour traduire « C'est à moi, toi, lui... de », on emploie** (29) :

- ***toccare a***, qui indique surtout un ordre de passage, un tour :

— *Tocca a me giocare.*
C'est à moi de jouer.

- ***spettare a***, qui indique plutôt une obligation ou un droit :

— *Spetta a te prendere la decisione.*
C'est à toi (c'est ton devoir, ta responsabilité) de prendre la décision.

**1** Traduire :
1. Qui est là ? C'est vous ? Oui, c'est nous. 2. C'est Marcel ? Non, c'est André (Andrea). 3. C'était beau ? Non ce n'était pas intéressant. 4. Ce sera encore plus difficile. 5. C'est toi qui partiras. 6. C'est mon ami qui fut blessé (ferito). 7. Ce fut ma mère qui répondit. 8. Ce sera mon père qui prendra le paquet (pacco). 9. Qui a sifflé (fischiare) ? C'est toi ? Non ce n'est pas moi, c'est ce monsieur là-bas (quel signore). 10. Qui jouera avec moi ? Ce sera ta femme (moglie).

**2** Traduire :
1. Qui a sonné ? C'est nous. 2. C'est vous qui avez téléphoné hier ? Non, ce n'est pas nous. 3. C'est lui qui boit et c'est moi qui paie. Je trouve que c'est injuste. 4. C'est à vous de répondre. 5. C'est à eux de bénéficier (beneficiare) de cet avantage. 6. C'est à nous d'entrer. 7. C'est à eux de trouver une solution. 8. C'est aux parents (genitori) de s'occuper de leurs enfants. 9. C'est à l'État d'intervenir. 10. C'est à toi de battre (mescolare) les cartes.

## 51 Césure (coupure en fin de ligne)

En fin de ligne, l'italien ne coupe pas toujours les mots comme en français.

**a** Comme en français à la fin d'une syllabe (cas général) :

*fran-cese* ou *france-se*
*cine-ma* ou *ci-nema*

**b** Différemment du français :

*mi-stero* (l'italien coupe **avant le s** suivi de consonne)
mys-tère (le français coupe **après le s** devant consonne)

- Il en est de même chaque fois que le groupe de consonnes se trouvant en tête de ligne après la césure pourrait commencer un mot italien : *pn, ps, pl, bl* et surtout *s + b, c, d, f, g, l, m, n, p, q, r, t, v.*
- On évite aussi de terminer une ligne sur une apostrophe : *un' = una.*

Comment auriez-vous coupé en fin de ligne les mots suivants : tavola – rispondere – computer – foglio – mormorio – sistemarsi – asciutto – quaderno – ombrello – ginnastica – macchina – calpestio ?

## 52 Che ou di ? (79)

Dans les comparaisons d'infériorité ou de supériorité, il faut savoir utiliser ***che*** ou ***di*** à bon escient.

### 1 *Che* :

**a** Devant une préposition :

— *Si sta meglio a Nizza che a Londra.*
On vit mieux à Nice qu'à Londres.

**b** Dans une comparaison de quantité :

— *C'è meno (più) vino che birra.*
Il y a moins (plus) de vin que de bière.

**c** Avec un adjectif :

— *Sono più pigri che malati.*
Ils sont plus paresseux que malades.

**d** Devant un verbe :

— *Preferisco divertirmi che dormire.*
Je préfère m'amuser que dormir.

**e** Devant un adverbe :

— *Rispose più spontaneamente che chiaramente.*
Il répondit plus spontanément que clairement.

2 ***Di*** **: devant un nom ou un pronom non précédé d'une préposition et quand on ne compare pas deux quantités (56) :**

— *È più bello di Giovanni / di te.*
Il est plus beau que Jean / que toi.

■ Traduire :
1. J'ai plus de cheveux que mon frère. 2. J'écris plus vite que toi. 3. Il chante plus fort que bien. 4. Il y a plus de soldats que de civils. 5. Ils sont plus sportifs que nous. 6. Elle est moins sympathique que sa sœur. 7. J'en donne plus à mon père qu'à ma mère.

## 53 Chez (traduction de -)

1 **«Chez» se traduit le plus souvent par *da* ou *a casa di* :**

— *Torno **a casa** alle 8.*
Je rentre chez moi à 8 h.
— ***Da** Gigi si mangia bene.*
Chez Gigi on mange bien.
— *Passerò la giornata **dai** nonni / **a casa** dei nonni.*
Je passerai la journée chez mes grands-parents.

On peut employer aussi ***in casa*** :
— *Sono restato **in casa** tutta la giornata.*
Je suis resté chez moi (à la maison) toute la journée.

2 **Lorsque «chez» n'évoque pas directement une maison, un domicile, mais un cadre plus large, diverses possibilités sont offertes :**

— ***In** Cina si crede che...*
Chez les Chinois on croit que...
— *È una tradizione che si ritrova **presso** i romani.*
C'est une tradition qu'on retrouve chez les Romains.
— *È osservato piuttosto **nei** bambini.*
C'est une habitude qu'on observe plutôt chez les enfants.
— *Si legge **in** Dante...* On lit chez Dante...
— *Gli emigrati tornano **a casa** / **in patria**.*
Les émigrés rentrent chez eux.

Pour l'**adresse** :

— *Franco Bianchi **presso (c/o)** Arturo Neri.*
F. Bianchi chez / aux bons soins de Arturo Neri.

**Traduire** :
1. «Chez Alfred» est un bon restaurant. 2. Viens chez moi ce soir. 3. Où étais-tu? J'étais chez mes parents. 4. Elle rentre chez elle pour manger. 5. Je serai chez toi à midi. 6. Il était enrhumé (raffreddato). Il est resté chez lui. 7. Chez vous il y a trop de bruit. 8. Cette réaction est fréquente chez les vieillards. 9. On observe déjà cet usage (usanza, féminin) chez les Grecs de l'Antiquité.

## 54 *Chi / cui*

Il ne faut pas confondre le pronom interrogatif ou exclamatif ***chi*** avec le pronom relatif ***cui*** (238 et 245).

1 ***Chi*** **est un pronom** :

a **Interrogatif** :

— *Chi è? Chi ne vuole?*
Qui est-ce? Qui en veut?

— *Di chi è questa cartella?*
A qui est ce porte-documents?

b **Exclamatif** :

— *A chi lo dice!* A qui le dites-vous!

2 ***Cui*** **est un pronom relatif** :

— *Non conosco la persona (le persone) a cui (cui) pensi.*
Je ne connais pas la personne (les personnes) à qui tu penses.

a *Cui* (invariable) peut être remplacé par *quale* (variable) : *al quale, ai quali, alla quale, alle quali.*

b La préposition *a* n'est pas obligatoire devant *cui*: *(a) cui pensi.*

c Attention au risque de confusion entre ***chi*** et ***cui!*** (238)

— *So* ***a chi*** *sta scrivendo.*
Je sais à qui il écrit.
— *Conosco la donna* ***a cui*** *sta scrivendo.*
Je connais la femme à qui il écrit.

Pour ne pas se tromper il est commode de remplacer le pronom relatif **qui** par **auquel**, à **laquelle**, **auxquels**, **auxquelles** (*cui, a cui*).

**Traduire** :
1. A qui laisserez-vous cet appartement? 2. De qui veux-tu parler? 3. Je ne sais sur qui compter. 4. Avec qui pars-tu en voyage? 5. C'est l'amie avec qui j'ai visité les États-Unis (Stati Uniti). 6. C'est la personne à qui j'ai demandé ton adresse (indirizzo). 7. A qui sont ces valises (valigia)? 8. Qui veut parler? 9. C'est le responsable à qui j'ai écrit. 10. Qui est là?

# 55 Comme (traduction de -)

**1** **«Comme» dans les comparaisons (56) :**

— *È alto **come** suo padre.*
Il est grand comme son père (il est aussi grand que son père).

On peut aussi employer :

| | |
|---|---|
| ***così... come :*** | *È **così** alto **come** suo padre.* |
| ***tanto... quanto :*** | *È **tanto** alto **quanto** suo padre.* |
| ***quanto :*** | *È alto **quanto** suo padre.* |
| ***al pari di... :*** | *È alto **al pari di** suo padre.* |

Attention aux comparaisons utilisant la conjonction ***se*** qui entraîne le subjonctif imparfait (252) :
— *È vestito **come se piovesse.***
Il est habillé comme s'il pleuvait.

**2** **«Comme» exprimant la cause (étant donné, puisque) se traduit par *siccome, dato che, poiché, giacché* :**

— ***Siccome*** *vuoi sapere tutto, ti dirò che...*
Comme tu veux tout savoir, je te dirai que...

**3** **«Comme» dans le sens de «au moment où» se traduit par *allorché, mentre, proprio quando* (16) :**

— ***Allorché*** *stava per partire l'ascensore si bloccò.*
Comme il s'apprêtait à partir, l'ascenseur se bloqua.

**4** **«Comme» exclamatif se traduit par *come* ou *quanto* :**

— ***Quanto (come)*** *è avaro!*
Comme il est avare!

## POUR ALLER PLUS LOIN

Certaines expressions françaises comprenant le mot **comme** sont traduites de façon plus ou moins pittoresque :

- en utilisant l'italien ***come*** :

— *È brutto come il demonio (il peccato).*
Il est laid comme tout.

- sans employer ***come*** :

— *Così così*
Comme-ci comme-ça (couci-couça)
— *In qualità di guida non vale niente.*
Comme guide il ne vaut rien.
— *Mia figlia è fidanzata con un giovane perbene.*
Ma fille est fiancée à un jeune homme comme il faut.
— *È per così dire un riparo.*
C'est comme qui dirait un abri.

■ Traduire :
1. Il fait froid comme en hiver. 2. Je veux un beefsteak, comme toi. 3. Tu dévores comme si tu n'avais pas mangé depuis huit jours. 4. Il parle comme s'il était le patron. 5. Comme moniteur de ski (maestro di sci) il est extraordinaire. 6. Comme il faut arriver avant minuit, je partirai vers neuf heures. 7. Comme le soir tombait il arriva au bord de la rivière. 8. Ils sont riches comme leurs parents. 9. Comme c'est beau! 10. C'est tout (proprio) comme je vous le dis.

## 56 Comparer

On est souvent appelé à établir un rapport d'**égalité**, de **supériorité** ou d'**infériorité** entre les éléments comparés (comparatifs d'égalité, de supériorité et d'infériorité). On peut aussi estimer que quelque chose est supérieur à une autre chose (superlatif relatif, 269).

### 1 Égalité. Il existe plusieurs possibilités :

— *Sono **così** rumorosi **come** i loro vicini di casa.*
*Sono rumorosi **come**...*
*Sono **tanto** rumorosi **quanto**...*
*Sono rumorosi **quanto**...*
*Sono **altrettanto** rumorosi **quanto**...*
*Sono rumorosi **al pari dei** loro vicini di casa.*
Ils sont **aussi** bruyants **que** leurs voisins.

- Quand on compare des quantités on emploie ***tanto... quanto*** qui varie en genre et en nombre :
— *Quella sera, mangiò tant**o** formaggi**o** quant**o** pane, tant**a** carn**e** quant**o** pur**è** e tant**e** banan**e** quanti fichi. Che abbuffata!*
Ce soir-là il mangea autant de fromage que de pain, autant de viande que de purée et autant de bananes que de figues. Quelle grande bouffe!
- ***Tanto*** peut être remplacé par ***altrettanto*** (tout autant) :
— *Sono altrettanto stupide quanto belle.*
Elles sont aussi bêtes que belles.
— *Dimostrò tanta incompetenza quanto orgoglio.*
Il fit preuve d'autant d'incompétence que d'orgueil.

■ Remplacer les pointillés par le mot qui convient :
1. È così alta ........... suo fratello. 2. È cretino ........... il padre. 3. Sono orgogliosi ........... i nonni. 4. Saranno tanto sorpresi ........... me. 5. Mettici tanto vino ........... acqua. 6. Hai comprato ........... riviste ........... romanzi? 7. C'erano ........... professori ........... allievi. 8. Ci metto ........... burro ........... marmellata. 9. In quest'albergo ci sono ........... giapponesi ........... americani.

### 2 Infériorité et supériorité :

**a** ***Meno* .... *di*** ou ***più* ... *di*** devant un nom ou un pronom :
— *È meno ricco **di te** ma **più** ricco **di tuo** fratello e **di Luigi**.*
Il est moins riche **que** toi mais plus riche **que** ton frère et **que** Louis.

**b** ***Meno* ... *che*** et ***più* ... *che*** :

- lorsque le nom ou le pronom sont précédés d'une préposition :
  — *Ha parlato **più** a te **che a** tua sorella.*
  Il a parlé davantage à toi qu'à ta sœur.
- quand on compare :

  **deux verbes** :
  — *È meglio ballare **che** dormire.*
  Mieux vaut danser que dormir.

  **deux quantités** :
  — *C'è **più** burro **che** olio.* Il y a plus de beurre que d'huile.

  **deux adjectifs** :
  — *È **più** bella **che** colta.* Elle est plus belle que cultivée.

  **deux adverbes** :
  — *Legge **più** presto **che** bene.* Il lit plus vite que bien.

■ Mettre le mot qui convient (***di*** ou ***che***) à la place des pointillés : 1. Sono meno simpatici ............ voi. 2. Non sei più alto ............ me. 3. La mia macchina è più veloce ............ quella del mio padrone. 4. Ha meno cravatte ............ mio padre. 5. Ha comprato più fazzoletti (mouchoirs) ............ calzini (chaussettes). 6. È sempre così : reagisce più violentemente ............ intelligentemente. 7. Si sta meglio in riva al mare ............ in montagna. 8. Ha dato più dolce (gâteau) a suo figlio ............ all'amico di lui. 9. Mia figlia è meno generosa ............ mio figlio. 10. Preferisco annoiarmi ............ stancarmi.

## 57 Compter

### 1 Les adjectifs numéraux cardinaux :

*uno, due, tre, quattro, cinque, sei, sette, otto, nove, dieci,*
*undici, dodici, tredici, quattordici, quindici, sedici, diciassette, diciotto, diciannove, venti,*
*ven**tuno**, venti**due**, venti**tré**, venti**quattro**,... ven**totto**, venti**nove**, trenta,*
*tren**tuno**, trenta**due**, trenta**tré**, trenta**quattro**,... tren**totto**, trenta**nove**,*
*quarant**a**, cinquant**a**, sessant**a**, settant**a**, ottant**a**, novant**a**,*
*cento, duecent**o**, trecent**o**... mi**lle**, duemi**la**, tremi**la**...*
*un milione, due milioni..., un miliardo, due miliardi...*

**a** Dizaine, centaine, millier... paire :

— *decina* (dizaine), *dozzina* (douzaine), *ventina* (vingtaine)...
— *il centinaio* (la centaine) *il migliaio* (le millier)
— *il paio* (la paire et deux : *un paio di giorni*)

Pluriel (féminin 214) :
*le paia, le centinaia, le migliaia*

**b** Opérations arithmétiques :

- addition : *due* ***più*** *due : quattro*
- soustraction : *quattro* ***meno*** *due : due*
- multiplication : *due* ***per*** *due : quattro*
- division : *quattro* ***diviso*** *due : due.*

**c** Pour les **pourcentages** l'italien emploie l'article : ***l'*** *8 %,* ***il*** *20 %*
**La date** (69), **l'heure** (125), **l'âge** (11), **mesurer** (166)

**1** Écrire en lettres les chiffres suivants :
88, 231, 456, 1 003, 1 992, 18 978, 247 098, 1 979 572.

**2** Traduire :
1. Cette actrice dit qu'elle a plus de deux cents paires de chaussures. 2. Ils jouent tous les six dans la même équipe (squadra). 3. Une glace (gelato) pour chacun, s'il vous plaît. 4. Je voudrais réserver (prenotare) une table. Nous serons six. 5. Nous faisons une réduction (uno sconto) de 25 %. 6. Le taux (tasso) de chômage (disoccupazione) a atteint (raggiunto) 8 %. 7. Il y avait des milliers de spectateurs. 8. Six fois huit quarante-huit. 9. J'ai une centaine de cassettes video. 10. Une réduction de 11 % sera accordée aux dix premiers clients.

## 2 Les adjectifs numéraux ordinaux :

**a** Formes :

*primo, secondo, terzo, quarto, quinto, sesto, settimo, ottavo, nono, decimo,*
*undicesimo, dodicesimo, tredicesimo, quattordicesimo, quindicesimo, sedicesimo, diciassettesimo, diciottesimo, diciannovesimo, ventesimo, ventunesimo, ventiduesimo, ventitreesimo, ventiquattresimo, venticinquesimo, ventiseiesimo, ventisettesimo, ventottesimo, ventinovesimo, trentesimo, quarantesimo, cinquantesimo, sessantesimo, settantesimo, ottantesimo, novantesimo,*
*centesimo... millesimo, duemillesimo...*
*milionesimo, miliardesimo*

On trouve aussi (mais de plus en plus rarement) les formes :
*decimoprimo, decimosecondo, decimoterzo...*

**b** Emplois : l'italien emploie le numéral ordinal alors que le français emploie le cardinal pour le nom des empereurs, des rois, des papes..., les actes, les scènes, les chapitres :

— *Napoleone terzo*
Napoléon III
— *Luigi Quattordicesimo*
Louis XIV
— *Giovanni Ventitreesimo*
Jean XXIII

— *capitolo quarto*
chapitre quatre
— *libro secondo*
livre deux
— *atto terzo scena diciottesima*
acte trois scène dix-huit

On dit de préférence :
— *i primi due, tre...*
les deux, trois premiers...

— *gli ultimi (altri) due*
les deux derniers (autres)

**1** Donnez le numéral ordinal correspondant aux numéraux cardinaux suivants : 6, 3, 5, 8, 18, 9, 21, 45, 56, 88, 93, 100, 124, 1 000 000.

**2** Traduire :
1. Les quatre premiers sont déjà arrivés. 2. Je prendrai les cinq autres. 3. Comme d'habitude (di solito) vous êtes les deux derniers. 4. Ouvrez le livre au chapitre 7, et commencez à lire au paragraphe (paragrafo) 3. 5. Charles-Quint fut un très grand empereur, comme Napoléon I$^{er}$. 6. Le dernier roi fut Louis XVI. 7. Le prédécesseur de Jean-Paul II était le pape Paul VI.

### POUR ALLER PLUS LOIN

- *tutti **e** due (tutt'**e** due),* tous les deux
- *tutte **e** tre (tutt'**e** tre),* toutes les trois...
- *essere (venire, entrare) **in** dieci,* être dix, venir (entrer) à dix
- *per uno* (pour chacun) *uno schiaffo per uno,* une gifle chacun
- *a uno (due...) a uno (due...)* un (deux) par un (deux)...

Les Français superstitieux n'aiment pas le chiffre 13. C'est au contraire un chiffre porte-bonheur pour les Italiens qui craignent le chiffre 17...

## 58 Con

### 1 Formes :

La préposition ***con*** peut se combiner avec les articles ***il*** et ***i*** (31)

— *È venuta **con il / col** marito.*
Elle est venue avec son mari.

— *È arrivato **con i / coi** figli.*
Il est arrivé avec ses enfants.

Les formes composées de ***con*** et des autres articles ne sont plus usitées.

## 2 Emplois :

La préposition ***con*** est employée :

**a** Comme le français «**avec**» pour indiquer :

- l'accompagnement, la caractérisation :
  — *Vieni* ***con*** *me? D'accordo ti seguo* ***con*** *gioia.*
  Tu viens avec moi? D'accord, je te suis avec joie.
- le moyen :
  — *Non scrivere* ***col*** *pennarello.*
  N'écris pas avec un feutre.

**b** ***Con*** est souvent traduit par «**avec**» mais, dans certains cas, on traduira :

- **sans** utiliser de **préposition** :
  — *Cammino* ***con*** *le mani in tasca.*
  Il marche les mains dans les poches.
- par la préposition **à** :
  — *un duello* ***con*** *la pistola*
  un duel au pistolet
  — *l'uomo* ***con*** *i baffi*
  l'homme à moustache
- par la préposition **dans** :
  — ***con*** *lo scopo / la speranza / l'intenzione di...*
  dans le but / l'espoir / l'intention de
- par la préposition **de** :
  — *osservare* ***con*** *la coda dell'occhio*
  observer du coin de l'œil
  — *Lo fa* ***con*** *le proprie mani?*
  Il le fait de ses mains?
- par la préposition **par** :
  — *finire* ***con****, cominciare* ***con***
  finir par, commencer par
  — *venire* ***con*** *il treno*
  venir par le train
- par **à l'égard de, envers, contre** :
  — *Si comporta male* ***con*** *i genitori*
  Il se comporte mal envers ses parents.
  — *La lotta* ***con*** *l'influenza.*
  la lutte contre la grippe.
- par **malgré** :
  — ***Con*** *tutto ciò non si concluse niente.*
  Malgré tout cela on n'arriva à aucune conclusion.
- par **sous** :
  — ***con*** *il pretesto di...* sous prétexte de...
- par le **gérondif** (lorsque ***con*** est suivi de l'infinitif, 119) :
  — ***Col*** *supplicare si ottiene sempre qualcosa.*
  En suppliant on obtient toujours quelque chose.

**1** Traduire :
1. Fatto con l'inchiostro di china. 2. Una frittata con funghi. 3. Faccia con suo comodo. 4. Intervenne con tutti i mezzi. 5. Con questo freddo meglio non uscire. 6. Si arrabbia sempre con qualcuno. 7. La lotta con l'AIDS si è intensificata. 8. Ci alzavamo con il sole. 9. Col tempo si perdona tutto. 10. Col dire questo credeva di ingannarmi (tromper).

**2** Traduire :
1. Il viendra par l'avion de 20 h 30. 2. Je veux une crème caramel («crème caramel») avec de la chantilly (panna montata). 3. Il supporta la douleur avec courage. 4. Elle parlait les mains sur les hanches (anca) et la tête dressée (alta). 5. Dans l'espoir de la rencontrer il prit le train. 6. Il est allé à Rome dans le but d'étudier l'histoire de l'art. 7. Il est allé voir le directeur dans l'intention d'étudier son dossier. 8. Pendant qu'il parlait il surveillait la porte du coin de l'œil. 9. Attention ! Il a dit qu'il te tuerait de ses mains. 10. Sous prétexte de demander un renseignement il n'a pas fait la queue (fare la coda).

## 59 Concordance des temps

L'italien respecte strictement la concordance des temps.

### 1 Subjonctif :

**a** Proposition **principale** au **présent** → **subordonnée** au **subjonctif présent** (sur le subjonctif présent, formes et emplois, 266 et 253) :

— *Bisogna ch'io telefoni.*
Il faut que je téléphone.

— *Penso che sia vero.*
Je pense que c'est vrai.

**b** Proposition **principale** à un **temps du passé** → **subordonnée** au **subjonctif imparfait :**

— *Bisognava che io telefonassi.*
Il fallait que je téléphone.

— *Pensavo che fosse vero.*
Je pensais que c'était vrai.

Le conditionnel de certains verbes (de volonté ou de souhait) entraîne le **subjonctif imparfait** dans la subordonnée :
— *Vorrei / desidererei / mi augurerei / preferirei... che fosse / avesse / parlasse...* (60, emplois)
Je voudrais / je désirerais / je souhaiterais / je préfèrerais... qu'il soit / ait / parle...

Traduire :
1. Il faut que je te parle. 2. Il fallait que je te parle. 3. Il faut qu'elle revienne. 4. Il ne fallait pas qu'ils reviennent. 5. Je crois qu'il n'y en a plus. 6. Je croyais qu'il y en a avait encore. 7. Je pense que tu es imprudent. 8. Je ne pensais pas que vous étiez si (tanto) imprudents. 9. Il est nécessaire que tu t'expliques. 10. Il était nécessaire que nous nous rencontrions. 11. Il faudrait que tu étudies davantage (di più). 12. Il voudrait que tu l'accompagnes. 13. Il serait temps (sarebbe ora) qu'il guérisse (guarire). 14. Tu viendrais avec moi si j'allais à Rome? 15. Il me semble que c'est trop cher. 16. Il me semblait que ce n'était pas frais. Je préférerais qu'il parte.

## 2 Indicatif : futur (115, emplois) :

Dans les **phrases hypothétiques** (avec ***se***) :

- en français : **si** + **présent**
- en italien : ***se*** + **futur**

— ***Se*** *non* ***troverò*** *la soluzione ti chiamerò.*
Si je ne **trouve** pas la solution, je t'appellerai.

Mais on entend aussi (dans le langage familier) :
— *Se non trovo la soluzione ti chiamo.*

■ Traduire :
1. Si tu viens on sera content. 2. Si tu me donnes un coup de main (dare una mano) je finirai ce travail plus vite. 3. Si vous me téléphonez après 8 heures, je serai chez moi (a casa). 4. Si nous dépensons tout notre argent aujourd'hui comment ferons-nous demain? 5. Si tu proposes une réduction (uno sconto) ils accepteront ta proposition (la proposta).

## 3 Conditionnel (60, emplois) :

**a** **Présent** dans la **principale** :

— *Credo che* ***risponderebbe*** *se potesse.*
Je crois qu'il **répondrait** s'il le pouvait.
— *Credo che* ***avrebbe risposto*** *se avesse potuto.*
Je crois qu'il **aurait répondu** s'il l'avait pu.

**b** **Passé** dans la **principale** : l'italien emploie systématiquement le conditionnel passé dans la subordonnée :

En français, deux possibilités selon le contexte :
Je croyais qu'il **répondrait.**
Je croyais qu'il **aurait répondu**.

Une seule traduction en italien :
*Credevo che* ***avrebbe risposto****.*

**1** Traduire :
1. Je viendrais si j'en avais envie (voglia). 2. Je préfèrerais attendre. 3. A ta place (al tuo posto) je prendrais celui de droite. 4. Si je ne le surveillais pas il dormirait toute la journée. 5. Je crois que ce serait mieux. 6. Il me semble que tu t'amuserais davantage (di più) avec tes amis. 7. Je pensais qu'on partirait demain. 8. Je crois qu'il m'aurait averti s'il avait renoncé (rinunciato) à venir. 9. Il me semblait qu'il aurait été plus vite guéri par le Docteur Toccasana. 10. Je croyais que tu prendrais le train.

**2** Traduire :

1. Io sapevo bene che sarebbe venuto. 2. Sarebbe venuto se avesse avuto tempo. 3. Se avesse rinunciato a venire avrebbe telefonato. 4. Mi ha telefonato che sarebbe arrivato a mezzanotte. 5. Pensavo che avrebbe fatto tutto il possibile per aiutarmi. Invece non è intervenuto. 6. Lo sapevo che avrebbe fatto tutto il possibile per aiutarmi. Il suo intervento è stato decisivo. 7. Ero sicuro che sarebbe stato bocciato (collé). Invece è stato promosso. 8. Mi rincresce (je suis désolé) : pensavo che saresti stato promosso. 9. Ho preso l'ombrello (parapluie) perché mi hanno detto che oggi ci sarebbe stato un temporale (orage). 10. Credevo che sarebbe stato divertente.

# 60 *Conditionnel*

## Formes

### 1 Conjugaisons régulières :

| *cant-* ***are*** | *ripet-* ***ere*** | *dorm-* ***ire*** | *fin-* ***ire*** |
|---|---|---|---|
| *cant-* ***e rei*** | *ripet-* ***e rei*** | *dorm-* ***i rei*** | *fin-* ***i rei*** |
| *cant-* ***e resti*** | *ripet-* ***e resti*** | *dorm-* ***i resti*** | *fin-* ***i resti*** |
| *cant-* ***e rebbe*** | *ripet-* ***e rebbe*** | *dorm-* ***i rebbe*** | *fin-* ***i rebbe*** |
| *cant-* ***e remmo*** | *ripet-* ***e remmo*** | *dorm-* ***i remmo*** | *fin-* ***i remmo*** |
| *cant-* ***e reste*** | *ripet-* ***e reste*** | *dorm-* ***i reste*** | *fin-* ***i reste*** |
| *cant-* ***e rebbero*** | *ripet-* ***e rebbero*** | *dorm-* ***i rebbero*** | *fin-* ***i rebbero*** |

### 2 Cas particuliers : verbes en :

**a** ***-care*** *(cercare)* et ***-gare*** *(pagare) :*

Pour conserver le son dur de l'infinitif *(ca, ga),* on introduit un *-h* :

- *cerc**h**erei cerc**h**eresti cerc**h**erebbe cerc**h**eremmo...*
- *pag**h**erei pag**h**eresti pag**h**erebbe pag**h**eremmo...*

**b** ***-ciare*** *(lanciare)* ***-giare*** *(viaggiare)* ***-sciare*** *(lasciare) :*
On n'entend pas le -i- (qui sert seulement à obtenir le son doux devant a) : il est donc inutile de le conserver devant le ***-e-*** du conditionnel :

- *lan**ce**rei lan**ce**resti lan**ce**rebbe lan**ce**remmo...*
- *viag**ge**rei viag**ge**resti viag**ge**rebbe viag**ge**remmo...*
- *la**sce**rei la**sce**resti la**sce**rebbe la**sce**remmo...*

*Les autres verbes en* ***-iare*** conservent le ***-i-*** :
*inviare → invierei, tagliare → taglierei, divorziare → divorzierei...*
ainsi que :
*sciare* (skier) : *scierei* (je skierais).

**1** Mettre au conditionnel les formes verbales suivantes qui sont au futur :
parlerò tornerai pagherà balleremo lavorerete entreranno ripeterò scriverai leggerà scriveremo coglierete accoglieranno partirò dormirai salirà subiremo finirete ubbidiranno.

**2** Mettre au conditionnel les verbes suivants à la personne indiquée entre parenthèses :
scivolare (glisser) (noi) – ricordare (rappeler) (io) – desiderare (désirer) (tu) – considerare (lui) – spiegare (noi) – attaccare (loro) – mangiare (voi) – cominciare (io) – indicare (noi) – lasciare (tu) – rovesciare (renverser) (loro) – sciare (skier) (loro).

## 3 Verbes irréguliers (115, futur) :

- tableau des verbes irréguliers, p. 347
- ne pas confondre ***vedrei*** (je verrais) et ***verrei*** (je viendrais);
- futur et conditionnel sont construits sur le même radical (115) : ***vorrà :*** il voudra, ***vorrebbe :*** il voudrait.

**1** Traduire :
1. Tu viendrais avec moi? 2. En venant avec moi tu verrais de belles choses. 3. Je ne pourrais pas te suivre. 4. Ils ne pourraient pas entrer. 5. Nous saurions nous défendre. 6. Vous boiriez trop de vin. 7. Elles séduiraient tous les garçons. 8. Vous produiriez davantage (di più). 9. Ils proposeraient une solution. 10. Nous resterions avec eux.

**2** Traduire :
1. Je tomberais aussi. 2. Nous devrions retourner. 3. Il te donnerait de l'argent. 4. Tu serais satisfait (soddisfatto). 5. Vous auriez tout ce que vous trouveriez. 6. Nous ferions un beau voyage. 7. On irait jusqu'en Sicile. 8. Vous ne sauriez pas le faire. 9. Ils produiraient des nouveautés (novità). 10. Tu disposerais d'une maison confortable (confortevole) et vous y resteriez longtemps (a lungo).

### Emplois

## 1 Le conditionnel italien est employé comme en français :

— *Vorrei entrare.*
Je voudrais entrer.
— *Desidererei vederlo.*
Je désirerais le voir.

## 2 Si le verbe de la principale est au présent, le conditionnel de la subordonnée est, comme en français :

**a** Au **présent** :

— ***Penso*** *che* ***preferirebbe*** *tornare a casa.*
Je pense qu'il préfèrerait rentrer à la maison.

**b** Ou au **passé** :

— ***Penso*** *che* ***avrebbe preferito*** *mangiare a casa.*
Je pense qu'il aurait préféré manger chez lui.
— ***Penso*** *che Paolo* ***diventerebbe*** *professore se studiasse di più.*
Je pense que Paul deviendrait professeur s'il étudiait davantage (il peut encore le devenir).
— ***Penso*** *che mio figlio* ***sarebbe diventato*** *professore se avesse studiato di più.*
Je pense que mon fils serait devenu professeur s'il avait étudié davantage (il ne l'est pas devenu).

## 3 Différences entre le français et l'italien :

**a** Quand le **verbe** de la **principale** est au **passé**, l'italien met systématiquement le **conditionnel** de la **subordonnée** au **passé**.
Ce conditionnel passé italien peut, selon le contexte, être traduit par un conditionnel passé ou présent en français :

— *Lo sapevo che mi* ***avresti aiutato****. Grazie.*
Je le savais que tu **m'aiderais**. Merci.
— *Lo sapevo che mi* ***avresti aiutato*** *se tu avessi potuto.*
Je le savais que tu **m'aurais aidé** si tu l'avais pu.

- Il n'y a donc pas de difficulté lorsqu'on traduit du français en italien : principale au passé → conditionnel passé.
- Mais lorsqu'on traduit de l'italien en français il faut se demander si le conditionnel passé italien doit être traduit par un conditionnel présent ou passé en français.

**b** Le **conditionnel** français exprimant une **hypothèse** se traduit en italien par un **subjonctif imparfait** :

— *Chi* ***volesse*** *derubarmi non ce la farebbe.*
Celui qui **voudrait** (= si quelqu'un voulait) me voler n'y arriverait pas.

**c** Lorsqu'ils sont au conditionnel, les verbes exprimant :

- un **désir**, un **souhait** : *vorrei, desidererei, mi piacerebbe, preferirei, mi rallegrerei, mi augurerei, sarei contento, felice che...;*
- un **avis**, une **opinion** : *bisognerebbe, occorrerebbe, sarebbe meglio, ammetterei, rifiuterei, sarei stupito, sorpreso che, mi stupirebbe, mi meraviglierebbe che...;*
- la **crainte** : *temerei, avrei paura che...*

sont suivis en italien par le **subjonctif imparfait** :
— ***Vorrei*** *che* ***tornasse (scendesse, uscisse...)*** *subito.*
Je voudrais qu'il retourne (descende, sorte...) immédiatement.

**d** Conditionnel italien traduit par un imparfait français :

— *Da ragazzo era malaticcio. Chi avrebbe scommesso che quel giovane mingherlino **sarebbe diventato** campione di golf?*
Quand il était petit il était maladif. Qui aurait parié que ce jeune homme fluet **allait devenir** champion de golf?

**1** Traduire :
1. Il reviendrait s'il le pouvait. 2. Si elle le voyait avec toi, elle serait jalouse. 3. Si nous avions une voiture nous pourrions aller en Italie. 4. Si tu voulais on irait en Écosse (Scozia) et on verrait de beaux lacs. 5. S'ils m'invitaient, j'irais avec eux. 6. Tu viendrais toi aussi? 7. Si j'avais dix-huit ans j'aurais mon permis de conduire (la patente). 8. Je voudrais être avec vous. 9. Je vous serais reconnaissant (grato) de m'aider. 10. Tu devrais réfléchir. 11. Il faudrait y penser.

**2** Traduire :
1. Je crois qu'il réussirait (essere promosso) s'il se présentait à l'examen (dare l'esame). 2. Il me semble qu'il vaudrait mieux (essere meglio) prendre un taxi. 3. Il pense que nous devrions nous adresser au gardien (custode). 4. Je crois qu'il aurait fait ce voyage si tu l'avais invité. 5. Je pensais que tu serais d'accord. 6. Il croyait que tu travaillerais avec lui. 7. Il m'a répondu que s'il y avait la grève (sciopero) des trains (ferrovie dello Stato) il prendrait l'avion (aereo). 8. Je croyais qu'il arriverait avant moi. 9. Il serait arrivé avant toi si tu n'avais pas été en avance (in anticipo). 10. Quel povero tenente corso sarebbe diventato l'imperatore Napoleone I.. Non avrebbe fatto una carriera come questa se non ci fosse stata la rivoluzione.

## 61 Connaissance (traduction de -)

Plusieurs mots italiens traduisent le français «connaissance».

**1** **La «connaissance» (le savoir) :** ***la cognizione, la conoscenza, il sapere :***

— *mostrare le proprie conoscenze (cognizioni), il proprio sapere*
révéler ses connaissances / son savoir

**2** **La «connaissance» (une personne qu'on connaît)) :** ***la conoscenza*** **(la relation) et surtout** ***il conoscente*** **(plus proche) :**

— *Avendo bisogno di un alloggio ha fatto il giro dei suoi conoscenti.*
Ayant besoin d'un logement il a fait le tour de ses connaissances.
— *Per impressionare i vicini cita sempre le sue conoscenze.*
Pour impressionner ses voisins il cite toujours ses relations haut placées.

3 **La «connaissance» = l'esprit, la conscience :**

- perdre connaissance : *perdere la conoscenza / i sensi* ou : *svenire*
- reprendre connaissance : *riprendere conoscenza / i sensi* ou : *rinvenire*
- à ma connaissance... *per quanto io sappia...*

## 62 Correspondre

Pour écrire il suffit d'avoir du **papier à lettre** *(**carta da lettera**)*, un **stylo** *(una **penna stilografica**)*, un **crayon à bille** *(una **biro**)*, un **feutre** *(un **pennarello**)*, un **crayon** *(una **matita** / **un lapis**)*, une **machine à écrire** *(**macchina da scrivere**)* ou un **ordinateur** *(**computer**)*, une **enveloppe** *(una **busta**)* et un **timbre** *(un **francobollo** da... lire)*.
Il faut aussi bien connaître l'**adresse** *(**indirizzo**)* qui sera soigneusement écrite sur l'enveloppe.

1 **L'adresse *(indirizzo)* :**

**a** Relations amicales :

*Alfredo Bianchi, Paola Gentileschi*

**b** Relations sociales ou professionnelles :

*Egr. Sig. (egregio Signore) Pietro Neri*
*Gent. (Gentile) Sig.a (Signora), sig.na (Signorina) Claudia Neri*
*Dott. (dottore), Ing. (ingegnere), Rag. (ragioniere), Avv. (avvocato), Prof. (professore) Pietro Neri* (pour les titres, 274)

*Via Matteotti, 112*
*10100 Torino*
ou : *C.P.34 (Casella Postale 34) 10100 Torino*

Ne pas oublier le **code postal** *(**codice di avviamento postale CAP**)* : *20100 Milano, 10100 Torino, 30100 Venezia, 16100 Genova, 50100 Firenze, 80100 Napoli, 90100 Palermo...*

Ne pas confondre *CAP* (code postal) et *C.P.* (*Casella Postale* ou *Cassetta Postale*, boîte postale, pour les entreprises notamment).

**c** **Chez, aux bons soins de**... se dit ***c/o*** ou ***presso*** :

*Marco Fiuggi **presso (c/o)** Giovanni Abano.*

2 **L'introduction et le corps de la lettre :**

**a** Lettres amicales ou familières :

*Caro, cara, caro amico, cara amica, caro Franco, cara Claudia...*
*Ti scrivo per dirti che... Ho voglia di scriverti perché...*
*Sai, io sono.. io ho... Mi crederai se ti dico che...?*
*Ho ricevuto (ieri, la settimana scorsa, dieci giorni fa...)*

*la tua lettera* (*cartolina*, carte postale) *da...*
*Gran novità... poche novità... non ho notizie di... ho saputo che...*
*Vorrei sapere se... Mi sai dire se... Perché mai non hai fatto... detto?*
*Dimmi... Raccontami come... Spiegami perché...*
*Mi meraviglio* (je m'étonne) *che...*
*Mi stupisce che* (cela m'étonne beaucoup que...)...
*Ho notato* (remarqué)...
*Tutto è come prima* (comme avant), *meglio di prima, tutto è cambiato...*

**b** Lettres à caractère professionnel, commercial ou officiel :

*Egregio signore, Gentile signora (signorina)*
*In risposta alla Sua del 17 ottobre, del 15 c. m.*
(*corrente mese :* de ce mois-ci), *u.s.* (*ultimo scorso), p. p.* (*prossimo passato :* du mois dernier, écoulé).
*Mi pregio farle noto che...*
J'ai l'honneur de vous faire connaître que...
*Mi affretto a...* (Je m'empresse de...)
*La prego di scusare il ritardo con cui...*
*Le preciso che... Le consiglio di...*
*Mi dispiace...* (Je regrette).
*Mi rincresce...* (Je suis désolé).
*La ringrazio per... Sono stato sensibile a... Ho apprezzato che...*
*Le sarei grato di...* (Je vous serais reconnaissant de...)
*Sarei lieto di...* (Je serais heureux de...)
*In attesa di...* (Dans l'attente de...)

### 3 Conclusion :

**a** Relations amicales ou familières :

*Ti abbraccio, tanti baci,*
*salutami tuo fratello,*
*a presto* (à bientôt), *ciao,*
*cordialmente tuo (tua), cordiali saluti...*

**b** Relations sociales ou professionnelles :

*Le porgo i migliori saluti... Distinti saluti.*
Je vous prie d'agréer, M. ..., l'expression de mes sentiments distingués.

## 63 Couleurs (décrire les couleurs)

Il est rare qu'on ne soit pas obligé d'utiliser un nom de couleur dans la vie pratique pour choisir une **cravate** *(una* ***cravatta****)*, un **vêtement** *(un* ***vestito****)*, un tissu ou une étoffe *(un* ***tessuto****, una* ***stoffa****)*, ou décrire un **paysage** *(un* ***paesaggio****)*, une **maison** *(una* ***casa****)*, une **affiche** *(un*

***manifesto)***, une **décoration** *(una **decorazione**)*, un **tableau** *(un **quadro**)*, ou un **dessin** *(un **disegno**)*, une **photo** *(una **foto**)* ou un **film** *(un **film**)*.

**a** En italien la couleur se dit ***il colore*** (masculin) et l'arc-en-ciel ***l'arcobaleno***.

**b** Les principales couleurs sont :

*nero* (noir), *bianco* (blanc), *grigio* (gris), *rosso* (rouge et roux), *verde* (vert), *azzurro* (bleu), *blu* (bleu foncé),
*celeste* (bleu ciel, bleu clair), *giallo* (jaune), *beige* (mot français), *marrone* (marron), *viola* (violet), *rosa* (rose), *granata* (grenat), *cremisi* (cramoisi), *arancione* (orange), *carminio* (carmin)

Les huit derniers adjectifs cités sont invariables.

**c** Nuances : grâce à des **suffixes** l'italien peut introduire des nuances :

- *verde* → *verdino, verdiccio* (vert pâle), *verdone* (vert foncé), *verdastro, verdognolo* (verdâtre)...
- *giallo* → *gialliccio, giallognolo, giallastro,*
- *nero* → *nericcio, nerognolo, nerastro,*
- *bianco* → *bianchiccio, biancastro,*
- *azzurro* → *azzurrino* (bleuté), *azzurrognolo* (gris bleu),
- *rosso* → *rossastro* (rougeâtre), *rossiccio* (roussâtre, roux)...

**d** On peut aussi recourir à des **mots composés** :

- noms :
  *verdesmeraldo* (vert émeraude), *verde bottiglia* (vert bouteille), *verde mela* (vert pomme), *blu mare* (bleu marine), *blu di Prussia* (bleu de Prusse), *grigio perla* (gris perle), *grigio topo* (gris souris) etc.
- adjectifs :
  *grigioverde* (gris vert, vert de gris), *rosso acceso* (rouge vif), *verde cupo* (vert foncé), *verdegiallo* (vert jaune)...

**1** Traduire :
1. La bandiera italiana è rossa bianca e verde. 2. Quella francese è rossa bianca e blu. 3. Guarda che bei capelli rossi. 4. Non ti accorgi che questi colori sono stonati? 5. Come di solito il pagliaccio aveva i capelli color stoppa. 6. Me ne ha fatto vedere di tutti i colori. 7. Dopo lo svenimento (évanouissement) ha ripreso i colori.

# 64 Da (emplois de la préposition)

La préposition ***da*** est très employée. On peut souvent la traduire par **«de»** mais elle a aussi d'autres valeurs.

## 1 *Da* = de :

Dans de nombreux cas, ***da*** correspond à la préposition française **«de»**. Il n'est donc pas difficile de la traduire de l'italien en français. En revanche, dans le sens inverse, comme les Français ont tendance à traduire systématiquement **«de»** par ***di***, il faut bien distinguer l'emploi de ces deux prépositions (***di*** ou ***da***? 79, ***di*** 77).

La préposition ***da*** se traduit par **«de»** lorsqu'elle indique :

- **la provenance** :
  — *Vengo **da** New York.*
  Je viens de New York.
- **la distance** :
  — *L'ha fissato a tre metri **dal** suolo.*
  Il l'a fixé à 3 mètres du sol.
- **le point de départ dans le temps** :
  — ***Dal** 1989 al 1992 studiò a Parigi.*
  De 1989 à 1992 il étudia à Paris.
- **la séparation** :
  — *separare i figli **dal** padre*
  séparer les enfants de leur père
- **la valeur** :
  — *un biglietto **da** ventimila lire*
  un billet de vingt mille lires
- **la différence** :
  — *Sei diverso / differente **da** me / **dagli** altri.*
  Tu es différent de moi / des autres.
- **la cause** :
  — *piangere **dalla** collera*
  pleurer de rage, de colère
- **la finalité** (de = pour) :
  — *vestiti **da** donna*
  des vêtements de femme

## 2 Autres traductions :

- à = **caractéristique** :
  — *la ragazza **dai** capelli biondi*
  la fille aux cheveux blonds
- à = **destination** :
  — *carte **da** gioco*
  cartes à jouer
  — *carta **da** lettera*
  papier à lettre

— *C'è poco **da** fare.*
Il n'y a pas grand chose à faire.

— *È una cosa facile **da** farsi.*
C'est une chose facile à faire.

- **à = d'après :**
— *Mi sono accorto **dal** suo sorriso che era felice.*
A son sourire je me suis aperçu qu'il était heureux.
— *Fa i ritratti **dal** vero.*
Il peint les portraits d'après nature.
— ***Da** quanto mi è stato detto...*
A (d'après) ce qui m'a été dit...

- **chez :**
— *Vengo **da** te stasera. D'accordo?*
Je viens chez toi ce soir. D'accord?
— *È andata **dal** parrucchiere.*
Elle est allée chez le coiffeur.

- **depuis** (sens spatial ou temporel) :
— *Cammino **da** venti chilometri.*
Je marche depuis vingt kilomètres.
— *È malato **da** ieri.*
Il est malade depuis hier.
— ***Da** allora in poi non l'ho più visto.*
Depuis lors je ne l'ai plus vu.
— ***Da** quando aspettate?*
Depuis quand attendez-vous?

- **en** : (en qualité de, comme)
— *Non si è comportato **da** adulto.*
Il ne s'est pas conduit en adulte.
— *Vi farò **da** guida*
Je vous servirai de guide.

- **par** :
— *È stato curato **da** un buon medico.*
Il a été soigné par un bon médecin.
— *È entrata / uscita **da** qui.*
Elle est entrée / sortie par ici.

- **quand, lorsque** :
— ***Da** giovane era simpatico, **da** vecchio diventò bisbetico.*
Quand il était jeune il était sympathique, dans sa vieillesse il devint acariâtre.

## POUR ALLER PLUS LOIN

— *Non c'è **da** meravigliarsi.*
Il n'y a pas de quoi s'étonner.
— *Lo farò **da solo.***
Je le ferai tout seul.
— *È così eccitato **da non potere** chiudere occhio.*
Il est tellement excité qu'il ne peut fermer l'œil.
— *Sarebbe **tanto** gentile **da** darmi un consiglio?*
Auriez-vous l'amabilité de me donner un conseil?

**1** Traduire :
1. Da questo terrazzino si vede il mare. 2. Sono scarpe da uomo. 3. Non è da lui agire così. 4. Le darà consigli da madre : la tratta ancora da bambina. 5. È una macchina da città. 6. Compra un

francobollo da mille lire. 7. Vivono qui da sempre. 8. Sai, è l'uomo dal berretto (casquette) rosso. 9. Perché vuoi dividere i conigli (lapin) dalle galline (poule)? 10. Le abitudini di qui sono diverse da quelle che conosciamo.

**2** Traduire :
1. Fin da domani ricomincerò a lavorare. 2. Sono passati dalla porta-finestra. 3. Non c'è più niente da aggiungere. 4. Non è una cosa facile da dirsi. 5. Da quanto ho saputo, loro non sono mai venuti qui. 6. Vado dal macellaio (boucher) ogni giorno. 7. Perché non ha fatto questo lavoro da solo? 8. Non c'è da stupirsi (étonner), me l'aspettavo. 9. Saresti così gentile da darmi un passaggio (prendre en voiture) fino alla stazione? Ho tanto da fare che non ci posso andare a piedi. 10. Hanno messo un cancello in modo da proteggersi meglio dai ladri.

# 65 Dans / en (traduction de - sens spatial)

**1** **«Dans» / «en» se traduit en général par *in* :**

— *Vivo **in** Francia.* — *in tutta la casa...*
Je vis en France. dans toute la maison...

**a** La préposition ***in*** se combine avec les **articles** (31) :

— ***nel** cassetto* — ***nella** terza parte* — ***nei** campi*
dans le tiroir dans la troisième partie dans les champs

**b** Dans certaines expressions courantes, la préposition ***in*** est utilisée :

- sans article, comme en français :
  — ***in** viaggio* (en voyage), ***in** aereo* (en avion), ***in** fretta e **in** furia* (en toute hâte), ***in** collera* (en colère), etc.
- sans article, contrairement au français :
  — ***in** giornata* (dans la journée), ***in** cielo* (dans le ciel)

**c** Dans certaines expressions, la préposition ***in*** est rendue en français par une autre préposition :

- **à, au, à la, à l'** (133) :
  — ***in** bicicletta* (à bicyclette), ***in** moto* (à moto), ***in** ginocchio* (à genoux), ***in** Firenze* (à Florence), ***in** mare* (à la mer), ***in** riva a* (au bord de), ***in** cima a* (au sommet de), ***in** fondo a* (au fond de), ***in** seno a* (au sein de), ***in** mezzo a* (au milieu de), ***in** albergo* (à l'hôtel), ***in** biblioteca* (à la bibliothèque), ***in** ospedale* (à l'hôpital), ***in** ufficio* (au bureau), ***in** tv* (à la télé), ***in** coda* (à la queue), ***in** orario* (à l'heure), ***in** aiuto di* (à l'aide de), ***in** abbandono* (à l'abandon)...

- **contre :**
  — *inciampare* ***in***...
  trébucher contre...
- **sur :**
  — ***in*** *punta di piedi* (sur la pointe des pieds), ***in*** *tavola* (sur la table), ***in*** *piazza* (sur la place), *imbattersi* ***in*** (tomber sur), etc.;
- **chez :**
  — ***in*** *Dante, Omero...*
  chez Dante, Homère... (53);

## 2 «Dans» / «en» se traduit aussi par :

- ***tra*** (= au milieu de) :
  — *Non l'ho ritrovato* ***tra*** *la folla.*
  Je ne l'ai pas retrouvé dans la foule.
- ***per*** (à travers) :
  — *Sfileranno* ***per*** *le vie di Siena.*
  Ils défileront dans les rues de Sienne.
- ***con*** :
  — *Sono venuti* ***con*** *la nave.*
  Ils sont venus en bateau.
  — ***con*** *(allo) scopo di...*
  dans le but de...
- ***su*** :
  — *È salito* ***sul*** *treno (in treno) all'ultimo momento.*
  Il est monté dans le train au dernier moment.

  avec une **valeur d'approximation** :
  — *È* ***sui*** *cinquanta.*
  Il a dans les cinquante ans.
  — *Costa* ***sulle*** *5 000 lire.*
  Cela coûte dans les 5 000 lires.
- **sans préposition** :
  — *È suo interesse dire...*
  Il est dans votre intérêt de dire...

**1** Traduire :
1. Lo leggerò in treno. 2. L'ho incontrato nel treno di Roma. 3. Questo autobus va in centro. 4. In particolare l'atto III è bellissimo. 5. Ho visto lo spettacolo in anteprima. 6. Viaggiano sempre in gruppo. 7. È stato fabbricato in serie. 8. Guardate in alto. 9. Sei in anticipo. 10. In premio ha avuto un biglietto da 10.000 lire.

**2** Traduire :
1. Ho troppe cose in mente. 2. La mamma culla il bimbo in braccio. 3. Avevo la chiave in tasca. 4. Sono sicuro che ci sono sorci (souris) in soffitta. 5. Si sta bene in cantina (cave) si sta al fresco. 6. Trascorro le vacanze in campagna. 7. Si sono incontrati in discoteca. 8. Si accomodi in segreteria. 9. Arriveranno in orario. 10. In primavera fa ancora freddo da queste parti.

# 66 Dans / en (traduction de - sens temporel)

**«Dans»** / **«en»** se traduisent par : ***in, fra, entro / dentro***. On emploie :

## 1 *In* pour indiquer :

- **la date** (avec l'article en italien, 68 et 31) :

| | | |
|---|---|---|
| — ***in** ottobre* | — ***nel** 1992* | — ***nel** 1989* |
| en octobre | en 1992 | en 1989 |
| — ***in** primavera* | — ***nel** '92* | — ***nell** '89* |
| au printemps | en 92 | en 89 |

  On dit aussi :
  ***d'**estate* = ***in** estate* (en été), ***d'**inverno* = ***in** inverno* (en hiver).
- **la durée** (temps nécessaire pour réaliser une action) :
  — *L'ho fatto **in** tre minuti.*
  Je l'ai fait en trois minutes.
  — *Fu costruito **in** due mesi.*
  Il fut construit en deux mois.

  Le français et l'italien emploient la préposition dans l'expression : ***in quel** tempo* (**en ce** temps-là).
  Mais dans l'expression : ***in quell'**anno, **in quel** giorno* (cette année-là, ce jour-là) l'italien emploie la préposition contrairement au français.

## 2 *Fra* ou *entro / dentro* :

- ***fra*** quand on se réfère au **futur** :
  — *Sarà pronto **fra** un'ora.*
  Ce sera prêt dans une heure.
  — *Tornerà **fra** due giorni.*
  Il reviendra dans deux jours.
- ***entro / dentro*** pour indiquer une **limite à ne pas dépasser** (94) :
  — *Deve rispondere **entro / dentro** la settimana.*
  Il doit répondre dans **(avant la fin de)** la semaine.

**1** Traduire :
1. Je viens ici en été ou au printemps. 2. Je suis né en 1983. Et moi en 85. 3. La première guerre mondiale a éclaté (è scoppiata) en 1914 mais l'Italie n'est entrée en guerre qu'en 15. 4. J'ai fait ce tableau (quadro) en trois jours. 5. En ce temps-là il n'y avait pas de machines à laver (la lavatrice). 6. Cette année-là la neige fut très abondante (abbondante). 7. Attendez-moi, je reviendrai dans une demi-heure. 8. Ce sera terminé dans une quinzaine de jours. 9. Il m'a répondu que je dois payer avant la fin du mois. 10. Autrefois on vivait plus insouciant (spensierato).

# 67 Dare

Ce verbe est très employé en italien comme son équivalent français **donner**.

## 1 Conjugaison :

| indicatif | | | |
|---|---|---|---|
| présent | imparfait | futur | passé simple |
| *do* | *davo* | *darò* | *diedi (detti)* |
| *dai* | *davi* | *darai* | *desti* |
| *dà* | *dava* | *darà* | *diede (dette)* |
| *diamo* | *davamo* | *daremo* | *demmo* |
| *date* | *davate* | *darete* | *deste* |
| *danno* | *davano* | *daranno* | *diedero (dettero)* |

| subjonctif | | impératif | conditionnel |
|---|---|---|---|
| présent | imparfait | présent | présent |
| *dia* | *dessi* | | *darei* |
| *dia* | *dessi* | *da'* | *daresti* |
| *dia* | *desse* | *dia* | *darebbe* |
| *diamo* | *dessimo* | *diamo* | *daremmo* |
| *diate* | *deste* | *date* | *dareste* |
| *diano* | *dessero* | *(diano)* | *darebbero* |

— *dammi*
donne-moi
— *dalle*
donne-lui = à elle

— *dacci*
donne-nous
mais : — *dagli*
donne-lui = à lui

## 2 Emplois :

**Le verbe *dare*** est employé dans la plupart des cas où le français emploie **«donner»** :

- sous une forme très proche du français :
  — ***Dammi*** *da mangiare.*
  Donne-moi à manger.
  — ***dare*** *un pugno, uno schiaffo, un calcio, una mano*
  donner un coup de poing, une gifle, un coup de pied, un coup de main
- sous une forme assez proche du français :
  — ***data la*** *situazione (69)*
  étant donné la situation
  — ***dati i*** *risultati*
  étant donné les résultats
  — ***dato che...***
  étant donné que...

- dans des expressions où le français n'emploie pas le verbe donner :

— ***dare*** *un grido*
pousser un cri

— ***dare del tu*** *(del voi, del Lei)*
tutoyer (vouvoyer)

— ***dare del cretino*** *(del ladro)*
traiter de crétin (de voleur)

— ***darsi da fare***
se démener

— ***dare i numeri***
être fou, divaguer

— ***dare*** *un* ***esame***
passer un examen

— ***dare retta a...***
écouter (les conseils de...)

— ***può darsi che...***
il se pourrait que...

**1** Mettre le verbe ***dare*** à la forme qui convient :
1. Bisogna che tu mi ............ una risposta. 2. Bisognava che tu mi ............ una risposta. 3. Se io ti ............ questa maglia (pull over) tu mi ............ la tua cintura? 4. Quella sera mi ............ la ragione del suo comportamento e io capii tutto. 5. È necessario che noi ............ il nostro accordo subito. 6. Fu necessario che noi ............ il nostro accordo subito. 7. Ti ............ una mano (un coup de main) se tu me lo chiedessi. 8. Sii gentile ............ mi un consiglio. 9. Signore, sia gentile ............ un consiglio. 10. Se noi ............ ciò che abbiamo preso dove lo ritroveremmo?

**2** Traduire :
1. Dare noia, fastidio, disturbo. 2. Dare con la testa nel muro. 3. Darsi alla macchia (le maquis). 4. Darsi al gioco, al bere, allo studio. 5. Dare in un pianto dirotto. 6. Dare in escandescenze. 7. Darsela a gambe. 8. Può darsi! 9. Dammi retta e non darti pensiero. 10. Non me la darai a bere.

## 68 La date

### 1 Pour demander et dire quel jour on est :

— *Che giorno è oggi?*
Quel jour sommes-nous?

— *È lunedì.*
C'est lundi.

### 2 Pour demander et indiquer la date :

— *Quanti ne abbiamo?*
Le combien est-ce aujourd'hui?

— *Ne abbiamo 25* (ou *25*)
C'est le 25.

— *È il 14 luglio.*
C'est le 14 juillet.

— *È già il 31?*
C'est déjà le 31 ?

- pour indiquer la **date** dans **les lettres** on écrit :
— *Roma, 30 novembre (nov.) 1992* ou *Roma, 30.11.'92.*

- pour indiquer l'**année** on emploie l'article défini ou l'article contracté formé sur la préposition ***in*** (31) :
  — ***Il*** *1929 fu l'anno del krach.*
  1929 fut l'année du krach.
  — *Nacque* ***nel*** *1917 e morì* ***nel*** *1981.*
  Il naquit en 1917 et mourut en 1981.
- quand on n'indique pas les centaines on utilise une apostrophe :
  — ***nel*** *'29,* ***nell'****81* (***nell'*** parce qu'on écrirait ***nell'****ottantuno,* 31)
- *d.C. dopo Cristo* (après Jésus-Christ)
  *a.C. avanti Cristo* (avant Jésus-Christ)

**3 Pour indiquer les siècles on emploie l'adjectif ordinal (57) :**

- comme en français :
  — *Nel secolo tredicesimo, quattordicesimo, quindicesimo, sedicesimo, diciassettesimo, diciottesimo...*
  Au treizième, quatorzième, quinzième, seizième, dix-septième, dix-huitième siècle...
- mais pour désigner les siècles du XIIIe au XXe, on emploie aussi très fréquemment les formes :
  — *il Duecento* (*il secolo tredicesimo* = treizième siècle)
  *il Trecento, il Quattrocento, il Cinquecento, il Seicento, il Settecento, l'Ottocento, il Novecento* (*il secolo ventesimo* = XXe siècle) ;
  Ces siècles peuvent être écrits : *il '200, '300,* etc. *nel '400, nell' 800...*
  A ces noms correspondent des adjectifs :
  — *un pittore settecentesco*
  un peintre du XVIIIe siècle

■ Traduire :
1. C'était le combien hier? 2. Je suis né le 5 mars 1976. 3. C'est un palais du XVIe siècle. 4. Il l'a acheté en 89. 5. Elle est née en 11. 6. Avant-hier c'était samedi. 7. On en parlera encore dans deux siècles. 8. J'en ai parlé il y a trois semaines (settimana). 9. Revenez dans deux mois. 10. Après-demain ce sera dimanche.

# 69 Dato

**1 *Dato* substantif :**

***Dato*** est un substantif qui signifie **«donnée»** (***il dato*** = **la donnée)** et qu'il ne faut pas confondre avec la ***data*** **(la date)** :
— *I* ***dati*** *statistici forniti non corrispondono a quella* ***data****.*
Les données statistiques fournies ne correspondent pas à cette date-là.

2 ***Dato* participe passé (67) :**

**a** L'expression «étant donné» est invariable en français. Au contraire on fait l'accord en italien :

— *Data questa decisione, non confermiamo il nostro ordine.*
Étant donn**é** cette décision, nous ne confirmons pas notre commande.
— *Date **le** difficoltà odierne, rinunciamo alla gita.*
Étant donn**é** les difficultés actuelles, nous renonçons à l'excursion.

**b** La locution française «étant donné que» a pour équivalent italien la locution ***dato che*** également invariable :

— ***Dato che** sei malato partiremo la settimana prossima.*
Étant donné que tu es malade, nous partirons la semaine prochaine.

On peut remplacer ***dato che*** par ***siccome*** (voir **comme** 55).

Traduire :
1. Il me manque des données récentes pour répondre. 2. J'ai corrigé les données qui avaient été communiquées par erreur. 3. Étant donné les difficultés je crois que le premier ministre échouera (fallire). 4. Étant donné que j'ai déjeuné à 10 h je n'aurai pas faim à midi. 5. Étant donné le froid qu'il fait nous resterons à la maison. 6. Étant donné la chaleur (il caldo) les marchandises (la merce) s'abîment (guastarsi). 7. Étant donné la distance, nous n'arriverons pas avant (prima di) minuit). 8. Étant donné l'heure, nous ne trouverons pas un seul restaurant ouvert. 9. Étant donné qu'on ne trouve pas de travail, l'argent manque dans cette région. 10. Étant donné la situation nous ne sommes guère optimistes.

## 70 *De (non traduit en italien, 134)*

Contrairement au français, la préposition ***di*** est absente d'expressions où on trouve la préposition **«de»** devant l'infinitif lorsque l'infinitif est en réalité le sujet du verbe.

| | |
|---|---|
| — *È facile*<br>*indispensabile*<br>*preferibile* (préférable)<br>*piacevole*<br>— *È un errore*<br>— *Mi (ti, ci, vi) piace*<br>— *Mi (ti, ci, vi) dispiace, etc.* | *fare*<br>*dire*<br>*credere*<br>*conoscere*, etc. |

— *È sorprendente vedere tanta gente.*
Il est surprenant de voir tant de gens.

Avec ***dispiacere*** on trouve parfois ***di*** dans les phrases négatives :
— *Mi dispiace (di) non poter rispondere.*
Je regrette de ne pouvoir répondre.

# 71 Del tutto ou affatto? (10)

**1** **Dans les phrases affirmatives *del tutto* et *affatto* ont la même valeur et signifient : «tout à fait», «entièrement» :**

— *È **affatto** vero = è del tutto vero.*
C'est tout à fait vrai.

**2** **Dans les phrases négatives ils ont une valeur différente :**

— ***Non** è **affatto** vero.*
Ce n'est absolument pas vrai.
— ***Non** è **del tutto** vero.*
Ce n'est pas tout à fait vrai.

# 72 Demander (traduction de -)

Le français «**demander**» se traduit par :

**1** ***Domandare* ou *chiedere* :**

En principe on emploie ***domandare*** pour **avoir quelque chose** et ***chiedere*** pour **savoir quelque chose** mais cette distinction n'est pas absolue :
— *Non **ha chiesto** il permesso.*
Il n'a pas demandé la permission.
— ***Chiesi** / **domandai** un appuntamento.*
Je demandai un rendez-vous.
— ***Mi chiedo** / **mi domando** se tutti verranno.*
Je me demande si tout le monde viendra.

**2** ***Richiedere* qui a un sens plus contraignant proche de «exiger» :**

— *Questo errore **richiede** una spiegazione.*
Cette erreur demande (exige) une explication.
— *La riparazione **richiederà** molto tempo.*
La réparation demandera beaucoup de temps.
— ***(Ri)chiedono** il risarcimento dei danni.*
Ils demandent (exigent) un dédommagement (la réparation des dommages, des dommages et intérêts).

**3** **Dans certaines expressions la différence avec le français est :**

- peu sensible car l'italien emploie le verbe qui correspond à **demander** :
— *Non **chiedono di** meglio.*
Ils ne demandent pas mieux.
— *Hanno **chiesto di** parlare del problema.*
Ils ont demandé **à** parler de ce problème.

- plus nette quand l'italien n'emploie ni ***chiedere*** ni ***domandare*** :
  — ***La chiamano*** *al telefono.*
  On vous demande au téléphone.
- dans la publicité (1) :
  — ***Cercasi*** *barista.*
  On demande un barman.
  — ***Cercansi*** *apprendisti.*
  On demande des apprentis.

  Remarquer l'accord (pas toujours respecté) :
  *barista* (singulier) → ***cercasi***
  *apprendisti* (pluriel) → ***cercansi***

■ Traduire :
1. A qui as-tu demandé ce renseignement (informazione)? 2. Je vous demande de vous taire (tacere). 3. Cet exercice demande un effort d'attention. 4. Il n'a pas osé demander la parole. 5. Nous ne demandons pas mieux que de partir. 6. On ne m'a pas demandé au téléphone? 7. Que demandes-tu de mieux? 8. On demande un professeur d'italien pour la rentrée (riapertura della scuola). 9. Qui ne demande rien n'a rien. 10. Il m'a demandé de lui donner un coup de main (una mano).

## 73 Demi / demie / mi (traduction de -)

### 1 Dans la plupart des cas, «demi» et «mi» se traduisent par *mezzo* :

— *Bevve* ***mezzo*** *litro di vino.*
Il but un demi-litre de vin.
— *Arriverò fra un'ora e* ***mezzo****.*
J'arriverai dans une heure et demie.
— *Aspetterò* ***mezz'****ora.*
J'attendrai une demi-heure.
— *a mezza altezza / distanza*
à mi-hauteur / distance

- au féminin, en français **demi** est invariable s'il est placé **avant** le nom; au contraire on fait l'accord en italien :
  — *mezza porzione* une demi-portion

  Si **demi** est **après** le nom, il varie :
  une douzaine et demi**e**, trois heures et demi**e**

  En italien, on trouve *mezzo* (et, moins correct, *mezza*) :
  — *una dozzina e mezzo (mezza), tre ore e mezzo (mezza)*

### 2 Dans certaines expressions on emploie *metà* (moitié) :

— *a* ***metà*** *strada*
à mi-chemin

— ***metà*** *lana,* ***metà*** *cotone*
mi-laine, mi-coton

### 3 Dans de nombreux cas :

- on trouve un mot composé avec ***semi*** :

| | | |
|---|---|---|
| — ***semi****pieno* | — ***semi****vuoto* | — *un* ***semi****cerchio* |
| à demi plein | à demi vide | un demi-cercle |

- dans d'autres, contrairement au français, il n'existe pas de mot composé :

| | | |
|---|---|---|
| — *il fratellastro* | — *la sorellastra* | — *un centro mediano* |
| le demi-frère | la demi-sœur | un demi-centre (football) |

**1** Traduire :
1. Il s'est arrêté à mi-course. 2. Ce ne fut qu'un demi succès. 3. Je suis entré parce que la porte était à demi ouverte. 4. La boîte (scatola) est à demi fermée. 5. Attendez-moi une demi-heure. 6. Le film dure deux heures et demie. 7. J'ai écrit une page et demie. 8. Il était là il y a une demi heure. 9. J'ai mangé une demi banane. 10. Rendez-vous à la demie.

**2** Traduire :
1. Parteciperò alla corsa di mezzofondo. 2. Lo guardava con aria semiseria. 3. Scusami non ti riconoscevo nella semioscurità. 4. Dovresti vergognarti. Sei mezzo ubriaco (ivre). 5. Quando l'hanno ritrovato era mezzo morto. 6. Appuntamento all'una e mezza. 7. Anna è la sorellastra di Paolo. 8. Gioco mezzala destra. 9. Capì al volo.

# 74 Démonstratifs (adjectifs et pronoms)

### 1 Emplois :

Le choix du démonstratif dépend de la situation du locuteur par rapport à l'objet dont il parle :

**a** Si ce dont on parle est **proche** (dans l'espace ou le temps) de la personne qui parle on emploie ***questo*** (236) :

- adjectif :
  — *Posso prendere* ***quest****'oggetto?*
  Puis-je prendre cet objet? (près de moi)
  — ***Questa*** *mattina* / ***stamattina*** (260) *fa freddo.*
  Ce matin il fait froid.
- pronom :
  — *Quanto costa* ***questo****?*
  Combien coûte celui-ci? ou :
  Combien ça coûte?

**b** Pour ce qui est **loin** dans l'espace ou le temps, on emploie ***quello*** (234) :

- adjectif :
— *Come si chiama **quel** villaggio?*
Comment s'appelle ce village (là-bas)?
— ***Quel** giorno ero stanco.*
Ce jour-là j'étais fatigué.

- pronom :
— *E **quello**, quanto costa?*
Et celui-là, combien coûte-t-il?

***Questo*** et ***quello*** sont donc souvent en opposition :
— ***Questa** ragazza è bionda **quel** ragazzo invece ha i capelli rossi.*
Cette fille est blonde, au contraire ce garçon-là a les cheveux roux.
— ***Questo** è tedesco, **quella** è polacca.*
Celui-ci est allemand, celle-là est polonaise.

**c** ***Codesto*** :

On emploie aussi l'adjectif ***codesto*** pour désigner **un objet se trouvant près de la personne à qui l'on parle** (mais cet usage est relativement limité; en dehors de la Toscane, on tend à se servir de ***quello***) :
— *Passami **codesto** libro.*
Passe-moi ce livre (qui est près de toi).

**d** ***Ciò*** :

Le pronom ***ciò*** signifie **«cela»** :
— ***Ciò** non mi riguarda.*
Cela ne me regarde pas.

## 2 Formes :

**a** Adjectifs :

- ***questo, questi, questa, queste*** (devant une consonne)
***quest'*** (devant une voyelle, mais on emploie aussi la forme non apocopée : ***quest'idea*** ou ***questa idea***)

- ***quello***
La forme de ***quello*** évolue comme celle de l'adjectif ***bello*** (45) :

| | | |
|---|---|---|
| — *quel libro* | — *quell'animale* | — *quello studio* |
| *quei libri* | *quegli animali* | *quegli studi* |
| — *quella ragazza* | — *quell'idea* | — *quella scatola* |
| *quelle ragazze* | *quelle idee* | *quelle scatole* |

**b** Pronoms :

- ***questo*** = celui-ci,
***questi*** = ceux-ci
***questa*** = celle-ci...
— *Quanto costa **questo**?*
Combien coûte celui-ci? ou :
Combien ça coûte?

*Questi* est souvent employé, au singulier, à la place de *questo* (pour désigner une personne) :
— ***Questi** (= **questo**) è gentile.*
Celui-ci est gentil.

- ***quello*** = celui-là, ***quelli*** = ceux-là
***quella*** = celle-là, ***quelle*** = celles-là
— ***Questa** musica è di Mozart. E **quella**?*
Cette musique est de Mozart. Et celle-là?

Attention au pluriel du **pronom *quello : quelli***:
— *Preferisci que**gli** animali? Sì, **quelli** sono più puliti.*
Tu préfères ces animaux-là? Oui, ceux-là sont plus propres.

Ne pas confondre avec le pluriel de l'**adjectif *quello*** qui, selon le cas, est ***quei*** ou ***quegli*** mais jamais *quelli* (formes, A).

- ***Colui, colei, coloro***:
A la place de ***quello, quella, quelli*** et ***quelle*** désignant des personnes, on peut employer ***colui, colei*** et ***coloro*** (ceux-là ou celles-là)
— ***Coloro (quelli)** che amano il cinema saranno delusi.*
Ceux qui aiment le cinéma seront déçus.

- ***Costui, costei, costoro*** peut remplacer ***questo, questa, questi, queste*** mais la plupart du temps avec un sens péjoratif :
— *Chi è **costui**?*
Qui est ce type?
— *È matta **costei**!* (fam.)
Elle est folle cette bonne femme.

## POUR ALLER PLUS LOIN

- ***Questo*** peut remplacer ***ecco*** (89) :
— *Questo è mio fratello.*
Voici mon frère.
— *Questa è mia moglie.*
Voici ma femme.

- ***Quello*** peut remplacer l'article devant un adjectif :
— *Prendi quella cravatta. Quale? **Quella** verde.*
Prends cette cravate. Laquelle? **La** verte.

- ***Quello, quelle*** = celui (celle) d'autrefois, du passé :
— *Da quando è arricchito **non è più quello.***
Depuis qu'il s'est enrichi il a changé (il n'est plus le même).

**1** Mettre l'adjectif démonstratif ***quello*** à la forme qui convient devant les mots suivants :
vestito (vêtement) – vestiti – abito – abiti – scarpe (souliers) – fazzoletto (mouchoir) – maglia (tricot) – camicia – cappello (chapeau) – cappelli – camicie – zoccolo (sabot) – zoccoli – stivale (botte) – stivali – calzini (chaussettes) – calze (bas).

**2** Remplacer les pointillés par l'adjectif ou le pronom démonstratif qui convient :
1. In ............ secolo l'Italia era molto divisa. 2. In ............ tempi tutti si conoscevano. 3. Cercheremo di salire in cima a ............ montagna. 4. Questa cravatta costa 20 000 lire e ............? 5. Questi sono inglesi e ............? 6. ............ che vogliono giocare devono dirlo. 7. Da' un coltello a ............ che non l'hanno. 8. Questa è più bruna di ............ 9. ............ sportivi sono meno giovani di ............ 10. Non lo riconosco più tanto è cambiato. Non è più ............

## 75 Dès... Dès que... (traduction de -)

**1** **Dès : se traduit par *fin da..., da... in poi,* ou *a partire da...***

— *Sarà aperto* ***fin da*** *domani (****da*** *domani* ***in poi, a partire da...****).*
Ce sera ouvert dès demain.
— *Riprenderò a lavorare* ***fin dalla*** *prossima settimana.*
Je reprendrai mon travail dès la semaine prochaine.

**2** **Dès lors : se traduit par *da allora* ou *da allora in poi* :**

— *Litigarono e* ***da allora (da allora in poi)*** *non si parlarono più.*
Ils se disputèrent et dès lors ils ne s'adressèrent plus la parole.

**3** **Dès que : se traduit par *appena* ou *non appena...***

— ***(Non) appena*** *ebbe finito di mangiare tornò a giocare fuori.*
Dès qu'il eut fini de manger il retourna jouer dehors.

**1** Traduire :
1. La cena viene servita dalle 11.30 in poi. 2. A partire da Lione il treno è molto veloce. 3. Fin dal primo momento diventarono amici. 4. A partire dal mese prossimo orario continuato (journée continue). 5. Appena la vedrò le parlerò di te. 6. Smise di bere caffè di sera e da allora dormì serenamente. 7. Non appena si vide solo scoppiò a piangere.

**2** Traduire :
1. Dès son enfance il savait qu'il deviendrait ingénieur. 2. J'irai te voir dès que je rentrerai. 3. Dès qu'il apparut (apparire) tous se levèrent (alzarsi). 4. Dès qu'il la vit il se mit à chanter. 5. Je commence à étudier sérieusement (sul serio) dès lundi. 6. Nous pouvons conclure (concludere) dès aujourd'hui. 7. Dès qu'il pleut on voit des escargots (la chiocciola). 8. Je reviendrai dès que je le pourrai.

# 76 Devoir (traduction du verbe - voir dovere, 85)

**1** **En règle générale «devoir» est traduit par le verbe *dovere* :**

- conjugaison (85) ;
- emploi comme verbe servile (254) :
  — *È dovuto atterrare a Parigi.*
  Il **a** dû atterrir à Paris.
- avec les verbes pronominaux on emploie ***avere*** ou ***essere*** :
  — ***Si è** dovuto lavare* / ***ha dovuto** lavar**si** da capo a piedi.*
  Il a dû se laver des pieds à la tête.
- avec l'auxiliaire ***essere***, on emploie ***avere*** :
  — ***Ha** dovuto essere ricoverato in ospedale.*
  Il a dû être hospitalisé.

**2** **Autres traductions :**

- **devoir** = **obligation** : ***dovere*** ou ***avere da***
  — ***Devo** studiare* / ***ho da** studiare.*
  Je dois étudier.
- **devoir** = **probabilité** ou **estimation** : ***dovere***, **futur** ou **présent** avec ***forse*** :
  — *Ci **dev'**essere l'ingorgo* / ***ci sarà** l'ingorgo* / ***forse c'è**...*
  Il doit y avoir un embouteillage.
  — ***Deve** misurare due metri* / ***misurerà*** / ***misura forse**...*
  Il doit mesurer deux mètres.

■ Traduire :
1. Ho qualcosa da dire. 2. Ho da fare il bucato (la lessive) prima di domani. 3. Scusatemi, non posso accompagnarvi, ho da lavorare. 4. Perché non è venuto? Sarà malato. 5. A causa dello sciopero (grève) dovette trascorrere la notte nell'aeroporto di Milano Linate. 6. Sei dovuta restare a casa? 7. Si è dovuta pettinare in meno di un quarto d'ora. 8. Quanti anni ha? Avrà ottant'anni. 9. Quanto peserà? Peserà trenta chili. 10. Ha troppe cose da fare. Non preoccuparti. Ha sempre fatto il proprio dovere.

# 77 Di (la préposition -)

La préposition ***di*** est très employée. Elle correspond à la préposition française **«de»** quand celle-ci ne se traduit pas par ***da*** (64 et 79).

## 1 Comme en français : *di* = de :

— *una bottiglia **di** spumante*
une bouteille de mousseux

— *Visse **di** espedienti.*
Il vécut d'expédients.

— *Sei **di** Milano?*
Tu es de Milan?

— *un uomo **di** cinquant'anni*
un homme de cinquante ans

— *servirsi **di** un coltello*
se servir d'un couteau

— *essere in cerca **di**...*
être à la recherche de...

Avec les adverbes on emploie indifféremment ***di*** ou ***da*** :

— ***Di** dove / **da** dove viene?*
D'où vient-il?

— ***di** lontano / **da** lontano*
de loin

## 2 Différences avec le français :

**a** Préposition **de** en français, **article contracté** en italien :

— *il libretto **degli** assegni*
le carnet de chèques

— *un tasso **del** 5 %* (57)
un taux de 5 %

On emploie ***di*** **sans article** et ***da*** **avec l'article** :

— *uscire **di** casa / **di** camera*
sortir de la maison, de la chambre

— *uscire **dalla** camera di Anna*
sortir de la chambre d'Anne

**b** Préposition ***di*** en italien, **pas de préposition** en français :

- pour les dates (68) :
  — *nell'ottobre **del** 1917*
  en octobre 1917
- devant un pronom :
  — *prima / dopo / senza **di** te, **di** noi, tra **di** noi...*
  avant / après / sans toi, nous, entre nous...
- après certains verbes devant l'infinitif :
  — *penso **di** / spero **di** / credo **di**... potere, fare...*
  je pense, j'espère, je crois... pouvoir, faire...
  — ***Credo di** poter rispondere.*
  Je crois pouvoir répondre.
  — ***Conto di** restarvi un mese.*
  Je compte y rester un mois.
- en revanche, contrairement au français, lorsque l'infinitif est le sujet réel du verbe on n'emploie pas la préposition (70) :
  — *È facile / difficile dire / fare...*
  Il est facile / difficile **de** dire / **de** faire.

**c** ***Di*** en italien **autre préposition** (ou traduction autre que **«de»**) en français :

- ***di*** = **à**
  — *Perché cerchi **di** mentire?*
  Pourquoi cherches-tu à mentir?
  — ***Di chi** è questo cane? **È di** quel signore.*
  A qui est ce chien? Il est à ce monsieur.

- ***di*** = **à, au, à la, aux**
  — *il mercato **del** pesce / **dei** fiori*
  le marché aux poissons, aux fleurs
  — *un figlio **di** papà*
  un fils à papa

- ***di*** = **en (matière** et **spécialité)**
  — *è **di** legno*
  c'est en bois
  — *un anello **d'**oro*
  une bague en or
  — *dottore **di** medicina*
  docteur en médecine
  — *studente **di** legge*
  étudiant en droit

- ***di*** = **en (temps)**
  — ***d'**inverno*
  en hiver
  — ***d'**estate*
  en été

- ***di*** = **en (manière)**
  — ***di** traverso*
  en travers
  — ***di** sfuggita*
  en passant
  — *ricco **di***
  riche en
  — *povero **di***
  pauvre en
  — ***di** corsa*
  en courant
  — ***di** nascosto*
  en cachette
  — *scarso **di***
  rare en
  — *abbondante **di***
  abondant en

- ***di*** = **le, la (moment de la journée)**
  — ***di** sera, **di** notte, **di** mattina, **di** domenica*
  le soir, la nuit, le matin, le dimanche

  Mais on dit :
  — ***in mattinata*** (le matin, dans la matinée)
  ***in serata*** (en soirée, le soir)

- ***di*** = **que**
  – dans les comparaisons, on emploie ***di*** au lieu de ***che*** devant un nom, un pronom non précédés d'une préposition et quand on ne compare pas deux quantités (52, 56 et 78).
  — *Sei più basso **di** me / **di** tuo padre / **del** tuo compagno.*
  Tu es plus petit que moi / que ton père / que ton camarade.
  – dans l'expression :
  — ***dire di** sì, **di** no*
  dire que oui, que non

**1** Traduire :
1. È un amore di bambina. 2. È pieno di gente. 3. Mi sono svegliato alle due di notte. 4. Vanno di città in città, di luogo in luogo per fare conoscere la loro produzione. 5. Cresce di giorno in giorno. 6. Diventa più ricco di anno in anno. 7. A lui piace parlare del più e del meno. 8. Di primo acchito (abord) vidi la difficoltà. 9. Non ha aperto la buca delle lettere? 10. Di chi è questa borsa (sac à main)?

**2** Traduire :
1. Ils viennent me voir de temps en temps; sans eux, je mourrais de faim. 2. J'ai égaré (smarrire) mon carnet de chèques. 3. La banque m'a prêté de l'argent à un taux de 10 %. 4. Ma grand-mère (nonna) souffre de l'estomac, elle ne sort jamais de chez elle. 5. Je l'ai vue quand (mentre) elle sortait du bureau (ufficio) du directeur. 6. Avant nous la maison était habitée par des napolitains (napoletano). 7. Comment pourrais-tu faire ce voyage sans nous? 8. Entre nous, je crois qu'ils mentent. 9. J'espère arriver la nuit. 10. Je crois que tu pourras trouver une place (un posto).

**3** Traduire :
1. Il est difficile de répondre : je cherche à comprendre. 2. Ne vous fiez pas à ces gens-là. 3. A qui est cette voiture? Elle est à mes amis. 4. Viens avec moi au marché aux poissons. 5. C'est en argent ou en platine? 6. L'hiver on n'est pas bien dans cette maison mais l'été c'est parfait. 7. La ville est riche en monuments romains. 8. Je te donnerai de l'argent en cachette. 9. Je n'ai rien compris : il est passé en courant et n'est resté que cinq minutes (minuto, masc.). 10. J'ai moins d'expérience que toi : avant de dire oui, je voudrais réfléchir.

## 78 *Di ou che? (dans les comparaisons, 56)*

**a** Dans les comparaisons (**«plus... moins... que**), le **«que»** français est traduit par ***di*** devant un nom ou un pronom non précédés d'une préposition et quand on ne compare pas deux quantités :

— *È più bello **di** me / **di** mio fratello / **del** mio vicino.*
Il est plus beau **que** moi / **que** mon frère / **que** mon voisin.

**b** Dans les autres cas on emploie *che* (52).

## 79 *Di ou da?*

Il est assez facile de distinguer l'emploi des prépositions ***di*** ou ***da*** lorsqu'on traduit de l'italien en français. En revanche il est beaucoup plus difficile de ne pas se tromper quand on passe du français à l'italien :

### 1 Pour traduire le français «de» :

On a tendance à employer indifféremment ***di*** ou ***da*** alors que, dans certaines expressions, on emploie ***da*** quand la préposition est accompagnée de l'article et ***di*** dans les autres cas :

— ***di*** *giorno in giorno*
de jour en jour

— ***da*** *un giorno all'altro*
d'un jour à l'autre

— *È appena uscito **di** prigione.*
Il vient de sortir de prison.
— *È appena uscito **dalla** prigione di Siena.*
Il vient de sortir de la prison de Siene.
— *I mobili sono coperti **di** polvere.*
Les meubles sont couverts de poussière.
— *Sono coperti **dalla** polvere della strada.*
Ils sont recouverts par la poussière de la route.
— *Uscì **di** scuola alle 6.*
Il sortit de l'école à 6 heures.
— *Uscì **da una** scuola privata.*
Il sortit d'une école privée.

**2 En règle générale *di* indique le contenu, *da* la finalité, l'utilisation :**

— *una tazza **di** tè*
une tasse **de** thé
— *una tazza **da** tè*
une tasse **à** thé

— *la cassetta **delle** lettere*
la boîte **aux** lettres
— *la carta **da** lettera*
le papier **à** lettre

## 80 Diminutifs (suffixes -)

En italien comme en français (garçonn**et** / garçon, mur**et** / mur, camion**nette** / camion...) on peut rendre l'idée de petitesse en employant un suffixe diminutif. Cette possibilité est beaucoup plus largement utilisée en italien qu'en français.

**1 Formes :**

Les suffixes diminutifs les plus courants sont :

**a** -*ino* et -***etto*** :

*il fratello* (frère) → *il fratell**ino*** (le petit frère, le «frérot»)
*il gatto* (chat) → *il gatt**ino*** (le petit chat, le chaton)
*il bacio* (baiser) → *il bac**etto*** (la «bise», le «bisou»)

avec parfois un changement de genre :
***la** stanza* (la pièce) → ***lo** stanz**ino***
***la** tavola* (la table) → ***il** tavol**ino***

forme particulière :
*il cane* (le chien) → *il cagn**etto** (il cagnolino)*

**b** -***ello*** (avec une nuance de grâce ou de fragilité) :

*albero* (arbre) → *alber**ello***
*cattivo* (méchant) → *cattiv**ello*** (enfant)

**c** -***uccio*** accentue l'idée de petitesse, de modestie, de fragilité :

— *tesor**uccio*** (mon petit trésor, se dit à un enfant)
— *femmin**uccia*** (une petite bonne femme, en parlant à ou d'un enfant)

— *regaluccio* (un cadeau «qui entretient l'amitié», sans grande valeur vénale)
— *Asciugati la boccuccia.*
Essuie ta petite bouche (à un enfant).

-**uccio** peut prendre une valeur légèrement péjorative :
— *una cosuccia*
une petite chose de rien

**d** -**uzzo** :

*via* (rue) → ***viuzza*** (ruelle)

**e** -**icino** et -**icello** s'ajoutent à des mots qui n'acceptent pas les diminutifs -**ino** ou -**ello** :

*corpo* (corps) → *corp**icino***
*vento* (vent) → *vent**icello*** (brise)
*porto* → *port**icino** / port**icello***
*fiume* (fleuve) → *fium**icino** / fium**icello***

**f** -**cino** s'ajoute aux mots se terminant par -**one** :
*bastone* (bâton) → *baston**cino*** (bâton de ski)
*camion* → *camion**cino*** (camionnette)

**g** -**ola**, -**icciola**, pour quelques mots :

*famiglia* → *famigli**ola***
*festa* → *fest**icciola***

**h** Ces suffixes peuvent parfois se combiner :

***etto*** + ***ino*** = ***ettino*** → *casa casetta cas**ettina***
***uccio*** + ***ino*** = ***uccino*** → *letto lett**uccino***
***ello*** + ***ino*** = ***ellino*** → *fiore fior**ellino***

Traduire les diminutifs suivants et indiquer le mot sur lequel a été formé le diminutif :
lettuccino – libriccino – uccelluccio – fiumicino – fiumicello – porticina – calzoncini – stanzuccia – letterina – campicello – finestrino – tavolino – tavoletta – poltroncina – seggiolina – fogliolina – librettino.

## 2 Emplois : il faut suivre l'usage et n'utiliser que les formes attestées.

**a** Certains mots acceptent beaucoup de diminutifs. On dit :

— *casa, cas**etta**, cas**ettina**, cas**uccia***
— *bacio, bac**etto**, bac**ino***
— *nuvola, nuvol**etta**, nuvol**ino***
— *donna, donn**ina**, donn**etta***
— *via, vi**uzza**, vi**ottolo***
— *cane, cagn**ino**, cagn**etto**, cagn**olino***

**b** On peut les utiliser avec les adverbes :

— *poco* (peu), *pochino* (un peu), *pochettino, pocolino* (un tout petit peu)
— *presto* (tôt, de bonne heure), *prestino* (d'assez bonne heure)
— *piano* (doucement), *pianino* (tout doucement)

**c** **On ne peut employer n'importe quel suffixe avec n'importe quel mot,** il faut éviter certaines confusions :

- ***padrino*** et ***madrina*** ne sont pas des diminutifs de *padre* et *madre* mais signifient **parrain** et **marraine**
- ***l'ombrello*** est le **parapluie** mais ***l'ombrellino*** est l'**ombrelle**
- ***il posto*** signifie la **place** (diminutif ***posticino***) mais le ***postino*** est le **facteur**
- la ***radiolina*** est le **transistor**, etc.

**d** Ne pas confondre ***-eto*** et ***-etto*** (100) :

| | |
|---|---|
| — *un arancio* | — *un aranceto* |
| un oranger | une orangeraie (et non : un petit oranger) |

## 81 Diphtongués (verbes -)

Certains verbes présentent des formes diphtonguées et non diphtonguées. Au présent de l'indicatif, du subjonctif et à l'impératif, la **voyelle « -e »** ou **« -o » diphtongue lorsqu'elle porte l'accent tonique** et se trouve **dans une syllabe ne se terminant pas par une consonne.**

### 1 Verbes en *-are* :

Sont donnés le présent de l'indicatif, le présent du subjonctif et l'impératif.

**suonare**

| | | | | | |
|---|---|---|---|---|---|
| *suono* | *suoni* | *suona* | *soniamo* | *sonate* | *suonano* |
| *suoni* | *suoni* | *suoni* | *soniamo* | *soniate* | *suonino* |
| | *suona* | *suoni* | *soniamo* | *sonate* | *(suonino)* |

### 2 Verbes en *-ere* :

Sont donnés le présent de l'indicattif, le présent du subjonctif et l'impératif :

**muovere, muoversi**

| | | | | | |
|---|---|---|---|---|---|
| *mi muovo* | *ti muovi* | *si muove* | *ci moviamo* | *vi movete* | *si muovono* |
| *mi muova* | *ti muova* | *si muova* | *ci moviamo* | *vi moviate* | *si muovano* |
| | *muoviti* | *si muova* | *moviamoci* | *moveteci* | *(si muovano)* |

**potere**

| | | | | | |
|---|---|---|---|---|---|
| *posso* | *puoi* | *può* | *possiamo* | *potete* | *possono* |
| *possa* | *possa* | *possa* | *possiamo* | *possiate* | *possano* |
| pas d'impératif | | | | | |

**sedersi**

| | | | | | |
|---|---|---|---|---|---|
| *mi siedo* | *ti siedi* | *si siede* | *ci sediamo* | *vi sedete* | *si siedono* |
| *mi sieda* | *ti sieda* | *si sieda* | *ci sediamo* | *vi sediate* | *si siedano* |
| | *siediti* | *si sieda* | *sediamoci* | *sedetevi* | *(si siedano)* |

**tenere**

| | | | | | |
|---|---|---|---|---|---|
| *tengo* | *tieni* | *tiene* | *teniamo* | *tenete* | *tengono* |
| *tenga* | *tenga* | *tenga* | *teniamo* | *teniate* | *tengano* |
| | *tieni* | *tenga* | *teniamo* | *tenete* | *(tengano)* |

**volere**

| | | | | | |
|---|---|---|---|---|---|
| *voglio* | *vuoi* | *vuole* | *vogliamo* | *volete* | *vogliono* |
| *voglia* | *voglia* | *voglia* | *vogliamo* | *vogliate* | *vogliano* |
| pas d'impératif | | | | | |

### 3 Verbes en *-ire* :

**morire**

| | | | | | |
|---|---|---|---|---|---|
| *muoio* | *muori* | *muore* | *moriamo* | *morite* | *muoiono* |
| *muoia* | *muoia* | *muoia* | *moriamo* | *moriate* | *muoiano* |
| | *muori* | *muoia* | *moriamo* | *morite* | *(muoiano)* |

**venire**

| | | | | | |
|---|---|---|---|---|---|
| *vengo* | *vieni* | *viene* | *veniamo* | *venite* | *vengono* |
| *venga* | *venga* | *venga* | *veniamo* | *veniate* | *vengano* |
| | *vieni* | *venga* | *veniamo* | *venite* | *(vengano)* |

- Désormais on ne trouve plus que les formes non diphtonguées pour ***giocare*** *: gioco, giochi, gioca...*
- Mais la diphtongaison s'est étendue à toutes les personnes des verbes ***nuotare*** (nager) et ***vuotare*** (vider) pour ne pas confondre avec les verbes ***notare*** (noter, remarquer) et ***votare*** (voter).

## 82 *Discreto, discretamente (traduction de -)*

L'adjectif ***discreto*** et l'adverbe ***discretamente*** signifient :

**a** **«Discret»** et **«discrètement»** comme les mots français équivalents :

— *Ti puoi fidare di lui : è molto* ***discreto.***
Tu peux te fier à lui : il est très discret.
— *Segue l'affare* ***discretamente.***
Il suit l'affaire discrètement.

**b** Mais aussi, ce qui peut, dans certains contextes, induire en erreur :

- **raisonnable, convenablement, raisonnablement :**
— *Praticano prezzi* ***discreti.***
Ils pratiquent des prix raisonnables.
— *La faccenda è andata* ***discretamente.***
L'affaire s'est bien déroulée.
- **acceptable, passable, assez bon, assez bien, pas mal :**
— *È un modo* ***discreto*** *di agire.*
C'est une façon acceptable d'agir.
— *Di salute stanno* ***discretamente.***
Ils ne se portent pas mal.

## 83 *Dispiacere*

Très employé, ce verbe signifie :

**a** **«Déplaire», «ne pas aimer»** (voir **aimer** 14) :

— *Questa città* ***mi dispiace*** *(non mi piace).*
Cette ville me déplaît / je n'aime pas cette ville.
— *Fare questo lavoro* ***non mi dispiacerebbe.***
Il ne me déplairait pas de faire ce travail.

**b** Très souvent : **«regretter», «être désolé»** (244) :

— ***Mi dispiace****, non ho capito, può ripetere?*
Je regrette (excusez-moi), je n'ai pas compris, pouvez-vous répéter?

**1** Traduire :
1. Questo spettacolo mi dispiace. 2. Questa lettera mi è dispiaciuta molto. 3. Non mi dispiacerebbe vivere in riva al mare. 4. Questi modi di comportarsi mi dispiacciono. 5. Le dispiace se fumo? 6. Le dispiacerebbe chiamare un taxi? 7. Mi dispiace lasciarvi qui. 8. Le ho fatto male? Mi dispiace. 9. Anche a me dispiacciono queste polemiche. 10. Sono in ritardo. Mi dispiace. Mi scusi.

**2** Traduire :
1. Nous regrettons de devoir partir. 2. Cette couleur me déplaît. 3. Cela vous dérange si j'allume (accendere) la télévision? 4. Cela vous dérangerait de surveiller (sorvegliare) ma valise (la valigia) pendant (mentre) que je vais acheter un journal? 5. Désolés, nous n'avons plus de pain. 6. Je ne pourrai assister à cette cérémonie. Je le regrette beaucoup.

## 84 Dont

**«Dont»** se traduit en italien par :

1 ***Cui*** **précédé de l'article défini *(il cui, la cui, i cui, le cui)* lorsque en français «dont» est suivi de l'article défini :**

— *È il notaio* ***la cui*** *moglie è pittrice.*
C'est le notaire **dont la** femme est peintre.
— *Non mi piacciono le persone* ***le cui*** *mani sono sporche.*
Je n'aime pas les personnes **dont les** mains sont sales.

2 ***Di cui*, quand «dont» est suivi d'un pronom :**

— *Ho visto l'onorevole* ***di cui*** *Lei mi ha parlato.*
J'ai vu le député **dont vous** m'avez parlé.
— *Sono prodotti* ***di cui*** *non conosco il prezzo.*
Ce sont des produits **dont je** ne connais pas le prix.

On peut remplacer ***di cui*** par ***del / della quale, dei / delle quali,*** mais c'est inutilement lourd.

3 **A d'autres emplois de «dont» correspondent des traductions particulières :**

- **partitif** :
— *Ci sono molti quadri* ***tra cui / tra i quali*** *i miei.*
Il y a beaucoup de tableaux, **dont** les miens.
- **origine** :
— *La famiglia* ***da cui / dalla quale*** *proviene è emigrata nel 1830.*
La famille **dont** il sort a émigré en 1830.
- **moyen** :
— *Afferrò un coltello* ***con cui / con il quale*** *colpì l'avversario.*
Il saisit un couteau **dont** il frappa son adversaire.
- **manière** :
— *Il modo* ***in cui / nel quale*** *agisce è disonesto.*
La façon **dont** il agit est malhonnête.

**1** Traduire :
1. Entrò allora una ragazza di cui riconobbi subito il sorriso. 2. È una merce (marchandise) di cui si fa la pubblicità in tv e di cui tutti sono soddisfatti. 3. Sai, è quella persona il cui figlio perì in un incendio. 4. Portami il libro di cui ti ho parlato. 5. È lo scrittore la cui ultima opera è stata portata sullo schermo. 6. È un film originale i cui attori sono tutti degli animali. 7. Quella sera distrussero molte macchine tra cui quella della mia fidanzata. 8. Il romanzo dal quale è tratto questo brano è un capolavoro della letteratura medioevale. 9. Il modo nel quale parla ai clienti lo rende simpatico a tutti. 10. È un avvenimento di cui si parlerà a lungo.

**2** Traduire :
1. Je vais toujours voir les films dont on parle dans les journaux. 2. Tu la reconnaîtras facilement : c'est la fille dont tu as vu la photo chez moi, celle dont les cheveux sont très longs et bouclés (riccio-luto). 3. C'est un roman dont je ne connais que le titre. 4. C'est le roman dont le titre est tiré (tratto) d'une chanson. 5. J'ai vu beaucoup d'amis dont je n'avais plus entendu parler depuis des années.

## 85 Dovere (devoir, 76)

### 1 Conjugaison :

Le verbe ***dovere*** est irrégulier au présent de l'indicatif et du subjonctif, au futur et au conditionnel.

| indicatif | | subjonctif | conditionnel |
|---|---|---|---|
| présent | futur | présent | présent |
| *devo* (ou : *debbo*) | *dovrò* | *debba* | *dovrei* |
| *devi* | *dovrai* | *debba* | *dovresti* |
| *deve* | *dovrà* | *debba* | *dovrebbe* |
| *dobbiamo* | *dovremo* | *dobbiamo* | *dovremmo* |
| *dovete* | *dovrete* | *dobbiate* | *dovreste* |
| *devono* (ou : *debbono*) | *dovranno* | *debbano* | *dovrebbero* |

Au passé simple on emploie les formes en -***etti***, -***ette***, -***ettero***, à côté des formes régulières moins courantes :
*dovetti, dovesti, dovette, dovemmo, doveste, dovettero.*

### 2 Emploi comme verbe servile (254) :

**a** Avec un verbe construit avec l'auxiliaire ***essere*** :

— ***Sono dovuto*** *entrare / tornare < sono entrato, sono tornato.*
J'ai dû entrer / revenir < je suis entré, je suis revenu.

**b** Avec un infinitif pronominal :

— *Mi* ***sono dovuto*** *curare /* ***ho dovuto*** *curarmi.*
J'ai dû me soigner.

**3** **Pour exprimer une opinion incertaine, on peut employer *dovere* ou l'auxiliaire *essere* (76 et 115) :**

— ***Devono*** *essere le dieci. /* ***Saranno*** *le dieci.*
Il doit être dix heures.

**4** ***Avere da*** **+ infinitif est l'équivalent de *dovere* :**

— ***Ho*** *ancora* ***da*** *registrare i bagagli.*
Je dois encore enregistrer mes bagages.

Traduire :
1. Je dois partir tout de suite (subito). Et nous que devons-nous faire? 2. Pour aller au théâtre (a teatro) vous devrez tourner (voltare) à gauche. 3. Pour entrer il dut prendre un billet. 4. Elle a dû se maquiller (truccarsi) sans miroir (specchio). 5. J'ai dû réagir immédiatement.

# 86 E / et

1 *E* est l'équivalent de la conjonction de coordination «et» :

— *un cane **e** un gatto*
un chien et un chat

*E* peut devenir ***ed*** devant une voyelle :
— *Ho visto una tigre **ed** un elefante.*
J'ai vu un tigre et un éléphant.

2 Dans certaines expressions les différences sont plus ou moins nettes entre l'italien et le français :

- ***e*** en italien, **et** en français :
  — *E due, **e** tre...*
  **Et de** deux, **et de** trois...
  — *Quando piove **e** tutti prendono la macchina...*
  Quand il pleut **et que** tout le monde prend sa voiture...
- ***e*** en italien, pas de **et** en français :
  — *Tutti **e** due, tutti **e** tre* (57)...
  Tous **les** deux, tous **les** trois...
  — *Più lo conosco **e più** lo apprezzo.*
  Plus je le connais **plus** je l'apprécie.
  — *Vuoi andartene? **e** sia!*
  Tu veux t'en aller? Soit!

# 87 -e (mots se terminant par -)

1 Ces mots, relativement nombreux, sont des substantifs ou des adjectifs masculins ou féminins.

2 Ils font tous leur pluriel en *-i* :

- ***il** rappresentant**e** sindacal**e*** → ***i** rappresentant**i** sindacal**i***
- ***la** rivendicazion**e** sindacal**e*** → ***le** rivendicazion**i** sindacal**i***
- ***il** grand**e** pittor**e*** → ***i** grand**i** pittor**i***
- ***la** grand**e** pittric**e*** → ***le** grand**i** pittric**i***

3 Les mots masculins en *-e* ont leur féminin en :

- ***e*** : *il client**e*** → *la client**e***
- ***a*** : *il signor**e*** → *la signor**a***
- ***essa*** (110) : *il professor**e*** → *la professor**essa***
- ***trice*** (110) : *l'attor**e*** → *l'at**trice***

**1** Mettre au féminin les mots suivants :
il pattinatore (patineur) – l'autore (auteur) – il conte (le comte) – il lettore- – il telespettatore – innocente – incosciente.

**2** Mettre au pluriel les mots suivants :
l'automobile veloce – la voce sottile – la luce splendente – la sede (le siège) locale – la piramide e la sfinge (sphynx) – l'abside – la miosotide – la palude (marais) – la catastrofe – la strage (le massacre) – il salice piangente (saule pleureur).

## 88 È (emploi de -)

### 1 Forme :

Troisième personne du singulier de l'auxiliaire ***essere***, ***è*** s'écrit ***E'*** ou ***È*** en début de phrase pour éviter toute confusion avec la conjonction de coordination ***e*** (et) :
— *E'/È aperto.*
C'est ouvert.

### 2 Emplois :

**a** *È* traduit **c'est** (pluriel : ***sono*** = ce sont) :
— *È falso.*
C'est faux.
— ***Sono*** *bugie.*
Ce sont des mensonges.

Sur les autres traductions de **c'est** (50) :
— *Chi ha suggerito?* ***Io / Ho suggerito io / Sono stato io a*** *suggerire.*
Qui a soufflé? C'est moi.
— *Questa volta* ***partirò io****.*
Cette fois-ci c'est moi qui partirai.
— *Chi* ***è****?*
Qui est-ce? Qui est là?
— ***È*** *lui? Sì* ***è*** *lui.*
C'est lui? Oui, c'est lui.

**b** Ne pas confondre ***è*** **(c'est)** avec ***c'è*** **(il y a)** :
— ***È*** *del vino.*
**C'est** du vin.
— ***Sono*** *vecchi.*
**Ils sont** vieux ou : **ce sont** des vieux.
— ***C'è*** *del vino.*
**Il y a** du vin.
— ***Ci sono*** *vecchi.*
**Il y a** des vieillards.

**■** Traduire :
1. C'est fermé. 2. Il y a déjà la queue (coda). 3. Ce n'est pas du sucre. 4. Il n'y a plus de sucre. 5. Allô (pronto)! C'est toi, Louis (Luigi)? Non, c'est Jean (Giovanni). 6. Ce n'est pas encore à toi de jouer. 7. C'est au médecin de prendre cette responsabilité.

## 89 Ecco

***Ecco :*** **voici, voilà** s'unit au pronom personnel complément :

— *Eccomi, eccoti, eccolo, eccola.*
Me (te, le, la) voici (voilà).
— *Eccoci, eccovi, eccoli, eccole.*
Nous (vous, les) voici (voilà).
— *Eccone.*
En voici (voilà).

■ Traduire :
1. Où est-elle? La voilà. 2. Où sont-ils? Les voici. 3. C'est vous? Oui, nous voici. 4. Peux-tu me donner du sucre? Oui, en voilà.

## 90 Écouter (traduction de -)

Selon le cas, «**écouter**» se traduit : ***ascoltare, sentire, dar retta a.***

### 1 *Ascoltare* signifie «écouter» :

— *Trascorre intere giornate ad* ***ascoltare*** *la radio.*
Il passe des journées entières à écouter la radio.
— *Cari* ***ascoltatori****, buona notte!*
Chers auditeurs, bonne nuit!

### 2 Pour «inviter quelqu'un à écouter», on emploie *ascoltare, sentire* ou *dar retta* :

- si l'on tutoie la personne :
  — *Ascolta! / Senti!*
  Écoute!
  — *Ascoltami! /* ***Stammi*** *a sentire!*
  Écoute-moi!
- si on la vouvoie :
  — *Ascolti! / Senta!*
  Écoutez!
  — ***Mi*** *ascolti! /* ***Mi stia*** *a sentire!*
  Écoutez-moi!
- pour insister :
  — ***Dammi retta!***
  Écoute-moi! (suis mes conseils, écoute bien ce que je dis).
  — ***Dia retta a me!***
  Écoutez-moi! (écoutez bien ce que je dis).

**Écouter aux portes :** ***origliare***
— *Ha il brutto difetto di* ***origliare*** *alle porte.*
Il a le vilain défaut d'écouter aux portes.

■ Traduire :
1. Non è malata. Si ascolta troppo. 2. Ascolta questo disco. È geniale. 3. Ascolta meglio, capirai. 4. Senti, si potrebbe fare così. 5. Non dà retta a nessuno. 6. Non dargli retta, esagera. 7. Era tutto orecchi. 8. Si compiace ad ascoltarsi mentre parla.

## 91 En (traduction de -)

1 **«En» se traduit par** ***in*** :

**a** **Lieu** et **temps** :

— ***in*** *Italia* ***nell'****88 e* ***nel*** *'93*
**en** Italie, **en** 88 et **en** 93
— ***in*** *estate,* ***in*** *inverno,* ***in*** *autunno*
**en** été, **en** hiver, **en** automne
On dit aussi (77) : ***d'****estate,* ***d'****inverno*

**b** **Forme** :
**en** français, **en** allemand... ***in*** *francese,* ***in*** *tedesco*

2 **«En» se traduit par** ***di*** **(matière et caractéristique)** :

— ***di*** *marmo,* ***di*** *seta,* ***di*** *acciaio* (mais on emploie aussi ***in***)
**en** marbre, **en** soie, **en** acier...
— *ricco* ***di****, povero* ***di***
riche **en**, pauvre **en**
— ***di*** *persona*
**en** personne

3 **«En» se traduit par** ***a*** **(aspect)** :

— ***a*** *colori*
**en** couleurs
— ***a*** *terrazza,* ***a*** *forma di,* ***a*** *punta...*
**en** terrasse, **en** forme de, **en** pointe...
Mais on dit : ***in*** *bianconero,* **en** noir et blanc

4 **«En» se traduit par** ***da*** **(en = comme un...)** :

— *comportarsi* ***da*** *amico*
se comporter **en** ami

— *agire* ***da*** *buon cittadino*
agir **en** bon citoyen

**5** **Le «en» du gérondif français ne se traduit pas :**

— *Sbagliando s'impara.*
En se trompant on apprend.
— *Rispondendo così prese un rischio.*
En répondant ainsi il prit un risque.

**6** **«En», adverbe ou pronom, se traduit par *ne*:**

— *Non* ***ne*** *tornò più.*
Il n'en revint plus.
— ***Ne*** *voglio.*
J'en veux.
— ***Ce n'è*** *dappertutto.*
Il y en a partout.
— ***Ce ne sono*** *due* (129).
Il y en a deux.

**a** Le pronom ***ne*** s'unit aux formes verbales (221 infinitif, impératif, gérondif) :

— *Bisogna pren****derne****.*
Il faut en prendre.
— *Dobbiamo and****arcene****.*
Nous devons nous en aller.
— *Par****lamene****.*
Parle-m'en.
— *Bev****endone*** *si ammalò.*
En en buvant il tomba malade.

**b** Le pronom ***ne*** ne s'unit pas à la «forme ***Lei***» de l'impératif (221) :

— ***Me ne*** *parli (Lei).*
Parlez-m'en.
— *Non* ***me ne*** *parli più.*
Ne m'en parlez plus.

**c** Exemple de conjugaison d'un verbe construit avec ***ne***:

*occupar****sene***, s'**en** occuper

- présent :
***me ne*** *occupo,* ***te ne*** *occupi,* ***se ne*** *occupa,* ***ce ne*** *occupiamo,* ***ve ne*** *occupate,* ***se ne*** *occupano.*
- impératif affirmatif :
*occupa****tene****,* ***se ne*** *occupi (Lei), occupiamo****cene****, occupate****vene****,* ***se ne*** *occupino, (forme Loro)*
- impératif négatif :
*non occupar****tene****,* (ou *non* ***te ne*** *occupare), non* ***se ne*** *occupi (Lei), non occupiamo****cene****, non occupate****vene****, (non* ***se ne*** *occupino)*
- gérondif :
*occupando****mene****, occupando****tene****, occupando****sene****, occupando****cene****, occupando****vene****, occupando****sene***

**7** **Le pronom personnel «en» est parfois traduit par les pronoms personnels *lo* ou *la*:**

— *Finiamo****la*** */ facciamo****la*** *finita.*
Finissons-**en**.
— *Credi che se* ***la*** *caverà?*
Tu crois qu'il s'**en** tirera?
— *Hai il videoregistratore? No, non ce* ***l'****ho.*
Tu as un magnétoscope? Non, je n'**en** ai pas.

**1** Traduire :
1. È una cerimonia in onore degli eroi. 2. Si è travestito da zingaro (bohémien). 3. Dagliene ancora. No, non dargliene. 4. Perché lei non me me parla? Me ne parli per favore. 5. Lei ne ha dato a tutti, ne dia anche ai miei amici. 6. Dove hai messo il latte? Ce n'è ancora? No, non ce n'è più. 7. Ci sono ancora ciliegie (cerises)? No, non ce ne sono più. 8. Il minerale era troppo povero di ferro. Hanno chiuso la miniera (mine). 9. Non è un film a colori, è in bianconero. 10. Basta. Finiamola con quelle accuse reciproche.

**2** Conjuguer au présent de l'indicatif, à l'impératif affirmatif et négatif, puis au futur les verbes suivants :
comprarne (en acheter) – vergognarsene (en avoir honte) – andarsene (s'en aller) – fregarsene (fam. s'en ficher).

# 92 *Enfin (traduction de -)*

Selon le contexte, **enfin** se traduit par :

## 1 *Finalmente* (fin d'une attente) :

— ***Finalmente*** *arrivò.*
Enfin il arriva.

## 2 *Infine, alla fine* (dernière étape) :

— *Negò per un po' di tempo ma **infine** / **alla fine** confessò tutto.*
Il nia pendant un bon bout de temps mais enfin / à la fin il avoua tout.

## 3 Autres significations du français «enfin» :

— *Ha lavorato molto **almeno** a quanto dice.*
Il a beaucoup travaillé, **enfin** à ce qu'il en dit.
— *Questa trattoria non è mica male, **insomma (almeno)** per il prezzo.*
Ce restaurant n'est pas mauvais, **enfin** (disons) pour le prix.

■ Traduire :
1. Il se décida enfin à entrer. 2. Te voilà enfin! 3. Il y eut du poisson, de la viande et enfin un grand gâteau (dolce). 4. Nous sommes allés au cinéma puis au musée et enfin au restaurant. 5. C'est un remède extraordinaire, enfin, à ce qu'en dit mon pharmacien (farmacista). 6. J'ai bien dormi, enfin, mieux que la veille (la notte prima).

## 93 -enne / -ennio

Ne pas confondre les suffixes -***enne*** et -***ennio***:

**a** -***enne*** indique un âge (11) :

— *un diciott**enne***
un jeune homme de dix-huit ans
— *un sessant**enne***
un homme de soixante ans

**b** -***ennio*** désigne une période, un certain nombre d'années :

— *un **decennio***
une décennie
— *un **ventennio***
une période de 20 ans
— *un **trentennio**...*
une période de 30 ans...
— *il **ventennio** fascista*
les vingt ans du fascisme (1923-1943)

Ne pas confondre -***ennio*** et -***ario***:
— *un **millennio***
un millénaire : période de mille ans
— *un **millenario***
anniversaire (tous les mille ans)
— *Hanno festeggiato il bimillenario della città.*
On a fêté le bimillénaire de la ville.
— *un **centenario***
un centenaire (anniversaire et homme âgé de cent ans)

## 94 Ente (traduction de -)

**1** **Le mot *ente* signifie «être», «entité» :**

— *L'**Ente** supremo / l'Essere supremo*
l'Être suprême

**2** **Ce mot désigne un organisme, une institution... :**

- ***Ente** per il Turismo* (Syndicat d'initiative, Office du tourisme)
- *E.N.I.T. = **Ente** Nazionale Industrie turistiche*
- ***Ente** locale* (Administration locale)
- *gli **enti** locali* (les pouvoirs locaux)
- *l'**ente** parastatale* (l'organisme semi-public)
- *E.N.I. = **Ente** Nazionale Idrocarburi...* (commissariat au pétrole)
- *l'**ente morale*** est la **personne morale** dans le langage juridique.

## 95 Entro

***Entro***, remplacé quelquefois par son équivalent ***dentro***, **(dedans)**, est employé pour indiquer une **date** (66) **à ne pas dépasser** :

— ***entro*** *domani / lunedì*
**avant** demain / lundi, **d'ici à** demain / **d'ici à** lundi
— *Si saprà* ***entro*** *il mese.*
On le saura **dans le mois, avant la fin** du mois.
— *Il dossier va consegnato* ***entro*** *la settimana.*
Le dossier doit être remis **avant la fin** de la semaine / **dans** la semaine.

■ Traduire :
1. Il faut rendre (restituire) les livres avant la fin du mois. 2. Rassurez-vous (rassicurarsi) ; le dossier (la pratica) sera réglé (evaso) dans la semaine. 3. Résultats avant la fin de la semaine.

## 96 -eo (prononciation des mots se terminant par -)

Il est relativement difficile de lire les mots italiens terminés par -***eo*** car ils portent l'accent tonique sur :

- le -***e*** :
  *liceo* (lycée)
- ou sur la syllabe précédente :
  *calcareo* (calcaire)

**a** En général les adjectifs en -***eo*** sauf ***europeo*** **(européen)**, ***epicureo*** **(épicurien)** et quelques autres, ne portent pas l'accent sur le -***e*** :

- on rencontre souvent :
  — *aereo (antiaereo, contraereo), coetaneo* (du même âge), *corporeo, contemporaneo, curvilineo, erroneo, estraneo* (101), *eterogeneo, istantaneo, idoneo* (idoine, qui convient), *litoraneo, mediterraneo, momentaneo, omogeneo, rettilineo, scultureo, simultaneo, sotterraneo, spontaneo, subacqueo* (sous-marin), *temporaneo...*
- certains désignent notamment des **couleurs** :
  — *argenteo, ceruleo* (bleu clair), *cinereo* (cendré), *latteo, perlaceo, plumbeo, purpureo, roseo, violaceo...*
- ou des **matières** :
  — *aureo, bronzeo, calcareo, cartaceo, cartolagineo* (cartilagineux), *eburneo* (en ivoire), *ferreo, ligneo* (en bois), *marmoreo, osseo, vitreo...*

**b** Au contraire la plupart des substantifs portent l'accent sur le -*e* :

— *apogeo, cammeo, ebreo* (juif, hébreu), *giudeo* (juif), *liceo, mausoleo, museo, pigmeo, plebeo, reo* (coupable), *scarabeo, torneo, trofeo*...

Cette classification commode est loin de constituer une règle absolue.

**c** Quelques noms ne sont pas accentués sur -*e* :

— *aculeo* (aiguillon), *nucleo* (noyau)...

notamment quand ils peuvent être aussi employés comme adjectifs :
— *aereo* (avion / aérien), *ateo, contemporaneo, mediterraneo, rettilineo* (ligne droite et adj. rectiligne), *il subacqueo* (sous-marin, adj. et pêcheur sous-marin)...

A l'inverse, très employé comme substantif et comme adjectif ***europeo*** (européen), porte l'accent sur le -*e*.

## 97 Équiper / équipement (traduction de -)

Pour traduire **équiper** et **équipement** on emploie :

**a** ***Sistemare / sistemazione*** pour «équiper», doter d'aménagements, organiser une région, par exemple.

**b** ***Attrezzare / attrezzatura*** pour «doter d'équipements» un atelier, une usine, un laboratoire, etc.

**c** ***Equipaggiare / equipaggiamento*** pour «équiper quelqu'un» (sportif, technicien).

## 98 Esagerato (traduction de -)

### 1 *Esagerato* est le participe passé de *esagerare* (exagérer) :

— *Questa volta hai **esagerato**.*
Cette fois-ci tu as exagéré.
— *È una critica **esagerata**.*
C'est une critique excessive.

### 2 Mais on l'emploie aussi, familièrement, comme substantif :

— *Sei il solito **esagerato**.*
Tu exagères, comme d'habitude.
— *Siete **esagerati**.*
Vous êtes excessifs.

# 99 Essere

## Conjugaison

L'**auxiliaire *essere*** est irrégulier à tous les temps.

| indicatif | | | | subjonctif | |
|---|---|---|---|---|---|
| présent | futur | imparfait | pas. simple | présent | imparfait |
| *sono* | *sarò* | *ero* | *fui* | *sia* | *fossi* |
| *sei* | *sarai* | *eri* | *fosti* | *sia* | *fossi* |
| *è* | *sarà* | *era* | *fu* | *sia* | *fosse* |
| *siamo* | *saremo* | *eravamo* | *fummo* | *siamo* | *fossimo* |
| *siete* | *sarete* | *eravate* | *foste* | *siate* | *foste* |
| *sono* | *saranno* | *erano* | *furono* | *siano* | *fossero* |

| impératif | | conditionnel | participe | gérondif |
|---|---|---|---|---|
| affirmatif | négatif | présent | passé | présent |
| | | *sarei* | *stato* | *essendo* |
| *sii* | *non essere* | *saresti* | *sono stato* | (en étant) |
| *sia* | *non sia* | *sarebbe* | (j'ai été) | |
| *siamo* | *non siamo* | *saremmo* | | |
| *siate* | *non siate* | *sareste* | | |
| *(siano)* | *(non siano)* | *sarebbero* | | |

**1** Traduire :
1. Sois prudent. 2. Ne sois pas impatient. 3. Soyons calmes. 4. Ne soyez pas (lei) violent. 5. Je crois qu'il est timide. 6. Je croyais qu'il était timide mais ce n'est pas vrai. 7. Si j'étais lycéen (studente di liceo) je serais déjà en vacances. 8. Si nous étions encore étudiants nous aurions moins de travail. 9. Il faut que vous soyez courageux. 10. Il fallait qu'ils soient courageux.

## Emplois

En général l'auxiliaire ***essere*** est employé comme l'auxiliaire **«être»** mais les différences ne sont pas rares.

### 1 «Être» en français, *avere* en italien (42).

### 2 *Essere* en italien, «avoir» en français :

Certains verbes se construisent avec l'auxiliaire **avoir** en français et ***essere*** en italien. C'est le cas notamment pour :

**a** Les verbes suivants :

- *piacere* (plaire, aimer), *dispiacere* (ne pas aimer, déplaire, regretter)
- *rincrescere* (regretter)
- *sembrare, parere* (sembler, paraître)
- *cambiare, mutare* (changer)
- *servire* (servir), *appartenere* (appartenir), *costare* (coûter), *valere* (valoir)
- *riuscire* (réussir), *fallire* (échouer), *bastare* (suffire)
  — *Mi **è** sembrato (parso) divertente.*
  Cela m'**a** semblé amusant.
  — ***È** bastata un'occhiata.*
  Un coup d'œil **a** suffi.
  — *Il pasto mi **è** piaciuto.*
  Le repas m'**a** plu.
  — *Ci **è** dispiaciuto dover partire.*
  Nous **avons** regretté de devoir partir.

**b** Et notamment les **verbes impersonnels décrivant des phénomènes atmosphériques** :

— *piovere* (pleuvoir), *piovigginare* (bruiner), *spiovere* (cesser de pleuvoir), *diluviare* (pleuvoir à verse), *gelare* (geler), *sgelare* (dégeler), *tuonare* (tonner), *lampeggiare* (faire des éclairs), *scoppiare* (éclater), *grandinare* (grêler), *nevicare* (neiger), *spuntare* (poindre)
— *Il temporale **è** scoppiato alle 7 poi **è** diluviato per due ore.*
L'orage **a** éclaté à 7 heures puis il **a** plu à verse pendant deux heures.

Pour ces verbes décrivant le climat, on emploie de plus en plus souvent l'auxiliaire **avere** : ***è** piovuto* = ***ha** piovuto.*

**c** Beaucoup de verbes décrivant :

- un **état** ou une **évolution de l'homme** :
  — *esistere* (exister), *abortire* (avorter), *vivere* (vivre), *convivere, coesistere* (coexister), *crescere* (grandir), *invecchiare* (vieillir), *ringiovanire* (rajeunir), *imbellire* (embellir), *imbruttire* (enlaidir), *imbiondire* (blondir), *annerire* (noircir), *abbronzare* (bronzer, brunir), *impallidire* (pâlir), *arrossire* (rougir), *ingrassare* (grossir), *dimagrire* (maigrir), *migliorare* (faire des progrès), *peggiorare* (empirer)...

  On dit : ***è** vissuto* et ***ha** vissuto,* de préférence : ***ha** vissuto* avec un complément :
  — ***Ha** vissuto dieci anni di gioia.*
  Il a vécu dix ans de joie.
  — ***È** vissuto a lungo con i genitori.*
  Il a longtemps vécu avec ses parents.
- un **état** ou une **évolution** de la **nature** :
  — *germinare, germogliare* (germer), *sbocciare* (éclore), *fiorire* (fleurir), *maturare* (mûrir), *rinverdire* (reverdir), *verdeggiare* (verdoyer), *rosseggiare* (rougeoyer), *ingiallire* (jaunir), *imbianchire* (blanchir)...

- un **état** ou une **évolution** des **choses** :
  — *aumentare* (augmenter), *crescere* (croître), *calare, diminuire* (diminuer), *rimpicciolire* (rapetisser), *gonfiare* (gonfler), *scoppiare* (éclater), *esplodere* (exploser)
- un **mouvement** :
  — *apparire* (apparaître), *scomparire* (disparaître), *sorgere* (surgir), *accedere* (accéder), *penetrare* (pénétrer), *procedere, avanzare* (avancer), *progredire* (progresser), *circolare* (circuler), *indietreggiare, andare indietro* (reculer), *correre* (courir), *saltare* (sauter), *scattare* (bondir), *scivolare, sdrucciolare, slittare* (glisser), *guizzare* (glisser entre les doigts), *inciampare* (trébucher)...
  — *approdare* (aborder), *imbarcare* (embarquer), *sbarcare* (débarquer), *naufragare* (faire naufrage), *affondare* (couler), *emigrare* (émigrer), *volare* (voler), *atterrare* (atterrir), *decollare* (décoller)...
  — *colare, correre, scorrere* (couler : eau), *affluire* (affluer), *confluire* (confluer), *straripare* (déborder, sortir de son lit : fleuve), *traboccare* (déborder : récipient), *trasudare* (suinter), *zampillare* (jaillir)...
  — *È scivolato su una buccia di banana.*
  Il **a** glissé sur une peau de banane.
  — *È corso dal farmacista.*
  Il **a** couru chez le pharmacien.
  — *È indietreggiato senza voltarsi.*
  Il **a** reculé sans se retourner.
- **le déroulement du temps** :
  — *cominciare, principiare, iniziare* (commencer), *durare* (durer), *continuare, proseguire* (continuer), *cessare* (cesser), *suonare* (sonner)
  — *È suonato mezzogiorno.*
  Midi **a** sonné.
  — *La gioia non **è** durata.*
  La joie n'**a** pas duré.

  On hésite parfois : on dit par exemple
  — *La nave **è** naufragata* ou ***ha** naufragato.*
  Le bateau a fait naufrage.

  et on emploie ***essere*** ou ***avere*** selon le contexte :
  — *La risposta non **è** tardata.*
  La réponse n'a pas tardé.
  — ***Ha** tardato a rispondere.*
  Il a tardé à répondre.
  — *È volato sull'albero.*
  Il a volé sur l'arbre.
  — ***Ha** volato per la prima volta.*
  Il a pris l'avion pour la première fois.

## 3 Traduction de «on a» :

— *Si **è** lavorato molto (= abbiamo lavorato molto).*
On a beaucoup travaillé.
— *Si **sono** perdute le tracce del ladro (= sono state perdute).*
On a perdu les traces du voleur.

**4** **Sur l'emploi de *essere* avec les verbes serviles *(è dovuto / voluto / potuto entrare, partire...)*, (254).**

**5** **Verbes pronominaux en français, non pronominaux en italien (auxiliaire *avere* en italien, «être» en français) (42 et 220).**

**6** **Verbes pronominaux en italien (auxiliaire *essere*) mais non en français (auxiliaire «avoir») (220).**

**1** Traduire :
1. Les prés ont reverdi après la pluie puis ils ont jauni en quelques jours. 2. L'avion n'a pas décollé à cause (per) du vent. 3. Mon grand-père aussi a émigré au Canada. 4. Il a trébuché sur une pierre. 5. Ces efforts n'ont pas suffi. 6. Il n'a pas réussi à entrer. 7. Ton livre ne m'a pas servi. 8. Cela ne m'a rien coûté. 9. La tentative (il tentativo) a échoué. 10. Une fois a suffi et tout s'est écroulé.

**2** Traduire :
1. La voiture piégée (autobomba) a explosé quand minuit a sonné. 2. Cette année les bénéfices (l'utile) ont augmenté. 3. Nous avons glissé sur le verglas (il ghiaccio). 4. Le fleuve a débordé. 5. Comme tu as changé! Tu as maigri et tu as pâli. 6. Elle avait beaucoup changé : elle avait grandi et grossi. 7. Tout le monde (tutti) dit qu'elle a rajeuni, je trouve au contraire qu'elle a vieilli. 8. Quand je lui ai parlé de sa fiancée, il a rougi. 9. Son état a empiré et il a expiré dans la nuit. 10. Les soldats ont débarqué sur la plage puis ils ont couru jusqu'au village. Ils y ont pénétré sans difficulté.

## 100 -eto, -etto (mots se terminant par -)

Il ne faut pas confondre ces deux suffixes :

**a** -*etto* est un **suffixe diminutif** (qui équivaut à -*ino*) (80) :

— *il giardin**etto**, la macchin**etta**, il ragazz**etto**, un mes**etto**, un libr**etto**...*

**b** -*eto* indique notamment un **champ planté d'arbres** :

— *il frutteto* (le verger), *l'oliveto* (l'oliveraie), *il palmeto* (la palmeraie), *l'aranceto* (l'orangeraie), *il bananeto* (la bananeraie), *il castagneto* (la châtaigneraie), *il pineto* et *la pineta* (la pinède), *il vigneto* et *la vigna* (le vignoble) etc.

A côté du suffixe -*eto* on trouve, **plus rarement**, le suffixe -*aia* :
— *l'abetaia* (la forêt de sapins), *la cipressaia = il cipresseto* (le bois de cyprès), *la ficaia = il ficheto* (le champ de figuiers)...

## 101 Étranger (traduction de -)

Plusieurs mots italiens traduisent le français **«étranger»**. Ils ne sont pas interchangeables.

**a** Pour désigner une personne ou une chose appartenant à un **autre pays** : ***straniero*** (nom ou adjectif) :

— *Ci sono troppi* ***stranieri****.*
Il y a trop d'étrangers.
— *Si studiano molte lingue* ***straniere****.*
On étudie beaucoup de langues étrangères.

**b** Pour désigner quelqu'un d'étranger **au lieu, à la ville** : ***forestiero*** :

Un napolitain à Florence est *un* ***forestiero*** alors qu'un Allemand est *uno* ***straniero****.*

**c** Pour désigner l'étranger, c'est-à-dire les **pays étrangers** : ***l'estero*** :

— *Visse a lungo all'****estero****.*
Il vécut longtemps à l'étranger.

— *una valuta* ***estera***
une devise étrangère

**d** On dit ***estraneo*** pour désigner ce qui est **étranger à une affaire,** qui n'est **pas concerné, ce qui est extérieur :**

— *Rimase* ***estraneo*** *alla discussione.*
Il resta étranger à la discussion.
— *Questo viso non mi è* ***estraneo****.*
Ce visage ne m'est pas étranger.

Traduire :
1. Ho incontrato il ministro degli Affari Esteri. 2. Si è arruolato nella legione straniera. 3. Si vede che sono forestieri : passano il tempo a chiedere informazioni. 4. Affermò di essere del tutto estraneo alla faccenda. 5. Sembrava che tutto le fosse estraneo. 6. Hanno scoperto un corpo estraneo nel suo stomaco. Dovranno operarlo. 7. Il commercio estero è sempre più redditizio (rentable). 8. Non condivido le idee del presidente sulla politica estera. 9. Accolgono gli stranieri con cordialità.

## 102 Evadere (traduction de -)

Le verbe ***evadere*** peut prêter à confusion. Il signifie en effet :

**a** **S'évader** comme en français, mais il n'est pas pronominal :

— ***Sono evasi*** *per la terza volta dalla prigione di Redibbia.*
Ils se sont évadés pour la troisième fois de la prison centrale de Rome.

**b** Dans le langage bureaucratique : **traiter, régler, expédier, donner suite** :

— *Come? Questa pratica non è stata ancora **evasa**?*
Comment? Ce dossier n'a pas encore été réglé?

**c** **Frauder** :

— *Si sa che **evadono** il fisco.*
On le sait qu'ils fraudent le fisc (= qu'ils ne paient pas leurs impôts).

La presse évoque souvent ***gli evasori*** et ***l'evasione fiscale***.

## 103 Exclamatifs (voir aussi appels, cris et interjections, 24 et 138)

Les principaux exclamatifs sont :

**1** ***Che*** **employé :**

- avec un substantif :
  — ***Che*** *freddo!*
  Quel froid!
  — ***Che*** *gioia!*
  Quelle joie!
- et quelquefois avec un adjectif :
  — ***Che (com'è)*** *bello!*
  Que c'est beau!

**2** ***Com'è!... Quant'è!...*** **(singulier)** ***Come sono!... Quanto sono!...*** **(pluriel) :**

— ***Com'è*** */* ***quant'è*** *gentile!*
Comme (qu') il est gentil!
— ***Come*** */* ***quanto*** *sono cattivi!*
Comme (qu') ils sont méchants!

**3** ***Quale*** :

— ***Quale (che)*** *sorpresa!*
Quelle surprise!
— *Quale onore!*
Quel honneur!

**4** ***Quanto*** **variable en genre et en nombre (231) :**

— *Quanta gente!*
Que de gens!
— *Quante merci!*
Que de marchandises!
— *Quanto rumore!*
Que de bruit!
— *Quanti turisti!*
Que de touristes!

POUR ALLER PLUS LOIN

- ***altroché*** :

— *Era ubriaco?* ***Altroché!***
Il était ivre! Oh! oui! (tu parles!)

- ***macché!***

— *È tua questa Ferrari?* ***Macché*** *Ferrari, non ho neanche un motorino!*
Elle est à toi cette Ferrari? Allons donc! je n'ai même pas un cyclomoteur.

- ***come no! (eccome no!)***

— *Sei bravo nel nuoto?* ***Come no!***
Tu nages bien? Bien sûr!

- ***tutt'altro!***

— *Non è onesto,* ***tutt'altro!***
Il n'est pas honnête, loin de là!

**1** Traduire :
1. Comme il est maigre (magro)! 2. Que de bruit! 3. Quelle déception! (delusione) 4. Quel succès! 5. Que de clients!

**2** Traduire :
1. La conoscete? Altroché! 2. Altroché continuare il viaggio! Bisogna tornare a casa subito. 3. Non sono intelligenti come dite! Tutt'altro! 4. Guarda! Ho trovato funghi porcini! (cèpes) Macché porcini! 5. Hai capito tutto? Come no?

## 104 Expérience (traduction de -)

Pour traduire le mot «**expérience**» il vaut mieux employer :

**a** ***Esperienza*** pour indiquer les leçons tirées de l'existence ou d'une activité :

— *È un uomo d'****esperienza****.*
C'est un homme d'expérience.
— *Ha già dieci anni di* ***esperienza****.*
Il a déjà dix ans d'expérience.

**b** ***Esperimento*** pour désigner une opération scientifique :

— *L'****esperimento*** *è fallito.*
L'expérience a échoué.
— *È il secondo* ***esperimento*** *della giornata.*
C'est la deuxième expérience de la journée.

## 105 Fa (traduction de «Il y a»)

1 **Pour traduire «il y a» indiquant le temps on emploie *fa* (129) :**

***Fa*** reste invariable et se place après l'indication de temps :
— *È uscito un momento **fa**.*
Il est sorti il y a un instant.
— *L'ho visto pochi giorni **fa**.*
Je l'ai vu il y a quelques jours.

2 **On rencontre aussi *essere... che* :**

— ***Sono** già tre anni **che** è morto.*
Il y a déjà trois ans qu'il est mort.
— ***Sarà** un anno domani **che** si sposò.*
Il y aura un an demain qu'il s'est marié.

3 ***Fa* traduit «il y a» pour indiquer une action terminée :**
— *È morto tre anni **fa**.*
Il est mort il y a trois ans...

Lorsque **il y a** indique **une action qui continue** (il y a... **que** = **depuis**...) on emploie ***da*** :
— *Si cura **da** tre mesi.*
**Il y a** trois mois qu'il se soigne (= il se soigne **depuis** trois mois).
— *Lavora a questo progetto **da** tre settimane.*
**Il y a** trois semaines **qu'**il travaille à ce projet.

■ Traduire :
1. Je suis venu ici il y a longtemps. 2. Cette maison a été construite il y a plusieurs siècles (secolo). 3. Il est arrivé il y a deux mois. 4. Ils sont partis il y a une heure. 5. Il y a deux heures qu'on te cherche. 6. Il y a dix ans qu'il enseigne. 7. Il était là il y a un instant.

## 106 Falloir / Il faut (traduction de -)

«**Il faut**» se traduit par : ***bisogna, occorre*** ou ***ci vuole***.

1 ***Bisognare* ne se construit qu'avec un verbe :**

— ***Bisogna** partire adesso.*
Il faut partir maintenant.
— ***Bisogna che** tu risponda.*
Il faut que tu répondes.

Si **il faut** est suivi d'un nom, il faut intercaler ***avere***.
— ***Bisogna avere*** *pazienza.*
Il faut de la patience.

2 ***Ci vuole*** **ne se construit qu'avec un substantif et s'accorde avec lui :**

— ***Ci vuole tempo***.
Il faut du temps.

— ***Ci vogliono*** *tre giorni.*
Il faut trois jours.

3 ***Occorrere*** **se construit avec un substantif (comme *ci vuole*) ou un verbe (comme *bisognare*) :**

— ***Occorre*** *molto denaro.*
Il faut beaucoup d'argent.
— ***Occorrono*** *due biglietti da 10.000 lire.*
Il faut deux billets de 10 000 lires.
— ***Occorre*** *spiegare la situazione.*
Il faut expliquer la situation.
— ***Occorre che*** *lo imitiate.*
Il faut que vous l'imitiez.

4 ***Bisognare*** et ***occorrere*** peuvent avoir pratiquement la même valeur :

— ***Bisogna / occorre*** *che tu sappia la verità.*
Il faut (il est indispensable) que tu saches la vérité.

**a** Avec des nuances :

- ***bisognare*** indique **l'obligation** ou **l'interdiction, l'ordre, le devoir,**
  — ***Bisogna*** *che vi curiate.*
  Il faut que vous vous soigniez.
- ***occorrere*** exprime plutôt l'idée de **nécessité**, de **besoin** :
  — *Quanto ti* ***occorre****?*
  Combien te faut-il?

**b** Dans les phrases négatives, la différence entre ***bisognare*** et ***occorrere*** est plus sensible :

— ***Non bisogna*** *partire prima di mezzanotte.*
Il ne faut pas partir avant minuit **(c'est un ordre)**.
— ***Non occorre*** *partire prima di mezzanotte.*
Il ne faut pas **(il n'est pas nécessaire, ce ne serait pas une bonne idée de)** partir avant minuit.

Traduire :
1. Si on veut conduire (guidare) il ne faut pas boire. 2. Avec ce moteur il faut de la super. 3. Si tu veux qu'elle arrive demain, il faut mettre cette lettre à la boîte (imbucare) avant midi et il faut un timbre (francobollo) à (da) 1 000 lires. 4. Il faut affranchir (affrancare) la lettre. 5. Il faudra deux millions. 6. Il fallut (volle) beaucoup

de patience. 7. Il faudra être attentif et il faudra garder le silence (stare zitto). 8. Il faudrait que tu lui écrives. D'accord, s'il le faut, je lui écrirai mais, d'abord (prima), il faut que je réfléchisse un peu. 9. Prends ce qu'il te faut. 10. Il ne faut pas ouvrir ce paquet (pacco).

## 107 Famille

Dans la vie pratique, on est très souvent amené à entendre parler et à parler de la famille. Attention! L'emploi de l'adjectif possessif avec les noms de parenté proche pose un petit problème (192).

**1** **En règle générale on n'emploie pas l'article avec le possessif devant les noms de parenté :**

— *mio padre* (mon père)
— *mio fratello* (mon frère)

**2** **Mais on emploie l'article :**

- avec ***loro*** :
  — ***il loro** padre*
  leur père
  — ***la loro** madre*
  leur mère
- si le nom est au pluriel :
  — ***I miei** fratelli vivono a Milano.*
  Mes frères vivent à Milan.
- si c'est un diminutif :
  — ***la tua** sorell**ina***
  ta petite sœur

  ou considéré comme un diminutif :
  — ***la mia** mamma*
  ma maman
  — ***il mio** figliolo*
  mon fils
  — ***il tuo** papà / **il tuo** babbo*
  ton papa
- ou s'il est accompagné d'un adjectif :
  — ***la mia** sorella **maggiore***
  ma sœur aînée
- avec des mots désignant des liens de parenté considérés comme non proches :
  — *padrigno*
  beau-père, parâtre
  — *figliastro*
  beau-fils (enfant adopté)
  — *madrigna*
  belle-mère, marâtre
  — *figliastra*
  belle-fille
  — *padrino*
  parrain
  — *madrina*
  marraine

POUR ALLER PLUS LOIN

- *i genitori* (les parents), *il fidanzato* (le fiancé), *i coniugi* (les époux), *il matrimonio* (le mariage), *il divorzio* (le divorce), *il vedovo* (le veuf), *la vedova* (la veuve)
- au pluriel ***figli*** signifie **fils** ou **enfants** :

— *Ebbero molti figli : tre maschi e due femmine.*
Ils eurent beaucoup d'enfants : trois garçons et deux filles.

Mettre l'adjectif possessif devant les noms de parenté suivants (le chiffre entre parenthèses indique la personne) : 1 = io = il mio ou i miei, la mia, le mie, 6 = loro = il loro, etc.
(1) padre – (3) sorelle – (4) madre – (5) figli – (3) seconda moglie – (2) primo marito – (5) cognata (belle-sœur) – (6) cognato (1) – (3) suocera (belle-mère) – (2) suocero – (5) suoceri (beaux-parents) – (1) nuora (belle-fille, bru) – (3) genero (gendre, beau-fils) – (6) zio (oncle) – (4) zia – (6) zii – (2) nonno – (3) nonna – (4) nonni – (5) cugino – (6) cugina – (3) fratellino – (3) figlie – (2) mamma.

## 108 Fare

Il faut bien connaître la conjugaison et l'emploi de ce verbe très utilisé comme son équivalent français **«faire»**.

### 1 Conjugaison :

| indicatif | | | | subjonctif |
|---|---|---|---|---|
| présent | futur | imparfait | passé simple | présent |
| *faccio / fo* | *farò* | *facevo* | *feci* | *faccia* |
| *fai* | *farai* | *facevi* | *facesti* | *faccia* |
| *fa* | *farà* | *faceva* | *fece* | *faccia* |
| *facciamo* | *faremo* | *facevamo* | *facemmo* | *facciamo* |
| *fate* | *farete* | *facevate* | *faceste* | *facciate* |
| *fanno* | *faranno* | *facevano* | *fecero* | *facciano* |

| subjonctif imparfait | impératif présent | conditionnel présent | participe passé | gérondif présent |
|---|---|---|---|---|
| *facessi* | | *farei* | *fatto* | *facendo* |
| *facessi* | *fa'* | *faresti* | | |
| *facesse* | *faccia* | *farebbe* | | |
| *facessimo* | *facciamo* | *faremmo* | | |
| *faceste* | *fate* | *fareste* | | |
| *facessero* | *(facciano)* | *farebbero* | | |

**a** A l'impératif :

— *fammi*
fais-moi
— *fagli.*
Fais-lui (à lui).
— *falle.*
Fais-lui (à elle).
— *Fammelo vedere.*
Fais-le moi voir.
— *Faglielo vedere.*
Fais-le lui voir (à lui ou à elle).
— ***Faccia** pure.*
Faites donc (je vous en prie).

**b** Au gérondif *facendo* correspond le mot *faccenda* :

— *le faccende di casa*
les tâches domestiques
— *una brutta faccenda*
une sale affaire

## 2 Emplois :

**a** Pas de différences entre le français et l'italien :

La plupart du temps, les verbes ***fare*** et **«faire»** sont employés dans le même contexte en italien et en français et avec le même sens :

— *Che cosa stai facendo?*
Que fais-tu?
— *strada facendo*
chemin faisant
— *Non ho niente da fare.*
Je n'ai rien à faire.
— *così facendo*
ce faisant

**b** Petites différences :

Dans certains cas on trouve le verbe **faire** dans les deux langues mais avec des différences plus ou moins sensibles :

— *Lasci fare **a** me.*
Laissez-moi faire.
— *Hai **un** bel fare.*
Tu as beau faire.
— *fare bene (male, meglio) **a**...*
bien (mal, mieux) faire de
— *far sì che...*
faire en sorte que...

**c** Grandes différences :

Dans d'autres expressions courantes on ne retrouve pas le verbe **«faire»** dans la traduction française :

— *Tempo fa, anni fa* (105 et 129).
Il y a un certain temps, des années.
— *Non ha niente a che fare con...*
Cela n'a rien à voir avec...
— *fare una cosa in fretta e in furia*
se dépêcher
— *fare presto, tardi*
arriver tôt (en avance), en retard
— *fare la prima colazione / la doccia*
prendre son petit déjeuner / se doucher
— *Chi fa da sé fa per tre.*
On n'est jamais si bien servi que par soi-même.
— *far a pugni (a coltellate)*
se battre à coups de poing (de couteau)
— *Non ha fatto in tempo a chinarsi.*
Il n'a pas eu le temps de se pencher.

— *Non si è più fatto vivo.*
On ne l'a plus vu.
— *Tra il dire e il fare c'è di mezzo il mare.*
Il y a loin entre dire et faire.
— *Non faccia il mio nome, per favore.*
Ne citez pas mon nom, s'il vous plaît.
— *Ha fatto a meno del pranzo a mezzogiorno : si è fatto il panino alle 2.*
Il s'est passé du repas de midi; il a mangé un sandwich à 2 heures.

— *darsi da fare*
se démener
— *si fa presto a dire...*
c'est vite dit.
— *farla finita*
en finir
— *il fai da te*
le bricolage
— *fare da...*
servir de...
— *Ce l'ha fatta!*
Il a réussi.

**1** Traduire :
1. Se volete posso farvi da guida. Grazie, ma sapresti anche fare da interprete? 2. Ha fatto bene a non tornare, avrebbe fatto male a venire adesso. 3. Avreste fatto meglio ad aspettare. 4. Farò sì che tutti lo sappiano. 5. A casa chi si occupa delle faccende di casa? 6. Fu una brutta faccenda. 7. Faranno di tutto per rimediare. 8. Faranno in tempo ad arrivare all'aeroporto? 9. Ce l'hai fatta? 10. Oggi hanno fatto tardi.

**2** Traduire :
1. Qu'as-tu à faire aujourd'hui? 2. J'ai pris mon bain à six heures. 3. Je l'ai vu il y a trois mois puis il ne s'est plus manifesté. 4. Ça suffit; finissons-en. 5. J'aurais mieux fait de me taire. 6. Vous pouvez me servir de témoin (testimonio)? 7. Vous aurez beau faire, vous n'y arriverez pas. 8. Il est très habile pour se mettre en avant. 9. Si tu rencontres ta mère fais-lui voir cette lettre. 10. Va chez ton père et fais-lui voir ce produit.

## 109 Fede (sens de -)

Le mot ***fede*** a des sens différents qui peuvent, dans certains contextes, prêter à confusion :

**a** ***Fede*** **: foi, croyance :**

— *la **fede** cristiana*
la foi chrétienne

**b** ***Fede*** **: confiance, foi :**

— *Essere **in buona, in mala fede**.*
Être **de** bonne, **de** mauvaise foi.

**c** ***Fede*** : **alliance** (bague de mariage, ***anello nuziale***) :

— *Ha perduto due volte la sua* ***fede****.*
Il a perdu deux fois son alliance.

**d** ***Fede*** : **attestation, certificat *(certificato)*, extrait, acte :**

— *Occorre la* ***fede (il certificato) di nascita****.*
Il faut un extrait de naissance.
— *Il medico non volle firmare la* ***fede di morte****.*
Le médecin ne voulut pas signer le certificat de décès.

POUR ALLER PLUS LOIN

- *aver fede* ***in*** = *avere fiducia* ***in*** = *fidarsi* ***di*** : avoir confiance en
- *diffidare* ***di*** : se méfier de.

Traduire :
1. Ho fede nell'avvenire. 2. Non dovete prestare fede alle sue parole. 3. Non hanno né legge né fede. 4. È degno di fede. 5. In fede mia è successo così. 6. L'ho detto con la massima buona fede. 7. Non dovrebbe fidarsi di loro, sono di malafede. 8. Perché diffida di tutti? 9. Sono sicuro che siete di buona fede. 10. Non presto fede alle notizie del telegiornale.

# 110 Féminin (formation du -)

En partant d'un mot masculin, il est assez facile de trouver le mot féminin correspondant bien que les cas soient variés.

## 1 Mots masculins terminés par *-o* → féminin terminé par *-a*.

C'est le cas le plus courant (183 et 117) :
*il tedesco* - l'allemand → *la tedesca* - l'allemande
*il cugino* - le cousin → *la cugina* - la cousine

## 2 Mots masculins terminés par *-e* :

Selon le cas, le féminin :

- a la même forme que le masculin :
  *il francese* → *la francese* | *il rivale* → *la rivale*
  *l'amante* → *l'amante* | *il nipote* → *la nipote*
- se termine par *-a* :
  il *signore* → *la signora* | *il pigrone* → *la pigrona*
  *il padrone* → *la padrona* | *il ragioniere* → *la ragioniera*

- se termine par ***-essa***:
  ***il** conte* → ***la** cont**essa***
  ***il** campione* → ***la** campion**essa***
- se termine par ***-trice*** (< mots masculins en ***-tore***) :
  ***il** visita**tore*** → ***la** visita**trice***
  ***il** ricerca**tore*** → ***la** ricerca**trice***
  ***il** benefat**tore*** → ***la** benefat**trice***
  ***il** naviga**tore*** → ***la** naviga**trice***
  (mais : *il dottore* → *la dottoressa)*

## 3 Mots masculins terminés par *-a* :

Le féminin a la même forme que le masculin, sauf ***duca*** → *du**chessa***.
Entrent dans cette catégorie :

- tous les mots en ***-ista*** (141) :
  — *il (la) congressista, il (la) privatista* (élève d'une école privée), *il (la) razzista, il (la) tennista, il (la) primatista* (recordman, recordwoman)
- quelques mots comme :
  — *acrobata, asceta, atleta, collega, idiota, infanticida, ipocrita, omicida, parricida, patriota, pediatra, suicida...*

## 4 Dans certains cas, comme en français, la différence entre masculin et féminin ne se limite pas à la voyelle finale :

— *maschio / femmina; uomo / donna; scapolo* (vieux garçon) */ zitella; fratello / sorella; marito / moglie; genero* (gendre) */ nuora; padrino* (parrain) */ madrina; padrigno* (parâtre) */ madrigna; dio / dea; doge / dogaressa; abate / badessa; zar / zarina; re / regina; eroe / eroina; stregone* (sorcier) */ strega; bue / vacca, mucca; gallo / gallina; cane / cagna; porco, maiale / scrofa, troia*

## 5 Enfin, il n'existe pas encore de féminin couramment employé pour désigner certaines professions longtemps réservées aux hommes :

— *vigile* (agent de police), *poliziotto* (policier), *soldato, avvocato, giudice, medico, ministro...*
et lorsqu'il n'y a qu'un mot pour désigner le mâle et la femelle d'un animal on est parfois obligé de préciser ***maschio*** ou ***femmina***
*la zebra maschio / la zebra femmina.*

■ Donner le masculin des mots suivants :
l'autrice, la scrittrice, la pittrice, la giocatrice, la seccatrice (casse-pieds), la flautista, l'alpinista, la progressista, l'infermiera, la studentessa, la leonessa, la professoressa, la regina, la cagna, l'inglese, la polacca, l'americana, la statunitense, la strega, la nuora, la suocera, la sorella, la nipote, l'ipocrita, la sorniona (sournoise), la presentatrice, l'interprete.

## 111 Finché (sens de -)

Selon le contexte, ***finché*** signifie :

**1** **«Jusqu'à ce que» + subjonctif ou «tant que... ne pas» + futur :**

— *Resta con lui **finché** non sia guarito / non sarà guarito.*
Reste avec lui jusqu'à ce qu'il soit guéri / tant qu'il ne sera pas guéri.
— *Tacerò **finché** non smetteranno di urlare.*
Je me tairai tant qu'ils ne cesseront pas de hurler / jusqu'à ce qu'ils cessent de hurler.

**2** **«Tant que» = «pendant tout le temps que» :**

— *Lo ricorderò **finché** vivrò.*
Je m'en souviendrai tant que je vivrai.
— *Può restare **finché** le piace / le piacerà.*
Vous pouvez rester tant que cela vous plaît / vous plaira.

**3** **«Jusqu'au moment où» :**

— *Restò a letto **finché** non entrò la cameriera.*
Il resta couché jusqu'au moment où la femme de chambre entra.

■ Traduire :
1. Non aprì la porta finché non riconobbe chi aveva picchiato. 2. Non disturbarlo finché mangia. 3. Aspettalo finché arriverà. 4. Seguì la macchina con gli occhi finché scomparve. 5. Gli scrissi finché visse in Germania. 6. Ho ascoltato finché è stato interessante. 7. Resterà a casa finché non si sposerà. 8. Lo picchiò finché svenne (perdre connaissance). 9. Aspettiamo qui finché non saranno di ritorno? Sì, dobbiamo aspettare finché non siano tornati. 10. Rise finché capì che gli altri non scherzavano.

## 112 Fois (traduction de -)

Le mot **«fois»** se traduit par ***volta*** qui entre dans des expressions :

**1** **Très proches de leur équivalent français :**

— *ogni volta*
chaque fois
— *più / parecchie volte*
plusieurs fois
— *tutte le volte che*
toutes les fois que
— *C'era una volta.*
Il était une fois.

**2** **Ou plus ou moins différentes :**

— *una volta sì una volta no*
une fois sur deux
— *volta per volta*
à chaque fois
— *una volta tanto*
pour une fois, une fois par hasard
— *ad un tempo, insieme*
à la fois
— *tre volte tre **fa** nove*
trois fois trois **font** neuf
— *due **per** volta*
deux **à la** fois
— *una volta **al** mese*
une fois **par** mois
— *un paio di volte*
une fois ou deux

**3** ***Una volta*** **+ participe passé équivaut au participe passé absolu :**

— *Una volta entrati non videro più niente.*
= *Entrati che furono non videro più niente.*
Une fois entrés ils ne virent plus rien.

POUR ALLER PLUS LOIN

— *Una rondine non fa primavera.*
Une fois n'est pas coutume.
— *Non bisogna mettere troppa carne al fuoco.*
Il ne faut pas courir deux lièvres à la fois.

■ Traduire :
1. Une fois guéris, ils recommencèrent à boire. 2. Je ne le reconnaitrais pas. Je ne l'ai vu qu'une fois ou deux. 3. Une fois atteint (raggiungere, raggiunto) ce résultat ils se reposèrent. 4. J'y vais deux fois par jour. 5. Pour une fois, je prendrai un whisky. 6. Il était à la fois souriant et attentif. 7. Ils gagnent (vincere) une fois sur deux. 8. C'est chaque fois la même chose. 9. Il prend les grains de raisin (chicchi d'uva) trois à la fois.

## 113 *Fra (ou tra)*

*Fra* ou *tra* signifie :

**a** **Dans, parmi, au milieu :**

— *Si è trovato **tra** nemici.*
Il s'est retrouvé entouré d'ennemis.
— *Non perderti **tra** la folla.*
Ne te perds pas dans la foule.

On trouve la préposition ***di*** devant les pronoms ***noi, voi*** ou ***loro*** (77) :

— *Che cosa c'è tra **di** voi?*
Qu'y a-t-il entre vous?
— *Siediti fra **di** noi.*
Assieds-toi parmi nous.

**b** **Entre** (désignant un intervalle) :

— ***Tra*** *Roma e Firenze ci sono meno di duecento chilometri.*
Entre Rome et Florence il y a moins de 200 km.
— *Appuntamento* ***tra*** *le undici e mezzogiorno.*
Rendez-vous entre onze heures et midi.
— *Il periodo* ***tra*** *le due guerre.*
La période de l'entre-deux-guerres.

— ***Tra sé e sé*** *pensava il contrario.*
En lui-même il pensait le contraire.

**c** **Dans** : pour exprimer le **temps qui sépare d'une action future** (66) :

— *Tornerà* ***fra*** *mezz'ora.*
Il reviendra dans une demi-heure.

Traduire :
1. Il y avait un espion (una spia) parmi eux. 2. Il faut savoir lire entre les lignes (la riga). 3. Ils sont restés au milieu des flammes. 4. Entre toi et lui je ne vois pas de différence. 5. Y a-t-il un avocat (avvocato) parmi les présents? 6. Personne parmi nous n'y a pensé. 7. Il s'est trouvé entre le marteau (martello) et l'enclume (incudine). 8. Elle pleurait au milieu des rires (le risa). 9. Soit dit entre nous, entre trente et quarante ans il n'a plus rien fait. 10. On a retrouvé le corps au milieu des décombres (le macerie).

## 114 *Fuori*

L'adverbe ***fuori*, «dehors»**, est très employé :

### 1 Seul, ou avec un substantif, pour désigner ce qui est à l'extérieur :

— ***Fuori*** (ou ***di fuori***) *fa freddo.*
Dehors il fait froid.

On trouve cet adverbe dans de nombreuses expressions :

- proches du français :
  — ***fuori*** *città*
  en dehors de la ville, en banlieue
  — *il* ***di fuori***
  le dehors, l'extérieur
  — *Mangerò* ***fuori / di fuori / fuori di*** *casa.*
  Je mangerai dehors, à l'extérieur, en ville.
- ou plus ou moins différentes :
  — ***fuori*** *mano*
  assez éloigné (se dit d'un quartier)
  — ***fuori*** *luogo*
  hors de propos
  — *la* ***fuori strada***
  la voiture tous terrains
  — ***fuori moda***
  démodé

2 **Pour préciser le sens d'un verbe :**

— ***buttare fuori***
jeter dehors (et : expulser)
— ***essere tagliato fuori da...***
être tenu à l'écart...
— ***far fuori***
descendre (argotique = tuer)
— *Una cosa è* ***saltata / venuta fuori***.
Quelque chose a été découvert, a transpiré.
— *Che cosa ne* ***verrà fuori***?
Qu'en sortira-t-il? Qu'est-ce que cela va donner?

— ***andar fuori***
aller dehors (= sortir)
— ***lasciare fuori***
laisser de côté
— ***mettere fuori***
mettre dehors, licencier

Le verbe peut être sous-entendu :
— ***Fuori*** *i documenti!* ***Fuori*** *i soldi!*
Sortez vos papiers (l'argent) !
— ***Fuori!***
Dehors! Sors! Sortez!

■ Traduire :
1. È un'edizione fuori commercio. 2. È corso fuori dal bagno (salle de bains). 3. Un bigliettino cadde fuori dalla tasca (poche). 4. Guarda sempre fuori dalla finestra. 5. Cara, attenta a questa fuori strada! 6. Suonano (jouer de la musique) fuori tempo. 7. Preferirei una casa fuori mano. 8. Il rumore viene di fuori. 9. Vieni fuori se osi. 10. Era fuori gioco. 11. Capisco tutto al di fuori di una parola. 12. Sarò fuori Roma per un mese.

# 115 Futur

En italien comme en français, on emploie le futur lorsqu'on se réfère à l'avenir : ***domani, dopodomani, la settimana prossima, il mese / l'anno prossimo, fra due giorni, fra un secolo...***

## Formes

Le radical du futur est le même que celui du conditionnel (60).

1 **Conjugaisons régulières :**

| *cant-* ***are*** | *ripet-* ***ere*** | *dorm-* ***ire*** | *ubbid-* ***ire*** |
|---|---|---|---|
| *cant-* ***e rò*** | *ripet-* ***e rò*** | *dorm-* ***i rò*** | *ubbid-* ***i rò*** |
| *cant-* ***e rai*** | *ripet-* ***e rai*** | *dorm-* ***i rai*** | *ubbid-* ***i rai*** |
| *cant-* ***e rà*** | *ripet-* ***e rà*** | *dorm-* ***i rà*** | *ubbid-* ***i rà*** |
| *cant-* ***e remo*** | *ripet-* ***e remo*** | *dorm-* ***i remo*** | *ubbid-* ***i remo*** |
| *cant-* ***e rete*** | *ripet-* ***e rete*** | *dorm-* ***i rete*** | *ubbid-* ***i rete*** |
| *cant-* ***e ranno*** | *ripet-* ***e ranno*** | *dorm-* ***i ranno*** | *ubbid-* ***i ranno*** |

## 2 Cas particuliers : verbes en :

**a** -***care*** *(cercare)* et -***gare*** *(pagare) :*

Pour conserver le son dur de l'infinitif, on introduit un -***h*** devant le -***e*** de la déclinaison :
*cerc**h**erò, cerc**h**erai, cerc**h**erà, cerc**h**eremo, cerc**h**erete, cerc**h**eranno*
*pag**h**erò, pag**h**erai, pag**h**erà, pag**h**eremo, pag**h**erete, pag**h**eranno*

**b** -***ciare*** *(lanciare)*, -***giare*** *(viaggiare)*, -***sciare*** *(lasciare) :*

A l'infinitif on n'entend pratiquement pas le -***i*** (qui sert à obtenir le son doux devant -***a***) : il est donc inutile de le conserver devant le -***e*** du futur :
*lan**ce**rò, lan**ce**rai, lan**ce**rà, lan**ce**remo, lan**ce**rete, lan**ce**ranno*
*viag**ge**rò, viag**ge**rai, viag**ge**rà, viag**ge**remo, viag**ge**rete, viag**ge**ranno*
*la**sce**rò, la**sce**rai, la**sce**rà, la**sce**remo, la**sce**rete, la**sce**ranno*

**c** Les autres verbes en -***iare*** conservent le ***i***- :
*inviare* → *invierò, tagliare* → *taglierò, divorziare* → *divorzierò*, etc.

## 3 Formes irrégulières (p. 347) :

Attention à ne pas confondre ***vedrò*** : je **verrai** et ***verrò*** : je **viendrai**.

■ Conjuguer au futur et au conditionnel les verbes suivants à la personne indiquée :
cantare (io, noi, loro, lei) – spiegare (tu, voi, loro, lui) – lasciare (io, noi, voi, tu) – scendere (tu, voi, loro, lui) – dormire (io, noi, voi, loro) – essere (io, tu) – avere (egli, noi) – tenere (voi, loro) – vedere (io, tu, lui, noi) – venire (io, tu, lui, noi) – comporre (noi, voi, lei) – bere (io, noi).

### Emplois

## 1 Emplois propres à l'italien :

**a** L'italien respecte la concordance des temps : le **futur dans la principale** entraîne le **futur** dans **la proposition conditionnelle** ***(se...)***

— ***Se*** *non* ***verrà*** *stasera gli* ***scriverò****.*
S'il ne vient pas ce soir, je lui écrirai.
— ***Se potrò*** *ti* ***rimborserò*** *domani.*
Si je le peux, je te rembourserai demain.
— ***Se*** *mi* ***aiuterai*** *ti* ***pagherò****.*
Si tu m'aides, je te paierai.
— ***Se vorrai verrò*** *con te.*
Si tu veux je viendrai avec toi.

On entend aussi (mais moins couramment) :
— ***Se torni*** (pour : *tornerai* ) *domani,* ***andremo*** *insieme a teatro.*
Si tu reviens demain, nous irons ensemble au théâtre.

**b** Le **futur** permet d'exprimer **l'hypothèse, le doute** :

— *Quanto* ***costerà****, secondo te?* ***Andrà*** *sul milione...*
Combien ça peut-il coûter d'après toi? Ça doit atteindre le million...
— *Che ora* ***sarà****?* ***Saranno*** *le due.*
Quelle heure peut-il bien être? Il doit être (dans les) deux heures.
— ***Sarà*** *come dici tu, però...*
C'est peut-être comme tu le dis, pourtant...
— *La democrazia* ***trionferà****.* ***Sarà****.*
La démocratie triomphera. Espérons-le...

**2** ***Andare*** **employé comme auxiliaire exprime une idée d'obligation : date future à ne pas dépasser (20) :**

— *Il compito* ***va consegnato*** *entro la settimana.*
Le devoir doit être remis (devra être remis) dans la semaine.

**3** **Pour exprimer le futur proche :**

**a** **«Être sur le point de»... «aller»...** se traduit par ***stare per*** :

— ***Stanno per*** *entrare.*
Ils vont entrer / ils sont sur le point d'entrer.

**b** ***Stare lì lì per***... renforce l'idée d'imminence :

— *Correte!* ***Stanno lì lì per*** *chiudere.*
Courez! Ils vont fermer dans un instant.

**c** Comme en français, le présent de l'indicatif peut exprimer le futur proche dans le langage parlé. Il est souvent accompagné de ***ora, adesso, fra poco*** ou, familièrement, ***a momenti*** :

— *Sbrigati.* ***Ora (adesso, fra poco) scende****.*
Dépêche-toi. Il va descendre / il descend tout de suite.
— *Non c'è il signor Rossi? No, ma* ***torna a momenti****.*
Monsieur Rossi n'est pas là? Non, mais il va revenir / il revient sous peu.

**d** Dans certaines expressions ***vuole*** exprime le futur proche :

| | |
|---|---|
| — ***Vuol*** *piovere.* | — ***Vuol*** *nevicare.* |
| Il va pleuvoir. | Il va neiger. |

— *Questo lavoro* ***vuole*** *essere duro.*
Ce travail va être dur / s'annonce difficile.

■ Mettre au futur à la personne indiquée, le verbe qui est entre parenthèses :
1. Se (potere, io) giocare a tennis (essere, io) pienamente soddisfatto. 2. Se (vedere, lui) gli amici fuori (volere, lui) uscire anche lui. 3. Se (tradurre, il professore) questo romanzo (arricchirsi). 4. Se (produrre, quest'industriale) prodotti nuovi tutti (parlarne). 5. Se (proporre, l'ambasciatore) un accordo lo (discutere, noi). 6. Se (venire, tua sorella) con te io non vi (seguire).

# 116 Gallicismes (principaux - employés en italien)

Même si le français ne jouit plus en Italie du prestige qu'il a connu et s'il pâtit de l'influence de l'anglais, on continue à employer de nombreux gallicismes soit à la place de mots italiens soit concurremment. On utilise les mots français tels quels ou à peine italianisés (nous n'indiquons pas ici tous les mots italiens d'origine française ou calqués sur le français et plus ou moins tolérés – *scioccare* pour *urtare, montare* pour *salire, rimpiazzare* pour *sostituire, sortire* pour *uscire...* –).
On entend souvent des gallicismes à la radio et à la télévision. Quand on les trouve dans les journaux ou revues ils sont souvent en italique ou entre guillemets (***tra virgolette***). S'agissant d'un phénomène de mode, certains mots ont un succès plus ou moins éphémère. Complétez ces listes au fur et à mesure que vous rencontrerez des gallicismes au cours de vos lectures.

On trouve des mots français notamment dans les domaines suivants :

## 1 La mode, les vêtements :

— *la* ***«boutique»*** (fait plus **«chic»** que *bottega* ou *negozio),* ***«chic»****,* ***«dernier cri»*** *(ultimo grido),* ***«mannequin»*** *(l'indossatrice, la modella), la* ***«silhouette»*** *(la sagoma, la figura), il* ***«tailleur»****, la* ***«blusa»*** (dans le sens de *camicetta*), ***«beige»****, la* ***«nuance»*** *(la sfumatura, la gradazione), il* ***«foulard»*** *(la sciarpa),* ***«lamé»*** *(lamato, lamellato), tessuto* ***«imprimé»*** *(stampato),* ***«plissé»*** *(pieghettato, plissettato), la* ***«pince»*** *(la piega, la ripresa), il* ***«satin»*** *(il raso), le* ***«paillettes»*** *(i lustrini, le pagliette), il* ***«jupon»*** *(il sottogonna), il* ***«gilé»*** *(il panciotto), la* ***«parure»*** *(l'ornamento, il finimento), il* ***«nécessaire»****...*

## 2 La cuisine et l'alimentation :

— *lo* ***«chef»*** *(il cuoco), il* ***«maître»*** (maître d'hôtel), *il* ***«restaurant»*** (à côté de *ristorante* et de *trattoria*), *ristorante per* ***«habitués»****, il* ***«dessert»*** (actuellement, si on demande ***«la frutta»*** on voit arriver des fruits), *lo* ***«champagne»*** (ou *lo sciampagna,* alors que le ***«spumante»*** est du mousseux), *il* ***«cognac»*** (***«il brandy»*** est du cognac italien), la ***«brioche»*** (ou ***«briosc»***, mot qui recouvre aussi d'autres pâtisseries sans crème comme le pain au chocolat, le pain aux raisins, etc., ***«il dolce»*** est un gros gâteau, ***«la pasterella»*** un gâteau de soirée), *un* ***«consommé»*** *(brodo ristretto), l'uovo* ***«alla coque»****, una* ***«omelette»*** ou ***«omelet»*** *(una frittata),* ***«crème caramel»*** (ou *caramella*), la ***«crêpe»*** *(la crespella), il* ***«pâté»*** *(pasticcio), il* ***«puré»*** *(la purea), il* ***«soufflé»*** *(il soffiato), il* ***«biberon»*** *(il poppatoio)...*

## 3 La maison :

— ***«abat-jour»*** *(paralume), il* ***«bidé»*** (bidet), ***«l'applique»****, il* ***«garage»*** *(l'autorimessa), la* ***«panne»*** *(il guasto, la panna),* ***«allô»*** *(pronto)...*

**4** Les jeux, le savoir-vivre, la galanterie, les plaisirs :

— *la **«roulette»**, la **«boule»**, **«faites vos jeux»**, **«les jeux sont faits»**, **«rien ne va plus»**, il **«croupier»**, la **«chance»** (la probabilità), la **«levée»** (la mano), **«l'atout»** (la carta vincente), la **«mascotte»** (il portafortuna), **«l'étiquette»** (l'etichetta, il galateo), la **«gaffe»** (il granchio, la topica), **«l'élite»** (il fior fiore), **«pardon»** (mi scusi), la **«garçonnière»**, il **«rendez-vous»** (l'appuntamento, l'incontro), fare delle **«avances»**, il **«voyeur»** (il guardone), il **«viveur»** (il gaudente), il **«cabaret»**...*

**5** Le théâtre :

— *la **«troupe»** (la truppa, la compagnia), la **«soubrette»** (la servetta), la **«tournée»** (il giro), l'**«ouverture»** (l'apertura), il **«parterre»** (la platea), il **«foyer»** (il ridotto), l'**«essai»** (il provino), il cinema **«d'essai»**, la **«claque»**, la **«rentrée»**...*

**6** L'économie, l'industrie, la vie sociale :

— *la **«corbeille»*** (à la Bourse), *il **«dossier»** (la pratica, la cartella, l'incartamento), il **«tour de vis»** (la stangata), il **«dépliant»** (il pieghevole, il fascicolo), il **«concierge»*** (*il portiere,* hôtel), *il **«forfait»*** (tourisme), *la **«réclame»*** (*la pubblicità,* ne pas confondre avec *il reclamo,* la réclamation), *il **«camion»** (l'autocarro), il **«carnet»*** (*libretto, taccuino, il **«carnet di coupons»*** permet aux touristes d'obtenir des réductions sur l'essence), *il **«clochard»*** (plus courant : *barbone, pezzente*), *il **«bidonville»*** (pour le *barracche*), *il **«parvenu»** (il villan rifatto, la persona arricchita), la **«routine»** (il trantran, l'andazzo)...*

**7** Le vocabulaire intellectuel et psychologique :

— *il **«revirement»**, **«l'arrière-pensée»** (riserva mentale), **«à la page»** (aggiornato* et... *up to date), la **«défaillance»** (il momento di smarrimento, il cedimento), il **«collage»*** (œuvre d'art), *la **«manchette»*** (*il riquadro, la finestrina,* journal), *il **«notes»** (il taccuino), **«l'exploit»** (la prodezza, il bel colpo), **«l'équipe»** (la squadra, il team, il pool), **«in abrégé»** (in riassunto)...*

## 117 Genre

**1** Masculin et féminin :

Il est assez facile de reconnaître le genre des mots italiens :

**a** Au singulier les mots masculins (noms et adjectifs) se terminent par :

- ***o*** dans la plupart des cas (183)

- *e* dans de nombreux cas (87)
- *a* beaucoup moins souvent (2)

**b** Les mots féminins se terminent par :

- *a* dans la plupart des cas (2)
- *e* dans de nombreux cas (87)
- *o* dans des cas exceptionnels : *la mano, la radio, la stereo, la moto, la foto...*

**c** Formation du féminin à partir du masculin (110).

## 2 Mots masculins en italien, féminins en français :

Il est assez fréquent que des mots n'aient pas le même genre en italien et en français. C'est d'autant plus gênant qu'ils se ressemblent parfois.

**a** Les noms de mer :

— *il Mediterraneo, il Caspio, il Baltico, il Tirrenio, l'Ionio, il Mar Nero...* exception : *la Manica*

**b** Tous les mots en ***-ore*** correspondant au français **-eur** :

— *ardore, colore, dolore, errore, favore, fiore, furore, liquore, odore, orrore, spessore* (épaisseur), *splendore, sudore, terrore...*

**c** Les mots en ***-eto*** qui désignent un champ planté d'arbres (100) :

— *oliveto* oliveraie, *castagneto* châtaigneraie, *bananeto* bananeraie, *aranceto* orangeraie...

**d** De nombreux mots en ***-mento*** (298) :

— *adattamento / adeguamento* (adaptation), *ammodernamento* (modernisation), *annullamento* (annulation), *coordinamento* (coordination), *decentramento* (décentralisation), *deterioramento* (détérioration), *divagamento* (divagation), *inquinamento* (pollution), *prolungamento* (prolongation), *promulgamento* (promulgation), *proseguimento* (continuation), *ricevimento* (réception), *annegamento* (noyade), *atteggiamento* (attitude), *esperimento* (expérience scientifique 104), *tradimento* (trahison)...

**e** Les mots en ***-ficio*** (désignant une usine, une fabrique de -) :

— *calzaturificio* (chaussures), *cotonificio, linificio* (filature de coton, de lin...), *oleificio* (huilerie), *pastificio* (fabrique de pâtes), *saponificio* (savonnerie), *zuccherificio* (raffinerie de sucre)...

**f** Mots très proches dans les deux langues :

*acquerello*
*affare*
*allarme*
*aneddoto*
*anemone*
*annali* (pl.)
*annuncio*
*apostrofo*
*approccio*
*arabesco*
*archivio*
*arrivo*
*attacco*
*basso* (chanteur)
*benvenuto*
*bergamotto*
*bruto*
*calanco*
*cereale*
*chinino*
*clarinetto*
*contagio*
*contrattacco*
*contrabbando*

| | | | |
|---|---|---|---|
| *contrabbasso* | *giacinto* | *minuto* | *secondo* |
| *dente* | *glicine* | *mirtillo* | *silicone* |
| *dittongo* | *grasso* | *mosaico* | *soldo* (la solde) |
| *elettrodo* | *idolo* | *obolo* | *sonaglio* |
| *enigma* | *insulto* | *panico* | *stallo* |
| *epitaffio* | *intrigo* | *pedale* | *telecomando* |
| *epiteto* | *mandarino* | *periodo* | *topazio* |
| *equivoco* | *mandolino* | *pomo d'Adamo* | *trittongo* |
| *fango* | *mango* | *proclama* | *vetro* (vitre) |
| *flauto* | *mappamondo* | *respiro* | *voltafaccia* |
| *fumo* | *metodo* | *rilancio* | *zibellino* |

**g** Mots relativement proches dans les deux langues :

| | | | |
|---|---|---|---|
| *affresco* | fresque | *intrigo* | intrigue |
| *alterco* | dispute | *intuito* | intuition |
| *asparago* | asperge | *invito* | invitation |
| *arresto* | arrestation | *lamento* | plainte |
| *aumento* | augmentation | *mare* | mer |
| *calesse* | calèche | *margine* | marge |
| *camino (-etto)* | cheminée | *obbligo* | obligation (morale) |
| *camioncino* | camionnette | *olio* | huile |
| *carpio* | carpe | *ombrellino* | ombrelle |
| *centinaio* | centaine | *orologio* | horloge et montre |
| *colle* | colline | *paio* | paire |
| *colonnato* | colonnade | *palmo* | palme |
| *compenso* | compensation | *Papato* | Papauté |
| *contributo* | contribution | *pensiero* | pensée |
| *cornicione* | corniche (arch.) | *permesso* | permission |
| *i crauti* | choucroute | *pianeta* | planète |
| *il creato* | Création (univers) | *premio* | prime |
| *dato* | donnée (stat.) | *reclamo* | réclamation |
| *dattero* | datte | *recupero* | récupération |
| *ermellino* | hermine | *remo* | rame |
| *feudalismo* | féodalité | *restauro* | restauration |
| *fico* | figue (et figuier) | *rimorchio* | remorque |
| *furgoncino* | fourgonnette | *Rinascimento* | Renaissance |
| *ghiaccio* | glace (eau glacée) | *rosone* | rosace |
| *grappolo* | grappe | *schizzo* | esquisse |
| *incarico* | charge | *spavento* | épouvante |
| *incontro* | rencontre | *studio* | étude |
| *intervento* | intervention | *tulipano* | tulipe |

**h** Des mots encore plus différents :

| | | | |
|---|---|---|---|
| *acquisto* | acquisition | *armadio* | armoire |
| *affetto* | affection | *ascolto* | écoute |
| *affisso* | affiche | *biancospino* | aubépine |
| *agio* | aise | *cucchiaio* | cuiller |
| *ago* | aiguille | *cucito* | couture |
| *aiuto* | aide | *debito* | dette |

| | | | |
|---|---|---|---|
| *dettato* | dictée | *ragno* | araignée |
| *formicaio* | fourmillière | *risparmio* | épargne |
| *indirizzo* | adresse | *salumi* (pl.) | salaisons |
| *indovinello* | devinette | *seguito* | suite |
| *influsso* | influence | *sequestro* | saisie |
| *labbro* | lèvre | *sorcio* | souris |
| *mitra* | mitraillette | *sterminio* | extermination |
| *muschio* | mousse (forêt) | *struzzo* | autruche |
| *nuoto* | natation | *trapianto* | greffe |
| *ozio* | oisiveté | *udito* | ouïe |
| *puzzo* | puanteur | | |

**i** Termes géographiques :

— *il Belgio, l'Egitto, i Pirenei, i Vosgi, il Volga, il Veneto...*

## 3 Mots féminins en italien masculins en français :

**a** Très proches dans les deux langues :

| | | | |
|---|---|---|---|
| *acacia* | *cloaca* | *istantanea* | *sauna* |
| *agenda* | *cola* (plante) | *iuta* | *sera* |
| *alea* | *comparsa* | *losanga* | *serpe* (serpent) |
| *alinea* | *corrente* | *magnolia* | *sfinge* (sphynx) |
| *amaca* | *dalia* | *maratona* | *sigla* |
| *ambra* | *delizia* | *metropolitana* | *soglia* |
| *antracite* | *diocesi* | *mimosa* | *soia* (soja) |
| *appendice* | *fenice* | *miosotide* | *sorte* |
| *armonica* | *filigrana* | *modella* | *stimmate* |
| *aringa* | *foca* | *negativa* (photo) | *tamerice* |
| *asma* | *fucsia* | *ortensia* | (tamaris) |
| *astronave* | *funicolare* | *palma* (palmier) | *tariffa* |
| *autoclave* | *gardenia* | *petroliera* | *teleferica* |
| *begonia* | *gang* | *petunia* | *telefonata* |
| *bistecca* | *gimcana* | *pipì* | *termite* |
| *cacca* | *giuria* | *pistola* | *tigre* |
| *camelia* | *guardia* | *placenta* | *vagina* |
| *canoa* | *guida* | *renna* | *vertigine* |
| *carrozza* | *imposta* | *reseda* | *uniforme* |
| *cassaforte* | *insalatiera* | *rivoltella* | *zebra* |
| *cifra* | *iride* | | |

**b** Mots assez différents dans les deux langues :

| | | | |
|---|---|---|---|
| *accoglienza* | accueil | *compressa* | comprimé |
| *affrancatura* | affranchissement | *conchiglia* | coquillage |
| *aria* | air | *contea* | comté |
| *blindatura* | blindage | *coppia* | couple |
| *classifica* | classement | *dentiera* | dentier |
| *clitoride* | clitoris | *diagnosi* | diagnostic |
| *comicità* | comique | *disperazione* | désespoir |

| | | | |
|---|---|---|---|
| *epidermide* | épiderme | *portaceneri* | cendrier |
| *estate* | été | *predica* | prêche |
| *fusoliera* | fuselage | *primavera* | printemps |
| *ginestra* | genêt | *prugna* | pruneau |
| *imposta* | impôt | *quaresima* | carême |
| *laringe* | larynx | *raffinazione* | raffinage |
| *leva* | levier | *requisitoria* | réquisitoire |
| *maschera* | masque | *ricevuta* | reçu |
| *medicina* | médicament | *rinuncia* | renoncement |
| *mescolanza* | mélange | *sabbia* | sable |
| *mezzanotte* | minuit | *scala* | escalier |
| *nave* | navire | *sceneggiatura* | scénario |
| *nuvola* | nuage | *sciabola* | sabre |
| *occhiata* | coup d'œil | *scimmia* | singe |
| *opera* | opéra | *scontentezza* | mécontentement |
| *pallacanestro* | basket-ball | *sfida* | défi |
| *pallamano* | hand-ball | *sfilata* | défilé |
| *pallavolo* | volley-ball | *smentita* | démenti |
| *percentuale* | pourcentage | *speranza* | espoir |

**c** Formes très différentes dans les deux langues :

| | | | |
|---|---|---|---|
| *affissione* | affichage | *rete* | réseau |
| *aquila* | aigle | *scorciatoia* | raccourci |
| *albicocca* | abricot | *sede* | siège |
| *bugia* | mensonge | *spia* | espion |
| *canapa* | chanvre | *sveglia* | réveil |
| *carneficina* | massacre | *supposta* | suppositoire |
| *cavia* | cobaye | *terzina* | tercet |
| *età* | âge | *testimonianza* | témoignage |
| *gratella* | gril | *torpediniera* | torpilleur |
| *lega* | alliage | *usanza* | usage |
| *lepre* | lièvre | *vedovanza* | veuvage |
| *melacotogna* | coing | *vernice* | vernis, peinture |
| *puzzola* | blaireau (animal) | *vetrata* | vitrail |

**d** Noms de pays ou de régions :

— *Groenlandia, Liberia, Linguadoca* (Languedoc), *Nigeria, Alaska, Angola, Artesia* (Artois), *Cambogia, Danimarca, Gibilterra, Giutlandia...*

**e** Emprunts à l'anglais :

— *la gag, la gang, la hall, la hit parade, la leadership...*

**f** Les mots se terminant par ***-ata*** traduisent **un coup de** :

— *gomitata* (coup de coude),
— *pugnalata* (coup de poignard)
— *telefonata* (coup de téléphone).

**g** Beaucoup de fleurs sont au féminin (alors que ***fiore*** est **masculin**) :

— *begonia, dalia, fucsia, magnolia, mimosa, ortensia, petunia, reseda...*

■ Mettre l'article (d'abord au singulier puis au pluriel) devant les noms présentés dans les colonnes.

## 118 Gens (les) / gente (la) (traduction de -)

On parle souvent des... «**gens**». Il faut donc savoir que l'équivalent italien, ***la gente***, est singulier :

— ***La gente è*** *cattiva.*
**Les gens sont** méchants.

— *Ha paura del**la gente**.*
Il a peur **des gens**.

**a** ***La gente*** équivaut parfois à **on** (187).

**b** Il est souvent plus naturel de traduire ***la gente*** par **le monde** :

— *C'è **gente**?*
Il y a du monde? Il y a quelqu'un?
— *Arriva **gente**!*
Voilà du monde!
— *Tutta **la gente** dice che (tutti dicono che).*
Tout le monde dit que...

**c** Même si, la plupart du temps, ***la gente*** correspond exactement au français **les gens**, il y a parfois de petites différences entre les expressions où on les rencontre :

— *Un **mucchio di gente** sta aspettando.*
Il y a des tas de gens qui attendent.
— ***È gente per bene**.*
Ce sont des gens bien.

■ Traduire :
1. Que de gens! 2. Ce ne sont pas des gens comme il faut. Ne les fréquentez pas. 3. Tous les gens affirment (affermare) le contraire. 4. Quels drôles (razza) de gens! 5. Vous vous moquez (burlarsi) du monde!

## 119 Gérondif

### 1 Formes :

**a** Verbes réguliers :

| | | | |
|---|---|---|---|
| *parl- are* | *ripet- ere* | *part- ire* | *ubbid- ire* |
| *parl- **ando*** | *ripet- **endo*** | *part- **endo*** | *ubbid- **endo*** |

**b** Verbes irréguliers au gérondif :

| *bere* | *dire* | *fare* (108) | *trarre* |
|---|---|---|---|
| ***bevendo*** | ***dicendo*** | ***facendo*** | ***traendo*** |

| *porre* | *comporre* | *disporre* | *proporre* |
|---|---|---|---|
| ***ponendo*** | ***componendo*** | ***disponendo*** | ***proponendo*** |

| *condurre* | *dedurre* | *produrre* | *sedurre* | *tradurre* |
|---|---|---|---|---|
| ***conducendo*** | ***deducendo*** | ***producendo*** | ***seducendo*** | ***traducendo*** |

**c** Le gérondif irrégulier se construit sur le même radical que l'imparfait de l'indicatif et du subjonctif :

| | | | | | |
|---|---|---|---|---|---|
| ***bevendo*** | ***bevevo*** | ***bevessi*** | ***facendo*** | ***facevo*** | ***facessi*** |
| ***traendo*** | ***traevo*** | ***traessi*** | ***ponendo*** | ***ponevo*** | ***ponessi...*** |
| ***conducendo*** | ***conducevo*** | ***conducessi*** | | | |
| ***dicendo*** | ***dicevo*** | ***dicessi*** | | | |

**d** Le pronom personnel complément (sauf *loro*) s'unit au gérondif :

- direct :
  *guardandomi, ti, lo, la, ci, vi, li, le*
  en me, te, le, la, nous, vous, les regardant
- indirect :
  *parlandomi, ti, gli, le, ci, vi*
  en me, te, lui, nous, vous parlant
  — *Bevendone ogni giorno...*
  En en buvant tous les jours...

  mais : *parlando (a) loro* (en leur parlant = à eux ou à elles)
  *parlandone (a) loro* (en leur en parlant).

## 2 Emplois :

**a** Ne pas confondre le gérondif et le participe présent :

— *Sistemandosi a Parigi fece una scelta coraggiosa.*
En s'installant (**gérondif**) à Paris il fit un choix courageux.
— *Le persone residenti (che risiedono) a Parigi sono fortunate.*
Les personnes résidant (qui résident, **p. prés.**) à Paris ont de la chance.

L'italien a peu de participes présents couramment employés : on traduira par une proposition relative (194).

**b** Le gérondif doit :

- se rapporter au sujet de la phrase :
  Je l'ai vue **en descendant** du taxi.
  — *L'ho vista **scendendo** (mentre scende**vo**) dal taxi.*
  (C'est moi qui descendais du taxi et c'est moi qui l'ai vue).
  mais : Je l'ai vue **descendant** (qui descendait) du taxi.
  — *L'ho vista mentre scende**va** dal taxi.*
  (C'est moi qui l'ai vue mais c'est elle qui descendait du taxi).

- ou être un «gérondif absolu»; il précède alors le sujet et indique la cause :
  — ***Prolungandosi*** *la crisi, tutti furono licenziati.*
  La crise se prolongeant, tous furent licenciés.
  — ***Parlando*** *il padrone di licenziamento, Andrea preferì partire da solo.*
  Son patron parlant de licenciement, André préféra s'en aller de lui-même.

**c** Le gérondif peut être accompagné de ***pure*** (**tout en**) :

— ***Pur*** *non* ***sopportando*** *l'aglio ne prese lo stesso.*
Tout en ne supportant pas l'ail (bien qu'il ne supportât pas l'ail) il en prit quand même.
— ***Pur preferendo*** *il coniglio prese il pollo.*
Tout en préférant le lapin, il prit du poulet (bien qu'il préférât le lapin, il prit du poulet).

**d** Sur ***stare*** suivi du gérondif = **être en train de**... (261) :

— ***Sto mangiando.***
Je suis en train de manger.

**e** Sur ***andare*** suivi du gérondif, (20) :

— ***Va dicendo*** *dappertutto che lo hai ingannato.*
Il dit partout que tu l'as trompé.

**f** ***Con*** et ***nel*** + **infinitif** correspondent à un gérondif :

— ***Col fare*** *(facendo) questo, sperava di salvarsi.*
En faisant cela il espérait se sauver.
— ***Nel fare*** *(facendo) questa piruetta si ruppe la gamba.*
En faisant cette pirouette il se brisa la jambe.

## POUR ALLER PLUS LOIN

En français on emploie quelquefois le gérondif dans des phrases du type :
**Ayant appris** à nager il passait son temps dans l'eau, **ayant oublié** son parapluie il se mouilla, **s'étant blessé** à la main il cessa de jouer...
Ce **gérondif absolu** est traduit par un **participe passé absolu** en italien (193) précédé ou non de l'auxiliaire au gérondif :

- ***(avendo) imparato*** *a nuotare passava il tempo in acqua*
- ***(avendo) dimenticato*** *l'ombrello, si bagnò*
- ***(essendosi ferito) feritosi*** *alla mano smise di giocare*

**1** Mettre au gérondif le verbe qui est entre parenthèses :
1. (Essere) sportivo non si ammala mai. 2. (Bere) solo acqua non sopporta più il vino né l'alcool. 3. (Fare) un mestiere utile vive felice. 4. (Tradurre) il testo commise molti errori. 5. (Produrre) merci (marchandises) poco care trova facilmente i clienti. 6. (Trarre) le più

belle pagine da molti romanzi pubblicò un'antologia. 7. (Telefonare) la sera pagava meno. 8. (Partire) a mezzanotte non ci sarà nessuno sulla strada. 9. (Scrivere) la lettera pensava al passato felice. 10. (Avere) una grossa macchina arrivò per tempo.

**2** Traduire :
1. Les personnes ne craignant (temere) pas le soleil peuvent manger sur la terrasse. 2. Il s'est cassé (rotto) la jambe en glissant (scivolare) sur le verglas (ghiaccio). 3. Les enfants ayant déjà leur billet peuvent entrer. 4. Les spectateurs payant demi-tarif (mezza tariffa) entreront après les autres. 5. Ils ont eu un accident (incidente) en faisant du ski. 6. En disant cela il pensait à ce qui s'était passé (era accaduto). 7. En parlant ainsi il se fit mieux comprendre. 8. La guerre éclatant alors, tout fut bouleversé (sconvolto). 9. A force de se tromper (sbagliare) on apprend.

## 120 Già

Attention au mot ***già*** car il équivaut au français **«déjà»** mais il a aussi des significations différentes.

### 1 Déjà :

— *un piatto **già** pronto*
un plat **tout** prêt, **déjà** prêt

— *Sei **già** tornato?*
Tu es **déjà** de retour?

### 2 Autrefois, naguère :

— ***Già** era un cinema, è diventato un supermercato.*
C'était un cinéma; c'est devenu un supermarché.
— *X, **già primatista** dei centometri è morto ieri.*
X, ex-recordman du cent mètres est mort hier.

### 3 Certes, bien sûr, en effet :

— *Fa bel tempo oggi, vero? **Già**, il sole splende.*
Il fait beau temps aujourd'hui, n'est-ce pas? Eh oui, le soleil brille.
— *Non dimenticare l'ombrello, eh? **Già, già**.*
N'oublie pas ton parapluie, hein? Mais oui, bien sûr...

POUR ALLER PLUS LOIN

— ***Già** che ci siamo...*
Puisqu'on y est...
— ***Non già** che non voglia bene ai genitori ma...*
Ce n'est pas qu'il n'aime pas ses parents mais...

# 121 Glace (traduction de -)

Traduire le mot «**glace**» présente une certaine difficulté. Selon le cas, on dit :

## 1 *Gelato* (glace à consommer) :

— *C'è molta scelta: **gelato** alla crema, alla panna, al cioccolato, al pistacchio, alla nocciola, all'amarena...*
Il y a beaucoup de choix : glace à la vanille, à la crème, au chocolat, à la pistache, à la praline, à la cerise (griotte).

## 2 *Ghiaccio* (eau glacée) :

— *È scivolato sul **ghiaccio**.*
Il a glissé sur la glace.
— *Abbiamo una squadra di hockey su ghiaccio.*
Nous avons une équipe de hockey sur glace.

**Verglas** se dit : ***ghiaccio*** ou ***vetrone***.

## 3 *Ghiaccio, cubetto di ghiaccio, ghiacciolo* (glace : glaçon) :

— *Vuole un po' di **ghiaccio**? Sì, un **cubetto**, per favore.*
Vous voulez de la glace? Oui, un glaçon, s'il vous plaît.

## 4 *Vetro, cristallo* (glace : vitre épaisse) :

— *Entrando ha urtato il **cristallo** della porta scorrevole.*
En entrant, il a heurté la glace de la porte coulissante.

## 5 *Finestrino* (voiture, train) :

— *Tiri giù il **finestrino**, per favore.*
Baissez la glace, s'il vous plaît.

## 6 *Specchio* (miroir) :

— *Non mi piace quest'armadio a **specchio**. È vecchiotto.*
Cette armoire à glace ne me plaît pas. Elle est vieillotte.
— *Passi il tempo a guardarti nello **specchio**.*
Tu passes ton temps à te regarder dans la glace.

### POUR ALLER PLUS LOIN

- **marrons glacés** se dit ***«marrons glacés»*** ou ***marroni canditi***
- le **papier glacé** est la ***carta lucida*** ou ***patinata*** :

— *Ci sono sempre più riviste su **carta lucida**.*
Il y a de plus en plus de revues sur papier glacé.

■ Traduire :
1. Fu difficile rompere il ghiaccio. 2. Invece di turbarsi, restò di ghiaccio. 3. In primavera i fiumi russi trasportano pezzi di ghiaccio. 4. Di solito (d'habitude) ci metto ghiaccio tritato (pilée). 5. Mi piace il pattinaggio su ghiaccio. 6. Lo champagne va tenuto in ghiaccio per un'ora. 7. L'accoglienza fu gelida. 8. Hai i piedi gelati. 9. Cambiare il vetro costerà caro.

## 122 *Gli ou loro?*

1 ***Gli*** **est le pronom complément indirect masculin de la 3<sup>e</sup> personne du singulier** (222) :

— *Quando voglio parlare con mio **zio gli** telefono.*
Quand je veux parler avec mon oncle, je lui téléphone.

**a** Le pronom féminin correspondant est ***le*** (222) :

— *Quand voglio parlare con mia **zia le** telefono.*

**b** Lorsque le pronom personnel de la 3e personne est suivi d'un autre pronom **il n'y a plus qu'une forme** commune au masculin et au féminin :

— *Se **lo** vedrò **glielo** ricorderò e **gliene** parlerò sul serio.*
Si je le vois, je le lui rappellerai et je lui en parlerai sérieusement.
— *Se **la** vedrò **glielo** ricorderò e **gliene** parlerò sul serio.*
Si je la vois, je le lui rappellerai et je lui en parlerai sérieusement.

2 **Au pluriel, on emploie *loro* (pluriel du masculin *gli* et du féminin *le*) qui se place après le verbe et qui est précédé ou non de la préposition *a* :**

— *Se vuoi parlare con i miei zii (con le mie zie) telefona **(a) loro** dopo le 20.*
Si tu veux parler à mes oncles (mes tantes), téléphone-leur après 20 h.

Comme la forme ***loro*** ou ***a loro*** est lourde, on rencontre de plus en plus souvent dans le langage parlé et même dans les textes écrits ***gli*** pour ***loro*** (au masculin comme au féminin) :
— ***Li** ho fatti venire e **gli** ho spiegato la situazione (ho spiegato loro...).*
— ***Le** ho fatte venire e **gli** ho spiegato la situazione (ho spiegato loro...).*
Je les (**eux ou elles**) ai fait venir et je leur ai expliqué la situation.

■ Traduire :
1. Se tornano, gli dirai che non potevo aspettarli. 2. Se ci tengono, gli spedirò una lettera. 3. Non hanno ancora capito? Gli ho precisato tutto.

# 123 Grande

## 1 Formes :

Selon le mot qui suit l'adjectif, on trouve les formes ***grande, gran*** ou ***grand'*** au singulier, ***grandi*** ou ***gran*** au pluriel (48, *buono*).

**a** Au singulier, on emploie :

- **grande** devant ***s impur, z*** ou ***ps***, au masculin et au féminin :
  — *grande **sp**ettacolo*
  — *grande **sc**ena*
  — *grande **z**oo*
  — *grande **ps**icologo*
  — *grande **ps**icosi*
  — *grande **z**ampa* (patte)
- ***gran*** ou ***grande*** devant les autres consonnes :
  — *gran / grande magazzino*
  — *gran / grande serata*
- ***grande*** (de plus en plus couramment) ou ***grand'*** devant une voyelle :
  — *grand' **u**omo / grande uomo*
  — *grand'**i**dea / grande idea*

**b** Au pluriel :

- **devant** une **voyelle**, un ***s impur, z*** ou ***ps***, on emploie ***grandi :***
  — *grandi uomini / spettacoli / psicologi / zoo*
  — *grandi scene / psicanaliste / zampe*
- devant les autres consonnes on trouve ***grandi*** ou ***gran*** :
  — *gran / grandi magazzini*
  — *gran / grandi serate*

## 2 Emplois :

**a** Dans la plupart des cas, l'adjectif italien et son équivalent français sont employés dans le même contexte et avec le même sens :

— *grand'albero, gran freddo, gran piacere, grandi piedi...*

**b** Mais, dans certaines expressions, les constructions ne sont pas exactement semblables :

— ***Da*** *grande sarò chirurgo e vivrò* ***da*** *gran signore.*
**Quand je** serai grand je serai chirurgien et je vivrai **en** grand seigneur.
— *Bisogna vedere le cose* ***in*** *grande.*
Il faut voir grand.

**c** Parfois, à l'italien ***grande*** ne correspond pas le français **grand** :

— *Sei stato grande.*
Tu as été formidable.
— *Reclamò a gran voce uno sconto.*
Il demanda une réduction à cor et à cris.

— *È una gran bella donna.*
C'est une bien belle femme.
— *Non se ne dice un gran bene.*
On n'en dit pas beaucoup de bien.
— *Questo prodotto non è un gran che. Quello è di gran lunga superiore.*
Ce produit ne vaut pas grand chose. Celui-là est de très loin supérieur.

**d** Dans d'autres cas, au français **grand** ne correspond pas l'italien ***grande***:

— *È alto.*
Il est grand.
— *gli adulti*
les grandes personnes
— *aprire tanto d'occhi*
ouvrir de grands yeux
— *spalancare la bocca*
ouvrir la bouche toute grande

— *È giorno fatto.*
Il fait grand jour.
— *all'aperto*
au grand air
— *Alessandro Magno*
Alexandre Le Grand
— *la strada maestra*
la grand route

# 124 H

## 1 En italien la lettre *-h- (acca come hotel)* est rarement à l'initiale. On ne la trouve que dans :

**a** Les formes verbales : *ho, hai, ha, hanno* (auxiliaire *avere*).

**b** Des mots d'origine étrangère : *hall, happy end (il lieto fine), handicap, hamster, harem, hertz, himalayano, hitleriano, hockey, hobby, holding, hostess, hotel, humour (umorismo)...*

**c** Quelques exclamations : *hurrà, ha, he* (plus courants : *ah, eh*).

**d** Des abréviations à caractère scientifique : *hg (ettogrammo), hl (ettolitro), hm (ettometro), i raggi H, la bomba H...*

## 2 A l'intérieur des mots on trouve *-h-* :

**a** Dans des mots d'origine étrangère : *Washington, Bagdhad, un sikh, un menhir...*

**b** Dans des mots italiens pour obtenir le son dur devant *-i-* ou *-e-* :

- formes verbales (verbes en ***-care*** et ***-gare*** au présent de l'indicatif et du subjonctif, à l'impératif, au futur et au conditionnel).

  Exemple : ***cercare***
  *cerco, cerc**h**i, cerca, cerc**h**iamo, cercate, cercano*
  *cerc**h**i, cerc**h**i, cerc**h**i, cerc**h**iamo, cerc**h**iate, cerc**h**ino*
  *cerca, cerc**h**i, cerc**h**iamo, cercate, cerc**h**ino*
  *cerc**h**erò, cerc**h**erai, cerc**h**erà, cerc**h**eremo, cerc**h**erete, cerc**h**eranno*
  *cerc**h**erei, cerc**h**eresti, cerc**h**erebbe, cerc**h**eremmo, cerc**h**ereste, cerc**h**erebbero*

  De même : ***spiegare*** *: spiego, spieg**h**i,* etc. futur (115), conditionnel (60).

- pour transcrire les sons ***-ki-, -ké-, -kia-, -kie-, -kio-, -kiou-*** :
  - à l'initiale : *chilometro, schema, Chianti, chiesa, chiusura* (fermeture) ;
  - dans la terminaison des mots notamment pour les noms et adjectifs en ***-ca*** et ***-ga, -co*** et ***-go***.

  Les mots féminins se terminant par ***-ca*** et ***-ga*** ont le pluriel en ***-che*** et ***-ghe***.
  *una mucca* → *delle muc**che***
  *una bottega* → *delle botte**ghe***
  *una collega* → *delle colle**ghe***
  *una psicologa* → *delle psicolo**ghe***
  *larga* → *lar**ghe***

  Les noms masculins qui se terminent par ***-co*** et ***-go*** font en général leur pluriel en ***-chi*** et ***-ghi*** (sauf exceptions, 211) :

| | | | |
|---|---|---|---|
| *un duca* | → *dei du**chi*** | *un gioco* | → *dei gio**chi*** |
| *un rammarico* | → *dei rammari**chi*** | *un collega* | → *dei colle**ghi*** |
| *un lago* | → *dei la**ghi*** | *lungo* | → *lun**ghi*** |

P O U R A L L E R P L U S L O I N

- **L'heure H** se traduit par : ***l'ora X*** ou ***l'ora zero.***
- Si l'emploi de la lettre ***H*** vous paraît compliqué, vous pourrez dire :

— *Non ci capisco **un'acca**.* Je n'y comprends rien...

**1** Que veut dire chicchirichì, chepì, chimica, margherita, chitarra, dischi, rischio, macchina, ricchezza, chiglia?

**2** Mettre au pluriel : ricco, ricca, disco, grammatica, stanco, stanca, ingorgo (embouteillage), lungo, largo, lunga.

**3** Conjuguer au présent de l'indicatif et du subjonctif, à l'impératif, au futur et au conditionnel les verbes ***toccare*** (toucher), ***pagare*** (payer), ***piegare*** (plier), ***segare*** (scier).

## 125 L'heure (demander et dire -)

**1** **Pour demander l'heure on dit :**

— *Che **ora** è? Che **ore sono**?*

- on répond :

— *È mezzogiorno* (midi), *mezzanotte* (minuit),
*l'una, la mezza* (la demie).
— ***Sono le*** *9, le 15,* ***le*** *5 di sera,* ***le*** *2 del mattino...*
— ***Sono le*** *7 e mezzo* (ou *e mezza*), *le 6 e dieci...*
— ***Sono le*** *11 meno un quarto* (ou *manca un quarto alle undici*)

- si l'on veut être plus précis :

— *le 7* ***antimeridiane*** *(di mattina), le 3* ***pomeridiane*** *(di pomeriggio), le 9* ***pomeridiane*** *(di sera)*

- il ne faut être ni en retard : ***in ritardo***, ni en avance : ***in anticipo*** mais à l'heure : ***puntuale, in orario***. Pour cela, la montre ***(l'orologio)*** ne doit ni avancer : ***essere avanti***, ni retarder : ***essere indietro***.

— ***Alle 9 in punto*** (ou ***precise***) signifie **9 heures pile**.

**2** **Comme le français « heure », le mot *ora* est très employé dans la vie courante avec des différences plus ou moins grandes entre les deux langues :**

**a** On trouve ***ora*** en italien, **heure** en français :

— *Che **ora** fai?*
Quelle heure as-tu?
— *partire di **buon'ora** (presto, di buon mattino, per tempo)*
partir de bonne heure

— *Dura* ***un'ora buona, un'oretta.***
Cela dure une bonne heure, une petite heure.
— ***l'ora estiva***
l'heure d'été
— *tornare ad* ***un'ora inoltrata***
revenir à une heure avancée (de la nuit)
— *La* ***sua ora*** *è suonata.*
Sa dernière heure a sonné.
— ***Non ha ore****. Chiami* ***nelle ore*** *d'ufficio.*
Il n'a pas d'heure fixe. Appelez aux heures de bureau.
— *le* ***ore straordinarie*** *(ou gli straordinari)*
les heures supplémentaires

**b** Le mot ***ora*** n'est pas traduit par le français **heure** :

— ***fare le ore piccole***
veiller, se coucher tard
— ***Era ora!***
Il est (il était) temps!

**c** Le mot **heure** n'est pas traduit par l'italien ***ora*** :

— *a fra poco*
à tout à l'heure
— *Sono partiti poco fa.*
Ils sont partis tout à l'heure.
— *Non ho un momento libero.*
Je n'ai pas une heure libre.
— *Non cercare il pelo nell'uovo.*
Ne cherche pas midi à quatorze heures.

■ Che ora è?

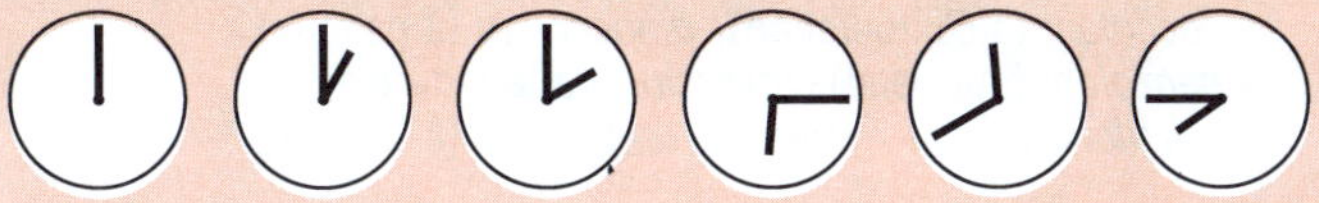

## 126 -*i* (mots se terminant par -)

1 **Les mots se terminant par -*i*- au singulier sont peu nombreux et invariables. Ils sont :**

- accentués sur la dernière syllabe :
  — *lunedì, martedì, mercoledì, giovedì, venerdì, tuttodì* (tout le temps, tous les jours), *bensì, chepì, così, pipì (fare la pipì)...*
- *piani* :
  — *crisi, tesi, ascesi* (l'ascèse), *anchilosi, apoteosi, ipnosi, nevrosi...*
- ou *sdrucciolì* :
  — *acropoli, analisi, antitesi, brindisi* (toast), *diagnosi* (diagnostic), *dieresi, estasi, genesi* (genèse), *ipotesi, metropoli, necropoli, oasi, parafrasi, paralisi, parentesi, perifrasi, protesi, psicanalisi, sintesi...*

2 **Certains mots ne sont employés qu'au pluriel :**

— *i viveri* (les vivres), *i posteri* (la postérité), *i probiviri* (les prud'hommes), *gli annali, i crauti* ou *salcrauti* (la choucroute).

3 **Certains noms composés se terminent par un nom au pluriel :**

— *il guardaboschi* (le garde-forestier), *la lavapiatti, la lavastoviglie* (machine à laver la vaisselle), *il paraurti* (pare-chocs), *il portabagagli, il portachiavi, la portaelicotteri, la portaerei, il portasigari, lo stuzzicadenti* (le cure-dents).

4 **Retenons les adverbes se terminant par un -*i*- (8) :**

— *tardi, altrimenti, volentieri, balzelloni* (par bonds, en sautant), *bocconi* (couché sur le ventre), *carponi* (à quatre pattes), *coccoloni* (à califourchon), *ginocchioni* (à genoux), *penzoloni* (qui pend), *rovescioni* (à la renverse), *saltelloni, tastoni / tentoni / tentennoni* (à tâtons).

5 **Attention au pronom démonstratif *questi* (assez souvent employé pour *questo*, 74) et au pronom personnel *altri (un altro, qualcun altro)* qui, malgré le -*i*- final, sont au singulier :**

— *Questi volle reagire.*
Celui-ci voulut réagir.
— *Altri dirà...*
Un autre dira (d'autres diront)...

■ Sur quels mots sont formés les adverbes?
altrimenti – volentieri – balzelloni – bocconi – ginocchioni – penzoloni – rovescioni – saltelloni – tastoni.

## 127 -ia (prononciation des mots se terminant par -)

**1** **Beaucoup de mots italiens se terminant par *-ia* ont un équivalent français se terminant par « -ie » :**

| | | | |
|---|---|---|---|
| *mania* | → manie | *commedia* | → comédie |

- dans la plupart des cas, **l'accent tonique tombe sur le -i**, comme en français :

| | | | |
|---|---|---|---|
| *teoria* | → théorie | *epidemia* | → épidémie |
| *filosofia* | → philosophie | *monotonia* | → monotonie |

- dans un certain nombre de cas, le **« i » n'est pas accentué** :

| | | | |
|---|---|---|---|
| *arguzia* | → argutie | *sosia* | → sosie |
| *cerimonia* | → cérémonie | (seul nom masculin en *-ia*) | |
| *ostia* | → hostie | *colonia* | → colonie |
| *inezia* | → ineptie | *commedia* | → comédie |
| *inerzia* | → inertie | *infamia* | → infamie |
| *modestia* | → modestie | *mummia* | → momie |
| *orgia* | → orgie | *tragedia* | → tragédie |
| *zizzania* | → zizanie | *calunnia* | → calomnie |

Il en est de même pour certains prénoms en **-ia**: *Emilia, Silvia, Lidia, Virginia.* (mais: *Sofia, Lucia, Natalia, Maria*)

**2** **Noms des pays ou de régions :**

**a** Seul **un petit nombre porte l'accent sur le *-i* de *-ia***:

— *Lombardia, Albania, Algeria, Bulgaria, Mongolia, Romania, Tunisia, Turchia, Ungheria, Andalusia*

**b** Dans **leur grande majorité**, ces **mots** sont **accentués sur la syllabe précédente** :

- pays :
  — *Italia, Francia, Asia, Australia, Austria, Cambogia* (fém.) *Finlandia, Germania, Giordania, Grecia, India, Jugoslavia, Lapponia, Norvegia, Nuova Zelandia, Polonia, Russia, Scozia, Serbia, Croazia, Svezia, Thailandia...*
- régions :
  — *Calabria, Campania, Liguria, Lucania (= Basilicata), Puglia, Sicilia, Umbria, Amazzonia, Alsazia, Sassonia* (Saxe).
  On entend : *Cecoslovacchia* et *Cecoslovacchia.*

**c** Au contraire des mots français correspondants, les **mots italiens se terminant en *-uria* ne sont pas accentués sur le *-i***:

— *curia, incuria, furia, penuria, lussuria*

**d** Les mots se terminant par ***-oria*** (et correspondant au français **-oire**) **ne portent pas l'accent sur le *-i***:

— *gloria, memoria, storia, preistoria, traiettoria, vittoria...*

## 128 -ie (mots se terminant par -)

**1** **Les mots se terminant par** *-ie* **sont invariables (139) :**

— *la barbarie, la calvizie, la carie, la congerie, la serie, la specie.*

**Exceptions :**

| | | |
|---|---|---|
| — *la* ***moglie*** | pluriel → | *le mogli* |
| — *la superfi**cie*** | pluriel → | *le superfici* et *le superfi**cie*** |

**2** **Certains ne s'emploient qu'au pluriel :**

— *le esequie* (les obsèques),
— *le intemperie*
— *le spezie* (les épices).

**3** **D'autres uniquement au singulier :**

— *la progenie* (la progéniture), *la requie* (lit.) (le calme, la quiétude), *la temperie* (l'atmosphère, le climat).

## 129 Il y a (traduction de -)

**1** **Pour exprimer la «présence de quelque chose» :** ***c'è, ci sono*** **:**

— ***C'è*** *l'ingorgo.*
Il y a un embouteillage.

— ***C'è*** *molta gente.*
Il y a beaucoup de monde.

**a** Le verbe s'accorde avec le complément :

— ***Ci sono*** *pochi fiori.*
Il y a peu de fleurs.

**b** **Il y en a** se traduit par ***ce n'è, ce ne sono*** :

— ***Ce n'è*** *uno per ciascuno?*
Y en a-t-il un pour chacun?
— *Sì, anzi* ***ce ne sono*** *tre a persona.*
Oui, il y en a même trois par personne.

**2** **Pour exprimer le temps :** ***fa*** **ou** ***da*** **selon le cas :**

**a** *Fa* **(action terminée,** 105) :

— *Un'ora* ***fa****.*
Il y a une heure.

— *Dieci anni* ***fa****.*
Il y a dix ans.

- ***fa*** est invariable et se place toujours après l'expression de temps :
  — *È arrivato dieci minuti* ***fa****.*
  Il est arrivé il y a dix minutes.
- on rencontre aussi ***or sono*** (et plus rarement, ***addietro***) :
  — *È tornato sei mesi* ***fa (or sono)****.*

**b** *Da* lorsque l'**action continue** (**il y a** peut être remplacé par **depuis**) :

— *Ci penso **da** due anni.*
Il y a deux ans que j'y pense = j'y pense depuis deux ans.
— *Farà il viaggio quest'anno ma ci pensa **da** cinque anni.*
Il fera le voyage cette année mais il y a cinq ans qu'il y pense.

On rencontre aussi : ***è... che... / sono... che...***
— ***Sono** tre giorni **che** non mangia / non mangia **da** tre giorni.*

■ Traduire :
1. Il y a beaucoup de spectateurs? Oui, il y en a au moins deux mille mais il y en a moins qu'il y a deux ans. 2. Il y a six mois que je ne l'ai vu. 3. Il y a trop de monde (gente). 4. Y a-t-il encore une place (posto)? Oui, il y en a deux pour vous. 5. Il y avait deux jours qu'il pleuvait. 6. Y aura-t-il du champagne? Non, il y aura des spécialités régionales. 7. Il y avait un mois qu'il était marié.

## 130 Imparfait de l'indicatif

### Formes

**1** **Conjugaisons régulières :**

| *cant-* **are** | *ripet-* **ere** | *dorm-* **ire** | *ubbid-* **ire** |
|---|---|---|---|
| *cant-* ***a vo*** | *ripet-* ***e vo*** | *dorm-* ***i vo*** | *ubbid-* ***i vo*** |
| *cant-* ***a vi*** | *ripet-* ***e vi*** | *dorm-* ***i vi*** | *ubbid-* ***i vi*** |
| *cant-* ***a va*** | *ripet-* ***e va*** | *dorm-* ***i va*** | *ubbid-* ***i va*** |
| *cant-* ***a vamo*** | *ripet-* ***e vamo*** | *dorm-* ***i vamo*** | *ubbid-* ***i vamo*** |
| *cant-* ***a vate*** | *ripet-* ***e vate*** | *dorm-* ***i vate*** | *ubbid-* ***i vate*** |
| *cant-* ***a vano*** | *ripet-* ***e vano*** | *dorm-* ***i vano*** | *ubbid-* ***i vano*** |

**2** **Conjugaisons irrégulières :**

— *essere, dire, fare, bere,*
*condurre, indurre, produrre, sedurre, tradurre,*
*porre, comporre, disporre, esporre, proporre, supporre,*
*trarre, attrarre, estrarre, detrarre, distrarre, sottrarre,* (voir p. 348).

### Emplois

**1** **L'imparfait de l'indicatif italien est employé comme en français :**

— *Quando **ero** giovane **andavo** spesso in discoteca.*
Quand j'étais jeune j'allais souvent en boîte (à la discothèque).

**2** **Mais quand il s'agit d'exprimer une hypothèse (252, 131, 65), on emploie le subjonctif imparfait :**

— *Se io **fossi** ministro...*
Si j'étais ministre.
— ***Fossi** più bravo in matematica!*
Ah! si j'étais meilleur en maths!...
— *Camminava come se **fosse** zoppo.*
Il marchait comme s'il boîtait.
— *Credevo che tu **avessi** fame.*
Je croyais que tu avais faim.

**3** **Comme en français, l'imparfait de l'indicatif peut remplacer le conditionnel ou le présent de l'indicatif pour atténuer une demande ou un ordre :**

— ***Volevo** sapere...* (pour : ***vorrei** sapere, **voglio** sapere*).
Je voulais (je voudrais) savoir...
— *Cosa vuole? **Volevo** solo un'informazione.*
Que voulez-vous? Je voudrais seulement un renseignement.

**4** **Dans le langage très familier l'imparfait de l'indicatif remplace quelquefois le subjonctif imparfait après *se* :**

— *Non merito questi rimproveri : se potevo (se avessi potuto) ti aiutavo (ti avrei aiutato).*
Je ne mérite pas ces reproches; si je l'avais pu, je t'aurais aidé.
— *Se mi dicevi (se tu mi avessi detto) tutta la verità intervenivo (sarei intervenuto) subito.*
Si tu m'avais dit la vérité je serais intervenu aussitôt.

**1** Traduire :
1. Quand il pleuvait, je faisais quand même (lo stesso) une promenade (passeggiata). 2. Si j'étais médecin je travaillerais dans un hôpital. 3. Ils buvaient un litre de vin par jour. 4. Cette usine (fabbrica) produisait des modèles (modello) dépassés (superato). 5. Nous faisions ce qu'on nous demandait. 6. S'il faisait beau nous prendrions nos vélos (bicicletta). 7. Il ne disait jamais la vérité. 8. Il mentait si bien qu'on croyait qu'il disait la vérité. 9. Excusez-moi, je voulais seulement connaître le prix. 10. Si j'avais su je ne serais pas venu.

**2** Mettre à l'imparfait de l'indicatif les formes suivantes qui sont au futur :
sarò – saremo – avremo – canterete – scriveranno – aprirà – finiranno – faremo – faranno – sedurrà – tradurrete – berremo – berranno – supporrai – disporranno – esporremo – comporrò – trarrà – trarranno – direte – diranno – dirò.

# 131 Imparfait du subjonctif

Le **subjonctif imparfait est très souvent employé en italien** alors qu'il est d'un usage rarissime en français. Il convient donc d'en bien connaître les formes régulières et irrégulières et les emplois.

## Formes

### 1 Verbes réguliers :

| *cant-* ***are*** | *ripet-* ***ere*** | *dorm-* ***ire*** | *ubbid-* ***ire*** |
|---|---|---|---|
| *cant-* ***a ssi***<br>*cant-* ***a ssi***<br>*cant-* ***a sse***<br>*cant-* ***a ssimo***<br>*cant-* ***a ste***<br>*cant-* ***a ssero*** | *ripet-* ***e ssi***<br>*ripet-* ***e ssi***<br>*ripet-* ***e sse***<br>*ripet-* ***e ssimo***<br>*ripet-* ***e ste***<br>*ripet-* ***e ssero*** | *dorm-* ***i ssi***<br>*dorm-* ***i ssi***<br>*dorm-* ***i sse***<br>*dorm-* ***i ssimo***<br>*dorm-* ***i ste***<br>*dorm-* ***i ssero*** | *ubbid-* ***i ssi***<br>*ubbid-* ***i ssi***<br>*ubbid-* ***i sse***<br>*ubbid-* ***i ssimo***<br>*ubbid-* ***i ste***<br>*ubbid-* ***i ssero*** |

Comme les deux premières personnes ont la même terminaison, en cas d'ambiguïté, on indique le pronom : *che io andassi, che tu andassi.*

### 2 Verbes irréguliers (voir conjugaison, p. 348) :

Sont irréguliers :

- l'auxiliaire ***essere*** (voir p. 341).
- les verbes en *-**are***: *dare, fare, stare*
- les verbes en *-**ere***: *bere, condurre (indurre, produrre, sedurre, tradurre), porre (comporre, disporre, proporre, supporre), trarre (attrarre, detrarre, distrarre, estrarre, sottrarre)*
- le verbe ***dire***
  Les verbes irréguliers à l'imparfait du subjonctif le sont aussi à l'imparfait de l'indicatif (130) (sauf *dare : davo davi... dessi dessi* et *stare : stavo, stessi...*).
  Imparfait de l'indicatif et du subjonctif sont construits sur le même radical : *bevevo / bevessi, dicevo / dicessi*; mais *ero / fossi.*

■ Mettre à l'imparfait du subjonctif le verbe qui est entre parenthèses : 1. Se (fare bel tempo) andrei sulla spiaggia. 2. Se (tu, darmi) questo disco ti regalerei un libro. 3. Se (essere, noi) in ritardo prenderemmo un taxi. 4. Se (bere, lui) meno starebbe meglio. 5. Se (propormi, lui) di partire con lui lo seguirei volentieri. 6. Se (produrre, loro) di più potrebbero diminuire i prezzi. 7. Se questa regione (attrarre) più turisti vi si vivrebbe meglio. 8. Se (trarre, io) vantaggio dall'affare accetterei con entusiasmo. 9. Se (stare, tu) malato non berresti tanto vino. 10. Se (avere, tu) tempo faresti meglio a visitare questo museo.

## Emplois

**1** **Concordance des temps (59, 265 et 266).**
**L'italien respecte strictement la concordance des temps :**
Principale au **présent** + **subjonctif présent** dans la **subordonnée**
→ Principale au **passé** + **subjonctif imparfait** dans la **subordonnée** :

| | | | | | |
|---|---|---|---|---|---|
| | | *sia* | | | *fossi* |
| | | *abbia* | | | *avessi* |
| | | *canti* | | | *cantassi* |
| | | *ripeta* | | | *ripetessi* |
| | | *dorma* | | | *dormissi* |
| *Bisogna* | | *ubbidisca* | *Bisognava* | | *ubbidissi* |
| *Temo* | | *dia* | *Temevo* | | *dessi* |
| *Credo* | *che tu* | *stia* | *Credevo* | *che tu* | *stessi* |
| *Pare* | | *faccia* | *Pareva* | | *facessi* |
| *Sembra* | | *vada* | *Sembrava* | | *andassi* |
| | | *debba* | | | *dovessi* |
| | | *possa* | | | *potessi* |
| | | *produca* | | | *producessi* |
| | | *ponga* | | | *ponessi* |
| | | *proponga* | | | *proponessi* |
| | | *dica* | | | *dicessi* |

**2** **On emploie le subjonctif imparfait :**

**a** Pour exprimer une **hypothèse**, un **souhait**, une **supposition**, notamment **après** la conjonction ***se*** (252) ou des conjonctions équivalentes :

— ***Se avessi*** *sete berrei.*
Si j'avais soif je boirais.
— *Caso mai* ***facesse*** *freddo questa gita non si farebbe.*
Si jamais il faisait froid, cette excursion serait annulée.
— *Gridava* ***come se (quasi) si fosse*** *rotto la gamba.*
Il criait comme s'il s'était cassé la jambe.

La conjonction ***se*** peut-être sous-entendue :
— ***Fossi*** *più giovane ti sposerei.*
Si j'étais plus jeune je t'épouserais.
— ***Fosse*** *vero!*
Si au moins c'était vrai...

**b** Après certains verbes au conditionnel (60) :

— *vorrei (desidererei, preferirei, bisognerebbe, occorrerebbe, mi rallegrerei, mi augurerei, sarei contento, sarei felice, sarei stupito, avrei paura, ammetterei, rifiuterei...) che fosse, avesse, desse...*
— ***Preferirei*** *che tu* ***traducessi****.*
Je préférerais que tu traduises.
— ***Vorrei*** *che tu* ***venissi*** *qui.*
Je voudrais que tu viennes (vinsses) ici.

3 **Dans certaines phrases le subjonctif imparfait italien peut être traduit par un conditionnel français :**

— *Chi **volesse** essere promosso dovrebbe studiare di più.*
Celui qui **voudrait** être reçu à l'examen devrait travailler davantage.
— *Cercava chi **potesse** insegnargli l'inglese.*
Il cherchait quelqu'un qui pourrait (pouvant) lui apprendre l'anglais.

4 **Le subjonctif imparfait est employé parfois à la place du subjonctif présent pour accroître l'impression de difficulté ou d'incrédulité :**

— *Cerca chi **potesse** aiutarlo.*
Il cherche qui pourrait l'aider (accepterait ou aurait la possibilité de l'aider).

■ Traduire :
1. Si nous le voulions, nous y arriverions. 2. Vous parlez comme si les autres étaient des crétins. 3. Si au moins elle m'écoutait ! 4. Au cas où la porte serait fermée vous trouveriez la clé (chiave) sous le paillasson (stuoino). 5. Ceux qui voudraient l'étonner n'y arriveraient pas. 6. Il cherche vainement quelqu'un qui lui donnerait la réponse. 7. Il faudrait que vous m'aidiez davantage. 8. Je voudrais qu'il neige (nevicare). 9. Il était inutile qu'il me téléphone.

## 132 Impératif

1 **Verbes réguliers :**

| | impératif affirmatif | | | | négatif |
|---|---|---|---|---|---|
| | **cant**-*are* | **ripet**-*ere* | **dorm**-*ire* | **pul**-*ire* | |
| *tu* | *canta* | *ripeti* | *dormi* | *puli**sci*** | ***non** cant**are*** |
| *lei* | *canti* | *ripeta* | *dorma* | *puli**sca*** | ***non** canti* |
| *noi* | *cant**iamo*** | *ripet**iamo*** | *dorm**iamo*** | *pul**iamo*** | ***non** cant**iamo*** |
| *voi* | *cant**ate*** | *ripet**ete*** | *dorm**ite*** | *pul**ite*** | ***non** cant**ate*** |
| *(loro)* | *(cant**ino**)* | *(ripet**ano**)* | *(dorm**ano**)* | *(puli**scano**)* | *(**non** cant**ino**)* |

L'impératif à la forme de politesse (***Lei*** et ***loro***) est en réalité un subjonctif.

L'impératif à la forme ***loro*** (pluriel de la forme de politesse ***Lei***, 149) est entre parenthèses car son emploi est de moins en moins courant.

**a** Attention à la deuxième personne de l'impératif négatif : on emploie ***non*** suivi de l'infinitif :

| | | |
|---|---|---|
| *entr**a** tu* | *entr**i** Lei* | |
| ↘ ***non** entr**are*** | ↘ ***non** entr**i*** | |
| *entr**iamo*** | *entr**ate*** | *(entr**ino**)* |
| ↘ ***non** entr**iamo*** | ↘ ***non** entr**ate*** | ↘ *(**non** entr**ino**)* |

- le pronom personnel s'unit à l'impératif de la 2e, 4e et 5e personne :

| — *Parlami.* | — *Parliamone.* | — *Parlateci.* |
|---|---|---|
| Parle-moi. | Parlons-en. | Parlez-nous. |

- mais pas à la forme de politesse :

| — ***Mi** parli.* | — ***Ci** parli.* | — ***Ce ne** parli.* |
|---|---|---|
| Parlez-moi. | Parlez-nous. | Parlez-nous-en. |

**b** Avec les impératifs monosyllabiques, il y a redoublement de la consonne initiale du pronom (sauf *gli*) :

— *fammi, fatti, falle, facci* — *dimmi, ditti, dille, dicci*
*fagli* *digli*

## 2 Irrégularités :

**a** Verbes se terminant par : ***-care*** ou ***-gare*** :

La forme *Lei* est une forme de subjonctif (payez = que Monsieur, Madame... paie... (149)), on trouve donc un ***-h-*** devant le ***-i-*** de la terminaison comme au subjonctif présent :
*toccare : tocchi,* touchez; *spiegare : spieghi,* expliquez.

**b** Verbes à alternance son dur son doux (218) :

- verbes se terminant par ***-gere, -gire*** ou ***-scere*** :

| | | | | | |
|---|---|---|---|---|---|
| *leggere* | *leggi* | *legga* | *leggiamo* | *leggete* | *(leggano)* |
| *fuggire* | *fuggi* | *fugga* | *fuggiamo* | *fuggite* | *(fuggano)* |
| *conoscere* | *conosci* | *conosca* | *conosciamo* | *conoscete* | *(conoscano)* |
| *piangere* | *piangi* | *pianga* | *piangiamo* | *piangete* | *(piangano)* |

- verbes se terminant par ***-cere*** :
Certains connaissent une alternance consonantique :

| | | | | | |
|---|---|---|---|---|---|
| *vincere* | *vinci* | *vinca* | *vinciamo* | *vincete* | *(vincano)* |
| *torcere* | *torci* | *torca* | *torciamo* | *torcete* | *(torcano)* |

D'autres n'ont que des formes au son doux (avec alternance ***-c / -cc***) :

| | | | | | |
|---|---|---|---|---|---|
| *tacere* | *taci* | *taccia* | *tacciamo* | *tacete* | *(tacciano)* |
| *piacere* | *piaci* | *piaccia* | *piacciamo* | *piacete* | *(piacciano)* |

- verbes à infixation consonantique (la consonne ***g*** suivie du ***a*** de la terminaison à la forme *Lei* donne un son dur) :
*cogliere, scegliere, sciogliere, togliere :*
*cogli, scegli, sciogli, togli, colga, scelga, sciolga, tolga, etc.*

| | | | | | |
|---|---|---|---|---|---|
| *salire* | *sali* | *salga* | *saliamo* | *salite* | *(salgano)* |
| *rimanere* | *rimani* | *rimanga* | *rimaniamo* | *rimanete* | *(rimangano)* |

## 3 Verbes à irrégularités nombreuses (conjugaison, p. 344) :

- auxiliaires ***essere*** et ***avere***

- verbes en ***-are***: *andare, dare, fare, stare*
- verbes en ***-ere***: *bere, condurre (indurre, produrre, sedurre, tradurre), sapere, tacere, trarre (detrarre, distrarre, estrarre), porre (comporre, disporre, proporre, supporre), tenere, sedere, potere, volere...*
- verbes en ***-ire***: *dire, salire, venire, morire, udire, uscire*

**1** Traduire :
1. Aie du courage (coraggio). 2. N'aie pas peur! 3. Sois gentil. 4. Ne sois pas orgueilleux (orgoglioso). 5. Fais-moi voir ce tableau (quadro). 6. Fais-nous voir ce dessin (disegno) ou montre-nous en un autre. 7. Si le gardien (custode) entre dis-lui que nous n'avons pas trouvé la sortie (uscita). 8. Va voir ma mère et dis-lui que je passerai ce soir chez elle (a casa sua). 9. Donne-moi un conseil. 10. Suppose que nous partions maintenant.

**2** Traduire :
1. Viens avec nous, ne pars pas avec eux. 2. Respecte les ordres (ordine). 3. Ne va pas voir ce film. 4. Tiens compte du temps qu'il fait. 5. Sache te contrôler. 6. Choisis un cadeau (regalo). 7. Ne cueille pas ces fleurs. 8. Sors par la porte de derrière. 9. Propose-moi autre chose (altro). 10. Tais-toi et traduis cette page.

**3** Traduire les phrases des exercices précédents en remplaçant la forme ***tu*** par la forme ***Lei*** (aie ... ayez) puis par ***voi***.

**4** Conjuguer à l'impératif les verbes :
nuocere (nuire) et cuocere (cuire, faire cuire), (sur le modèle de piacere et de tacere), convincere (convaincre, sur le modèle de vincere), crescere (croître, grandir, sur le modèle de conoscere), accogliere (accueillir, sur le modèle de cogliere) et stringere (serrer, sur le modèle de piangere).

# 133 *In (préposition -)*

## Formes

La préposition ***in* se combine avec l'article défini** pour donner des **articles contractés** (comme ***di*** 31, ***da*** 31, ***su*** 31).

| | singulier | | | pluriel | |
|---|---|---|---|---|---|
| masculin | *il*<br>***nel*** *cielo* | *l'*<br>***nell'****aereo* | *lo*<br>***nello*** ***st****udio* | *i*<br>***nei*** *campi* | *gli*<br>***negli*** *aerei / **zoo*** |
| | **singulier** | | | **pluriel** | |
| féminin | *la*<br>***nella*** *folla* | *l'*<br>***nell'****aria* | | *le*<br>***nelle*** *scuole* | ***nelle*** *acque* |

## Emplois

### 1 Comme en français :

**a** Sans article :

— ***in*** *Francia,* ***in*** *America,* ***in*** *classe,* ***in*** *città,* ***in*** *fretta,* ***in*** *gennaio...,*
en France, en Amérique, en classe, en ville, en hâte, en janvier...

On dit : ***in*** *estate* ou ***d'****estate,* ***in*** *inverno* ou ***d'****inverno.*

**b** Avec l'article contracté :

— ***nell'****armadio,* ***nella*** *maggior parte dei casi...*
dans l'armoire, dans la plupart des cas...

### 2 Différemment du français :

**a** Préposition ***in*** **en italien, pas de préposition en français :**

— ***in*** *quel giorno,* ***in*** *quell'anno*
ce jour-là, cette année-là
— *Abito* ***in*** *via Garibaldi.*
J'habite rue Garibaldi.

**b Article en français, pas d'article contracté en italien :**

- **lieu** :
  — ***in*** *strada* (dans la rue), ***in*** *centro* (dans le centre)...,
  ***in*** *camera* (dans la chambre), ***in*** *cucina* (dans la cuisine), ***in*** *cantina* (dans la cave), ***in*** *bagno* (dans la salle de bains),
  ***in*** *braccio* (dans les bras), ***in*** *mente* (dans l'esprit), ***in*** *tasca* (dans la poche), *entrare* ***in*** *porto* (entrer dans le port)...
- **temps** :
  — ***in*** *giornata* (dans la journée)
- **expressions variées** :
  — ***in*** *onore di* (en l'honneur de), *stare* ***in*** *ansia* (être dans l'angoisse)...
  On dit : *vado* ***in*** *giardino*
  mais : *si sta bene* ***nel tuo*** *giardino* ou ***nel*** *giardino* ***del*** *mio vicino.*
  — ***in*** *gioventù,* ***in*** *vecchiaia* (dans ma, sa... jeunesse, vieillesse).

**c** Article contracté en italien, pas d'article ou de préposition en français :

— ***nel*** *1990* (dates 68)
en 1990
— ***nei*** *giorni seguenti*
les jours suivants
— ***nello*** *scorso anno*
l'année dernière

**d** Préposition ***in*** en italien, autre préposition en français :

- **à** :
  — ***in*** *bicicletta,* ***in*** *moto, tenere* ***in*** *mano, stare* ***in*** *ginocchio, andare* ***in*** *aiuto* (au secours de), ***in*** *abbandono,* ***in*** *nome di,* ***in*** *lode di* (à la gloire de), ***in*** *tv* (à la télé), ***nel*** *Cinquecento* (au XVIe siècle),

***nel** mese di..., **in** Giappone, **in** Canada..., **in** albergo, **in** negozio, **in** montagna, **in** campagna, **in** riva al mare, **in** chiesa, **in** casa, **in** primavera, **in** cima a, **in** mezzo a, **in** fondo a, **nei** confronti di* (à l'égard de), ***nelle** ultime / prossime elezioni* (aux dernières / prochaines élections), *venire **in** dieci* (venir à dix), *consistere **in*** (consister à)

- **par** :
  — ***in** una bella mattinata / serata / notte* (par un beau matin, une belle soirée / nuit)
- **pour** :
  — *prendere **in** moglie* (prendre pour femme)
- **sur** :
  — *con il cappello **in** testa, **in** punta di piedi, **in** tavola, **in** piazza, **in** terrazza, **in** carta bollata* (sur papier timbré), ***in** collina...*
  — *imbattersi **in** un seccatore* (tomber sur un casse-pieds)
- **contre** :
  — *inciampare **in** un ciottolo* (trébucher contre un caillou)

## POUR ALLER PLUS LOIN

— *Teresa Russo **in** Martini.*
Thérèse Russo épouse Martini.
— *fare **in** tempo a*
avoir le temps de
— ***in** un batter d'occhio*
en un clin d'œil
— *la pasta / il riso **in** bianco*
pâtes / riz préparés à l'eau
— *dottore **in** lettere*
docteur ès lettres
— *andare **in** giro per negozi*
faire les courses

**1** Traduire :
1. Ci vado in autunno o in primavera, mai d'estate o d'inverno. 2. Migliora di giorno in giorno. 3. In assenza di prove non si trovò il colpevole (coupable). 4. In riassunto tutto è fallito. 5. In genere vengono piuttosto i vecchi. 6. Scoppiò in pianto. 7. Non ho fatto in tempo ad avvertirvi. 8. Un uomo in mare! 9. Non mi sono potuto difendere : erano in quattro. 10. Pagherò in contanti.

**2** Traduire :
1. In questi giorni fa freddo. 2. In nessuna parte del paese troverà le stesse cose. 3. Non mi piace vederti con la pipa in bocca. 4. Mi hanno riso in faccia. 5. Si mise il fagotto (balluchon) in spalla e addio! 6. Verranno in soccorso dei superstiti (survivants). 7. È una vergogna lasciare questa casa in abbandono. 8. In avvenire dovrete riflettere di più. 9. Erano in procinto di (sur le point de) partire nel Belgio. 10. Ti hanno dato un milione in prestito? Si sono trasformati in mecenati...

# 134 Infinitif

## Formes

**1** **L'infinitif italien se termine en :**

***-are** (cant**are**)* *-**ere** (rip**e**t**ere**)* ou ***-ire** (dorm**ire**)*

**2** **Le pronom personnel s'unit à l'infinitif (221) :**

| | | | |
|---|---|---|---|
| *mostrar**lo*** | *mostrar**la*** | *mostrar**li*** | *mostrar**le*** |
| *mostr**a**r**melo*** | *mostr**a**r**mela*** | *mostr**a**r**meli*** | *mostr**a**r**mele*** |

## Emplois

**1** **Comme en français :**

**L'infinitif** peut être **substantivé** :

— ***il** bere, **il** mangiare...*
le boire, le manger...

Mais l'italien use beaucoup plus largement de cette possibilité que le français :

— ***il** r**i**dere, **il** pi**a**ngere, **il** curarsi, **il** tardare,* etc.
— *avere **un bel** lavorare...*
avoir beau travailler

**2** **Différemment du français :**

**a** Pour exprimer l'**impératif négatif** à la forme ***tu***: ***non*** + infinitif (132) :

— ***Non parlare.*** Ne parle pas. — ***Non rip**e**tere.*** Ne répète pas. — ***Non partire.*** Ne pars pas.

**b** L'infinitif peut être employé sous une **forme exclamative** pour exprimer **un souhait** :

— ***Potere***!
Ah ! si je pouvais !
— ***Ricominciare***!
Ah ! si je pouvais recommencer !
— ***Essere** in buona salute!*
Si j'avais la chance d'être en bonne santé...

**c** Dans les expressions où l'infinitif est le sujet réel, on ne traduit pas la préposition française **de** (70) :

— *È f**a**cile / diff**i**cile / piac**e**vole / spiac**e**vole / pericoloso... dire...*
Il est facile / difficile / agréable / désagréable / dangereux... **de** dire...

A l'inverse, on dit (77) :
— *Penso, spero **di** fare / **di** comprare...*
Je pense, j'espère faire / acheter...

— *Mi sembra / mi pare / credo* ***di*** *essere /* ***di*** *avere /* ***di*** *dovere...*
Il me semble / je crois que je suis, que j'ai, que je dois...

**d** **Après** un **verbe de mouvement, l'infinitif** est **précédé** de la préposition ***a*** (3) :

— *Vado / corro / scendo / salgo / torno...* ***a*** *vedere...*
Je vais / cours / descends / monte / retourne... voir...

**e** ***Stare per*** suivi de l'**infinitif** signifie : **«être sur le point de»**... (261) :

— ***Stanno per*** *cominciare.*
Ils vont commencer.

**f** **Précédé des prépositions *con, in* ou *su,* l'infinitif peut remplacer le gérondif** (119). Chacune de ces prépositions donne un sens particulier :

— ***Col partire*** *risolse tutti i problemi.*
En partant (du fait de partir) il résolut tous ses problèmes.
— ***Nell'andare*** *a scuola pensava che...*
En allant (pendant qu'il allait) à l'école il pensait que...
— ***Sul partire*** *si accorse che non aveva salutato gli amici.*
En partant (au moment où il allait partir) il s'aperçut qu'il n'avait pas salué ses amis.

Traduire :
1. Ne ris pas et ne me fais pas attendre. 2. Il faut l'acheter et le nettoyer (pulire). 3. Il faudra me le répéter. 4. Il est dangereux (pericoloso) de sortir. 5. Il était interdit (vietato) de se pencher au-dehors (sporgersi). 6. Il est désagréable de ne pas comprendre. 7. Je crois avoir le droit de parler ainsi (così). 8. J'étais sur le point de te téléphoner. 9. Je cours vite ouvrir la porte. 10. Monte me voir.

## 135 Injures et jurons

Il arrive, notamment au cinéma, que des personnages s'injurient. Pour apprécier le ton de l'affrontement, mieux vaut connaître, dans ce domaine aussi, un vocabulaire... pratique.
De par son emploi plus fréquent en italien, le mot perd de sa force par rapport à sa traduction française.

— *Accidenti!*
Zut!
— *Ladro!*
Voleur!
— *Matto! Pazzo!*
Fou!

— *Bugiardo!*
Menteur!
— *Coglione!*
Couillon!
— *Cornuto!*
Cocu!

— *Mascalzone!*
Vaurien!
— *Scroccone!*
Escroc!
— *Frocio!*
Pédé (raste)!

— *Stronzo! Bischero!*
Con!

— *Figlio di!...*
Fils de...

— *Vaffanculo!*
Va te faire...

— *Porca miseria! Porco Giuda! Porco...!*
Nom de Dieu!
— *Scimunito! Deficiente! Incosciente!*
Demeuré!
— *Puzzone!*
Salaud! (*puzzare*: puer)
— *Sei matto!*
Tu es malade! Tu es dingue!
— *Cretino! Imbecille! Sciocco! Stupido! Fesso! Scemo!*
Crétin! Imbécile!

Bien entendu, il ne viendrait à l'idée de personne d'injurier une femme :
— *Puttana! troia!...*
Putain! pute!

## 136 *Insieme (emploi de -)*

Le mot ***insieme*** correspond au français **«ensemble»**.

**1 On emploie l'adverbe et le substantif comme en français :**

— *Andiamoci* ***insieme****.*
Allons-y ensemble!
— ***Nell'insieme*** *sono soddisfatto.*
Dans l'ensemble je suis satisfait.
— *Sono sempre* ***insieme****.*
Ils sont toujours ensemble.
— *Che* ***bell'insieme****!*
Quel bel ensemble!

**2 Mais on peut employer l'adverbe *insieme* différemment du français «ensemble» :**

**a** ***Insieme a*** ou ***insieme con*** = ***con***:

— *È venuta* ***insieme con*** *la madre e il fratello.*
Elle est venue avec (en compagnie de) sa mère et (de) son frère.

**b** ***Insieme*** = ***contemporaneamente, nello stesso tempo*****, en même temps, à la fois** :

— *Non lo capisco : è* ***insieme*** *colto e volgare.*
Je ne le comprends pas : il est tout à la fois cultivé et vulgaire.
— *Non si può leggere e guardare la tv* ***insieme****.*
On ne peut lire et regarder la télé en même temps.

**c** Avec le verbe ***mettere, insieme*** rend l'idée de **réunir**, de **rassembler** :

— *È riuscito a* ***mettere insieme*** *un bel gruzzolo.*
Il a réussi à amasser un joli magot.

## 137 Interessare (sens de -)

Le verbe ***interessare*** correspond au français «**intéresser**».

**1** **Il peut être employé dans les mêmes conditions et avec le même sens :**

— *Questo m'**interessa**.*
Cela m'intéresse.
— ***Sarete interessati** agli utili.*
Vous serez intéressés aux bénéfices.

**2** **Mais *interessare* prend aussi le sens de «concerner» :**

— *Questa faccenda **interessa** tutti!*
Cette affaire intéresse (concerne) tout le monde!
— *La libertà della stampa **interessa** tutta la società.*
La liberté de la presse concerne toute la société.
— *Le persone **interessate** alzino la mano.*
Que les personnes concernées lèvent la main.

**3** **Employé sous forme pronominale *(interessarsi)* il peut être construit :**

**a** Avec la préposition ***a***:

— ***Interessati ai** tuoi studi.*
Intéresse-toi à (occupe-toi de) tes études.
— ***A** chi **interesserà** sapere che...?*
Qui trouvera de l'intérêt à savoir que...?

**b** Ou la préposition ***di***:

— *È molto generoso. **S'interessa dei** vecchi del quartiere.*
Il est très généreux. Il s'occupe des vieillards du quartier.
— *Mio fratello non **s'interessa** più **di** politica.*
Mon frère ne s'occupe plus de (ne touche plus à la) politique.

## 138 Interjections et exclamations (24, 103)

- **cris ou onomatopées *(grida o onomatopee)***:
— *Ah!* Ah!
— *Oh!* Oh!
— *Eh!* Hé! Hein!
— *Ahi! Ohi! Uhi!* Aïe!
— *Ahimé! Ohimé!* Hélas!
— *Ehi! Ohi!* Hé! Hé là!
— *Ehm! Uhm!* Hem!

— *Auff!* Ouff! (soulagement)
— *Uffa!* Ouff! (irritation, impatience)
— *Puff!* Pouf!
— *Tonfete! Taffete!* Patatras!

- **pour inciter à l'action** :
— *Su!* Allons! Debout!
— *Via!* Allons! Voyons! Dehors! Pars! Partez!
— *Tre, due, uno, via!* Trois, deux, un, partez!
— *Andiamo!* Allons! Allons-y!
— *Avanti!* Entrez! ou : en avant!
— *Forza! Animo!* Courage! Encore un effort!
— *Orsù!* Allez! Allons! (encouragement)
— *Presto!* Vite!
— *Piano!* Doucement!
— *Voce!* Plus fort (parlez plus fort)!
— *Dagli! Dai!* Vas-y! Allez-y!

- **pour donner des ordres** :
— *Fuori!* Dehors! Sors! Sortez!
— *Dentro!* Dedans! Rentre! Rentrez!
— *Alt! Alto!* Halte! Halte-là!
— *Largo!* Place!
— *In piedi!* Debout!
— *Indietro!* En arrière! Recule! Reculez!

- **pour menacer** :
— *Basta!* Assez! Ça suffit!
— *Giù le mani!* Bas les pattes!
— *Guai!* Gare!
— *Guai ai vinti!* Malheur aux vaincus!

- **pour demander du secours** :
— *Aiuto!* Au secours! A l'aide!
— *Al fuoco!* Au feu!
— *Al ladro!* Au voleur!
— *All'erta!* Alerte!

- **pour inciter à la prudence** :
— *Per carità!* Pour l'amour du Ciel!

- **pour exprimer la surprise ou le doute** :
— *Oh! bella!* La belle affaire! Ça alors!
— *Ma come!* Comment donc! Bien sûr!
— *Ma che! Macché!* Mais non! Allons donc!
— *Nientemeno!* Rien que cela! (ironique)
— *Ma bene!* Très bien! Bravo! (ironique)
— *Diamine!* Diantre!
— *Capperi! Caspita!* Sapristi!
— *Ma!* Bah! Euh! Ma foi!
— *Chissà?* Qui sait? Peut-être.

- **pour exprimer le regret ou la mauvaise surprise** :
— *Purtroppo!* Hélas!
— *Peccato!* Dommage! C'est dommage!

— *Peggio! Tanto peggio!* Tant pis!
— *Mamma mia! Dio mio!* Mon Dieu!
— *Accidenti!* Malédiction! Zut alors!

- **pour approuver et renforcer** :
— *Per Bacco! Perbacco!* Pardi!
— *Sfido! Eccome!* Et comment!
— *Altro che!* Je crois bien! Tu parles!
— *Tanto meglio! Meglio!* Tant mieux!
— *Bene! Benone! Benissimo!* (Très) bien!

- **pour exprimer un vœu** :
— *Magari!* Plût au Ciel! (161)
— *Dio liberi!* Dieu garde!

- **adjectifs employés comme interjections. Ces adjectifs s'accordent en genre et en nombre** :
— *Zitto! Zitta!* (138) Chut! Tais-toi!
— *Bravo! Brava! Bravi! Brave!* Bravo! (47)
— *Seduto! Seduti!* Assis!
— *Seduta! Sedute!* Assise(s)
— *Attento! Attenta!...* Attention! (35)
— *Ritto! Ritta!...* Debout!
— *Fermo! Fermi!...* Stop! Ne bouge (bougez) pas!

- **pour saluer et prendre congé** :
— *Buongiorno!* Bonjour!
— *Salve!* Salut! (fam.) Bonjour!
— *Arrivederci!* Au revoir!
— *ArrivederLa!* Au-revoir! *(Lei)*
— *Ci vediamo!* A la prochaine!
— *A presto! A fra poco!* A bientôt.
— *Ciao!* Au-revoir! Salut! (fam.)
— *Addio!* Adieu!
— *Buona sera!* Bonsoir!
— *Buona notte!* Bonne nuit!
— *ArrivederLa, signora. Ciao, Giovanna!* Au revoir, Madame. Au revoir, Jeanne!

- **pour demander un service et remercier** :
— *Per favore. Per piacere. Per cortesia.* S'il (te) vous plaît!
— *Prego.* Je vous en prie ou : s'il vous plaît.
— *Grazie.* Merci.
— *Di niente!* De rien!
— *Non c'è di che!* Il n'y a pas de quoi.
— *Prego, può ripetere il numero? Non ho sentito bene!* S'il vous plaît, pouvez-vous répéter le numéro? Je n'ai pas bien entendu.

- **pour établir des relations** :
— *Senti!* Écoute!
— *Senta!* Écoutez *(Lei)*
— *Sentiamo!* Écoutons! et : je vous écoute (un peu ironique).
— *Ecco!* Voici! Voilà! (89)
— *To'! Togli! Tie'! Tieni!* Tiens! Prends!

— *Guarda!* Regarde!
— *Ve'! Vedi!* Tu vois! Tu vois bien!
— *Neh? Nevvero?* N'est-ce pas?
— *D'accordo?* D'accord?
— *Senti, ti volevo dire una cosa.*
Écoute, je voulais te dire quelque chose.
— *Adesso ti dico tutto. Sentiamo!*
Je vais tout te dire. Je (on) t'écoute. Je suis (on est) tout ouïe.
— *Stammi a sentire, è importante.*
Écoute-moi. C'est important.

- **pour féliciter ou porter un toast (*brindare*)** :
— *Evviva! (W*)* Vive! *Evviva gli sposi!* Vive les mariés!
— *Salute! Alla salute! Cin cin! Prosit!* A la tienne! A la vôtre! A ta (vôtre) santé!
— *Buon pro! (ti faccia)* Grand bien te fasse!
*Le contraire de W, WW *(viva, Evviva)* est M, MM, *(a morte)!*

## 139 Invariables (noms et adjectifs -)

Sont invariables les noms et adjectifs :

**a** **Accentués** sur la **dernière syllabe**, et les **monosyllabes** :
— *la / le qualit**à**, la / le trib**ù**, la / le **gru**, **blu*** (bleu foncé)

**b** Se terminant par :

- un ***-i*** (126) ou ***-ie*** (128) :
— *l'analisi* → *le analisi*
— *la specie* → *le specie*
— *dispari* (impair)
Exceptions :
— *le mogli* < *la moglie*
— *le superfici* et *le superficie* < *la superficie*
- une **consonne** :
— *il deficit, il bazar, l'autobus* (on rencontre *i films, i camions...*)

**c** Quelques noms en ***-a*** (2) :
— *il boa, il gorilla, il paria, il sosia, il boia* (bourreau), *il vaglia* (mandat)

**d** Des **formes abrégées** :
— *auto(mobile), moto(cicletta), cinema(tografo), stereo(fonia)...*
mais : *chilo (chilogrammo)* → *chili (chilogrammi)*

**e** Des **adjectifs de couleur** (63) :
— *rosa, viola, arancione, lilla, granata, malva, nocciola* (parce qu'ils remplacent une expression du type : *colore della rosa, della viola, dell'arancia...*). On dit : *marrone* et *marroni.*

**f** Le mot ***gente***, les gens (118)

**g** L'adjectif quantitatif ***qualche*** qui, contrairement à son équivalent français **quelques**, est **toujours suivi du singulier** (228) :

— *Ho **qualche** amico caro = ho **alcuni** amici cari.*
J'ai quelques chers amis.

## 140 -ire (verbes se terminant par -)

### 1 Verbes réguliers :

**Les verbes se terminant par** *-ire* se divisent en deux groupes selon la forme qu'ils ont au présent de l'indicatif, du subjonctif et de l'impératif :

**a** Ceux qui se conjuguent sur le modèle de ***aprire*** (ouvrir) :

| | | | | | |
|---|---|---|---|---|---|
| *apro* | *apri* | *apre* | *apriamo* | *aprite* | *aprono* |
| *apra* | *apra* | *apra* | *apriamo* | *apriate* | *aprano* |
| | *apri* | *apra* | *apriamo* | *aprite* | |

Ils sont peu nombreux :
*abborrire, applaudire, assorbire, avvertire* (avertir et remarquer), *bollire* (bouillir, faire bouillir), *convertire, coprire* (couvrir), *cucire* (coudre), *divertire* (amuser), *dormire, fuggire, investire, languire, mentire, nutrire, offrire, pentirsi* (se repentir), *scoprire* (découvrir), *sdrucire* (découdre), *seguire* (suivre), *sentire, servire, soffrire, tossire, vestire* (et *vestirsi*)

**b** Les autres se conjuguent sur le modèle de ***capire*** (comprendre) :

| | | | | | |
|---|---|---|---|---|---|
| *capi**sco*** | *capi**sci*** | *capi**sce*** | *capiamo* | *capite* | *capi**sco**no* |
| *capi**sca*** | *capi**sca*** | *capi**sca*** | *capiamo* | *capiate* | *capi**sca**no* |
| | *capi**sci*** | *capi**sca*** | *capiamo* | *capite* | |

- on hésite entre les deux formes pour les verbes : *abborrire, applaudire, assorbire, convertire, inghiottire, languire, nutrire, pervertire, tossire* qui suivent plus couramment le modèle de *aprire*.
- on dit : ***mento*** (je mens) mais : ***smentisco*** (je démens).

### 2 Verbes irréguliers :

***Apparire (comparire, scomparire), morire, salire*** (monter), ***udire*** (écouter), ***uscire*** (sortir), ***venire*** et ***dire*** sont irréguliers (p. 346, 347, 348 et 351) :

| | | | | | |
|---|---|---|---|---|---|
| *appaio* | *appari* | *appare* | *appariamo* | *apparite* | *appaiono* |
| *muoio* | *muori* | *muore* | *moriamo* | *morite* | *muoiono* |
| *salgo* | *sali* | *sale* | *saliamo* | *salite* | *salgono* |
| *odo* | *odi* | *ode* | *udiamo* | *udite* | *odono* |
| *esco* | *esci* | *esce* | *usciamo* | *uscite* | *escono* |
| *vengo* | *vieni* | *viene* | *veniamo* | *venite* | *vengono* |
| *dico* | *dici* | *dice* | *diciamo* | *dite* | *dicono* |

**Traduire :**
1. Le ministre ment lorsqu'il dément cette nouvelle (notizia). 2. Finis ce travail et suis-nous. 3. Nous finissons ce travail et nous te suivons. 4. Obéis. Sers-le. 5. Ouvre la porte pour qu'il s'enfuie. 6. Je ne comprends (capire) pas pourquoi les spectateurs toussent pendant la représentation (la recita). 7. Déshabille-toi (svestirsi) et dors vite. 8. Chaque fois (ogni volta) qu'il obéit, sa mère lui offre un bonbon (una caramella).

## 141 -ista

**a** Le suffixe ***-ista*** (français **-iste**) se trouve dans des noms qui peuvent être masculins ou féminins :

— *il / la ciclista, pianista, dentista, trapezista, marxista, comunista, socialista, gollista, fascista, maoista, calvinista, l'automobilista...*

**b** Attention au pluriel (2) :

- le masculin est en ***-i*** :
— *i ciclisti, i pianisti, i dentisti, i trapezisti, gli automobilisti.*
- le féminin est en ***-e*** :
— *le cicliste, le pianiste, le dentiste, le trapeziste, le automobiliste*

**Mettre au pluriel :**
1. Il pianista tedesco. 2. La pianista polacca (polonaise). 3. Il trapezista coraggioso. 4. La trapezista ferita. 5. L'automobilista collerico. 6. L'automobilista lenta e prudente. 7. Il dentista specializzato. 8. La giovane dentista. 9. Il tennista statunitense. 10. La tennista svedese.

## 142 J

*J* n'est pas à proprement parler une lettre italienne.

**a** On trouve *-j-* au **début** de **mots d'origine latine** ou **étrangère** :

- on prononce [*i*] :
  — *junior, juventus* ou *Juve* (club de football de Turin), *Jugoslavia* (à côté de *Iugoslavia*), *un jodel* (une tyrolienne)
- ou [*dj*] :
  — *jack,* (*una spina,* une prise), *il jazz, i jeans, la jeep (il gippone), jersey, jockey (fantino), jogging, jolly (la matta), un job (un lavoro), judo, jujitsu, jungla* (à côté de : *giungla,* plus courant), *jukebox, jumbo jet...*

**b** A **l'intérieur d'un mot**, dans des **archaïsmes** *(j = i) notajo* pour *notaio* (notaire).

## 143 Jouer

Le français **«jouer»** se traduit, selon le cas, par :

**1** ***Giocare :***

— *giocare a tennis, a calcio, a carte, a nascondino*
jouer au tennis, au football, aux cartes, à cache-cache
— *giocare a carte aperte*
jouer cartes sur table

**2** ***Scommettere*** **(parier, miser) :**

— ***giocare*** *su un cavallo*
jouer un cheval / miser sur un cheval

**3** ***Suonare*** **(jouer d'un instrument de musique) :**

— ***suonare*** *il violino, la chitarra, la tromba, Mozart*
jouer du violon, de la guitare, de la trompette, du Mozart

**4** ***Recitare, interpretare*** **(jouer un rôle ou représenter) :**

— ***recitare la parte di...***
jouer le rôle de...
— *Stasera danno l'Aida.*
Ce soir on joue Aida.

**5** **«Jouer un tour» :** ***fare / giocare un tiro a*** **:**

— *Gli ha* ***fatto (giocato)*** *un brutto tiro.*
Il lui a joué un vilain tour.

### POUR ALLER PLUS LOIN

Dans de nombreuses expressions, le français **jouer** n'est pas rendu par le verbe ***giocare*** :

— ***atteggiarsi a*** *padrone* / ***darsi delle arie da*** *padrone*
jouer les patrons

— ***essere sfortunato*** (familier : *avere scalogna*, jouer de déveine)
jouer de malheur, de malchance

— ***scherzare*** *col fuoco*
jouer avec le feu

— *fare qualcosa* ***come per gioco***
faire quelque chose en se jouant

— ***farsi largo*** *a gomitate*
jouer des coudes

— ***ridersi*** *delle difficoltà*
se jouer des difficultés

**1** Traduire :
1. Tocca a te giocare. 2. Si giocherà a testa o croce. 3. Gioca alle corse : perde molto denaro. 4. Perché giochi sulle parole? 5. Sono molto bravi : suonano Vivaldi. 6. Non suonate a tempo. 7. La porta non chiude più : il legno ha preso gioco. 8. Erano violenti e si servivano spesso del coltello. 9. Il gatto scherza col sorcio (souris). 10. Non riuscirete sempre a farvi beffa degli altri.

**2** Traduire :
1. S'il vous plaît jouez une valse (un valzer). 2. Je joue de la clarinette (il clarinetto) et ma femme du piano (pianoforte). 3. Ne joue pas les philosophes. Je te connais. 4. Cet acteur joue bien Molière. 5. Il se joue des difficultés. 6. Les enfants (ragazzi), on ne joue pas avec sa santé. 7. Cette fois-là il joua sa tête. 8. Tu joues aux échecs (scacchi) ? 9. Viens jouer au volley (pallavolo). 10. Il passe son temps à jouer à la Bourse, à la hausse (al rialzo) ou à la baisse (al ribasso). 11. Qu'est-ce qu'on joue ce soir au théâtre?

## 144 K

La lettre ***-k-*** *(cappa)* est très peu employée en italien. On la trouve :

**a** Dans des abréviations :

— *km (chilometro), kg (chilogrammo), kmq (chilometro quadrato)*

**b** Dans des mots étrangers :

— *kaki, kamikaze, Kant, kantiano, karaté, kart, khmer, kibbutz, killer, kilt, kirsch, Kuwait, Irak, sikh, suk, Tokyo, whisky, marketing, playback...*

**c** Concurremment à ***-c-*** :

— *kerosene / cherosene, folklore / folclore, kolchoz / colcos, kimono / chimono, kayak / caiacco...*

# 145 Là / là-bas (traduction de -)

1 **Dans la plupart des cas l'adverbe français «là» correspond à l'italien *lì* ou *là* avec des différences plus ou moins sensibles :**

— ***al di là*** *del bene e del male*
au-delà du bien et du mal
— *Sono passati di* ***lì***.
Ils sont passés par là.
— *La cucina è di* ***là***.
La cuisine est par là (de l'autre côté).

— ***lì*** *vicino*
près de là
— ***di là*** *dal ponte*
au-delà du pont
— *lontano da* ***lì***
loin de là

2 **«Là-bas» se traduit par *là, lì, laggiù,* qui désignent ce qui est loin :**

— *Non andare* ***laggiù / lì, là***.
Ne va pas là-bas.
— *Cosa fa* ***lì / là / laggiù****?*
Que fait-il là-bas?

3 **Le français «là» se traduit parfois *qui, qua* :**

**a** Lorsque **là** signifie en réalité **ici** :

— *Siete* ***qui****?*
Vous êtes **là**?

— *Dormite* ***qua****?*
Vous dormez **là**?

**b** Lorsque **là** se réfère à **quelque chose de précis** :

— ***Qui*** *l'aspettavo / lo volevo.*
C'est **là** que je l'attendais.
— ***Qui*** *(a questo punto) ebbe una strana reazione.*
**Là** (à ce moment-là, à ce moment précis) il eut une réaction curieuse.
— *La cosa non finirà* ***qui***.
L'affaire n'en restera pas **là**.
— *Di* ***qui*** *viene...*
De **là** *vient que...*

## POUR ALLER PLUS LOIN

- **Là** n'est pas traduit par l'adverbe italien correspondant :

— *a poca distanza...*
non loin de là...
— *intanto, nel frattempo...*
d'ici là... (= en attendant)
— *qualche giorno dopo*
à quelques jours de là

— *Con ciò spera di...*
Il espère par là...
— *È una delle sue!*
Je le reconnais bien là.
— *Che discorso è questo?*
Quel discours est-ce là?

- A l'inverse, ***lì*** ou ***là*** n'est pas toujours traduit par **là** :

— *Stava* ***lì lì*** *per cadere.*
Il était sur le point de tomber.
— *Va' là!*
Allons donc!

— *Hanno reagito* ***lì per lì***.
Ils ont réagi sur le champ.
— *Era più di là che di qua.*
Il était plus mort que vif.

■ Traduire :
1. Comment ça va, là-bas? 2. Où est ta voiture? Là-bas, au-delà du pont. 3. Tout près il y avait des trous (buco) mais à quelques kilomètres de là commençait la route (strada) neuve. 4. Je regrette. Ma mère n'est pas là. 5. Passez par là : la sortie (uscita) est par là. 6. C'est de là que vient le malentendu (malinteso). 7. Je ne savais pas que vous en étiez là. 8. Mon grand-père a quatre-vingts ans mais il est un peu là. 9. Le patron espérait par là décourager (scoraggiare) les grévistes (scioperanti). Je le reconnais bien là. 10. Tu es allé en Chine! Allons donc!

## 146 Le (pronom neutre, traduction de -)

Pour traduire des phrases du type :

**a** (Comme) on **le** dit, on **le** sait, on **le** voit, on l'affirme, on **le** répète... **l'italien n'emploie pas le pronom** :

— *(Come) si dice, si sa, si vede, si afferma, si ripete...*

**b** Mais lorsque **le** désigne un sujet authentique, on le traduit :

— ***Lo*** *si vede ogni giorno al bar.*
On **le** voit tous les jours au bar.
— *Per ricordare questo codice* ***lo*** *si ripete.*
Pour retenir ce code on **le** répète.

■ Traduire :
1. Les gens, on le sait, sont curieux. 2. Comme on le voit partout (dappertutto), il vaut mieux avoir des diplômes pour trouver un emploi (lavoro). 3. Cette année-là, on le voyait dans toutes les fêtes. 4. Ton frère, on le rencontre (incontrare) tous les jours sur la place.

## 147 Legno ou legna?

*Il* ***legno*** et *la* ***legna*** signifient le **bois** mais :

**a** *Il* ***legno*** est le **bois de construction** :

— *È troppo dolce questo* ***legno****. Scegli un* ***legno*** *più duro.*
Ce bois est trop tendre. Choisis un bois plus dur.

**b** *La* ***legna*** est le **bois de chauffage** :

— *Portami* ***legna*** *minuta per accendere il fuoco.*
Apporte-moi du petit bois pour allumer le feu.

## 148 Légume (traduction de -)

Selon que les **légumes** sont verts ou secs, l'italien traduit par ***ortaggio, verdura*** (légumes **verts**), ou ***legume*** (légumes **secs**) :

**a** ***Ortaggi, verdura*** :

— *l'insalata, il fagiolino, il pomodoro, la patata, la carota, lo zucchino, la melanzana, il pisello, la cipolla... la minestra* (ou *il brodo*) *di verdura*
la salade, le haricot vert, la tomate, la pomme de terre, la carotte, la courgette, l'aubergine, le petit pois, l'oignon... la soupe (le potage) de légumes

**b** ***Legumi (secchi)*** :

— *il fagiolo, il cece, la lenticchia...*
le haricot sec, le pois chiche, la lentille...

***Un pezzo grosso*** est une **grosse légume**...

## 149 Lei (forme de politesse, la forme -)

### 1 Emploi :

**La «forme *Lei*»** est, par rapport au français, une caractéristique de l'italien. C'est la forme la plus couramment employée; quand il ne tutoie pas son interlocuteur ***(dare del tu)***, l'Italien emploie la forme ***Lei***: il parle «à la 3e personne» comme dans des pièces de théâtre françaises du XIXe siècle où l'on entend :
**Monsieur a** besoin de moi? = **vous avez** besoin de moi?
— ***Lei ha*** *bisogno di me?*
**Madame part** ce soir? = **vous partez** ce soir?
— ***Lei parte*** *stasera?*

**a** ***Lei*** est souvent sous-entendu : *Ha bisogno di me? Parte stasera?*

**b** En principe le pluriel de ***Lei*** est ***Loro***.

On devrait donc employer la forme ***Loro* : *Loro sono serviti****, ecco **il** loro biglietto,* chaque fois qu'on s'adresse à plusieurs personnes qu'on ne tutoie pas. Dans la pratique, la forme ***Loro*** est de moins en moins utilisée (158) et on emploie ***voi***.

### 2 Accord :

Bien que ***Lei*** soit un pronom personnel féminin (221), on l'emploie pour s'adresser aux personnes des deux sexes mais on fait l'accord avec le sexe du destinataire :

— ***(Lei)*** *è servito.*
Vous êtes servi (Monsieur).
— ***(Lei)*** *è generoso.*
Vous êtes généreux.

— ***(Lei)*** *è servita.*
Vous êtes servie (Madame).
— ***(Lei)*** *è generosa.*
Vous êtes généreuse.

## 3 Possessif :

Comme il s'agit de la troisième personne du singulier, le possessif (adjectif ou pronom) est de la troisième personne (pensons à : Monsieur oublie **sa** valise) :

— *Ecco **il suo** biglietto.*
Voici **votre** billet.
— *Di chi è questo cane? È **suo**?*
A qui est ce chien? Il est **à vous**?
— *Dove sono **i suoi** bagagli?*
Où sont **vos** bagages?
— *Di chi sono questi gioielli? Sono **suoi**?*
A qui sont ces bijoux? Ils sont **à vous**?

**1** Traduire (forme ***Lei***) :
1. Vous êtes Italien? 2. Vous êtes Italienne? 3. Vous êtes Français? 4. Vous êtes Française? 5. Voici votre sac (la borsa). 6. C'est votre père. 7. Ce ne sont pas vos enfants? 8. A qui est cette revue (rivista)? Elle est à vous? 9. A qui est ce pull-over (la maglia)? Il est à vous? 10. A qui sont ces paquets (il pacco)? Ils sont à vous?

**2** Passer de la forme ***tu*** à la forme ***Lei*** :
1. Sei troppo impaziente. 2. Il tuo cane è bello. 3. Tutti i tuoi gatti sono neri? 4. Perché non hai preso la tua macchina? 5. Sono tuoi quei libri? 6. Perché non sei entrata? 7. Perché non sei venuto con tua moglie? 8. Sei partito con i tuoi fratelli? 9. Ecco il tuo passaporto. 10. Ecco la tua giacca.

## 4 Les conjugaisons à la forme *Lei* :

Il n'y a pas de difficulté à condition de se souvenir qu'on parle à la troisième personne, et de bien connaître les formes verbales...

— ***(Lei) parla** bene italiano.*
Vous **parlez** bien italien (Monsieur, Madame, Mademoiselle **parle** bien...)
— ***(Lei) si alza** alle 7?*
**Vous vous levez** à 7 heures? (Monsieur... **se** lève...)
— ***(Lei) si chiama** Maria?*
**Vous vous appelez** Marie? (Madame, Mademoiselle **s'**appelle...)
— ***(Lei)** deve **curarsi**.*
Vous devez **vous soigner** (Monsieur, Madame, Mademoiselle doit **se** soigner).

■ Passer de la forme ***tu*** à la forme ***Lei*** :
1. Hai capito? 2. Sei contento? 3. Canti bene? 4. Conosci mio fratello? 5. Dormi ancora? 6. Capisci il tedesco (allemand)? 7. Puoi entrare. 8. Vuoi delle caramelle (bonbon)? 9. Verrai con i tuoi amici? 10. Dovresti alzarti.

**a** Impératif :

Attention à l'impératif (132) : l'**impératif** à la forme ***Lei*** est en réalité un **subjonctif** (**Venez**, Monsieur! = **Que** Monsieur **vienne**!)

| | | |
|---|---|---|
| — *Entri!* | — *Ripeta!* | — *Parta!* |
| Entrez! | Répétez! | Partez! |
| — ***Venga!*** | — ***Dica!*** | — ***Faccia!...*** |
| Venez! | Dites! | Faites!... |

**b** Impératif des verbes pronominaux :

Contrairement à ce qui se passe avec les autres personnes de l'impératif, le pronom réfléchi de la forme ***Lei (si)*** ne s'unit pas à la forme verbale : il la précède.

| | |
|---|---|
| — *Alzati!* | — ***Si*** *alzi!* |
| Lève-toi! | Levez-vous! *(Lei)* |

**1** Traduire :
1. Prenez ce paquet. 2. Lavez la voiture. 3. Téléphonez à la gare (stazione). 4. Finissez votre travail. 5. Lisez cet article (articolo). 6. Ayez un peu de patience. 7. Soyez plus attentif. 8. Donnez un coup de main (dare una mano) à vos amis. 9. Ne répondez pas. 10. Habillez-vous (vestirsi) vite.

**2** Traduisez les phrases précédentes en passant de ***Lei*** à ***tu***.

## 5 Les pronoms personnels compléments à la forme *Lei* :

**a** Complément direct :

— ***La*** *vedo.*
Je **vous** vois (= je la vois).
— ***La*** *riconosco.*
Je **vous** reconnais.
— *Partirò con* ***Lei*** *e* ***l'****accompagnerò fino a Roma.*
Je partirai avec **vous** et je **vous** accompagnerai jusqu'à Rome.

**b** Complément indirect : (***Le*** *parlo.* Je **vous** parle = je lui parle).

— ***Le*** *telefonerò quando vorrà Lei.*
Je **vous** téléphonerai quand vous le voudrez.
— *Ha ragione Lei,* ***le*** *devo molto denaro.*
Vous avez raison, je **vous** dois beaucoup d'argent.

**c** Pronoms personnels groupés à l'impératif (132 et 221) :

A la forme ***Lei*** les pronoms personnels **ne s'unissent pas** à l'impératif contrairement aux autres personnes et ils **précèdent** la forme verbale :

| | | | | | |
|---|---|---|---|---|---|
| *parla**mi*** | → | ***mi*** *parli* | *parla**mene*** | → | ***me ne*** *parli* |
| *telefona**mi*** | → | ***mi*** *telefoni* | *porta**melo*** | → | ***me lo*** *porti* |
| *dam**mi*** | → | ***mi*** *dia* | *dam**mela*** | → | ***me la*** *dia* |
| *dim**mi*** | → | ***mi*** *dica* | *dim**melo*** | → | ***me lo*** *dica* |
| *lava**ti*** | → | ***si*** *lavi* | *vesti**ti*** | → | ***si*** *vesta* |

**d** A la forme réfléchie, le pronom de la forme ***Lei*** est ***sé*** :

— *Lei pensa troppo **a sé** (stesso).*
Vous pensez trop **à vous** (même).
— *Guardi davanti **a sé**.*
Regardez devant **vous**.

**1** Transposez de la forme ***tu*** à la forme ***Lei*** :
1. Hai ordinato (commander) tu, allora pagherai tu. 2. Devi rispondere tu alle domande della polizia. 3. Scusami, non ti ho visto. 4. Parla più forte, non ti sento bene. 5. Puoi dire quello che vuoi, non ti credo. 6. Se vorrai ti fotograferò. 7. Resta un giorno di più, così ti posso invitare a casa. 8. Se non mi telefonerai ti scriverò. 9. Non dire questo : è una bugia (mensonge). 10. Non metterti questa cravatta. Non ti sta bene.

**2** Transposez de la forme ***tu*** à la forme ***Lei*** :
1. Ti dico di alzarti e ti ordino di lavarti. 2. Come ti chiami? Non ti conosco. 3. Alzati e portami un romanzo. 4. Occupati di tuo nonno e dimmi se sta bene, dimmelo subito. 5. Non dimenticarmi : scrivimi spesso. 6. Versati un bicchiere di vino; su, bevine ancora un po' 7. Va a prendere il tuo album e fammelo vedere. 8. Non andare oggi al cinema : vacci domani. 9. Prendi quei fogli di carta e dammene dieci. 10. Invece di voltarti indietro (te retourner) guarda davanti a te.

## 150 Le mieux / le plus mal

**1** **«Le mieux» et «le plus mal» se traduisent par *meglio* et *peggio* sans article :**

— *Proprio a casa si sta **meglio**.*
C'est à la maison (chez soi) qu'on est **le mieux**.
— *Mia moglie è quella che scrive **peggio**.*
Ma femme est celle qui écrit **le plus mal**.

**2** **Dans le sens de «davantage», «le mieux» se traduit par *più* ou *di più* :**

— *Ho preso il profumo che mi piace **di più (più)**.*
J'ai pris le parfum qui me plaît **le mieux** (davantage).
— *Sceglierò il datore di lavoro che mi pagherà **di più (più,** ou **meglio)**.*
Je choisirai l'employeur qui me paiera le mieux.

Le contraire est : ***meno, di meno***.
— *Questo film è quello che mi piace **meno (di meno)**.*
Ce film est celui qui me plaît (que j'aime) **le moins**.

■ Traduire :
1. Comme (siccome) elle est brune, le rouge est la couleur qui lui va (stare) le mieux. 2. Je joue le plus mal de tous. 3. Trouve-moi la machine qui écrit le mieux et le plus vite. 4. Choisis les souliers qui te vont le mieux. 5. C'est en Italie qu'il se reposerait le mieux. 6. L'entreprise (ditta) Martini est celle qui paie le mieux et l'entreprise Stella celle qui paie le plus mal.

## 151 Le plus... le moins... (traduction de -, suivi de l'adverbe)

1 **«Le plus»..., «le moins»... suivi d'un adverbe est traduit par *più... meno...* suivi de l'adverbe sans article :**

— *Chi le scrive* ***più*** *spesso? Io.*
Qui vous écrit **le plus** souvent? Moi.
— *Chi paga* ***meno*** *spesso? Lei.*
Qui paie **le moins** souvent? Vous.

2 **Il existe plusieurs façons de traduire «le plus», «le moins possible» :**

— *Riposati* ***il più possibile / più che potrai / più che sia possibile.***
Repose-toi le plus possible.
— *Stancati* ***il meno possibile / meno che potrai / meno che sia possibile.***
Fatigue-toi le moins possible.

■ Traduire :
1. Paul a répondu le plus intelligemment de tous. 2. Ce sont tes amis qui se sont conduits (comportarsi) le moins dignement. 3. Ce sont les animaux qui ont réagi le plus curieusement (stranamente). 4. C'est ma mère qui mange le plus souvent. 5. Chez nous, c'est mon père qui va se coucher (andare a letto) le plus tard. 6. Réponds le plus sérieusement possible. 7. Rembourse (rimborsare) le plus tard possible. 8. Revenez le plus vite (presto) possible.

## 152 Le plus..., le moins... (traduction de -, suivi de l'adjectif)

Dans la traduction de **«le plus»** (**+ adjectif**), **«le moins»** (**+ adjectif**) on a tendance à se tromper car :

1 **Contrairement au français, si l'article a déjà été employé, on ne le reprend pas :**

— *È **il** lottatore **più forte** del mondo.*
C'est le lutteur **le plus fort** du monde.
— *È **la** trattoria **meno cara** della città.*
C'est le restaurant **le moins cher** de la ville.

2 **Dans les autres cas, on emploie l'article devant *più* ou *meno* :**

— ***Il più difficile** sta nel cominciare.*
**Le plus difficile** est de commencer.
— ***I meno ricchi** pagano per gli altri.*
**Les moins riches** paient pour les autres.

Le démonstratif remplace assez souvent l'article :
— *Mi dia il meno caro. / Mi dia **quello** meno caro.*
Donnez-moi le moins cher.

■ Traduire :
1. Voici le magasin (negozio) le plus chic de la ville. 2. Donnez-moi le poisson le plus frais et le moins cher. 3. « Le plus beau de tous les tangos du monde est celui que j'ai dansé dans vos bras » (chanson). 4. C'est la tour (la torre) la plus haute de la ville. 5. Le moins usé (logoro) est à moi.

## 153 *Lequel / laquelle / lesquels / lesquelles (traduction de -)*

1 **Pronoms interrogatifs, « lequel », « lesquels », « laquelle », « lesquelles » se traduisent par *quale* (pluriel *quali*) sans article :**

— *Quale / quale / quali / quali vuoi?*
**Le**quel / **la**quelle / **les**quels / **les**quelles veux-tu?

On n'emploie pas l'article non plus lorsque le pronom est précédé d'une préposition :
— ***Con quale** parti?*
Avec lequel (laquelle) pars-tu?
— ***In quale** si sta meglio?*
Dans lequel (laquelle) est-on le mieux?
— ***Di quali** prendi?*
Desquels (desquelles) prends-tu?
— ***Su quali** si va?*
Sur lesquels (lesquelles) va-t-on?

2 **Pronoms relatifs, « lequel », « laquelle », « lesquels », « lesquelles » se traduisent par *quale* (pluriel *quali*) avec l'article, ou *cui* sans article (245) :**

— *Ecco il biglietto* ***con il quale (con cui)*** *ho pagato.*
Voici le billet avec lequel j'ai payé.
— *I biglietti* ***con i quali (con cui)*** *ho pagato erano sgualciti.*
Les billets avec lesquels j'ai payé étaient froissés.

■ Traduire :
1. Voici deux tableaux (quadro). Lequel préfères-tu ? 2. Il y a deux voitures. Dans laquelle veux-tu voyager ? 3. Je ne trouve pas ce livre. Il y a au moins dix étagères (lo scaffale). Sur laquelle l'as-tu mis ? 4. Je n'ai plus revu la jeune fille à laquelle je pense souvent (spesso). 5. Ce sont de vieilles valises (la valigia), mais ce sont les valises avec lesquelles j'ai fait de beaux voyages. 6. Il a tellement de maisons qu'il ne sait pas dans laquelle il passera (trascorrere) ses vacances. 7. C'est un outil (arnese) sur lequel on peut compter.

## 154 *Lieu (description d'un -, adverbes et prépositions de -)*

Pour **décrire un lieu** et **situer un objet** ou **une action dans son cadre**, il est indispensable de connaître les adverbes et les prépositions de lieu.

1 **Adverbes :**

— *dove?*
où ? (191)
— *dappertutto, dovunque*
partout
— *vi, ci*
y
— *qui, qua*
ici
— *lì, là, laggiù*
là, là-bas (145)
— *lassù*
là-haut
— *davanti*
devant
— *dietro*
derrière
— *accanto, vicino*
près
— *di fronte, in / di faccia*
en face
— *lontano*
loin
— *oltre*
au-delà, plus loin
— *su, sopra*
en haut, dessus
— *giù*
en bas
— *sotto*
dessous
— *nel mezzo*
au milieu

— *dentro*
dedans
— *fuori*
dehors
— *intorno*
autour

— *Dove sono? Non sono **qui**.*
Où sont-ils? Ils ne sont pas là.
— *Sono passati **di qua**.*
Ils sont passés par là.

— *altrove*
ailleurs (13)
— *in cima*
au sommet
— *in fondo*
au bout, au fond

— *Ci si va insieme?*
On y va ensemble?
— *Mettiti in fondo.*
Mets-toi au fond.

## 2 Prépositions :

La plupart des adverbes précédents sont aussi des prépositions de lieu :

**a** Construites sans préposition :

— ***sopra***
au-dessus de
— ***sotto***
sous
— ***dietro***
derrière

— ***dentro***
dans, à l'intérieur
— ***lungo*** (155)
le long de
— ***fra, tra*** (113)
parmi

- ***dietro*** est construit **sans** (plus courant) **et avec** la préposition ***a***:
  — ***dietro** la porta*
- avec ***dietro, sopra, su*** et ***sotto*** on emploie ***di*** devant les pronoms :
  — *dietro **di** noi*
  derrière nous
  — *sopra **di** noi*
  au-dessus de nous
  — *conta **su di** noi...*
  compte sur nous...
  — *sotto **di noi***
  au-dessous de nous

**b** Construites avec la préposition ***a***:

— *davanti **a***
devant
— *accanto, vicino **a***
près de, à côté de
— *in fondo **a***
au fond de
— *in capo **a***
à la tête de
— *in riva **a***
au bord de

— *di fronte **a***
face à, en face de
— *in faccia **a***
face à, en face de
— *di faccia **a***
face à, en face de
— *in mezzo **a***
au milieu de
— *in cima **a***
au sommet de

**c** Construites avec la préposition ***di***:

— *all'infuori **di***
en-dehors de
— *al disotto **di***
au-dessous de

— *fuori **di***
hors de
— *al disopra **di***
au-dessus de

— *nel mezzo **di***
au (beau) milieu de

- ***nei pressi di*** *= presso. **Nei pressi della** chiesa / presso la chiesa*
- traduction de «où» (191), noms de pays (292), les distances (166).

■ Traduire :
1. C'est très loin? Non, c'est tout (molto) près. C'est près du cimetière (camposanto). 2. Mets-toi derrière nous. On se cachera derrière le mur. 3. Où puis-je m'asseoir, devant ou derrière? Assieds-toi en face de l'écran (lo schermo). 4. Sa maison est au milieu des arbres, presque au milieu de la forêt (foresta). 5. Là-haut, l'air est meilleur qu'ici. 6. J'ai marché longtemps (a lungo) le long de la route. 7. Au sommet de la montagne il y a encore de la neige (la neve). 8. Il y a des papiers gras (le cartacce) partout. 9. Je te suivrais au bout du monde si tu me le demandais. 10. Il y a des pêcheurs (pescatore) au bord de la rivière (il fiume).

## 155 Long, le long de (voir mesures 166)

**a** Pour traduire : «cette table a trois mètres **de long**», on dit :

— *Questa tavola è lunga tre metri.*

**b** Pour traduire **le long de**, on dit : ***lungo il, la, i, le*** :

— ***lungo il*** *muro,* ***la*** *casa,* ***i*** *sentieri,* ***le*** *strade*
le long du mur, de la maison, des chemins, des routes

- ***lungo*** s'unit à certains substantifs pour indiquer **le bord, le quai** (qui va le long de...)
— *il* ***lungofiume***
le quai du fleuve
— *il* ***lungomare***
la promenade du bord de mer
— *il* ***lungarno****, il* ***lungopo****, il* ***lungotevere****, il* ***lungorodano****, il* ***lungosenna***
le(s) quai(s) de l'Arno, du Pô, du Tibre, du Rhône, de la Seine
- **le quai de la gare** se dit ***il marciapiede***
- **le quai d'un port** est la ***banchina***.

## 156 Longtemps (traduction de -)

**«Longtemps»** se traduit : ***a lungo, per molto tempo***, et, plus familièrement, ***un pezzo*** (= un bon bout de temps).

Trompés par la ressemblance entre les mots (18, faux amis), les Français ont tendance à traduire par ***lontano*** qui signifie **loin, lointain.**

— *Camminerò* ***a lungo (per molto tempo, un bel pezzo)****. È lontano.*
Je marcherai **longtemps** (un bon bout de temps). C'est loin.

**a** **Il y a longtemps** se traduit : ***molto tempo fa*** :

— *L'ho letto* ***molto tempo fa.***
Je l'ai lu **il y a longtemps**.

**b** **Avant longtemps** (sous peu) se dit ***fra poco (tempo), fra breve*** :

— *Te ne accorgerai* ***fra breve (fra poco tempo).***
Tu t'en apercevras **sous peu**.

**c** **Aussi longtemps que** se traduit ***finché*** (111) :

— ***Finché*** *resterà qui non andrò via.*
**Aussi longtemps qu'**il restera là, je ne partirai pas.

## 157 Loro (adjectif possessif)

L'adjectif possessif ***loro*** se distingue des autres adjectifs possessifs.

**1** **Il est invariable :**

— ***il*** *loro amico*
leur ami
— ***i*** *loro amici*
leurs amis
— ***la*** *loro casa*
leur maison
— ***le*** *loro case*
leurs maisons

**2** **Avec les noms de parenté il est toujours accompagné de l'article, contrairement aux autres adjectifs possessifs (107 et 216) :**

— ***il*** *loro padre*
leur père
— ***la*** *loro madre*
leur mère
— ***i*** *loro fratelli*
leurs frères
— ***le*** *loro sorelle*
leurs sœurs

## 158 Loro (pronom personnel)

Correspondant à la 3e personne du pluriel (masculin ou féminin), ***loro*** est :

**1** **Pronom sujet, forme forte, et traduit «eux» ou «elles» :**

— *Io sono francese,* ***loro*** *sono belgi.*
Moi, je suis français, **eux** sont belges.
— *Hanno aperto* ***loro.***
Ce sont **eux (elles)** qui ont ouvert.

- ***loro*** peut être employé à la place de ***essi*** ou ***esse*** (comme ***lui*** remplace ***egli*** ou ***esso***, et ***lei*** peut remplacer ***essa***, 221) :

— ***Loro*** *sono italiani.*
Ils sont italiens.
— ***Loro*** *sono spagnole.*
Elles sont espagnoles.

- la forme *loro* étant commune au masculin et au féminin, il y a un risque de confusion :
  — ***Loro** sono innocenti.*
  **Ils (elles)** sont innocen**ts (tes)**.

## 2 Pronom complément :

**a** Direct forme forte :

— *Ho visto **loro,** mica i vicini.*
Ce sont **eux (elles)** que j'ai vu(e)s, et non pas leurs voisins.

**b** Indirect :

- forme forte :
  — *Parlo **a loro,** non a te.*
  C'est **à eux (elles)** que je parle, pas à toi.
- faisant fonction de forme faible :
  — *Quando li vedrò parlerò **loro**.*
  Quand je les verrai, je **leur** parlerai.
- **contrairement à tous les autres** pronoms compléments indirects, *loro* se place **après** le verbe :
  — *Telefonerà loro.* mais : — *Gli telefonerà.*
  Il leur téléphonera. Il lui téléphonera.
- cette particularité explique que *loro* soit souvent remplacé par ***gli*** (122) :
  — *Quando verranno spiegherò **loro** la situazione = **gli** spiegherò la situazione.*
  Quand ils viendront je leur expliquerai la situazione.
  — *Se troverò dei fiori **li** darò **loro*** ou ***glieli** darò.*
  Si je trouve des fleurs je les leur donnerai.
  — *Compra delle caramelle e **ne** dà **loro** = **gliene** dà.*
  Il achète des bonbons et leur en donne.

**c** ***Loro*** est en principe le pluriel de ***Lei*** lorsqu'on parle «à la troisième personne» (149) mais cet usage tend à se raréfier (hôtellerie, marques particulières de déférence...).
***Loro*** est de plus en plus remplacé par ***voi*** :

— *Ha fatto un buon viaggio? Sì, grazie, e **Loro**?*
Vous avez fait un bon voyage? Oui, merci, et vous-mêmes?

■ Traduire :
1. Vous, vous êtes Allemands (tedesco), et eux? Eux sont Polonais (polacco). 2. Vous, vous êtes Anglaises, et elles? Elles sont Suédoises (svedese). 3. C'est à eux que je m'adresserai (rivolgersi), pas au gardien (custode). 4. Bien qu'elles ne soient pas de la ville, ce sont elles qui m'ont guidé. 5. Si tes amis me parlent de toi je leur dirai où tu es, et s'ils me demandent ton adresse (indirizzo) je la leur donnerai. 6. Ces enfants ont soif (sete) : il faut leur donner de l'eau. Si j'en avais, je leur en donnerais.

## 159 Louer (traduction de -)

**a** **Louer un appartement** se dit ***affittare*** ou ***dare in affitto*** (propriétaire), ***affittare*** ou ***prendere in affitto*** (locataire) :

— ***il fitto***
le loyer

En Italie existe l'***equo canone*** c'est-à-dire une réglementation fixant le loyer en fonction de critères objectifs (surface, situation, état de l'appartement). Cette loi a limité, non sans mal, la liberté anarchique des prix en matière de logement.

**b** **Louer un équipement** se dit ***noleggiare*** :

— ***noleggiare*** *una macchina, una bicicletta, un moscone*
louer une voiture, une bicyclette, un pédalo
— ***l'autonoleggio***
la location de voiture

**c** **Louer** (= **réserver**) **une place** se dit ***prenotare*** :

— *Si può* ***prenotare*** *dieci giorni prima della recita.*
On peut louer (la location est ouverte) dix jours avant la représentation.

## 160 Lui (traduction de -)

**a** Lorsque le français **lui** correspond à **soi**, on traduit en italien par ***sé*** :

— *Non guarda* ***davanti a sé****.*
Il ne regarde pas **devant lui**.

Dans le même contexte, ***sé*** traduit également **elle, eux** ou **elles** (221).

**b** Pour savoir si **lui** a vraiment cette fonction de pronom réfléchi, il est commode de compléter la phrase en ajoutant **lui-même**.
Cela permet de distinguer :

— *Spinge la carriola* ***davanti a sé****.*
Il pousse la brouette **devant lui** (= devant lui-même).
— *Guarda : la carriola è* ***davanti a lui****.*
Regarde : la brouette est **devant lui**.

■ Traduire :
1. Ils étaient tous derrière lui. 2. Il se retourna (voltarsi) et regarda derrière lui. 3. Devant lui se dressait (sorgere) un rocher (la roccia). 4. Au lieu (invece) de regarder en l'air (in alto) il ferait mieux de regarder devant lui. 5. C'est un égoïste : il ne parle que de lui. 6. Depuis que son fils est parti, elle ne parle que de lui. 7. Il n'avait que cent francs sur (con) lui. 8. Il a toujours son chien près de lui. 9. Le Président a mal choisi les collaborateurs qu'il a autour de lui.

# 161 Magari (sens de –)

Très employé, le mot ***magari*** est difficile à comprendre car sa signification varie en fonction du contexte :

## 1 Exprime un souhait (avec un subjonctif) :

— ***Magari*** *nevicasse!*
Si au moins il pouvait neiger! Dieu fasse qu'il neige!
— ***Magari avessi*** *dieci anni di meno!*
Ah! Si j'avais vingt ans de moins!
— *Tanti auguri per l'esame!* ***Magari!***
Tous mes vœux pour ton examen! Dieu t'entende!

## 2 Exprime un accord :

— *Vuole un altro po' di arrosto?* ***Magari!***
Voulez-vous encore un peu de rôti? **Volontiers! Pourquoi pas**?
— *Ti piacerebbe andare negli Stati Uniti?* ***Magari!***
Tu aimerais aller aux États-Unis? Ah oui alors!
— *Vieni con me al cinema? Magari!*
Tu viens avec moi au cinéma? Pourquoi pas? Bonne idée!

## 3 Exprime le doute (*forse*) ou l'hypothèse étonnée (*perfino*) :

— ***Magari*** *non ha sentito.*
Peut-être n'a-t-il pas entendu?
— *È* ***magari*** *capace di rubare.*
Il est même capable de voler.

## 4 Suivi du subjonctif *magari* signifie «même si», «quand bien même» :

— *Ci andrò* ***magari dovessi*** *rimproverarmelo più tardi.*
J'irai même si je dois me le reprocher plus tard.

■ Traduire :
1. Magari è malato. 2. Magari non tornerà. 3. Magari non capisce l'italiano. 4. Magari fossimo arrivati in tempo! 5. Magari potessi andare in Sardegna! 6. Gradisci un aperitivo? Magari! 7. Continuerò a scrivere questo romanzo magari non dovesse essere accettato dall'editore. 8. Sono certo che avete capito il significato di «magari». Magari! 9. Lei è in ottima salute! Magari! 10. La giustizia trionferà. Magari!

## 162 Mai (signification de -)

Le mot *mai* est très employé :

**1** **Pour traduire «jamais», contraire de «toujours»** *(sempre)* :

— *Non viene **mai**.*
Il ne vient jamais.

Si *mai* est placé **avant le verbe on n'emploie pas** la négation ***non*** :
— ***Mai*** *avrebbe avuto quest'idea da solo* = ***non*** *avrebbe* ***mai*** *avuto...*
Il n'aurait jamais eu cette idée tout seul.

**2** **Pour renforcer l'interrogation :**

— ***Quando mai*** *è stato eletto?*
Quand donc a-t-il été élu?

— ***Come mai*** *l'ha saputo?*
Comment diable l'a-t-il appris?

— ***Perché mai*** *vuoi andare a teatro senza di me?*
Pourquoi donc veux-tu aller au théâtre sans moi?

**3** ***Mai*** **se trouve dans des expressions dont la traduction française :**

- **comprend** le mot **jamais** :
  — *Tornerai?* ***Mai e poi mai.***
  Tu reviendras? Jamais de la vie.
  — *Meglio tardi che* ***mai.***
  Mieux vaut tard que jamais.
- **n'utilise pas** le mot **jamais** :
  — *un bambino felice* ***quanto altri mai***
  un enfant heureux comme personne
  — *il giorno di* ***san mai***
  la semaine des quatre jeudis

■ Traduire :
1. Non si sa mai : se mai verrà digli di telefonarmi. 2. Non ti disturberemo mai più. 3. L'ho incontrato più volte, tu mai. 4. Alle 18 bisogna prendere l'autobus, mai la macchina. 5. Non è venuto con te? Come mai? 6. Mai e poi mai glielo perdonerò. 7. Quando mai sono i bambini ad imporre il proprio volere ai genitori? 8. Se mai io dovessi arrivare dopo le 20, non aspettarmi per mangiare. 9. È diventato più cretino che mai. 10. È la teoria più strana che io abbia mai sentita.

## 163 Se marier (traduction de -)

**a** **Se marier** se dit ***sposarsi*** :

— ***Si sono sposati*** *in chiesa. Il matrimonio è stato celebrato ieri.*
Ils se sont mariés à l'église. Le mariage a été célébré hier.

**b** Pour un homme, on peut dire aussi ***ammogliarsi (= prendere moglie)*** et, pour une femme, ***maritarsi (= prendere marito)***.

■ Traduire :
1. In campagna mancano le ragazze da marito e gli uomini non riescono ad accasarsi (fonder un foyer). 2. Sei in età da prendere moglie e tua sorella è in età da marito : fino a quando resterete con i vostri genitori? 3. Vogliono maritare la figlia con un bravo ragazzo ma non lo trovano : se saranno troppo esigenti la poverina resterà zitella (vieille fille). 4. Quel cretino ha sempre detto di voler sposare una ricca ereditiera : è morto scapolo (célibataire). Peggio per lui! 5. A che serve sposarsi se dopo poco tempo si divorzia?

## 164 Même (traduction de -)

Ce mot est d'un emploi fréquent, il faut donc savoir le traduire :

**1** **«Même», adjectif ou pronom indéfini, se traduit par : *stesso* et, un peu moins couramment, *medesimo* :**

— *È la* ***stessa (medesima)*** *cosa.*
C'est la même chose.
— *nello stesso tempo,* ***al tempo stesso****...*
au même moment...

— *Vorrei* ***la stessa****.*
Je voudrais la même.
— *L'ho fatto io* ***stesso****.*
Je l'ai fait moi-même.

**2** **«Même», adverbe, se traduit par *anche* et *perfino* (19 et 203) :**

— ***Anche*** *gli spettatori sono stati sorpresi.*
Même les spectateurs ont été surpris.
— *Tutti,* ***anche*** *i miei amici, mi hanno tradito.*
Tout le monde, même mes amis, m'a trahi.

**a** Dans certains cas, on peut préférer ***perfino,*** **plus précis** et qui exprime l'**étonnement** ou l'**amertume** :

— *Tutti,* ***perfino*** *i miei amici, mi hanno tradito.* (à qui se fier?)
— ***Perfino*** *mio fratello* (sous-entendu, qui n'est pas un bourreau de travail) *ha lavorato fino a mezzanotte.*
Même mon frère a travaillé jusqu'à minuit.

**b** Dans les phrases négatives **même... pas** se traduit par ***neanche*** (et ***neppure*** ou ***nemmeno***) :

— ***Neanche*** *il custode ha visto il ladro.*
Même le gardien n'a pas vu le voleur.

Et, si on veut marquer un légitime étonnement :
— ***Perfino*** *il custode non ha visto il ladro.*

**C** Ne pas confondre ***anche, perfino*** et ***anzi*** (22) :
On traduit **même** par ***anzi*** quand on veut corriger ou préciser une première affirmation **(et même, mieux, au contraire)** :

— *Non è stato cordiale,* ***anzi*** *è stato antipatico.*
Il n'a pas été cordial, il a même été antipathique.

POUR ALLER PLUS LOIN

- Dans la plupart des cas, les expressions françaises comprenant le mot **même** se traduisent par des expressions comportant son équivalent italien avec des différences plus ou moins sensibles :

— *Per me fa (è)* ***lo stesso****.*
Pour moi, c'est **la même chose**.
— *Partirò* ***lo stesso****.*
Je partirai **quand même**.

- Remarquons la construction :

— *Venne* ***lo stesso ministro*** *a constatare i danni.*
Le ministre lui-même vint constater les dégâts (ce peut être aussi le même ministre).

- Dans certains cas, on ne trouve pas les mots ***stesso*** ou ***medesimo*** :

— *Non sei più* ***quella*** (74).
Tu n'es plus la même.
— *Torna* ***oggi pomeriggio****.*
Reviens cet après-midi **même**.
— ***Però****, esagera (sta esagerando).*
**Quand même**, vous exagérez.
— *È venuto proprio qui,* ***oggi stesso (proprio oggi)****.*
Il est venu ici **même**, aujourd'hui **même**.
— *Dormire* ***direttamente*** *sul suolo (per terra).*
Dormir **à même** le sol.
— *Se non è zuppa è pan bagnato.*
C'est **du pareil au même**.
— *essere* ***in grado di***
être **à même** de (être en mesure de)

**1** Traduire :
1. Je répondrai moi-même. 2. Aujourd'hui c'est le même menu (menù). Mais non, ce n'est pas la même chose. 3. Je veux la même cravate (cravatta) que toi. 4. Ces souliers (la scarpa) sont élégants; j'achèterai les mêmes. 5. Même ma sœur n'a pas réagi. 6. Dans cette maison il n'y a même pas le chauffage central (termosifone). 7. Les voleurs (il ladro) ont pris même ce qu'il y avait dans le réfrigérateur (frigorifero). 8. Je ne viendrai (verrò) pas moi non plus. 9. Tu n'as même pas lu une page. 10. Je n'accepterais pas, même si tu me donnais (dessi) un million.

**2** Traduire :
1. C'est mal payé mais je travaillerai quand même. 2. C'est la directrice elle-même qui me l'a dit. 3. Depuis cet accident (incidente) il n'est plus le même. 4. A quatre-vingts ans, elle fait sa cuisine elle-même. 5. Le rendez-vous (appuntamento) aura lieu ici même. 6. J'ai planté cet arbre (albero) cette année-même. 7. Il a parlé sans même y penser. 8. C'est quand même un scandale (scandalo) ! 9. Nous ne sommes pas à même de vous livrer (consegnare) ce produit. 10. Le train n'est pas arrivé à l'heure (in orario), et même il avait beaucoup de retard.

## 165 Meravigliare (traduction de -)

1 ***Meravigliare* veut dire «émerveiller», au sens fort de «remplir d'émerveillement» :**

— *Lo spettacolo era* ***meraviglioso****. Tutti erano* ***meravigliati****.*
Le spectacle était merveilleux. Tout le monde était émerveillé.

2 ***Meravigliare* signifie aussi «étonner» au même titre que *stupire* ou *sorprendere* :**

— *Questa risposta* ***mi meravigliò*** *(mi sorprese, mi stupì).*
Cette réponse m'étonna.

— *Mi* ***meraviglio*** *di voi.*
Cela m'étonne de votre part.

— *Sembra* ***meravigliato****.*
Il semble étonné.

## 166 Mesurer

Il est bon, dans la vie pratique, de savoir **mesurer** les **longueurs**, les **distances**, les **poids**... comme il faut savoir compter (57).

1 **Longueur (*lunghezza*), largeur (*larghezza*), hauteur (*altezza*), profondeur (*profondità*), volume et capacité (*volume, capacità*) :**

**a** Pour demander quelle est la longueur, la largeur, la hauteur, la profondeur de quelque chose on dit :

— ***Qual è la lunghezza*** *(la larghezza, l'altezza, la profondità)* ***di****...?*
ou : ***Quant'è lungo*** *(largo, alto, profondo)...?*

L'adjectif est variable en genre et en nombre :
— *Quant'è lunga questa tavola?*
Quelle est la longueur de cette table?
— *Quanto sono larghe queste panche?*
Quelle est la largeur de ces bancs?

**b** On répond :

— ***È lungo (a)**, largo (a), alto (a), profondo (a)... **X centimetri, metri... Sono lunghi (e)**, larghi (e), alti (e), profondi (e)... **X centimetri, metri...***
Il a (ils ont) X centimètres (mètres) de long, de large, de haut, de profondeur / il a (ils ont) une longueur, une largeur, une hauteur, une profondeur de...

— *Questa tavola è molto **più lunga che larga**. **È lunga** un metro e ottanta, **larga** sessanta centimetri e **alta** un metro e dieci.*
Cette table est beaucoup plus longue que large. Elle mesure un mètre quatre-vingts de long, soixante centimètres de large et un mètre dix de haut.

## 2 Altitude :

— *Il rifugio si trova **a quota** 2 450 (a 2 450 metri **di altezza / di altitudine**).*
Le refuge se trouve à une altitude de 2 450 mètres (à 2 450 mètres d'altitude).

## 3 Distance :

— ***A quanti chilometri** si trova...?*
A combien de kilomètres se trouve...?
— *Milano si trova **a 572 chilometri da** Roma.*
*Milano **dista** 572 chilometri **da** Roma.*
Milan se trouve à 572 km de Rome.
— ***Ci sono 572 chilometri da** Roma **a** Milano (tra Roma e Milano).*
Il y a 572 km entre Rome et Milan.

## 4 Surface *(la superficie)* et volume *(il volume)* :

— *un **metro quadrato*** (ou ***quadro***)
un mètre carré
— *un **metro cubo***
un mètre cube
— *un **ettaro***
un hectare

## 5 Unités de poids *(peso)* (230) :

*il **chilogrammo** (chilo)*, kilo; *l'**ettogrammo** (etto)*, l'hecto; *il **quintale***, le quintal; *la **tonnellata***, la tonne.

■ Traduire :
1. La piscine n'a que 20 mètres de long, 15 de large et 4 de profondeur. 2. A partir d'une altitude de 2 700 mètres, on éprouve une gêne (il malessere). 3. Ce terrain fait 1 200 mètres carrés. 4. A combien de kilomètres de Paris se trouve Nice (Nizza)? Je ne sais pas mais il y a au moins huit cents kilomètres entre les deux villes.

# 167 Moi (traduction de -)

Étant amené à parler de soi on utilise largement le pronom **«moi»** qui, selon les cas, se traduit par ***io*** (sujet), ***mi*** ou ***me*** (complément).

## 1 *Io* (moi, pronom sujet) :

— *Pronto!* ***Sono io.***
Allô. C'est moi.
— *Chi ha fame (sete)?* ***Io.***
Qui a faim (soif)? Moi.

— *Chi è?* ***Sono io.***
Qui est là? C'est moi.
— ***Io*** *ti dico che...*
Moi, je te dis que...

- *Chi ha rotto il vetro?* ***Io*** (ou : ***Sono stato io a*** *rompere il vetro.*)
  Qui a cassé la vitre? (C'est) moi. C'est moi qui ai cassé la vitre.
  Les deux possibilités sont équivalentes :
  — *L'ho riparato* ***io*** = ***sono stato io*** *a ripararlo.*
  C'est moi qui l'ai réparé.
- pour traduire : ma femme (mon frère, ma mère...) **et moi**, l'italien préfère placer ***io*** en tête :
  — *Siamo entrati* ***io e mio*** *fratello.*
  Nous sommes entrés, mon frère et moi.

## 2 *Mi* («moi», forme faible, uniquement à l'impératif) :

**a** Complément direct :

— ***Mi*** *guardi* (forme *Lei*).
Regardez-moi.

— *Guardami.*
Regarde-moi.

**b** Complément indirect :

— ***Mi*** *telefoni* (forme *Lei*).
Téléphonez-moi.

— *Telefonami.*
Téléphone-moi.

**c** Devant un autre pronom, ***mi*** devient ***me*** (221) :

— ***Dammi*** (donne-moi). → *Da****mme****lo* (donne-le moi).

Ne pas confondre ce ***me***, qui est une forme faible, avec ***me*** forme forte :
— *Dillo* ***a me****, non a mia moglie.*
Dis-le **à moi**, pas à ma femme. (C'est **à moi** que tu dois le dire...)

## 3 *Me* (complément forme forte, pour insister, ou après une préposition) :

— *Deve ascoltare* ***me****, non te.*
C'est moi qu'il doit écouter, pas toi.
— *Tocca* ***a me*** *giocare.*
C'est à moi de jouer.

— *Aiuto!* ***A me!***
Au secours! A moi!
— *Io penso a* ***me.***
Moi, je pense à moi.

## 4 Possessif :

— *Di chi è quest'asciugamano? Non è* ***mio.***
A qui est cette serviette? Elle n'est pas **à moi**.

POUR ALLER PLUS LOIN

— *Povero **me**!*
Pauvre **de moi**!

— *È **un mio** amico.*
C'est un ami à moi.

— *a casa mia*
chez **moi**

■ Traduire :
1. C'est toi? Oui, c'est moi. 2. C'est à toi? Non, ce n'est pas à moi. 3. C'est toi qui l'as dit? Oui, c'est moi, et alors? 4. C'est à moi de jouer. 5. Ce n'est pas à moi de critiquer ce que vous avez fait. 6. Répète-le moi souvent. 7. Ce n'est pas moi qui ai cassé (rotto) cette assiette (piatto). 8. C'est moi qui te le dis. 9. Pauvre de moi! Il est plus habile que moi. 10. Si tu n'en veux pas, donne-le moi.

## 168 Molto (beaucoup, 44)

Comme tous les quantitatifs (***poco, troppo, parecchio***... sauf ***qualche***, (228), ***ogni***, (185), ***più***, (208) ***molto*** est :

**a** Invariable quand il est adverbe :

— *Fa **molto** freddo.*
Il fait très froid.

— *Sono **molto** stanchi.*
Ils sont très fatigués.

**b** Variable quand il est adjectif ou pronom :

— *Ci sono molt**i** errori.*
Il y a beaucoup d'erreurs.

— *C'è molt**a** aria.*
Il y a beaucoup d'air.

— *Molti sono partiti, molt**e** sono restat**e**.*
Beaucoup sont partis, beaucoup sont restées.

— *Ci sono molti più venditori che clienti.*
Il y a beaucoup plus de vendeurs que de clients.

**1** Compléter les phrases suivantes avec le mot ***molto*** à la forme qui convient :
1. C'è ............ gente. 2. Ha preso ............ bottiglie. 3. Hanno bevuto ............ birra. 4. Il tè era ............ caldo. 5. Questo whisky è ........... vecchio. 6. Le mie amiche sono .......... malate. 7. I tuoi amici sono .......... simpatici. 8. I suoi nemici sono ............ 9. I problemi sono ............ 10. ........... turisti non spendono ............

**2** Traduire :
1. Pagano adesso i molti sforzi che hanno fatto. 2. È restata molto bambina. 3. La molta birra che avevano bevuta e l'eccitazione spiegano la violenza dei tifosi. 4. Scusateli : molti di loro hanno molta fretta. 5. Non manca molto a mezzanotte. 6. Hai visto come si crede da molto? 7. Non ho visto i quadri di questo pittore in Francia ma ne ho visti molti in Italia.

## 169 Monde (traduction de -)

**1** Le «monde» (terre, création) se traduit par *il mondo* :

— *Il* ***mondo*** *è bello perché è vario.*
Le monde est beau parce qu'il est varié (il faut de tout pour faire un monde).

— *Ti seguirò in capo al* ***mondo****.*
Je te suivrai au bout du monde.

— *Ha girato il* ***mondo****.*
Il a fait le tour du monde.

**2** Le «monde» (les gens) se traduit par *tutti (la gente)* :

— ***Tutti*** *lo sanno (lo sa tutta la gente).*
Tout le monde le sait.
— *Parla* ***a tutti (a chiunque)****.*
Il parle à tout le monde (à n'importe qui).
— *C'era* ***gente per bene****. (C'era il fior fiore).*
Il y avait du beau monde. (Il y avait la fine fleur).

**3** Le «monde» (milieu), se traduit par *l'ambiente* :

— *Nell'****ambiente*** *del cinema...*
Dans le monde du cinéma...

### POUR ALLER PLUS LOIN

— *Ci siamo (ci siete)* ***tutti****?*
Tout le monde est là?
— *Conosce i* ***suoi polli*** (familier).
Il connaît son monde.
— *Servitevi : è di* ***tutti****.*
Servez-vous, c'est à tout le monde.
— ***È cosa (roba) da matti****!*
C'est le monde à l'envers.
— *Non è grave ma* ***ingigantisce le cose*** */ ne* ***fa un affare di Stato*** */* ***fa di una mosca un elefante****.*
Ce n'est pas grave mais il s'en fait un monde.
— *Non si turbò* ***per nulla*** *(minimamente).*
Il ne se troubla pas le moins du monde.

— *Stasera ho* ***gente*** *a casa.*
Ce soir j'ai du monde.
— *C'era un* ***mare di gente****.*
Il y avait un monde fou!

■ Traduire :
1. Je l'envie (invidiare) : il a fait le tour du monde. 2. Il y a assez de bombes atomiques pour détruire (distruggere) le monde. 3. Je voudrais connaître le monde entier. 4. Le monde entier connaît le Coca-Cola (la cocacola). 5. N'en parle pas à tout le monde. 6. On se méfie de lui (diffidare) dans le monde des affaires (affare, masc.) 7. Tout le monde a compris?

## 170 Monsieur le... Madame la... (titre, traduction de -)

Pour traduire **Monsieur le**... **Madame la**... (suivi d'un titre), l'italien ne place pas l'article entre les mots ***signore, signora*** et le titre.

### 1 Dans les vocatifs on n'emploie pas l'article :

— *Buongiorno,* ***Signor Direttore*** / ***Preside...*** / ***Signora Direttrice.***
Bonjour, Monsieur **le** Directeur / **le** Proviseur... / Madame **la** Directrice.

On dit ***Signor Ministro*** ou, simplement, ***Ministro*** (radio, télévision) :
— *Mi dica* ***signor Ministro*** / ***Ministro***...
Dites-moi, **Monsieur le** Ministre...

### 2 Dans les autres cas, l'article précède *signore* ou *signora* :

— *Ho incontrato* ***il signor*** *Direttore* / ***la signora*** *Direttrice.*
J'ai rencontré **Monsieur le** Directeur / **Madame la** Directrice.

Devant un nom commençant par une consonne, ***signore*** s'apocope en ***signor***.

■ Traduire :
1. Au-revoir, Madame la Directrice. 2. Je vous remercie, Monsieur le Directeur. 3. J'ai rendez-vous (avere un appuntamento) avec Monsieur le Directeur à 17 h. 4. Mon cher ami, ne m'appelez pas Monsieur le Directeur, appelez-moi par mon prénom (chiamare per nome). Merci, Monsieur le Directeur, pardon, merci, Alfred. 5. Je voudrais voir Monsieur le Maire (sindaco). 6. Monsieur le Maire est absent jusqu'à (fino a) 15 heures.

## 171 Mouvement (verbes de -)

**Après un verbe de mouvement** et **devant un infinitif,** l'italien emploie la préposition ***a*** (3) :

— ***Salgo a*** *prendere i bagagli.*
Je monte prendre les bagages.

— ***Corro ad*** *aiutarli.*
Je cours les aider.

■ Traduire :
1. Il revient travailler avec nous. 2. Ils descendront te voir demain. 3. Nous reviendrons bientôt (presto) jouer avec vous. 4. Qui montera sur le toit réparer les dégâts (guasto)? 5. Tu vas voir les résultats?

## 172 Natale (Noël)

- Noël (***Natale, la festa del Ceppo, il Ceppo***) est une grande fête en Italie où les traditions sont respectées à cette période de l'année (***periodo natalizio***).
  On passe Noël en famille (***Natale con i tuoi, Pasqua con chi vuoi***). Rues, places et magasins sont décorés et illuminés et la plupart des églises présentent de belles crèches (***il presepio***) avec notamment des santons (***la statuina***) napolitains. A Rome, *Piazza Navona* est particulièrement animée.
- tout le monde fête Noël (***fare Natale***), on se souhaite «Joyeux Noël» («***Buon Natale***»); on offre et on mange le ***panettone*** mais le réveillon de Noël reste très simple et familial, contrairement au réveillon (***Cenone***) du Jour de l'An (***Capodanno***).
- à Noël (***a Natale***), le Père Noël (***Babbo Natale***) passe dans les maisons, remplaçant de plus en plus la traditionnelle ***Befana***: une vieille sorcière qui, le 6 janvier, jour de l'Épiphanie – ***Epifania*** = ***Befana*** –, apporte sur son balai volant des cadeaux déposés dans de grandes chaussettes mises dans la cheminée.
- les enfants obéissants ont droit à des cadeaux (***il regalo***) et les autres à du charbon (***carbone dolce***, un bonbon qui a la couleur du charbon). Mais beaucoup ne croient plus au Père Noël (***credere a Babbo Natale, alle fate, agli asini che volano***)...

■ Traduire : *La Befana*

Viene viene la Befana,
Vien dai monti a notte fonda
Com'è stanca! La circonda
Neve, gelo e tramontana.
Viene viene la Befana.

Ha le mani al petto in croce,
E la neve è il suo mantello,
Ed il gelo il suo pannello,
Ed è il vento la sua voce.
Ha le mani in petto in croce.

E s'accosta piano piano
Alla villa, al casolare,
A guardare, ad ascoltare,
Or più presso or più lontano.
Piano piano, piano piano.

Giovanni PASCOLI.

## 173 Ne = «en»

***Ne*** peut être adverbe de lieu ou pronom personnel.

### 1 *Ne* adverbe de lieu :

— *Quando è andato a Napoli? **Ne** è tornato ieri.*
Quand est-il allé à Naples? Il en est revenu hier.

## 2 *Ne* pronom personnel :

— ***Ne*** *vuoi ancora un po'?*
Tu en veux encore un peu?

— ***Ne*** *ho già parlato.*
J'en ai déjà parlé.

**a** Comme les autres pronoms, ***ne*** s'unit à la forme verbale à l'impératif, à l'infinitif (tu, noi, voi), au gérondif (221) :

— *Mangia**ne**!*
Manges-en!

— *Mangiate**ne**!*
Mangez-en!

— *Mangiando**ne** ingrassa.*
En en mangeant il grossit.

— *Voglio mangiar**ne**.*
Je veux en manger.

**b** ***Ne*** peut s'unir aux autres pronoms :

exemple : *occuparsene*, s'en occuper :

- présent :

| | | |
|---|---|---|
| *me **ne** occupo* | *te **ne** occupi* | *se **ne** occupa* |
| je m'en occupe | tu t'en occupes | il s'en occupe |
| *ce **ne** occupiamo* | *ve **ne** occupate* | *se **ne** occupano* |
| nous nous en occupons | vous vous en occupez | ils s'en occupent |

- impératif :

| | |
|---|---|
| *occupate**ne*** | *se **ne** occupi (Lei)* |
| occupe-t-en | occupez-vous-en |
| *occupiamoce**ne*** | *occupateve**ne*** |
| occupons-nous-en | occupez-vous-en |

- impératif négatif :

*non te **ne** occupare* (ou : *non occupartene*)
ne t'en occupe pas

*non se **ne** occupi (Lei)*
ne vous en occupez pas

### POUR ALLER PLUS LOIN

— *aver**ne** fin sopra i capelli*
en avoir par-dessus la tête

— *andarse**ne***
s'en aller

— *infischiarse**ne** / fregarse**ne***
s'en moquer, «s'en foutre»

— *aver**ne** abbastanza*
en avoir assez

— *Glie**ne** ha fatto di tutti i colori.*
Il lui en a fait voir de toutes les couleurs (des vertes et des pas mûres).

**■** Traduire :

1. Il n'est jamais allé aux USA? Mais si. Il en est revenu le mois dernier (scorso). 2. Y a-t-il encore du vin? Donne-m'en un verre (bicchiere). 3. Je ne connais pas ton père mais ta mère m'en parle souvent. 4. Si tu vas acheter ton pain, prends-en aussi pour moi. 5. Achète une glace (il gelato) pour ta sœur, mais n'en prends pas pour toi. 6. Il a beau dire qu'il s'en moque, je sais qu'il y pense. 7. Va-t'en. 8. Allez-vous-en. 9. Il faut s'en aller. 10. J'en ai assez; on en parle partout (dappertutto), ne m'en parlez plus (Lei).

# 174 Ne (traduction du français -)

**1** **Le français «ne... que» se traduit par *soltanto* ou *solo* et la phrase est affirmative :**

— *C'è* ***solo*** */* ***soltanto*** *un posto.*
Il **n'**y a **qu'**une place.
— *Ci sono* ***soltanto*** *cento spettatori.*
Il **n'**y a **que** cent spectateurs.
— *C'è solo da aspettare / basta aspettare.*
Il **n'**y a **qu'**à attendre.

Attention à la différence entre :
— *Voglio* ***solo*** */* ***soltanto*** *una risposta.*
Je ne veux qu'une réponse (= il suffit qu'on me réponde); et :
— *Voglio una sola risposta* (ou : *una risposta sola*).
Je veux une seule réponse (= pas plusieurs).

**2** **Traduction du «ne» explétif français :**

**a** Avec **craindre**, **redouter**, **avoir peur** *(temere, aver paura)*, **éviter** *(evitare)*, **empêcher** *(impedire)*, **à moins que** *(a meno che)* :

— *Temo che parta / parli / ci riconosca...*
Je crains qu'il **ne** parte / **ne** parle / **ne** nous reconnaisse...
(on ne veut pas qu'il parte, qu'il parle, qu'il nous reconnaisse.)

Si on employait ***«non»*** en italien, on exprimerait l'idée **contraire** :
— *Temo che* ***non*** *parta /* ***non*** *parli /* ***non*** *ci riconosca...*
Je crains qu'il **ne** parte **pas** / **ne** parle **pas** / **ne** nous reconnaisse **pas**.
(on veut qu'il parte, qu'il parle, qu'il nous reconnaisse.)

**b** Dans les comparaisons **(plus que, moins que)** :

- indicatif en français, subjonctif en italien :
  — *È più vecchia* ***di quanto*** (ou ***che non***) *si dica.*
  Elle est plus vieille qu'on **ne** le dit.
- imparfait de l'indicatif en français, imparfait du subjonctif en italien :
  — *È meglio / peggio di quanto pensassi.*
  C'est mieux / pire que je **ne** le pensais.
- on rencontre aussi ***che non*** (+ imparfait du subjonctif) et, encore moins fréquemment, ***di quel che*** (+ imparfait de l'indicatif) :
  — *È più alto* ***di quanto*** *credessi.*
  — *È più alto* ***che non*** *credessi.*
  — *È più alto* ***di quel che*** *credevo.*
  } Il est **plus** grand **que** je **ne** le pensais.

**3** **A l'impératif négatif, «ne» est traduit par *non*** (132) :

— ***Non*** *partire.*
**Ne** pars pas.
— ***Non*** *partiamo ora.*
**Ne** partons pas maintenant.

— ***Non*** *parta.*
**Ne** partez pas.
— ***Non*** *partite soli.*
**Ne** partez pas seuls.

■ Traduire :
1. Il n'y a plus qu'un petit pain (panino) et rien à boire. Cela ne fait rien (non importa). Nous ne buvons que de l'eau. 2. Il n'a qu'à me téléphoner ce soir. 3. Je ne lis que des revues (rivista) et je ne vois que des films italiens. 4. Désolé (mi dispiace), je n'ai que des billets de (da) 10 000 lires. 5. Ne mens pas. 6. Ne buvez plus de vin. 7. Achète-le à moins qu'il ne soit trop cher. 8. C'est plus loin que je ne le croyais. 9. J'ai peur qu'il ne se soigne pas (curarsi). 10. J'ai peur qu'il ne tombe malade (ammalarsi).

## 175 Né

**1** ***Né*** **a le même emploi que le français «ni» :**

— *Non voglio* ***né*** *caffè* ***né*** *tè.*
Je ne veux ni café ni thé.
— ***né*** *oggi* ***né*** *mai*
ni aujourd'hui ni jamais
— *non avere* ***né*** *capo* ***né*** *coda*
n'avoir ni queue ni tête

**2** **Contrairement au français «ni»,** ***né*** **suffit à exprimer la négation :**

— ***Né*** *mia moglie* ***né*** *i miei figli* ***sanno*** *guidare.*
**Ni** ma femme **ni** mes enfants **ne savent** conduire.
— *Non li salutò* ***né*** *loro* ***gli strinsero*** *la mano.*
Il ne les salua pas et eux **ne** lui serrèrent **pas** la main **non plus**.

■ Traduire :
1. Cela n'a ni queue ni tête. 2. Ils n'ont ni mangé ni bu. 3. Ni privatisation (privatizzazione) ni nationalisation. 4. Ils ne veulent, ni ne peuvent voyager. 5. C'est une erreur ni plus ni moins.

## 176 Neanche (nemmeno, neppure)

**1** ***Neanche*** **(et** ***nemmeno*** **ou** ***neppure*****, un peu moins employés) est le contraire de** ***anche*** (19 et 167) :

— ***Anche*** *mio fratello è andato lì.* ***Neanche*** *lui è tornato.*
Mon frère aussi est allé là-bas. Il n'est pas revenu lui non plus.
— ***Anch'io*** *sono sportivo.*
Moi aussi je suis sportif.
— ***Neanch'io*** *sono sportivo.*
Moi non plus je ne suis pas sportif.

**2** ***Neanche*** **traduit «même pas» ou «ni même» :**

— *Non mi ha* ***neanche*** *scritto.*
Il ne m'a même pas écrit.
— *Non le permette di ballare e* ***neanche*** *di andare al cinema.*
Il ne lui permet pas de danser ni même d'aller au cinéma.

**3** ***Neanche*** **suffit pour donner un sens négatif à la phrase :**

— ***Neanche*** *volendo (****neanche*** *se* ***volesse****) potrebbe rispondere.*
Même s'il le voulait, il ne pourrait (pas) répondre.

POUR ALLER PLUS LOIN

— ***Neanche*** *per sogno!*
Jamais de la vie!
— *Andare negli Stati Uniti!* ***Neanche*** *a parlarne!*
Aller aux États-Unis? Il n'en est pas question!
— ***Neanche*** *uno mi aiutò.*
*Pas un (seul) ne m'aida.*
— ***Neanche*** *per idea!*
Pas le moins du monde!

■ Traduire :
1. Je n'en veux pas non plus. 2. Ma femme non plus ne parle pas anglais. 3. Même le directeur commercial ne parle pas japonais (giapponese). 4. Il ne m'a même pas donné son adresse (indirizzo). 5. Je suis sûr que tu n'as pas pensé une seule fois à moi. 6. Même si tu l'avais fait exprès (apposta) tu n'y serais pas arrivé (farcela). 7. Moi? Faire du deltaplane (deltaplano)? Jamais de la vie! 8. Épouser Marie? Il n'en est pas question. 9. Pas une seule fois il n'a offert l'apéritif. 10. Je ne suis pas content moi non plus.

## 177 Nessuno (emploi de -)

**1** **Le pronom** ***nessuno*** **traduit «personne» et «aucun» (37) :**

**a** Personne :

— ***Nessuno è*** *venuto.*
**Personne n'**est venu.
— ***Non*** *ho incontrato* ***nessuno****.*
Je **n'**ai rencontré **personne**.

- contrairement au français, l'italien n'emploie pas la négation ***non*** lorsque ***nessuno*** **précède le verbe** :
  — ***Nessuno*** *mi crede.*
  **Personne ne** me croit.
- mais **il faut la négation** lorsque ***nessuno*** est placé **après le verbe** :
  — ***Non*** *mi crede* ***nessuno****.*

**b** Aucun :

— *C'è qualche domanda? No,* ***nessuna****.*
Y a-t-il des questions? Non, aucune.
— ***Nessuno*** *ha risposto.*
Aucun n'a répondu.

*Nessuno* peut remplacer *qualcuno* :
— *Guarda se c'è* ***nessuno (qualcuno)****.*
Regarde s'il y a quelqu'un.

## 2 Adjectif, *nessuno* traduit «aucun» :

***Nessuno*** adjectif se comporte comme l'article indéfini :
— ***Nessun*** *italiano* *ness**uno** sportivo*

— ***Nessun*** *cliente* ***ha*** *reagito.*
Aucun client n'a réagi.
— ***Non*** *c'è* ***nessun*** *problema.*
Il n'y a aucun problème.

On peut employer indifféremment ***nessuno*** ou ***alcuno*** dans les **phrases négatives** :
— *Non c'è* ***nessun (alcun)*** *motivo per premiarlo.*
Il n'y a aucun motif pour le récompenser.

**1** Traduire :
1. Lo sa meglio di nessuno. 2. Niente né nessuno potrà farmi rinunciare a questo viaggio. 3. Non temo niente né nessuno. 4. È entrato qualcuno? No, nessuno. 5. In nessun caso accetterò di riceverlo e in nessun luogo. 6. Non c'é alcuno dubbio : non hanno nessuna colpa. 7. Nessuna cliente si è accorta del cambiamento. 8. È una notizia senza nessun interesse. 9. Nessun altro lo potrebbe fare. 10. In nessun modo si può fare così.

**2** Traduire :
1. Personne n'a soif? Non, personne. 2. Aucun de mes amis ne joue au tennis (a tennis). 3. Ce soir-là (quella sera), il n'y avait personne. 4. Aucun de ces tableaux (quadro) ne me plaît. 5. Personne ne l'aime comme moi. 6. Voici des livres. Combien en veux-tu? Aucun. Je n'ai aucune envie (voglia) de lire. 7. Personne ne le sait encore et rien ne le prouve. 8. Qui te l'a dit? Personne, je l'ai deviné (indovinare) tout seul (da solo). 9. Il n'y avait personne de plus heureux que moi. 10. Tu as vu quelqu'un? Non, personne.

## 178 Niente / nulla (emploi de -)

***Niente** / **nulla*** traduit le français «**rien**».

**1 Comme *nessuno* (177), *niente* ou *nulla* ne sont pas accompagnés de la négation *non* s'ils précèdent le verbe :**

— ***Niente** / **nulla è** bello come un bambino che ride.*
**Rien n'**est plus beau qu'un enfant qui rit.

**2 Il faut employer la négation s'ils suivent le verbe :**

— ***Non** ho capito **niente** / **nulla**.*
Je n'ai rien compris.

P O U R   A L L E R   P L U S   L O I N

— ***Niente televisione** stasera.*
Pas de télé ce soir.

— *Scusi. **Di niente**.*
Excusez-moi. De rien.

**1** Traduire :
1. Non mi interessa niente : niente mi diverte. 2. Non abbiamo più niente da dirci. 3. Non hai niente altro da fare? 4. Grazie! Di niente. 5. È una cosa da niente. 6. Non ho niente contro di te. 7. Leggere non mi dice più niente. 8. Basta un niente per farla ridere. 9. Non lo voglio : non vale niente. 10. Hai capito? Nient'affatto.

**2** Traduire :
1. Rien n'est original dans cette exposition (la mostra). 2. Pas de vin pour moi, merci. 3. Nous ne voulons plus rien. 4. Vous n'avez rien mangé. 5. Il est reparti comme si de rien n'était. 6. Pleurer (piangere) ne sert à rien. 7. Demain, pas de métro (il metrò). 8. Rien n'est beau comme un coucher de soleil (il tramonto).

## 179 Nom (le substantif, 110, 117, 139, 183 et 211)

**1 Nom de famille, prénom, surnom :**

Le nom de famille se dit *il **cognome*** et ***nome di famiglia***, beaucoup plus rarement ***il casato***.
Le prénom se dit *il **nome*** ou ***nome di battesimo***.
— *chiamare uno **per nome***
appeler quelqu'un par son prénom
— *dare **nome** e **cognome***
décliner son nom et son prénom

- **au nom de**... se traduit par : ***in** nome di...* (*in nome della legge,* au nom de la loi) ou ***a** nome di :*
  — *Presentati a nome mio.*
  Présente-toi en mon nom = à ma place.
- on peut avoir un surnom : *un **soprannome**,* un petit nom, un sobriquet : *un **nomignolo***
- ne pas confondre *l'**onomastico*** (la fête) et *il **compleanno*** (l'anniversaire) :
  — *Buon **onomastico**!* Bonne fête!

**2 Nom de jeune fille :**

Les femmes mariées peuvent conserver leur nom de jeune fille : ***nome da ragazza*** ou porter à la fois leur nom de jeune fille et leur nom d'épouse : ***Anna Moracchini-Fabbri.***
*Anna Moracchini **in** Fabbri* signifie Anna Moracchini épouse Fabbri.

**3 Emploi de l'article avec les prénoms et les noms de famille** (31) :

— *Ho incontrato **il** Martini / **la** Bianchini al supermercato.*
J'ai rencontré M. Martini / M^me^ Bianchini au supermarché.
— *Non hai visto **la** Luisa?*
Tu n'as pas vu Louise?

■ Traduire :
1. Perché ha cambiato nome? 2. Senza fare nomi, dimmi quello che è successo. 3. Non le piace il suo nome di battesimo. 4. Sei capace di citare i nomi più noti della letteratura italiana? 5. Nel nome del Padre, del Figlio e dello Spirito santo. 6. Era di una stupidità da non dirsi. 7. Gli hanno appioppato («collé») un nomignolo che non gli va. 8. È riuscito a farsi un nome. 9. Elena Bianchi in Parenti. 10. Scusami, non mi ero accorto che oggi è il tuo onomastico.

## 180 Non (traduction de -)

**1 «Non» est très employé, comme son équivalent italien *no* :**

— *Vieni, sì o **no**? **No**, non vengo.*
Tu viens, oui ou **non**? **Non**, je ne viens pas.

**2 Dans certaines expressions, les différences de construction sont plus ou moins sensibles entre les deux langues :**

— *rispondere sì o no*
répondre par un oui ou un non

— *No davvero!*
Non alors!

— *No e poi no!*
Non et non! Mille fois non.
— *dire / rispondere / credere / sperare / pare, sembra /* ***di*** *sì,* ***di*** *no*
dire / répondre / croire / espérer, il semble / que oui, que non
— *per un* ***nonnulla***
pour un oui ou pour un non (pour un rien)

■ Traduire :
1. Tutti sono stati malati, mia madre no. 2. Risponderò con un no deciso. 3. Pioverà? Sembra di no. 4. Tornerà? Sicuramente no. 5. Vuoi una tazza di tè? Perché no? 6. Sei contento, no? È meglio così, no? 7. Vado a liceo un giorno sì un giorno no. 8. Sbrigati, se no arriveremo in ritardo. 9. Quando lei dice di sì, lui dice di no. 10. Ha trovato un'occupazione? Pare di no.

## 181 Nonché

***Nonché*** signifie **«sans compter»**, **«en plus de»**..., **«ainsi que»**..., **«non seulement... mais aussi»**.

— *Scrisse al sindaco* ***nonché*** *al Ministro.*
Il écrivit non seulement au maire mais aussi au Ministre.
— *L'incendio distrusse tutto : la casa, il garage* ***nonché*** *la macchina.*
L'incendie détruisit tout : la maison, le garage ainsi que la voiture.
— *Studia la notte* ***nonché*** *il giorno.*
Il travaille la nuit comme (aussi bien que) le jour.

■ Traduire :
1. Intervenne mio padre nonché mia madre e la zia. 2. I ladri hanno preso le fotografie nonché i gioielli ed il denaro. 3. Nonché tacere come avevo raccomandato, voi ne avete parlato a tutti.

## 182 Nouvelle (traduction de -)

Selon le contexte, la **«nouvelle»** se traduit par *la* ***notizia*** ou par *la* ***novella***.

1 ***Notizia*** **désigne l'information concernant un événement récent :**

— *le ultime* ***notizie***
les dernières nouvelles
— *Sono venuto a chiedere* ***notizie***.
Je suis venu prendre des nouvelles.

- l'ensemble des nouvelles constitue *il* ***notiziario*** (chronique, bulletin) :
  — *il notiziario regionale*
  le bulletin régional, les nouvelles de la région
  — *il notiziario finanziario*
  la chronique financière
- on emploie quelquefois ***nuova*** à la place de ***notizia*** :
  — *Nessuna* ***nuova****, buona* ***nuova****.*
  Pas de nouvelles, bonnes nouvelles.
  — *Porta* ***nuove*** *per te.*
  Il t'apporte des nouvelles.

2 ***Novella*** **désigne le genre littéraire :**

— *Le cento* ***novelle*** *del Decamerone*
Les cent nouvelles du Décaméron

Dans le langage religieux, *la* ***Buona Novella*** est la Bonne Nouvelle (l'Évangile).
— *Il Battista annunciava la* ***Buona Novella****.*
Le Baptiste (saint Jean-Baptiste) annonçait la Bonne Nouvelle.

Traduire :
1. E adesso le notizie sportive. 2. Ascoltiamo il notiziario della sera? 3. Attenti a non diramare (diffuser, répandre) una falsa notizia. 4. Conosci le ultimissime? 5. È una buona o una cattiva notizia? 6. Non ho più avuto notizie dei miei compagni di scuola. 7. Ho dovuto tradurre l'intera novella. 8. Le notizie da Mosca mi sorprendono. 9. Niente nuove per me? 10. È un novellino.

## 183 -o (mots se terminant par –)

**1** **Les mots se terminant par *-o* sont pratiquement tous masculins :**

Attention à ceux dont l'équivalent français est un mot féminin (117) :
— *l'aiuto* (l'aide), *il debito* (la dette), *l'intervento* (l'intervention), *l'orologio* (la montre), *lo studio* (l'étude), *il vetro* (la vitre et le verre), *il fico* (la figue et le figuier), *il mandarino* (la mandarine et le mandarinier), *il mirtillo* (la myrtille), etc.

Les mots féminins en ***-o*** sont très rares :

- *la mano* → *le mani*
- quelques mots invariables (abréviations ou accentués sur la dernière syllabe) : *la radio, la stereo, l'auto, la moto...*

**2** **Au pluriel, le *-o* passe à *-i*** (211) :

— *gli aiuti, i debiti, gli orologi, gli studi, i fichi...* (sauf évidemment si le ***-o*** est accentué : *il casinò, l'oblò,* le hublot).

Pour les noms ayant un double pluriel (***i*** ou ***a***) ou un pluriel féminin en -***a*** (214).

■ Traduire (117) puis mettre au pluriel :
l'affection, l'aiguille, l'obligation, la feuille de papier, la méthode, la tentative, la minute, la seconde, l'invitation, la mosaïque, la signification, la période, la cuillère, le fils, l'oncle, l'ami, le catalogue, le dialogue, le médecin, l'œuf, le doigt, le drap, la centaine, la paire, la lèvre, le rire, le millier, le casino, la radio.

## 184 Obligation (comment exprimer l'-)

En italien, l'idée d'obligation s'exprime de plusieurs manières, avec des différences dans la construction et des nuances de sens (106).

**1** ***Bisognare*** + **un verbe à l'infinitif ou *che*** + verbe au subjonctif :

— ***Bisogna*** *partire subito.*
Il faut partir tout de suite.

— ***Bisogna*** *che tu parta subito.*
Il faut que tu partes tout de suite.

**2** ***Occorre*** + **un verbe ou** + **un substantif (avec accord) :**

— ***Occorre*** *prendere la ruota di scorta.*
Il faut (il est nécessaire de) prendre la roue de secours.
— ***Occorrono*** *dieci litri de benzina.*
Il faut dix litres d'essence.

3 *Ci vuole* + **un substantif (avec accord) :**

— ***Ci vogliono*** *undici giocatori.*
Il faut onze joueurs.

— ***Ci vuole*** *un'ora.*
Il faut une heure.

4 *Andare* + **participe passé :**

— *Questo malato* ***va curato*** *sul serio.*
Ce malade doit être soigné sérieusement.

POUR ALLER PLUS LOIN

A propos d'obligation...

- L'obligation morale (le devoir) se dit ***l'obbligo*** alors que l'***obbligazione*** est un titre boursier.
Mais l'obligation alimentaire se dit l'***obbligazione di mantenimento***.
- La ***scuola dell'obbligo*** est l'école obligatoire.
- ***Il sorriso d'obbligo*** est un sourire de commande.

Traduire :
1. Il faudra présenter (porgere) des excuses. 2. Il faut trop d'argent : j'y renonce. 3. Vous ne travaillez pas assez. Il faut travailler davantage (di più). 4. Pour arriver au sommet il faut marcher lentement. 5. Pour aller en montagne il faut mettre de bons souliers. 6. Il faudra une journée. 7. Il fallait trois heures. 8. La solution doit être trouvée avant la fin (entro) de la semaine. 9. Le plombier a tout ce qui lui faut. 10. Que te faut-il pour réussir (riuscire) ?

## 185 *Ogni / ognuno* (emplois de -)

1 ***Ogni,*** **adjectif indéfini qui traduit «chaque», «tous les»... est toujours suivi du singulier :**

— *Si incontrano* ***ogni*** *giorno, ad* ***ogni*** *ora del giorno o della notte.*
Ils se rencontrent tous les jours, à toute heure du jour ou de la nuit.
— *Passano* ***ogni*** *mezz'ora.*
Ils passent toutes les demi-heures.

2 **Le pronom indéfini *ognuno* signifie «chacun» (*ciascuno*) :**

— ***Ognuno*** *è stato invitato.*
Chacun a été invité.
— ***Ognuno*** *di loro ha portato un regalo.*
Chacun d'entre eux a apporté un cadeau.

POUR ALLER PLUS LOIN

— *in ogni caso*
dans tous les cas, en tout cas
— *ad ogni modo*
de toute façon
— *Ognissanti*
la Toussaint
— *da ogni parte*
de tout côté, de tous les côtés
— *ogni tanto*
de temps en temps

■ Traduire :
1. Ad ogni uccello il suo nido è bello. 2. Ognuno per sé e Dio per tutti. 3. Deve andare dal ginecologo ogni tre mesi. 4. Ogni quarto d'ora passa la sentinella. 5. Non insistere; ad ogni modo non verrò. 6. In ogni caso se avrai bisogno di me saprai dove trovarmi. 7. S'incontrano ogni tanto al municipio. 8. Gli sono piovute addosso critiche da ogni parte. Ad ogni modo se le meritava. 9. Ognuno pagherà la propria parte del conto. 10. Ad Ognissanti anche in Italia si mettono crisantemi nei camposanti.

## 186 Oltre

L'italien emploie assez souvent le mot ***oltre*** qui signifie :

### 1 Outre, en outre, en plus, de plus :

— ***Oltre*** *a marmotte ci sono camosci.*
Outre les marmottes il y a des chamois.
— ***Oltre*** *ad essere bugiardo è anche vigliacco.*
Il est menteur et de plus il est lâche.

### 2 Plus de :

— *Si è speso* ***oltre*** *un milione.*
On a dépensé plus d'un million.

### 3 Loin, plus loin, plus avant, au-delà, après :

— *La farmacia è un po'* ***oltre****.*
La pharmacie est un peu plus loin (est plus avant).
— ***Oltre*** *il ponte comincia il quartiere vecchio.*
Au-delà du pont commence le vieux quartier.
— *Non andare* ***oltre****!*
Ne va pas plus loin!
— *L'agenzia si trova proprio* ***oltre*** *la chiesa.*
L'agence se trouve juste après l'église.

P O U R A L L E R P L U S L O I N

— *È andato* ***troppo oltre.***
Il a exagéré, il a passé les bornes.
— ***Oltre a voi*** *non ho amici.*
En dehors de vous (vous mis à part) je n'ai pas d'amis.
— ***Oltre a ciò...***
En plus de cela...
— ***Inoltre*** *piove.*
En outre (de plus), il pleut.

■ Traduire :
1. Non so se il negozio sia aperto oltre le 19. 2. Oltre la metà del raccolto è guasta. 3. Hanno oltre novant'anni. 4. Voleva sapere fin dall'infanzia cosa c'era oltre i monti. 5. È vissuto a lungo oltremare poi, quando è andato in pensione (retraite), è tornato in Italia. 6. Beve oltre misura : si ammalerà.

## 187 On (traduction de -)

**1** **La tournure réfléchie est la façon la plus courante de traduire «on» :**

— *In questa trattoria* ***si mangia*** *bene.*
Dans ce restaurant on mange bien.

— *Qui* ***si parla*** *italiano.*
Ici **on** parle italien.

**2** **Le verbe s'accorde avec le sujet :**

— *Si* ***bevono tre litri*** *al giorno.*
**On boit** trois litres par jour.

— *Si* ***beve un litro*** *al giorno.*
**On boit** un litre par jour.

- y compris aux temps composés :
  — *Si* ***è bevuto un litro*** *di vino.*
  **On a bu** un litre de vin.
  — *Si* ***sono bevuti due litri*** *di vino.*
  **On a** bu **deux** litres de vin.
- ou quand un autre verbe s'intercale entre **on** et le sujet :
  — ***Si può*** *trovare* ***una*** *soluzione.*
  On peut trouver une solution.
  — ***Si potranno*** *trovare altre soluzioni.*
  On pourra trouver d'autres solutions.

**3** **Avec les verbes pronominaux : on se =** ***ci si*** **:**

— ***Ci si*** *lava ogni mattina.*
**On se** lave chaque matin.

— ***Ci si*** *alza all'alba.*
**On se** lève à l'aube.

**4** **«On y» se traduit *ci si* ou *vi si* :**

— ***Vi si** trovano frutti esotici.*
**On y** trouve des fruits exotiques.
— ***Ci si (vi si)** dorme bene.*
**On y** dort bien.

**5** **«On a» + participe passé se traduit par *si* suivi de l'auxiliaire *essere* :**

On **a** répété ton adresse, se traduit :
— *Si **è** ripetuto il tuo indirizzo.*
On **a** beaucoup travaillé :
— *Si **è** lavorato molto.*

**6** **Certaines formes ont une valeur plus ou moins équivalente à ces formes réfléchies :**

**a** Construction avec le pronom personnel complément indirect :

— *Appena è entrata le **si è detto** di uscire.*
Dès qu'elle est entrée, on lui a dit de sortir (il lui a été dit de...).

**b** ***Noi :***

— ***Ci alziamo** alle sei e **andiamo** a letto a mezzanotte.*
On se lève à 6 heures et on va au lit à minuit.

**c** ***La gente,*** ou la 3e personne du pluriel :

— ***La gente** parla senza sapere.*
Les gens parlent (= on parle) sans savoir.
— *Non dar retta a quello che **dicono**.*
N'écoute pas ce qu'on dit (= ce que les gens, les autres, disent, ce que tout le monde dit).

**7** **L'adjectif ou le nom qui suit «on» se met au pluriel :**

— *Quando si è ingegneri...*
Quand on est ingénieur...

— *Quando si è malati...*
Quand on est malade...

■ Traduire :
1. Dans cet hôtel on parle même (perfino) japonais. 2. Tous les matins on fait une promenade. 3. Chaque jour on fait au moins dix kilomètres. 4. On peut prendre des truites (la trota) dans le torrent. 5. A partir de (da) lundi on se lèvera à 7 heures. 6. On s'habitue à tout mais on ne se résigne pas. 7. Tu as eu tort : quand on veut faire un long voyage on se renseigne avant de partir. 8. Il est tard (tardi), allons-nous en. Si cet endroit te plaît on y reviendra demain. 9. J'aime ce village : on y arrive facilement et on y rencontre des personnes sympathiques. 10. Quand on est riche changer de voiture n'est pas un problème mais quand on est au chômage...

## 188 Onorevole (traduction de -)

***Onorevole*** est employé comme **adjectif** ou comme **substantif**.

**a** Adjectif, ***onorevole*** **signifie honorable :**

— *È un'azione* ***onorevole****.*
C'est une action honorable.

**b** Substantif, il est employé à la place de **député** (***l'onorevole deputato***), de sénateur (***l'onorevole senatore***) ou de ministre :

— *Ha preso la parola l'****onorevole Franchi****...*
Le député (ou le sénateur) Franchi a pris la parole.
— ***Onorevole****, permetta una domanda.*
Monsieur le député, permettez-moi de vous poser une question.
— ***Onorevole*** *Martelli, ci dica perché...*
Monsieur Martelli, dites-nous pourquoi...

## 189 Ora (traduction de -)

L'italien emploie très souvent le mot ***ora*** qui, selon le cas, a des significations différentes :

**1** **Heure :**

— *Ho aspettato* ***mezz'ora*** */* ***un'ora****.*
J'ai attendu une demi-heure / une heure.

Contrairement au français qui utilise le mot **heure**, on n'emploie pas le mot ***ora*** quand on donne l'heure (125) :

| | |
|---|---|
| — *È l'una.* | — *Sono le 8.* |
| Il est une heure. | Il est 8 heures. |

**2** **Maintenant** (***ora*** = ***adesso***) :

— *Ieri c'era molta gente.* ***Ora*** *tutto è tranquillo.*
Hier il y avait beaucoup de monde. Maintenant tout est calme.

**3** **Tout de suite, immédiatement :**

— *Non mollare.* ***Ora*** *vengo.*
Ne lâche pas. J'arrive tout de suite.

**4** **Venir de...** (25 et 288) :

- au présent :

— *È entrato* ***ora****.*
Il vient d'entrer.

Le redoublement renforce l'idée d'imminence :
— *È entrato **or ora**.*
Il vient tout juste d'entrer. Il entre à l'instant.

- au passé :
— *Era tornato **allora**.*
Il venait de revenir.
Avec la possibilité de redoubler ***allora*** :
— *Era tornato **allora allora**.*
Il venait tout juste de revenir.

5 **Il y a : *or sono* (à la place de *fa*, plus courant,** (129) :

— *L'ho chiamato due giorni **or sono**.*
Je l'ai appelé il y a deux jours.

6 **Tantôt... tantôt :**

— ***Ora** ride **ora** piange.*
Tantôt il rit, tantôt il pleure.

7 **Or :**

— *Volle comprare la casa. **Ora** era troppo cara. Ci dovette rinunciare.*
Il voulut une maison. Or, elle était trop chère. Il dut y renoncer.

POUR ALLER PLUS LOIN

— *per ora*
maintenant (pour le moment)
— *fin d'ora*
dès maintenant
— *finora*
jusqu'à maintenant (au passé : *fino allora* jusqu'alors)
— *d'ora in poi, d'ora innanzi, d'ora in avanti, a partire da ora*
à partir de maintenant

**1** Traduire :
1. Se tu fossi arrivato un'ora prima l'avresti visto. 2. Finalmente risponde alla mia lettera! Era ora! 3. C'è molto da aspettare? No, è questione di un'ora. 4. Ricominciano ogni due ore.

**2** Traduire :
1. Pour le moment j'hésite à partir. 2. Maintenant on va pouvoir s'amuser (divertirsi). 3. Jusqu'à maintenant je n'ai rien dit, mais l'heure est venue de réagir. 4. A partir de maintenant c'est moi qui commande. 5. Sois gentil, donne-moi ta réponse dès maintenant. 6. Ne t'impatiente pas, je descends tout de suite. 7. Ils viennent de sortir. 8. Tantôt elle me sourit tantôt elle ne me regarde même pas (neanche). 9. Il l'a épousée pour son argent. Or tout appartient à sa mère : il va avoir une belle surprise.

## 190 -ore (mots se terminant par -)

1 **Les mots se terminant par *-ore* au singulier sont tous masculins : Exception : *la folgore* (= *il fulmine*) : la foudre.**

En français les mots équivalents sont féminins :
— *il colore, il fiore, l'odore, il liquore, lo splendore, il valore...*
la couleur, la fleur, l'odeur, la liqueur, la splendeur, la valeur...

2 **Le féminin formé sur ces mots se termine (110) :**

**a** La plupart du temps en ***-trice*** :

*attore* → *attrice*
*autore* → *autrice*
*lettore* → *lettrice*
*scrittore* → *scrittrice*

**b** Plus rarement en ***-essa*** :

*dottore* → *dottoressa*
*professore* → *professoressa*

**c** Exceptionnellement en ***-a*** :

*signore* → *signora*

*cacciatore* → *cacciatrice*
mais *coniglio alla cacciatora*, lapin chasseur.

■ Donner le féminin des mots :
peccatore (pécheur), educatore, ricercatore, fondatore, operatore, seccatore (casse-pieds), benefattore, ispettore, protettore, traduttore, seduttore, elettore, pittore.

## 191 Où (traduction de -)

1 **Sens spatial : *dove* ou *in cui, nel quale, nei quali, nelle quali* :**

**a** *Dove* :

— ***Dove*** *sei andato?*
**Où** es-tu allé?
— *Andrà* ***dove (laddove)*** *si vive bene.*
Il ira **où** (**là** où) on vit bien.
— ***Da dove*** *viene?*
**D'où** vient-il?
— ***Fin dove*** *dovrò seguirti?*
**Jusqu'où** devrai-je te suivre?

**b** *Dove* ou *in cui, nel quale, nella quale, nei quali, nelle quali...*

— *È il quartiere* ***dove*** */* ***in cui*** */* ***nel quale*** *visse a lungo.*
C'est le quartier **où** il a longtemps vécu.

## 2 Sens temporel : *in cui, nel quale, nella quale* :

**a** On n'utilise jamais *dove* :

— *È l'anno* ***in cui (nel quale)*** *cominciò la crisi.*
C'est l'année **où** commença la crise.

**b** On trouve aussi *che* :

— *La notte* ***che (in cui)*** *nacque.*
La nuit **où** il naquit.

### POUR ALLER PLUS LOIN

Dans certaines expressions usuelles on ne trouve pas l'adverbe ***dove*** dans la traduction du français **où** :

— *A che punto siamo?*
Où en est-on?
— *Non sa da che verso prenderlo.*
Elle ne sait pas par où (par quel bout) le prendre.
— *Dovunque (ovunque, in qualunque posto) sia potrebbe scrivere.*
Où qu'il soit il pourrait écrire.
— *Da che parte è uscito?*
Par où (de quel côté) est-il sorti?
— *Mi chiedo fino a che punto si spingerà.*
Je me demande jusqu'où il ira.

■ Traduire :
1. Où allez-vous? 2. Où est votre voiture? 3. D'où vient ce train? 4. Voilà l'hôpital où il a été opéré. 5. Où habite-t-il maintenant? Je le cherche depuis le jour où nous nous sommes disputés (abbiamo litigato) pour un rien (per un nonnulla). 6. Je me suis marié l'année où j'ai commencé à travailler chez Fiat (presso la Fiat). 7. Ce dessinateur humoristique (il vignettista) exagère : je me demande jusqu'où il ira. 8. Heureusement (per fortuna), la nuit où l'incendie détruisit (distrusse) la maison toute la famille était absente (assente). 9. Je le retrouverai où qu'il aille. 10. Il est toujours triste et refuse (rifiutare) mon aide (aiuto). Je ne sais pas par quel bout le prendre.

## 192 Parenté (adjectifs possessifs avec les noms de parenté)

Avec les noms de parenté proche on n'emploie pas l'article devant le possessif : *mio padre, mia madre...* (216), **sauf** :

**a** Avec ***loro*** : ***la loro*** *madre*, ***il loro*** *padre*

**b** Lorsque le nom est :

- au pluriel : ***le mie*** *sorelle*
- un diminutif : ***la mia*** *sorel**lina***, ***la sua*** *mamma*, ***il suo*** *figliolo*
- accompagné d'un adjectif ou d'une expression qualificative : ***la*** *sua seconda moglie*, ***il*** *mio zio di Calabria.*

■ Mettre l'adjectif possessif (première personne puis dernière personne) devant les noms de parenté suivants :
1. ............ zio. 2. ............ zie. 3. ............ cugina italiana. 4. ............ babbo (papa). 5. ............ cognato (beau-frère).

## 193 Participe passé

### Formes

**1** **Régulières :**

| *parl-**are*** | *ripet-**ere*** | *dorm-**ire*** | *pul-**ire*** |
|---|---|---|---|
| *parl-**ato*** | *ripet-**uto*** | *dorm-**ito*** | *pul-**ito*** |

**2** **Irrégulières :**

- ***ire*** / ***uto*** : *venire, intervenire* → *ven**uto**, interven**uto***
- ***ere*** / ***ito*** : *assistere, insistere, resistere* → *assist**ito**, insist**ito**, resist**ito***
- ***essere*** / ***stato*** : *sono* ***stato***, j'ai été
- la plupart des verbes irréguliers au passé simple le sont aussi au participe passé (p. 349 : participes passés en ***-so, -sso, -to, -tto, -sto,*** etc.)
- dans de très nombreux cas, il est commode de retrouver le participe passé irrégulier à partir du substantif correspondant.

| masculin |
|---|
| ***-so :***<br>*il discorso, il concorso, il morso, il percorso, il ricorso, il riso, il soccorso;* |

***-sso :***
*il crocifisso, il riflesso;*

***-to :***
*il dato* (la donnée), *il dipinto, il morto, il pianto, il raccolto, lo stato, il torto, l'unto* (la crasse), *il vinto, il neonato, il benvenuto;*

***-tto :***
*il biscotto (< cuocere), il detto, il diretto, il fatto, il fritto, il sopravvissuto, (*ou *superstite,* survivant*), lo scritto, lo stretto, lo strutto* (saindoux), *il tratto;*

***-sto :***
*il posto* (la place)

## féminin

***-sa :***
*l'attesa, la chiusa, la contesa* (querelle), *la corsa, la difesa, la discesa, l'offesa, la presa, la resa* (reddition et rendement), *la rivalsa* (ou *rivincita,* revanche), *la spesa;*

***-ssa :***
*la commessa, la compressa* (le comprimé), *la mossa* (le mouvement, le geste), *la promessa, la scommessa* (le pari), *la scossa;*

***-ta :***
*l'aggiunta, la bevuta, la cinta (muraria,* les remparts*), la coperta, l'erta (all'erta), l'offerta, la raccolta, la scelta, la spinta* (la poussée), *la tinta;*

***-tta :***
*la condotta, la palafitta* (le pilotis), *la stretta (di mano);*

***-sta :***
*la richiesta* (la requête), *la risposta, la vista* (organe) et *la veduta* (l'image).

## substantifs se terminant par *-sione*

***-so :***
*allusione, aspersione, contusione, decisione, delusione, diffusione, divisione, elisione, erosione, espansione, esplosione, espulsione, evasione, fusione, illusione, immersione, incisione, inclusione, invasione, lesione, persuasione, sospensione, uccisione;*

***-sso :***
*affissione, ammissione, annessione, concessione, discussione, espressione, impressione, repressione, riflessione, scissione, soppressione.*

## substantifs formés sur le participe passé à l'aide de suffixes

***-ura :***
*apertura, arsura* (chaleur torride), *chiusura, cintura, coltura, copertura, cottura, fessura, lettura, puntura, rottura, tintura;*

***-ore :***
*direttore, elettore, protettore, redattore, redentore, scrittore;*

***-zione :***
*commozione, convinzione;*

***autres :***
*accortezza, detersivo, frantoio, rasoio.*

## Accord du participe passé

### 1 Comme en français :

L'italien fait l'accord dans les phrases construites avec l'auxiliaire ***essere*** :

**masculin** *sono guarito*, je suis guéri
*siamo guariti*, nous sommes guéri**s**

**féminin** *sono guarit**a***, je suis guéri**e**
*siamo guarit**e***, nous sommes guéri**es**

### 2 Différemment du français :

- avec l'auxiliaire ***avere,*** l'italien ne fait pas systématiquement l'accord lorsque le complément d'objet précède le participe passé :
  — *la pagina che ho letto (letta)*
  la page que j'ai lue
  — *i libri che hai letto* (= *letti,* rare)
  les livres que tu as lus
- c'est le cas aussi **avec les pronoms :**
  — *Claudia ti ho visto (vista) a teatro!*
  Claude, je t'ai vue au théâtre!

  mais l'accord se fait lorsque le participe passé est précédé des pronoms ***lo, la, li, le*** :
  — *Tua sorella, **l'**ho vista, ma i tuoi fratelli non **li** ho riconosciuti.*
  Ta sœur, je l'ai vue, mais tes frères, je ne les ai pas reconnus.
- le participe passé de *fare,* ***fatto,*** servant de deuxième auxiliaire, **s'accorde en genre et en nombre** :
  — ***Li** ho fatti partire col treno.*
  Je les ai fai**t** partir en train.
  — ***L'**ho fatt**a** entrare nel salotto.*
  Je l'ai fai**t** entrer dans le salon.
- les **verbes «serviles»** (254) **s'accordent** en genre et en nombre :
  — *Sono volut**e** (potut**e**) tornare.*
  Elles ont voulu (pu) revenir.
  — *Non sono volut**i** (potut**i**) entrare.*
  Ils n'ont pas voulu (pu) entrer.
- l'italien fait également l'accord avec le pronom ***ne*** :
  — *Della birra **ne** ha bevut**a** tanto che era ubriaco.*
  De la bière, il en a tant bu qu'il était ivre.
  — *Camosci? **Ne** abbiamo visti parecchi.*
  Des chamois? On en a vu pas mal.
- dans les **formes pronominales,** l'italien accorde le participe passé au sujet :
  — *Si è spazzolat**a** i capelli.*
  Elle s'est brossé les cheveux.
  — *I soldati si sono ripetuti gli ordini.*
  Les soldats se sont répété les ordres.

## 3 «*Participio passato assoluto*» :

On parle de ***«participio passato assoluto»*** quand le participe passé italien équivaut à lui seul au français : **après avoir + participe passé :**
— ***Riattaccato*** *il telefono cominciò a riflettere.*
Après avoir raccroché le téléphone, il commença à réfléchir.
— ***Preso*** *il fucile uscì.*
Après avoir pris (ayant pris) son fusil, il sortit.

On peut faire l'accord avec le sujet ou avec le complément d'objet :
— *Lavatasi (lavatisi) i piedi si tuffò nella piscina.*
Après s'être lavé les pieds, elle plongea dans la piscine.

## 4 Participe passé et «*aggettivo verbale*» :

On appelle ***«aggettivo verbale»*** une forme qui traduit le résultat d'une action et qui est plus ou moins différente du participe passé correspondant :
— *Questa gita l'ha* ***stancata,*** *è* ***stanca*** *morta.*
Cette excursion l'a fatiguée, elle est morte de fatigue.

**Aux participes passés :**
*adattato, asciugato* (essuyer), *assorbito, avvezzato* (habituer), *caricato, chinato* (se pencher), *colmato* (combler), *destato* (éveiller), *esaurito* (épuiser), *fermato* (arrêter), *gonfiato, guastato* (abîmer), *logorato* (user), *marcito* (pourrir), *pestato* (frapper), *privato, salvato, saziato* (rassasier), *spogliato* (dépouiller), *storpiato* (estropier), *stufato* (ennuyer), *svegliato, vuotato,*

**correspondent les «*aggettivi verbali*»**(6) :
*adatto, asciutto, assorto, avvezzo, carico, chino, colmo, desto, esausto, fermo, gonfio, guasto, logoro, marcio, pesto, privo, salvo, sazio, spoglio, storpio, stufo, sveglio, vuoto.*

**1** Traduire :
1. Je n'étais jamais venue jusqu'ici. 2. Il a été malade et a pleuré toute la nuit. 3. Je n'ai jamais autant ri de ma vie. 4. Pourquoi a-t-il écrit? 5. Quand sont-ils descendus? 6. Ce produit est composé de farine, d'œufs (l'uovo) et de lait. 7. Nous avons choisi une Fiat. 8. Il ne m'a pas serrré la main. 9. Je n'ai pas encore répondu. 10. Ils se sont tués en voiture.

**2** Traduire :
1. Tu as exprimé notre opinion. 2. Le magasin est ouvert le matin et fermé le soir. 3. Cet article a été rédigé par le directeur. 4. La mariée semblait très émue. 5. Des mendiants (il pezzente), j'en ai toujours vu dans ce quartier. 6. Cette veste, je l'ai fait faire à Milan. 7. Il n'a pas voulu entrer. 8. Tu ne t'es pas lavé les mains? 9. Après avoir bu un verre de champagne il se sentit mieux. 10. Après avoir examiné les photos il conclut qu'il ne reconnaissait personne.

## 194 Participe présent (gérondif, 119)

Le participe présent et le gérondif ont la même forme en français :
**En entrant** (gérondif), il est tombé...
Les personnes **entrant** par la fenêtre (qui entrent, participe présent), ont tort.
Cela explique que les Français aient tendance à utiliser le gérondif à la place du participe présent.

### Formes du participe présent

Les terminaisons du participe présent sont :

- verbes en ***-are*** : ***ante***
- verbes en ***-ere*** : ***ente***
- verbes en ***-ire*** : ***ente***

### Emplois

**a** Le participe présent italien est pratiquement inusité comme forme verbale. Quand il existe il est variable :

— *gli italiani residenti all'estero*
les Italiens résidant à l'étranger
— *l'interprete parlant**e** cinese*
l'interprète parlant chinois

**b** La plupart des participes présents ne sont utilisés que comme adjectifs :

— *il salice piangente*
le saule pleureur
— *una persona esigente*
une personne exigeante

ou substantif : *l'amante, il dirigente...*

**c** Lorsqu'on veut traduire un participe présent français il faut donc, sauf exception, employer une proposition relative :

Les touristes arrivant par bateau...
— *I turisti che arrivano con la nave...*
L'élève connaissant la réponse...
— *L'allievo che conosce la risposta...*

### POUR ALLER PLUS LOIN

Les phrases du type : **Ayant interrogé le coupable il comprit ce qui s'était passé,** sont traduites en italien par un participe passé absolu (193) :
— ***Interrogato*** *il colpevole capì quello che era successo.*
On peut aussi employer l'auxiliaire au gérondif :
— ***Avendo interrogato...***
— ***Accortosi*** *del suo errore arrossì.*
S'étant aperçu de son erreur il rougit.

**Traduire :**
1. Je préfère les figues (il fico) venant de Sicile. 2. Les personnes ayant froid peuvent entrer. 3. Ce spectacle est réservé aux personnes habitant dans le quartier. 4. Ce sont des sculptures remontant au Moyen-Age (medioevo). 5. Étant anglais il ne craint (temere) pas la pluie. 6. La maladie s'aggravant (peggiorare) il fut hospitalisé (ricoverare in ospedale). 7. S'étant trompé (sbagliare) de train il arriva en retard. 8. Il pensait à ses affaires (l'affare, masc.) en marchant. 9. Voici les verbes se conjuguant (coniugarsi) avec l'auxiliaire être. 10. La police tint (tenne) compte des témoignages provenant des voisins.

## 195 Partitif (l'article -)

**1** **Le partitif italien est exprimé par la préposition *di* combinée avec l'article défini** (31) :

— *Vorrei* ***del*** *pane.*
Je voudrais du pain.

— *Dagli* ***del*** *vino.*
Donne-lui du vin.

**2** **A la différence du français, le partitif n'est pas obligatoire :**

— *Ha mangiato pane e cioccolato / del pane e del cioccolato.*
Il a mangé du pain et du chocolat.

**3** **On ne doit pas l'employer :**

**a** Dans les phrases négatives :

— *Non bevo vino.*
Je ne bois pas de vin.

— *Non prendo caffè.*
Je ne prends pas de café.

**b** Après les adjectifs quantitatifs :

— *Dammi molto / poco vino.*
Donne-moi beaucoup / peu de vin.

— *C'era troppa gente.*
Il y avait trop de gens.

Mais on emploie la préposition ***di*** dans l'expression ***un po' di*** :
— *Assaggerò* ***un po' di*** *tutto.*
Je goûterai un peu de tout.

**c** En général, on n'emploie pas le partitif après les prépositions :

— *Rivolgiti ad amici di mio padre.*
Adresse-toi à des amis de mon père.
— *Vuoi fragole con panna?*
Tu veux des fraises avec de la chantilly?
— *Viaggia in pullman confortevoli.*
Il voyage dans des autocars confortables.
— *Contavo su somme importanti.*
Je comptais sur des sommes importantes.

# 196 Passé composé (passato prossimo)

Formes

Le passé composé est formé du **participe passé** (193) **précédé**, selon le cas, de l'auxiliaire ***avere*** ou ***essere*** :

### 1 Comme en français :

| *ho* | *hai* | *ha* | *abbiamo* | *avete* | *hanno* |
|---|---|---|---|---|---|
| *parlato* | | *ripetuto* | *dormito* | | *finito* |

| *sono* | *sei* | *è* | *siamo* | *siete* | *sono* |
|---|---|---|---|---|---|
| *entrato (a)* | *caduto (a)* | *partito (a)* | *entrati (e)* | *caduti (e)* | *partiti (e)* |

### 2 Différemment du français :

**a** Certains verbes construits avec l'auxiliaire **avoir** en français se construisent avec l'auxiliaire ***essere*** en italien (42) :

— *Sono riuscito ad entrare.*
J'ai réussi à entrer.
— *È saltato dalla finestra.*
Il a sauté par la fenêtre.

**b** Certains verbes construits avec l'auxiliaire **être** en français se construisent avec l'auxiliaire ***avere*** en italien (42 et 99) :

En particulier, certains verbes pronominaux en français et donc construits avec **être** ne le sont pas en italien.
— ***Hanno** passeggiato.*
Ils se sont promenés.
— ***Ho** sbagliato.*
Je me suis trompé.

**c** Le passé composé a le même emploi en français et en italien. Le passé composé évoque d'ordinaire un passé plus proche *(passato prossimo)* que le passé simple (*passato remoto* - éloigné). Dans la langue parlée, le passé composé est plus couramment employé que le passé simple.

**1** Traduire :
1. Hier nous nous sommes bien amusés (divertirsi). 2. J'ai mangé du caviar (il caviale). 3. Quand sont-ils partis? 4. Il n'a pas réussi à me parler. 5. Jusqu'où vous êtes-vous promenés? 6. Elles se sont disputées (litigare). 7. Il a beaucoup changé. 8. Ce couteau m'a beaucoup servi. 9. Je n'ai pas compris la réponse. 10. Minuit a sonné.

**2** Mettre les phrases précédentes au passé simple.

# 197 Passé simple (passato remoto)

## Formes

| cant - **are** | ripet - **ere** | part - **ire** | ubbid - **ire** |
|---|---|---|---|
| ***ai*** | ***ei*** | ***ii*** | ***ii*** |
| ***asti*** | ***esti*** | ***isti*** | ***isti*** |
| ***ò*** | ***é*** | ***ì*** | ***ì*** |
| ***ammo*** | ***emmo*** | ***immo*** | ***immo*** |
| ***aste*** | ***este*** | ***iste*** | ***iste*** |
| ***arono*** | ***erono*** | ***irono*** | ***irono*** |

### 1 Formes régulières :

**a** Les verbes en ***-ere*** ont 2 terminaisons possibles à la 1re, 3e, 6e personne :

| | | | | | |
|---|---|---|---|---|---|
| *-ei* | *-esti* | *-é* | *-emmo* | *-este* | *-erono* |
| ***-etti*** | *-esti* | ***-ette*** | *-emmo* | *-este* | ***-ettero*** |

Ainsi ***credere*** :

1. ***credei / credetti***
2. *credesti*
3. ***credé / credette***
4. *credemmo*
5. *credeste*
6. ***crederono / credettero***

**b** On évite les formes en ***-etti*** lorsque le verbe a déjà un ***-t-*** sauf pour : *assistere, insistere, resistere... (assistetti, assistesti...)*

### 2 Formes irrégulières :

**a** Dans la plupart des cas il suffit de connaître la première personne et d'en tirer la 3e du singulier et la 3e du pluriel. Les autres personnes sont régulières. Ainsi :

| *sorridere* | *rompere* | *conoscere* |
|---|---|---|
| ***sorrisi*** | ***ruppi*** | ***conobbi*** |
| *sorridesti* | *rompesti* | *conoscesti* |
| ***sorrise*** | ***ruppe*** | ***conobbe*** |
| *sorridemmo* | *rompemmo* | *conoscemmo* |
| *sorrideste* | *rompeste* | *conosceste* |
| ***sorrisero*** | ***ruppero*** | ***conobbero*** |

**b** Compte tenu de la forme de la première personne et du participe passé on peut classer ces verbes en 8 catégories (cf. p. 349) :

passé simple en ***-si*** → participe passé en ***-so***
passé simple en ***-si*** → participe passé en ***-sso***
passé simple en ***-ssi*** → participe passé en ***-sso***
passé simple en ***-si*** → participe passé en ***-to***
passé simple en ***-ssi*** → participe passé en ***-tto***
passé simple en ***-si*** → participe passé en ***-tto***
passé simple en ***-si*** → participe passé en ***-sto***
**cas particuliers** (cf. p. 351)

### Emploi

**a** Le passé simple est employé comme en français pour indiquer une action se déroulant dans le passé, un passé plus ou moins reculé *(remoto)* :

— *Quell'anno* ***fece*** *un viaggio in Cina.*
Cette année-là il fit un voyage en Chine.

**b** Il est très fréquent dans les textes littéraires et notamment à la troisième personne, dans les narrations : *ebbe, fu, disse, rispose, soggiunse, fece, mise, mormorò, urlò, entrò, uscì...* Il est de moins en moins employé à l'oral mais il l'est plus souvent qu'en français.

## 198 Payer

**a** Demander le prix d'un article, d'un objet :

— *Quant'è?*
C'est combien?
— *Qual è il prezzo di...?*
Quel est le prix de...?
— *Quanto costa?*
Ça coûte combien?
— *Quanto viene?*
Ça coûte combien?

**b** Commenter le prix à payer :

— *È troppo caro.*
C'est trop cher.
— *Mi fa lo sconto?*
Vous me faites une réduction?
— *È a buon mercato.*
C'est bon marché.

**c** Au moment de payer :

— *Non ha gli spiccioli? Ho solo un biglietto da 50 000 lire.*
Vous n'avez pas la monnaie? Je n'ai qu'un billet de 50 000 lires.
— *Ecco una moneta da 500 lire.*
Voici une pièce de 500 lires.
— *Ha una carta di credito?*
Vous avez une carte de crédit?
— *Pagherò a mezzo assegno bancario.*
Je paierai par chèque bancaire.
— *Le porto il conto subito.*
Je vous apporte l'addition tout de suite.
— *Ecco il resto.*
Voici votre monnaie.
— *Hai lasciato la mancia?*
Tu as laissé un pourboire?

■ Traduire :
1. Je me sers dans les supermarchés, c'est moins cher. 2. Tu as laissé tomber un billet de 20 000 lires. 3. Monsieur, vous avez oublié votre monnaie. 4. S'il vous plaît, j'ai besoin (mi occorre) de pièces de 200 lires pour téléphoner. 5. Je regrette, je n'ai pas de monnaie.

## 199 Peggio

L'italien ***peggio*** correspond au français **pire, moins bien, plus mal, pis,** et entre dans des phrases d'un emploi très courant.

— *La situazione è ancora **peggio** di quanto credessimo.*
La situation est pire que ce que nous croyions.
— *In quest'albergo si sta **peggio** che a casa.*
Dans cet hôtel on est plus mal / moins bien qu'à la maison.

POUR ALLER PLUS LOIN

- il y a parfois des différences de construction dans les expressions comprenant l'italien ***peggio*** et son équivalent français :

— *c'è **di peggio***
il y a pire
— ***alla peggio***
dans le pire des cas

- et, parfois, le mot ***peggio*** ne peut être traduit par **pire** :

— ***alla meno peggio***
tant bien que mal
— ***aver la peggio***
avoir le dessous, tirer la mauvaise carte

■ Traduire :
1. Il peggio è ancora da venire. 2. Perché pensi solo al peggio? 3. Gli affari vanno di male in peggio. 4. È la soluzione peggiore. 5. Se passerai a destra sarà peggio. 6. Sta meglio? No, sta peggio, ma noi siamo ancora peggio di lui.

## 200 Péjoratifs (suffixes -)

L'italien dispose de quelques suffixes péjoratifs.

### 1 Pour accompagner les noms et les adjectifs :

**a** Le suffixe *-**accio*** (le plus employé) :

*vita* → *Che vit**accia***! (Quelle vie de chien !)
*via* → *la vi**accia*** (le mauvais chemin)
*carta* → *le cart**acce*** (les vieux papiers, les papiers gras)
*lingua* → *una lingu**accia*** (une mauvaise langue)

- ce suffixe peut être renforcé par l'augmentatif ***-one*** :
  *uomo* → *un om**accione*** (un colosse inquiétant)
- dans *coltell**accio*** (coutelas) le suffixe a une valeur augmentative.

**b** Le suffixe *-uccio* qui exprime la plupart du temps l'idée de fragilité (80) peut avoir aussi un sens légèrement péjoratif :

*un uccelluccio* est «un pauvre petit oiseau»
mais *un libruccio* est «un bouquin sans grand intérêt».

**c** Le suffixe ***-astro*** *:*

| | | | | |
|---|---|---|---|---|
| *un giovane* | → | *un giovan**astro*** (un vaurien) | | |

Ce suffixe, ainsi que les suffixes *-iccio* et *-ognolo* est surtout employé avec les adjectifs de couleur (63) :

| | | | | |
|---|---|---|---|---|
| *nero* (noir) | → | *ner**astro*** | *ner**iccio*** | *ner**ognolo*** (noirâtre) |
| *giallo* (jaune) | → | *giall**astro*** | *giall**iccio*** | *giall**ognolo*** (jaunâtre) |

## 2 Pour accompagner les verbes :

**a** *-acchiare :*

*ridere* → *rid**acchiare*** (ricaner) *vivere* → *viv**acchiare*** (vivoter)

**b** *-icchiare :*

*tossire* → *toss**icchiare*** (toussoter)
*dormire* → *dorm**icchiare*** (somnoler)
*leggere* → *legg**icchiare*** (parcourir du regard)

**c** Dans certains cas la forme péjorative est construite sur un radical différent de celui du verbe de base :

| | |
|---|---|
| *scrivere,* écrire | *scri**bacchiare*** |
| *rodere,* ronger (participe passé : *roso*) | *ro**sicchiare*** |
| *mordere,* mordre (participe passé : *morso*) | *mor**sicchiare*** |

■ Traduire les mots suivants et indiquer le mot sur lequel a été construite la forme péjorative :
1. rubacchiare 2. ridacchiare 3. sonnecchiare 4. canticchiare
5. bianchiccio 6. verdastro 7. vecchiaccio 8. fare una figuraccia
9. la robaccia 10. un affaruccio.

# 201 *Per (préposition -)*

La préposition ***per*** a des sens très variés :

**a** **Pour** (destination) :

— *Questo regaluccio è **per** te.*
Ce petit cadeau est pour toi.

— *È l'aereo **per** Roma.*
C'est l'avion pour Rome.

**b** **Pendant** (durée) :

— *Soffrì **per** giorni e giorni.*
Il souffrit pendant des jours et des jours.

**c** **Par, parmi, à travers, dans** (espace) :

— *Passerete* ***per*** *l'Italia?*
Vous passerez par l'Italie?
— *Camminammo* ***per*** *le vie del centro fino a mezzanotte.*
Nous avons marché dans les rues du centre jusqu'à minuit.

**d** **A cause de, grâce à** :

— ***Per*** *la pioggia si va piano.*
A cause de la pluie on va doucement.
— *Era rosso* ***per*** *la rabbia.*
Il était rouge de colère.
— *Chiuso* ***per*** *malattia.*
Fermé pour cause de maladie.
— ***per*** *colpa tua...*
par ta faute...
— ***per*** *merito suo...*
grâce à lui...

## POUR ALLER PLUS LOIN

• la préposition ***per*** entre dans de nombreuses expressions de temps :

— *cominciare / finire* ***per*** (ou *con*)
commencer par / finir par
— *Restarono* ***per*** *poco.*
Ils restèrent peu de temps.
— *Sono partiti* ***per*** *tempo.*
Ils sont partis de bonne heure.
— *stare* ***per*** (261)...
être sur le point de...
— *giorno* ***per*** *giorno*
jour après jour
— ***Per*** *poco non cadde.*
Il a failli tomber.

• on la trouve dans des expressions précisant la situation :

— *Scese* ***per*** *la facciata.*
Il descendit le long de la façade.
— *Uno* ***per*** *volta, prego!*
Un à la fois, s'il vous plaît!
— *Uno* ***per*** *parte!*
Un de chaque côté!
— *Disponetevi* ***per*** *fila.*
Mettez-vous en ligne.

• et dans des expressions très employées comme :

— *Per favore, per cortesia!*
S'il vous plaît!
— *per caso*
par hasard
— *per fortuna*
heureusement

Traduire :
1. È per me? Sì, è per te. 2. Un gelato per uno, per favore. 3. Non ho tempo per andare per funghi 4. È rotolato per le scale ma per fortuna non si è fatto male. 5. Per il momento basterà. 6. Ha aspettato la felicità per tutta la vita. 7. Per la lontananza non lo vidi. 8. Chiuso per sciopero. 9. L'ho incontrato per caso : lui andava in giro per le vie di Milano. 10. L'aereo stava per decollare quando ci dissero che per la nebbia si sarebbe dovuto aspettare almeno un'ora.

## 202 Perché (sens de -)

***Perché*** a trois sens différents :

**a** **Pourquoi** ?

Pronom interrogatif, il est suivi de l'indicatif :
— ***Perché*** *ridi?*
Pourquoi ris-tu ?

**b** **Parce que** :

Pour indiquer la cause, avec l'indicatif :
— *Beve un ponce* ***perché*** *ha freddo.*
Il boit un grog parce qu'il a froid.

**c** **Pour que** :

Pour indiquer le but avec le subjonctif :
— *Lavorano* ***perché*** *tutto sia pronto domani.*
Ils travaillent pour que tout soit prêt demain.

POUR ALLER PLUS LOIN

— *Perché* ***no****?*
Pourquoi pas?
— *Non sanno nemmeno* ***il*** *perché.*
Ils ne savent même pas pourquoi.
— *Come sapere il perché e il percome?*
Comment savoir le pourquoi et le comment?
— *L'hanno picchiato senza* ***un*** *perché.*
On l'a frappé sans raison.

Traduire :
1. Pourquoi es-tu en retard? Parce qu'il y avait beaucoup de circulation (il traffico). 2. Je te téléphone pour que tu n'oublies pas notre rendez-vous (appuntamento). 3. Tu pars avec moi? Pourquoi pas? 4. On n'a jamais su le pourquoi de cet assassinat (assassinio).

## 203 Perfino / anche (19)

***Perfino*** signifie **même**, comme ***anche*** (164), mais on doit parfois distinguer l'emploi de ces deux mots :

**a** Dans la phrase suivante, ***anche*** peut avoir le sens de **même** ou de **aussi** :

— *Hanno bombardato* ***anche*** *un ospedale.*
Ils ont aussi (ou : même) bombardé un hôpital.

Or, ces deux traductions françaises n'ont pas la même valeur :

- si on emploie **aussi**, on se contente de dresser une liste :
  On a bombardé divers bâtiments dont l'hôpital.
- si on emploie **même**, on exprime la surprise, l'indignation :
  On a bombardé des bâtiments, ce qui est grave, mais on n'a pas hésité à détruire l'hôpital, ce qui est monstrueux.

**b** Dans ce deuxième sens de ***anche,*** il vaut mieux employer ***perfino*** :

— *Hanno bombardato* ***perfino*** *un ospedale.*
— *Ha mangiato* ***perfino*** *il pane raffermo.*
Il a même mangé le pain rassis (décidément, il avait faim...).
— *Sono stati ingannati* ***perfino*** *i giornalisti.*
Même les journalistes (qui en principe sont méfiants) ont été trompés.

■ Traduire :
1. Mon grand-père aussi était ingénieur (ingegnere). 2. Dans la famille, même ma grand-mère joue au tennis. 3. Il est même allé au Japon (Giappone). 4. On lui a aussi pris ses lunettes (gli occhiali). 5. Ils parlent même le chinois.

## 204 *Per lo più / perlopiù, per lo meno / perlomeno*

Dans ces deux expressions on trouve ***«lo»*** devant ***più*** et ***meno*** au lieu de ***«il»*** (31).

**a** ***Per lo più, il più delle volte, in generale, in genere*** :
**la plupart du temps, en général, en règle générale.**

— ***Per lo più*** *i clienti restano soddisfatti.*
En général, les clients sont satisfaits.

**b** ***Perlomeno, almeno*** :
**du moins, au moins, pour le moins.**

— *È guarito o* ***per lo meno*** *sta meglio.*
Il est guéri ou, du moins, il va mieux.

## 205 *Peu (voir 230, 168 et 281)*

**a** Le français **«peu»** se traduit par ***poco***.
Comme d'autres quantitatifs (230), ***poco*** :

- est invariable quand il est adverbe, et se place après le verbe :

| | |
|---|---|
| — *Ho mangiato* ***poco***. | — *È* ***poco*** *attivo.* |
| J'ai peu mangé. | Il est peu actif. |

- est variable en genre et en nombre quand il est adjectif :
  — *Ha pochi* **(adjectif)** *amici e sono poco* **(adverbe)** *dinamici.*
  Il a peu d'amis et ils sont peu dynamiques.

**b** Selon le cas, la construction des phrases dans lesquelles entrent ***poco*** et son équivalent **peu** est plus ou moins proche dans les deux langues (notamment la préposition est souvent différente) :

— *Poco zucchero, prego.*
Peu de sucre, s'il vous plaît.
— *L'ho scansato per poco.*
Je l'ai évité de peu.
— *Ci manca poco.*
Il s'en faut de peu.

— *fra poco / fra breve*
sous peu / avant peu
— *a poco a poco*
peu à peu
— *press'a poco, pressapoco...*
à peu près, à peu de chose près...

**c** Dans certaines tournures, le français **peu n'est pas traduit par *poco*** :

— *È in gamba per la sua età!*
Il est un **peu** là pour son âge!
— *Quasi quasi cadevo.*
Pour un **peu** je tombais.
— *Basta che piova anche minimamente... / Appena cade un po' di pioggia...*
Pour **peu** qu'il pleuve...

Compléter les phrases suivantes avec le mot ***poco*** à la forme qui convient :
1. Lavorano ............ 2. Sei ............ attenta. 3. Siete ............ seri. 4. C'è ............ scelta. 5. Ci sono ............ camerieri. 6. Stasera c'è ............ gente. 7. Ha preso ............ pasta ha bevuto ............ bicchieri di vino. 8. I suoi amici sono ............ 9. ............ turisti mangiano ............ 10. Le tue amiche sono ............ simpatiche.

## 206 *Piacere*

Substantif ou verbe, le mot ***piacere*** entre dans de nombreuses expressions courantes :

**a** ***Piacere,*** substantif, se traduit par :

- plaisir :
  — *Abbiamo il **piacere** di...*
  Nous avons le plaisir de...
- ou de façon variée, plus ou moins différente du français :

— *Per **piacere** (per favore).*
S'il vous plaît!
— ***Piacere***!
Enchanté!

— *chiedere (fare) **un piacere***
demander (rendre) un service
— *dessert **a piacere***
dessert à volonté

**b** ***Piacere,*** verbe, se traduit par **«plaire»** ou par **«aimer»** (14) :

— *Questo film* ***piace*** *a tutti.*
Ce film plaît à tout le monde.
— *Questo colore* ***non mi piace****.*
Je n'aime pas cette couleur.
— *Questi quadri* ***non mi piacciono****.*
Je n'aime pas ces tableaux.

**1** Traduire :
1. Giovanni Rossi. Piacere! 2. Balla che è un piacere. 3. Fate come vi piace e pare. 4. Prendi quello che ti piace di più. 5. Ascoltare quest'orchestra fu per me un vero piacere.

**2** Traduire :
1. Je n'aime pas le vin blanc. 2. Il n'aime pas les spaghetti. 3. Je suis Monsieur Martin. Enchanté! 4. Je peux te demander un service?

## 207 Piani (mots -)

Les mots ***piani*** (accentués sur l'avant-dernière syllabe) sont les plus nombreux. L'accent n'étant pas marqué, il est difficile de savoir si un mot est ***piano*** ou ***sdrucciolo*** (251). Il n'y a pas de règle générale.
Retenons quand même que sont ***piani*** :

**a** Tous les mots dont l'avant-dernière syllabe se termine par une consonne : (exceptions rarissimes : *acanto,* acanthe, *mandorla,* amande, *polizza d'assicurazione,* police d'assurances, *Taranto, Otranto*)

**b** Les mots se terminant par :

- ***-ale***
- ***-ana***
- ***-ata*** : sauf *agata* (agate), *apostata* (apostat), *prostata* (prostate)
- ***-ato*** : sauf *sabato*
- ***-ena***
- ***-eto*** : sauf *epiteto*
- ***-ina*** : sauf : *fiocina* (harpon), *lesina* (alène de cordonnier), *macina* (meule), *nomina* (nomination), *patina, resina, retina, semina* (les semailles)
- ***-ire*** : sauf *martire* (martyr)
- ***-ore*** : sauf *folgore* (la foudre)
- ***-one*** : sauf *la sacra Sindone* (le Saint-Suaire)
- ***-oso***

- *-tio* : sauf *astio* (rancune), *mastio* (donjon)
- *-ura* : sauf *Laura, aura* (litt. pour *aria, brezza*)
- *-uto*
- pour les mots en *-ia* (127)

**c** Beaucoup de formes verbales : dans leur très grande majorité, les formes verbales sont ***piane*** :

- 5 personnes (1re, 2e, 3e, 4e, 5e) sur 6 à l'imparfait de l'indicatif, et au présent de l'indicatif et du subjonctif des verbes dont la première personne est ***piana***.
- 4 sur 6 au conditionnel (2e, 3e, 4e, 5e), à l'imparfait du subjonctif (1re, 2e, 3e, 5e) et au passé simple régulier (1re, 2e, 4e, 5e).
- 3 (4e, 5e, 6e) sur 6 au futur.
- Les autres formes sont accentuées sur la dernière syllabe (280) ou sont *sdrucciole* et *bisdrucciole* (251).

## 208 *Più*

**1** **En dehors des comparaisons** (56), ***più*** **est très employé pour traduire le français :**

**a** **Plus** :

— *sempre **più***
de plus en plus

— *Non ne posso **più**.*
Je n'en peux plus.

**b** **Davantage** :

— *Non bere di **più**.*
Ne bois pas davantage.

— *Questo mi piace di **più**.*
Celui-ci me plaît davantage.

**c** **Le plus :**

— *La pazienza è ciò che conta di **più**.*
La patience est ce qui compte le plus.

**d** **Plusieurs** :

— *L'hanno chiamato **più** volte.*
On vous a appelé plusieurs fois.

— *Piove da **più** giorni.*
Il pleut depuis plusieurs jours.

— *I **più** avevano il cappello.*
La plupart (plusieurs) avaient un chapeau.

**2** **Dans les superlatifs relatifs** (269), **on n'emploie pas l'article devant** ***più*** **si on a déjà utilisé l'article ou un pronom démonstratif** :

— *È l'uomo **più** forte del mondo.*
C'est l'homme **le plus** fort du monde.
— *È quella che canta **più** forte.*
C'est celle qui chante **le plus** fort.

POUR ALLER PLUS LOIN

— *Il **più** è fatto.*
Le plus dur est fait.
— *Parlare **del più** e **del meno**.*
Parler de la pluie et du beau temps.
— *Per **lo** più...*
La plupart du temps... (204)

Traduire :
1. Je n'en veux plus. 2. Cela coûte bien plus. 3. J'en mangerais deux fois plus. 4. J'en ai pris deux de plus. 5. Il y a de plus en plus de chômeurs (disoccupato). 6. Cela a (essere) duré plus d'une heure. 7. Je l'ai répété plusieurs fois. 8. Je suivrai (seguire) l'opinion de la majorité. 9. Je reviendrai le plus tard (tardi) possible. 10. Il pleut et de plus il fait du vent (tirare vento).

# 209 Più di..., più... che (meno... che, meno... di)?

Dans les comparaisons pour traduire le comparatif de supériorité **plus... que** ou d'infériorité **moins... que**, (56) l'italien emploie :

## 1 *Più (meno) ... di* :

Devant un nom ou un pronom non précédés d'une préposition et quand on ne compare pas deux quantités :
— *Pietro è **più** / **meno** alto **di** me / **di** tuo fratello / **di** Marcello.*
Pierre est plus / moins grand que moi / que ton frère / que Marcel.
— *Ha tre anni **più di** te.*
Il a trois ans de plus que toi.

## 2 *Più / meno ... che* :

- devant une préposition :
  — *Devo **più** / **meno** denaro a lui **che a** lei (**che a** tua madre).*
  Je dois plus / moins d'argent à lui qu'à elle (qu'à ta mère).
- quand on compare deux quantités :
  — *Hanno comprato **più** pere **che** mele.*
  Ils ont acheté plus de poires que de pommes.
- quand on compare deux verbes :
  — *È **più** fastidioso aspettare **che** passeggiare.*
  Il est plus ennuyeux d'attendre que de se promener.
- quand on compare deux adjectifs :
  — *È **più** ridicolo **che** divertente.*
  C'est plus ridicule qu'amusant.

- quand on compare deux adverbes :
  — *Lavora **più** rapidamente **che** intelligentemente.*
  Il travaille plus rapidement qu'intelligemment.
- pour traduire des phrases du type :
  **Il fréquente moins l'école que le cinéma.**
  **Il fait plus chaud le soir que le matin :**

  on emploie ***che*** devant le nom bien qu'il ne soit pas précédé d'une préposition parce que ***più*** ou ***meno*** se trouve **avant** le premier terme de la comparaison (**école, soir**) et pour éviter la rencontre des deux substantifs, le second pouvant passer pour le complément du premier :
  — *Frequenta **meno** la scuola **che** il cinema.*
  — *Fa **più** caldo la sera **che** la mattina.*

  mais on dira :
  — *La sera è **più** calda **della** mattina.*

### 3 Pour traduire «plus, moins que» + verbe :

On emploie : ***più, meno di quanto*** + verbe au subjonctif imparfait :
— *È **più** vecchio **di quanto pensassi**.*
Il est plus vieux que je ne le pensais.

**1** Traduire :
1. Pesa dieci chili più di me. 2. Sei più bella che mai. 3. Fu più che stupito. 4. Non puoi lavorare più di così? 5. Non posso correre più di così. 6. Più di tutto mi rincresce di non averlo ringraziato. 7. Parla inglese meglio dei turisti americani. 8. Conosco più il tedesco che lo spagnolo. 9. Sei più pigro di quanto credessimo.

**2** Remplacer les pointillés par ***che*** ou ***di*** à la forme qui convient :
1. Ci si diverte più a Venezia ........... a Torino. 2. Sono più dinamici ........... me. 3. Non devi mangiare più pane ........... carne. 4. Quest'attore è meno bravo ........... altro. 5. Meglio lavorare sodo (dur) ........... morire di fame. 6. È più disinvolto ........... suo fratello. 7. Mi sono piaciuti più gli antipasti ........... il dessert. 8. Gli elicotteri fanno più rumore ........... aerei e voi fate più rumore ........... le automobili. 9. Conosco meglio l'italiano ........... mia sorella. 10. Reagì più male ........... bene.

## 210 Se plaindre (traduction de -)

### 1 «Se plaindre» se traduit par : *lamentarsi, lagnarsi, dolersi* :

— ***Si lamenta (si lagna)*** *in continuazione.*
Il ne cesse de se plaindre (de gémir, de pleurnicher).

— ***Si lamenta*** *di essere incompreso.*
Il se plaint d'être incompris.
— *Come va il lavoro? Non* ***mi lamento,*** *non mi lagno.*
(familier : *non c'è male*)
Comment va le travail? Il n'y a pas de quoi se plaindre.

2 **«Plaindre quelqu'un» se dit : *compatire, compiangere, commiserare qualcuno* :**

— *Lui vorrebbe farsi* ***compatire*** *ma nessuno gli bada.*
Il voudrait qu'on le plaigne mais personne ne lui prête attention.
— ***Compatisco.***
Je te plains.

POUR ALLER PLUS LOIN

- **la plainte** (police, justice) se dit : ***la querela, la denuncia; porter plainte*** : ***denunciare, querelare uno, sporgere denuncia*** :
— *È stato* ***querelato*** *per furto.*
On a porté plainte contre lui pour vol.
- familièrement, on emploie souvent ***la lagna*** pour désigner l'attitude de ceux qui se plaignent pour un rien ou qui sont importuns :
— *Piantala con quella* ***lagna****!*
Cesse de pleurnicher!
— *È una* ***lagna****, lui!*
Il est «rasoir» («assommant»).

■ Traduire :
1. Cesse de te plaindre. Tu es plus heureux (felice) que moi. 2. Comment va la santé? Je n'ai pas à me plaindre, merci. 3. Je ne plains jamais personne et je ne veux pas qu'on me plaigne. 4. Si vous continuez à faire du bruit (rumore) j'irai porter plainte au commissariat (in questura). 5. Cet enfant me tape (dare) sur les nerfs; je ne peux plus supporter ses plaintes.

# 211 *Pluriel (formation du -)*

## Pluriel des noms

Pour former le pluriel, il faut :
- vérifier que les mots ne sont pas invariables (139);
- examiner s'ils sont masculins ou féminins (c'est important pour les mots se terminant par *-a,* 2 et 110);
- tenir compte de la finale.

## 1 Cas général :

| | singulier | | pluriel | singulier | pluriel | |
|---|---|---|---|---|---|---|
| masculin | *o* / *e* / *a* | → | *i* | *ragazzo* / *sapone* / *poeta* | *ragazzi* / *saponi* / *poeti* | (garçon) / (savon) |
| | **singulier** | | **pluriel** | **singulier** | **pluriel** | |
| féminin | *a* | → | *e* | *ragazza* | *ragazze* | |
| | *e* | → | *i* | *automobile* | *automobili* | |

## 2 Cas particuliers :

**a** Noms masculins terminés par :

**-io** (*i* non accentué) → ***i*** *studio* *studi* (étude)
**sauf** : *tempio* → *templi*
(*i* accentué) → ***ii*** *mormorio* *mormorii*
**-co** (mots «*piani*») → ***chi*** *parco* *parchi*
**sauf** :
*amico, nemico, greco, porco* → *amici, nemici, greci, porci*
(mots «*sdruccioli*», 251) → ***ci*** *sindaco* *sindaci* (maire)
**sauf** : *carico, incarico, rammarico* (regret), *valico* (col) → *carichi, incarichi, rammarichi, valichi*
**-go** (mots «*piani*») → ***ghi*** *albergo* *alberghi* (hôtel)
(mots «*sdruccioli*») → ***gi*** *asparago* *asparagi* (asperge)
**sauf** : *arcipelago, catalogo, dialogo, monologo, omologo, prodigo, naufrago, profugo, girovago* → *arcipelaghi, cataloghi, monologhi, omologhi, prodighi, naufraghi, profughi, girovaghi*
*il* ***belga*** → *i* ***belgi***

**b** Noms féminins :

- *l'ala* → *le ali* *l'arma* → *le armi* *la mano* → *le mani*
- noms féminins terminés par :

**-ca** → ***che*** *banca* *banche*
*raffica* *raffiche* (rafale)
**-cia** (après une voyelle) → ***cie*** *camicia* *camicie*
(après une consonne) → ***ce*** *faccia* *facce*
**-ga** → ***ghe*** *lusinga* *lusinghe* (flatterie)
*psicologa* *psicologhe*
**-gia** → ***ge*** *frangia* *frange*

Les mots féminins se terminant par -***cia*** ou -***gia*** conservent évidemment le ***i*** s'il est accentué :
*farmacia* → *farmacie*
*bugia* → *bugie* (mensonge)

**c** Substantifs masculins ayant un pluriel irrégulier (2, et notamment 214 : pluriel féminin en *-a*).

**1** Mettre au pluriel les mots suivants :
il francese – la francese – lo spagnolo – la spagnola – il problema – la tribù – la radio – l'analisi.

**2** Mettre au pluriel les mots suivants :
il vecchio – la vecchia – lo zio – la zia – il foglio (feuille de papier) – la foglia (feuille d'arbre) – l'ufficio (le bureau) – il ronzio (le bourdonnement) – il nemico e l'amico – la nemica e l'amica – il banco (le comptoir) – la banca – il fisico (le physicien) – il pronostico – la domestica – il dialogo – la psicologa – l'astrologo – il monologo – il belga – la belga – il greco – la greca – l'arma – la panca (le banc) – la ciliegia (la cerise) – la pancia (le ventre) – la spiaggia – la scia (le sillage).

## Pluriel des adjectifs

### 1 Adjectifs qualificatifs (5) :

**a** En général, le pluriel des adjectifs se forme comme le pluriel des noms (pour ***bello***, 45) :

- **masculin** :

| | | | | | |
|---|---|---|---|---|---|
| *l'uomo* | *coraggioso* | *triste* | *vecchio* | *energico* | *ottimista* |
| ↳ *gli uomini* | *coraggiosi* | *tristi* | *vecchi* | *energici* | *ottimisti* |

- **féminin** :

| | | | | |
|---|---|---|---|---|
| *la mano* | *pallida* | *debole* | *sudicia* | *larga* |
| ↳ *le mani* | *pallide* | *deboli* | *sudicie* | *larghe* |

**b** Dans certains cas, les adjectifs ne suivent pas exactement le modèle des substantifs :

- les adjectifs *«piani»* en ***-co*** font leur pluriel en ***-chi*** *:*
  *bian**co*** → *bian**chi***
  *spor**co*** → *spor**chi***
- les adjectifs *«sdruccioli»* en ***-co*** font leur pluriel en ***-ci*** :
  *entusiasti**co*** → *entusiasti**ci***
  mais :
  *glau**co*** → *glau**chi***
  ***rauco*** → *rau**chi**.*
- tous les adjectifs *«sdruccioli»* se terminant par ***-go*** font leur pluriel en ***-ghi*** *:*
  *analo**go*** → *analo**ghi***
  *omolo**go*** → *omolo**ghi***
  *sacrile**go*** → *sacrile**ghi***
  *girova**go*** → *girova**ghi***
  *prodi**go*** → *prodi**ghi***

### 2 Adjectifs possessifs (216).

| masculin | | féminin | |
|---|---|---|---|
| *il mio* | *i* ***miei*** | *la mia* | *le mie* |
| *il tuo* | *i* ***tuoi*** | *la tua* | *le tue* |
| *il suo* | *i* ***suoi*** | *la sua* | *le sue* |
| *il nostro* | *i nostri* | *la nostra* | *le nostre* |
| *il vostro* | *i vostri* | *la vostra* | *le vostre* |
| *il loro* | *i loro* | *la loro* | *le loro* |

### 3 Adjectifs démonstratifs (74).

| masculin | | féminin | |
|---|---|---|---|
| *questo* | *questi* | *questa* | *queste* |
| *quel* | ***quei*** | *quella* | *quelle* |
| *quello* | ***quegli*** | *quell'* | *quelle* |
| *quell'* | ***quegli*** | | |

**1** Traduire :
1. Les beaux yeux. 2. Les soldats héroïques. 3. Les hommes intelligents. 4. Les politiciens (il politico) pessimistes. 5. Les produits identiques. 6. Les œuvres authentiques. 7. Les portraits (ritratto) identiques. 8. Les voix rauques. 9. Les reflets (il riflesso) glauques. 10. Les mains sales.

**2** Mettre les expressions précédentes au singulier.

**3** Mettre au pluriel les expressions :
il mio amico inglese – mio fratello – il mio fratello minore – il loro padre – il tuo consiglio inutile – la loro macchina nuova – la mia sorellina – il suo problema principale – il nostro collega tedesco e la nostra collega polacca (polonaise) – quel ragazzo antipatico – quell'uomo serio – quello strumento scientifico – quel viaggio interminabile.

## 212 Pluriel en français, singulier en italien

Certains mots, qui sont au pluriel en français, sont employés au singulier en italien :

| | |
|---|---|
| les gens | *la gente* |
| les fiançailles | *il fidanzamento* |
| les funérailles | *il funerale* |

| | |
|---|---|
| les pleurs | *il pianto* |
| les jumelles | *il binocolo* |
| les vendanges | *la vendemmia* |
| les semailles | *la semina* |
| les antécédents | *l'antefatto, l'antecedente* |
| les bagages | *il bagaglio* |
| les machines-outils | *il macchinario* |
| les élèves (ensemble) | *la scolaresca* |
| les étudiants (ensemble) | *la studentesca* |
| aux dépens de | *a danno di* (et : *alle spese di*) |
| la lutte des classes | *la lotta di classe* |
| la folie des grandeurs | *la mania di grandezza* |
| un vacarme de tous les diables | *un baccano del diavolo* |
| être en vacances | *stare in vacanza* |
| être aux aguets | *stare in agguato* |
| être sur ses gardes | *stare in guardia* |
| tomber à genoux | *cadere in ginocchio (ginocchioni)* |
| les jeux sont faits | *il gioco è fatto* |
| faire les yeux doux | *fare l'occhiolino* |
| fermer les yeux sur | *chiudere un occhio su* |
| cela m'a coûté les yeux de la tête | *mi è costato un occhio* |
| jeter l'argent par les fenêtres | *buttare il denaro dalla finestra* |
| les hautes eaux (Venise) | *l'acqua alta (Venezia)* |
| avoir des reprises fulgurantes | *avere una ripresa fulminea (auto)* |

Lorsque plusieurs mots sont accompagnés d'un adjectif, il n'est pas nécessaire de mettre l'adjectif au pluriel :

— *Studio la lingua e la civiltà italiana.*
J'étudie la langue et la civilisation italiennes.

## 213 Pluriel en italien, singulier en français

| | |
|---|---|
| *i crauti* | la choucroute |
| *i calzoncini* | la culotte |
| *gli short* | le short |
| *gli spiccioli* | la monnaie |
| *badare a spese* | surveiller la dépense |
| *(a* ou *in) contanti* | comptant |
| *in fin dei conti* | au bout du compte |
| *le stoviglie* | la vaisselle |
| *la lavastoviglie* | le lave-vaisselle |
| *fare a pugni* | se battre à coups de poing |
| *il ministero degli interni* | le ministère de l'Intérieur |
| *fare le solite cose* | faire toujours la même chose |
| *una fame da lupi* | une faim de loup |
| *una febbre da cavalli* | une fièvre de cheval |
| *tutti lo dicono* | tout le monde le dit |
| *i disegni (i cartoni) animati* | le dessin animé |

| | |
|---|---|
| *essere duro d'orecchi* | être dur d'oreille |
| *arrivare agli orecchi di* | arriver à l'oreille de |
| *in effetti, infatti* | en effet |
| *andare a piedi* | marcher à pied |
| *con i tempi che corrono* | par le temps qui court |
| *ai miei tempi* | de mon temps |
| *essere nei pasticci (nei guai)* | se trouver dans le pétrin |
| *nei riguardi di* | à l'égard de |
| *dalle parti di* | du côté de |
| *ha il compasso negli occhi* | il a le compas dans l'œil |
| *ha osato alzare le mani su* | il a osé lever la main sur |
| *i limiti dell'età* | la limite d'âge |
| *uno scandalo senza precedenti* | un scandale sans précédent |
| *ci sono novità?* | il y a du nouveau? |

## 214 Pluriels irréguliers

**a** Certains mots ont un pluriel irrégulier par rapport à l'évolution habituelle des substantifs (211) :

*uomo* → *uomini*
*bue* → *buoi*
*dio* → *dei (il dio, gli dei)*

**b** Certains noms masculins ont un pluriel **féminin** en *-a*:

| | | | |
|---|---|---|---|
| *il riso* → | *le risa* | *il paio* → | *le paia* |
| *il dito* → | *le dita* | *il centinaio* → | *le centinaia* |
| *l'uovo* → | *le uova* | *il migliaio* → | *le migliaia* |
| *il lenzuolo* → | *le lenzuola* | *il miglio* → | *le miglia* |

**c** Enfin, certains mots ont un **double pluriel** masculin en *-i* et féminin en *-a*:

- avec le même sens :

*il sopracciglio* → *le sopracciglia / i sopraccigli*
*il ginocchio* → *le ginocchia / i ginocchi*
*l'urlo* → *le urla / gli urli*
*il vestigio* → *le vestigia / i vestigi*

- avec un sens différent :

*il membro* → *le membra* (corps), *i membri* (groupe)
*il braccio* → *le braccia* (corps), *i bracci* (fleuve, fauteuil)
*l'osso* → *le ossa* (homme), *gli ossi* (animaux)
*il ciglio* → *le ciglia* (œil), *i cigli* (bords)
*il gesto* → *le gesta* (exploits), *i gesti* (gestes)
*il grido* → *le grida* (homme), *i gridi* (animaux)
*il labbro* → *le labbra* (bouche), *i labbri* (figuré, blessure)
*il corno* → *le corna* (animaux), *i corni* (cor : musique)
*il fondamento* → *le fondamenta* (construction), *i fondamenti* (théorie)
*il muro* → *le mura* (murailles), *i muri* (murs)

■ Traduire :
1. Je connais tous les membres de l'équipe (la squadra). 2. Nous avons fait le tour des remparts. 3. Il y avait des centaines de manifestants (il dimostrante). 4. Je n'aime pas les œufs durs (sodo). 5. Il peut citer tous les dieux de la mythologie. 6. Si tu sautes tu te briseras (rompere) les os. 7. On entend des rires d'enfants. 8. J'ai acheté deux paires de draps. 9. J'ai confondu les milles et les kilomètres. 10. Il passe son temps à froncer (aggrottare) les sourcils.

## 215 Poi

L'adverbe *poi* correspond au français **«puis»** mais il a aussi d'autres sens :

**1** ***Poi* signifie «puis», «après», «ensuite» :**

— *Hanno mangiato al ristorante* ***poi*** *sono andati a ballare.*
Ils ont mangé au restaurant puis ils sont allés danser.
— *Vedremo* ***poi****.*
On verra plus tard.

***Quindi*** a parfois le même sens (239).

**2** ***Poi* entre dans de nombreuses expressions très utiles pour préciser le déroulement chronologique :**

— *prima o* ***poi***
tôt ou tard
— ***da*** *oggi* ***in poi****, d'ora in poi*
dorénavant, à partir d'aujourd'hui
— ***da*** *lunedì* ***in poi***
à partir de lundi

**3** ***Poi* équivaut au français «d'ailleurs» (= et puis) :**

— *Non ho voglia di viaggiare e* ***poi*** *sono al verde.*
Je n'ai pas envie de voyager, d'ailleurs je suis fauché.
— *Non lo so e* ***poi*** *questa faccenda ti riguarda.*
Je ne le sais pas et, après tout, ça te regarde.

**4** ***Poi* renforce l'interrogation ou l'exclamation :**

— *E* ***poi*** *ha parlato o no?*
Bref / en somme, il a parlé ou non?
— *Questa* ***poi****!*
Ça alors!

■ Traduire :
1. Dovresti partire adesso, poi farà troppo freddo. 2. Prendo la prima strada a destra, e poi? 3. Del senno di poi sono piene le fosse. 4. D'accordo, ho mentito, e poi?

# 216 Possession (la notion de -)

## 1 Adjectifs et pronoms possessifs :

| | singulier | | | pluriel | | |
|---|---|---|---|---|---|---|
| masc. | *il mio*<br>*il nostro* | *il tuo*<br>*il vostro* | *il suo*<br>*il loro* (inv.) | *i **miei***<br>*i nostri* | *i **tuoi***<br>*i vostri* | *i **suoi***<br>*i **loro*** (inv.) |
| fém. | *la mia*<br>*la nostra* | *la tua*<br>*la vostra* | *la sua*<br>*la loro* (inv.) | *le mie*<br>*le nostre* | *le tue*<br>*le vostre* | *le sue*<br>***le** loro* (inv.) |

— *La **tua** macchina è più veloce della mia.*
Ta voiture est plus rapide que la mienne.
— *La **loro** casa è più confortevole della nostra.*
Leur maison est plus confortable que la nôtre.

- ***proprio*** est aussi adjectif et pronom possessif (223), traduit par **propre** ou simplement par le possessif :
  — *Pensa al **proprio** interesse.*
  Il pense à son (propre) intérêt.
  — *Ognuno dovrà fare il **proprio** letto.*
  Chacun devra faire son lit.
- lorsqu'il y a risque de confusion, on doit ajouter une précision :
  — *Farà il viaggio con Luigi e la moglie di lui.*
  Il fera le voyage avec Louis et la femme de celui-ci.

## 2 Cas particuliers :

**a** Différences entre le français et l'italien :

- emploi de prépositions différentes :
  — ***Di** chi è questa borsa? È **mia**.*
  A qui est ce sac? Il est à moi.
  — *Questi biglietti sono **di** mio padre.*
  Ces billets sont à mon père.
- quand le rapport de possession est évident, l'italien se contente de l'article défini :
  — *Ha sgridato il figlio.*
  Il a réprimandé son fils.
  — *Ha perduto tutti i denti.*
  Il a perdu toutes ses dents.
- le rapport de possession peut être rendu par la forme pronominale :
  — *Mettiti la camicia*
  Mets ta chemise.
  — *Se lo prende per sé.*
  Il le prend pour lui.
- ***altrui*** est employé sans préposition :
  — *È male prendere la roba **altrui**.*
  C'est mal de prendre le bien (les choses) d'autrui.
- ***a casa mia, tua, sua... loro*** traduit **chez moi**, **chez toi**, etc. (53)
  On peut dire aussi : *da me, da te, da loro...*

**b** On n'emploie pas l'article :

- avec le vocatif : *Cari amici...*;
- lorsque le possessif est en apposition : *Pietro, mio vicino di casa...*;
- avec les titres honorifiques : *Sua Maestà*;
- avec les noms de parenté (192) : *mia madre, mia sorella*;

**Sauf** :

- avec *loro : La loro zia è simpatica*;
- si le nom de parenté est au pluriel : *i miei fratelli*;
- avec un diminutif : *la mia sorellina, il mio figliolo, la mia mamma*;
- ou accompagné d'un adjectif : *Il suo primo marito era antiquario.*

**1** Traduire :
1. C'est mon stylo (la penna stilografica). 2. Ce ne sont pas mes lunettes (gli occhiali). 3. Donne-moi leur adresse (indirizzo). 4. Prends leurs valises. 5. Où a-t-il mis ses papiers (documenti)? 6. Il partira avec son frère et la femme de celui-ci. 7. Il ne pense pas assez à sa propre sécurité (sicurezza). 8. A qui est ce verre? A moi. 9. Il perd tous ses cheveux. 10. Mets ton imperméable.

**2** Traduire :
1. Venez chez moi. 2. Il se consacre (dedicarsi) au bien d'autrui. 3. M. Perini, mon directeur, est efficace. 4. Sa Sainteté (Santità) visitera la Pologne. 5. Ma mère et mon petit frère sont absents jusqu'à (fino a) demain. 6. Mes cousins viennent souvent me voir. 7. Leur oncle est arrivé. 8. Sa seconde femme est morte l'année dernière. 9. Mes amis, il faut partir.

## 217 Pourcentage

Avec le pourcentage, l'italien utilise **l'article au singulier** (31) :

— *Ho già speso **il** 60 % del mio stipendio.*
J'ai déjà dépensé 60 % de mon traitement.
— ***L'**8 % (l'otto per cento) della popolazione è disoccupata.*
8 % de la population est au chômage.

Traduire :
1. J'ai obtenu une réduction de vingt pour cent. 2. 80 % des étudiants ont été reçus (promosso) à cet examen. 3. Il m'a promis un pourcentage (la percentuale) de 11 % sur les ventes (la vendita).

# 218 Présent de l'indicatif

## Formes

### 1 Verbes réguliers :

| -are | -ere | -ire | |
|---|---|---|---|
| ***cant-are*** | ***ripet-ere*** | ***apr-ire*** | ***ubbid-ire*** |
| *cant-**o*** | *ripet-**o*** | *apr-**o*** | *ubbid-**isc**-co* |
| *cant-**i*** | *ripet-**i*** | *apr-**i*** | *ubbid-**isc**-ci* |
| *cant-**a*** | *ripet-**e*** | *apr-**e*** | *ubbid-**isc**-ce* |
| *cant-**iamo*** | *ripet-**iamo*** | *apr-**iamo*** | *ubbid-**iamo*** |
| *cant-**ate*** | *ripet-**ete*** | *apr-**ite*** | *ubbid-**ite*** |
| *cant-**ano*** | *ripet-**ono*** | *apr-**ono*** | *ubbid-**isc**-ono* |

**a** Les verbes en ***-ire*** se divisent en deux groupes (140) :

- ceux qui accolent directement la terminaison au radical, sur le modèle, de ***aprire (apr-)*** :
*avvertire* (avertir, remarquer), *bollire, convertire, coprire, cucire* (et *sdrucire*), *divertire* (et *divertirsi*), *dormire, fuggire, mentire, offrire* (et *soffrire*), *nutrire, partire, pentirsi, seguire, sentire, servire, vestire, tossire*
- ceux, beaucoup plus nombreux (plus de 800...), qui introduisent le groupe ***-isc-*** entre le radical et la terminaison sur le modèle de ***ubbidire (ubbid-isc-)***, comme *pulire, punire, smentire,* etc.

**b** Formes ***piane*** (207) et ***sdrucciole*** (251) :

Le substantif se rapportant au verbe peut aider à connaître la place de l'accent tonique :
ex : *pettine* (peigne), *pettinare* (coiffer) :
*pettino, pettini, pettina, pettiniamo, pettinate, pettinano*

**c** Verbes en ***-care*** et ***-gare*** : pour conserver le son dur on introduit un ***-h*** devant *-i* (124) :

***pescare*** (pêcher) : *pesco, pesc**h**i, pesca, pesc**h**iamo, pescate, pescano*
***pregare*** (prier) : *prego, preg**h**i, prega, preg**h**iamo, pregate, pregano*

### 2 Verbes irréguliers :

**a** Verbes comportant des formes diphtonguées (81) :

- **2e groupe *(-ere)*** :
***dolersi*** : *mi dolgo, ti duoli, si duole, ci dogliamo, vi dolete, si dolgono*
***nuocere*** : *noccio, nuoci, nuoce, nociamo, nocete, nocciono*
***potere*** : *posso, puoi, può, possiamo, potete, possono*
***sedere*** : *siedo, siedi, siede, sediamo, sedete, siedono*
***tenere*** : *tengo, tieni, tiene, teniamo, tenete, tengono*
***volere*** : *voglio, vuoi, vuole, vogliamo, volete, vogliono*

- **3e groupe** ***(-ire)*** **:**
***morire*** : *muoio, muori, muore, moriamo, morite, muoiono*
***venire*** : *vengo, vieni, viene, veniamo, venite, vengono*

**b** Verbes à alternance consonantique :

Certains verbes alternent les sons durs et les sons doux :

- verbes du deuxième groupe se terminant par :

***-gere***
ex : *leggere : leggo, leggi, legge, leggiamo, leggete, leggono*
*accorgersi, cingere, dipingere, dirigere, giungere (aggiungere, soggiungere), immergere, piangere, scorgere, spargere, spingere, tingere, volgere (rivolgersi)...*

***-cere***
ex : *vincere : vinco, vinci, vince, vinciamo, vincete, vincono*
*convincere, torcere...*

*piacere* et *tacere* suivent un autre modèle :
*piaccio, piaci, piace, piacciamo, piacete, piacciono, (taccio, taci...)*

***-scere***
ex : *crescere : cresco, cresci, cresce, cresciamo, crescete, crescono*
*accrescere, conoscere, riconoscere, nascere...*

- verbes du 3e groupe :

***-gire***
(sur le modèle de *aprire*) : *fuggire, fuggo, fuggi, fugge, fuggiamo, fuggite, fuggono*
(sur le modèle de *ubbidire*) : *agire, reagire... agisco, reagisco...*

**c** Verbes à infixation consonantique :

Dans certains cas, la forme verbale comprend la consonne -***g***- qui ne se trouve pas à l'infinitif :

- **2e groupe** ***(-ere)*** **:**
***rimanere*** : *rimango, rimani, rimane, rimaniamo, rimanete, rimangono*
***valere*** : *valgo, vali, vale, valiamo, valete, valgono*
***cogliere*** : *colgo, cogli, coglie, cogliamo, cogliete, colgono*
***scegliere*** : *scelgo, scegli, sceglie, scegliamo, scegliete, scelgono*
***sciogliere*** : *sciolgo, sciogli, scioglie, sciogliamo, sciogliete, sciolgono*
***togliere*** : *tolgo, togli, toglie, togliamo, togliete, tolgono*

- **3e groupe** ***(-ire)*** **:**
***salire*** : *salgo, sali, sale, saliamo, salite, salgono*

**d** Verbes aux nombreuses irrégularités :

- auxiliaires :
***essere*** : *sono, sei, è, siamo, siete, sono*
***avere*** : *ho, hai, ha, abbiamo, avete, hanno*

- autres verbes :

en ***-are***
***andare*** : *vado (vo), vai, va, andiamo, andate, vanno*

***dare***: *do, dai, dà, diamo, date, danno*
***stare***: *sto, stai, sta, stiamo, state, stanno*
***fare***: *faccio (fo), fai, fa, facciamo, fate, fanno*

en ***-ere***

***sapere***: *so, sai, sa, sappiamo, sapete, sanno*
***bere***: *bevo, bevi, beve, beviamo, bevete, bevono*
***condurre*** *(produrre, sedurre, tradurre...)*: *conduco, conduci, conduce, conduciamo, conducete, conducono*
***dovere***: *devo (debbo), devi, deve, dobbiamo, dovete, devono (debbono)*
***porre*** *(imporre, disporre, supporre, comporre...)*: *pongo, poni, pone, poniamo, ponete, pongono*
***potere***: *posso, puoi, può, possiamo, potete, possono*
***trarre***: *traggo, trai, trae, traiamo, traete, traggono*

en ***-ire***

***dire***: *dico, dici, dice, diciamo, dite, dicono*
***udire***: *odo, odi, ode, udiamo, udite, odono*
***uscire***: *esco, esci, esce, usciamo, uscite, escono*

***apparire*** a deux formes :
*appaio, appari, appare, appariamo, apparite, appaiono* et
*apparisco, apparisci, apparisce, appariamo, apparite, appariscono*
mais le présent de l'indicatif de ***parere*** est :
*paio, pari, pare, paiamo, parete, paiono*

Les verbes ***«sovrabbondanti»*** (c'est-à-dire qui ont deux formes à l'infinitif) *adempiere / adempire, compiere / compire, riempiere / riempire,* forment leur présent sur l'infinitif du deuxième groupe :
*riempio, riempi, riempie, riempiamo, riempite, riempiono*

## Emplois

### 1 Le présent de l'indicatif est employé comme en français :

Il est accompagné notamment des adverbes et locutions adverbiales ***ora, adesso,*** **maintenant,** ***oggi,*** **aujourd'hui,** ***oggigiorno, ai dì nostri,*** **de nos jours,** ***in quest'epoca,*** **à notre époque,...**

### 2 En italien, le présent peut exprimer le futur proche :

**a** Comme en français :

— ***Scendo*** *subito.*
Je descends tout de suite, je vais descendre.

**b** Différemment du français dans certaines formes familières :

— *Appena lo* ***vedo*** *(= vedrò) gli* ***dico*** *(= dirò) che sei d'accordo.*
Dès que je le verrai je lui dirai que tu es d'accord.
— *Adesso* ***torna*** *e tutto* ***è*** *(= sarà) da rifare.*
Il va revenir et tout sera à recommencer.

**c** En revanche l'italien emploie le futur alors que le français utilise le présent dans des phrases du type (59) :

— ***Se** non **arriverà** alle 8 **partiremo** senza di lui.*
S'il n'arrive pas à 8 heures nous partirons sans lui.

## 219 Presso (traduction de -)

**1 Près :**

— *Abito qui **presso**.*
J'habite tout près, près d'ici.
— *Guardate da **presso**.*
Regardez de près.
— *Fatti più **presso**.*
Rapproche-toi. Mets-toi plus près.
— *Sparò più da **presso**.*
Il tira de plus près.

**2 Près de = *vicino a, accanto a* :**

— *Mettiti **presso** la finestra.*
Mets-toi près de la fenêtre.

**3 *Nei pressi di* : dans les environs de... :**

— *È un villaggio **nei pressi di** Lucca.*
C'est un village dans les environs de Lucques.

**4 Auprès de, chez :**

— *Interverrò **presso** il sindaco.*
J'interviendrai auprès du maire.
— *Vive ancora **presso** i genitori.*
Il vit encore chez ses parents.
— *Lavora **presso** la Olivetti.*
Il travaille chez Olivetti.
— *Era di moda **presso** i greci.*
C'était à la mode chez les Grecs.

### POUR ALLER PLUS LOIN

- sur les enveloppes :

— *Elena Martini **presso*** (ou : ***c/o***) *Giovanni Labriola.*
Elena Martini chez (aux bons soins de) Giovanni Labriola.

- ***a un di presso*** : à quelque chose près :

— ***A un di presso,** pesa un chilo.*
A quelque chose près, ça pèse un kilo.

# 220 Pronominaux (verbes -)

## 1 Conjugaison : *alzarsi*, «se lever» :

| présent de l'indicatif | impératif affirmatif | impératif négatif |
|---|---|---|
| *Mi alzo alle sette* | | |
| *Ti alzi alle sette* | *Alzati* | *Non alzarti* |
| *Si alza alle sette* | *Si alzi (Lei)* | *Non si alzi* |
| *Ci alziamo alle sette* | *Alziamoci* | *Non alziamoci* |
| *Vi alzate alle sette* | *Alzatevi* | *Non alzatevi* |
| *Si alzano alle sette* | *(si alzino, Loro)* | *(non si alzino)* |

**Cas particuliers :**

- ***Ho** dovuto alzar**mi** alle sette = **mi sono** dovuto alzare alle sette.*
  J'ai dû me lever à sept heures.
- Conjugaison de verbes comme *occuparsene* (**s'en occuper**, 91).

## 2 Différences entre l'italien et le français :

**a** Verbes pronominaux en italien, non pronominaux en français :

*addirsi* convenir
*alternarsi con* alterner avec
*ammalarsi* tomber malade
*arrabbiarsi* enrager (=se mettre en colère)
*arrampicarsi* grimper
*comunicarsi* communier
*congratularsi / rallegrarsi / felicitarsi con...* féliciter
*degnarsi di* daigner
*dimettersi* démissionner
*evolversi* évoluer
*imbattersi in uno* tomber sur quelqu'un
*librarsi* planer
*muoversi* bouger, remuer
*mi dispiace / mi rincresce* je regrette (je suis désolé) (83)
*prendersi / buscarsi un raffreddore* attraper un rhume
*rammaricarsi* regretter (le passé) (244)
*ridersi del pericolo* rire du danger
*sciogliersi* fondre (neige, beurre)
*tuffarsi* plonger
*vergognarsi* avoir honte

**b** Verbes pronominaux en français, non pronominaux en italien :

*accadere, succedere* se produire (arriver) (30)
*ammontare* s'élever (somme)
*annegare, affogare* se noyer (s'il s'agit d'un suicide, *annegarsi*)
*appassire, avvizzire* se faner
*calare, tramontare* se coucher (soleil)
*crollare* s'écrouler

*deridere / canzonare / prendere in giro uno* se moquer de...
*desistere* se désister
*diffidare di* se méfier de
*disdire* se dédire
*esclamare* s'écrier, s'exclamer
*evadere* s'évader
*evaporare* s'évaporer
*fuggire* s'enfuir
*godere di (= rallegrarsi di)* se réjouir de
*ingrandire* s'agrandir
*insorgere* s'insurger
*migliorare* s'améliorer
*passeggiare* se promener
*precipitare (al suolo)* s'écraser (avion)
*proseguire* se poursuivre (débat, discussion)
*ripiegare* se replier
*scappare* s'échapper
*sorgere* s'élever (bâtiment), se lever (soleil, lune)
*stringere amicizia con* se lier d'amitié avec
*svanire* s'estomper (couleurs)
*svenire, venir meno* s'évanouir
*tacere* se taire
*terminare* se terminer

**c** Verbes ayant une double forme, pronominale et non pronominale (la forme non pronominale est la plus courante) :

*accompagnare / accompagnarsi a* accompagner
*approfittare / approfittarsi* profiter
*arricchire / arricchirsi* s'enrichir *(è arricchito = si è arricchito)*
*augurare / augurarsi che* souhaiter que
*bisticciare / bisticciarsi* se disputer
*dimenticare / dimenticarsi di* oublier
*inaridire / inaridirsi* se sécher
*litigare / litigarsi* se disputer
*provare di / provarsi a* essayer
*ricordare / ricordarsi rammentare / rammentarsi* se souvenir
*sbagliare / sbagliarsi* se tromper
*sedere / sedersi* s'asseoir

## 3 Emplois :

**a** La forme pronominale du verbe équivaut souvent à un possessif :

- comme en français :
  — *Lava**ti** le mani.*
  Lave-toi les mains.
- différemment du français :
  — *Metti**ti** la giacca.*
  Mets ta veste.
  — *Togli**ti** le scarpe.*
  Enlève tes chaussures.

**b** Elle peut remplacer un pronom :

— *Indietreggiò senza guardar**si** dietro.*
Il recula sans regarder derrière lui.

■ Traduire :
1. La rose s'est fânée pendant la nuit. 2. Il s'est enfui par la fenêtre puis a grimpé sur un arbre. 3. N'aie pas honte de ce résultat. 4. Ils plongent de la falaise (la scogliera). Ils risquent de se noyer. 5. Le ministre a démissionné. 6. Quand cela est-il arrivé? 7. Les soldats ont pu se cacher (nascondersi) puis se replier pendant la nuit. 8. A côté de l'église se dresse un beau clocher (il campanile). 9. Je me promène jusqu'au moment où le soleil se couche. 10. Tu ferais mieux de (fare meglio a) te taire, s'écria-t-il.

# 221 Les pronoms

## Pronoms sujets

**1 Formes :**

| singulier | | pluriel | |
|---|---|---|---|
| *io* | je, moi | *noi* | nous |
| *tu* | tu, toi | *voi* | vous |
| *egli, esso, lui* | il, lui | *essi, loro* | ils, eux |
| *lei, essa, (ella)* | elle | *esse, loro* | elles |

**2 Emplois :**

L'italien n'emploie le pronom sujet que :

**a** Pour insister :

— ***Io** sono onesto, **tu** invece hai mentito.*
Moi, je suis honnête, toi, au contraire, tu as menti.

**b** Ou pour éviter toute confusion :

— *Bisogna che **io** abbia, che **tu** abbia, che **lui,** che **lei** abbia...*
*Bisognava che **io** avessi, che **tu** avessi...*

**c** Les pronoms ***lui, lei*** et ***loro*** sont en principe des pronoms compléments (forme forte) mais ils sont normalement employés comme pronoms sujets :

— ***Lui** è inglese, **lei** è araba.*
Il est anglais, elle est arabe.

Alors que les autres pronoms de la troisième personne ne se rencontrent le plus souvent que sous la forme écrite :

- ***ella*** est très peu employé;
- ***esso, essa, essi*** et ***esse*** désignent surtout des objets ou des animaux;
- forme ***Lei,*** (149) : ***Lei*** *è italiano?* ***Lei*** *è italiana?*

## Pronoms compléments

### 1 Formes faibles :

**a** Compléments directs :

| singulier | | pluriel | |
|---|---|---|---|
| *mi vede* | il me voit | *ci invita* | il nous invite |
| *ti guarda* | il te regarde | *vi saluta* | il vous salue |
| *lo chiama* | il l'appelle (lui) | *li cura* | il les soigne (eux) |
| *la conosce* | il la connaît (elle) | *le aiuta* | il les aide (elles) |

**b** Compléments indirects :

| singulier | | pluriel | |
|---|---|---|---|
| *mi scrive* | il m'écrit | *ci parla* | il nous parle |
| *ti scrive* | il t'écrit | *vi parla* | il vous parle |
| ***gli*** *scrive* | il lui écrit (à lui) | *parla* ***loro*** | il leur parle (à eux) |
| ***le*** *scrive* | il lui écrit (à elle) | *parla* ***loro*** | il leur parle (à elles) |

A la troisième personne du pluriel :

- ***loro*** est placé après le verbe : *telefonerò* ***loro***
- on trouve souvent ***gli*** à la place de ***loro*** (122) :
  ***gli*** *telefono = telefono* ***loro***
- forme ***Lei,*** (149) :
  ***Le*** *parlo.* Je **vous** parle,
  mais : ***La*** *vedo.* Je **vous** vois.

**c** Pronoms réfléchis : ***mi, ti, si, ci, vi, si*** (220)

- *mi alzo, ti alzi, si alza, ci alziamo, vi alzate, si alzano*
- **impératif** : *alzati, non alzarti, alziamoci, alzatevi.*
- forme ***Lei,*** (149) : *Si alzi!* Levez-vous!

**d** Pronoms groupés :

Lorsque le verbe est accompagné de deux pronoms, le premier des deux pronoms est modifié :

- le ***-i*** passe à ***-e*** :
  — ***Me (te, ce, ve)*** *lo darà.*
  Il me (te, nous, vous) le donnera.

- la transformation est plus sensible pour ***gli*** et ***le*** :
  — ***Gli*** *telefonerà e* ***glielo*** *spiegherà* (masculin).
  — ***Le*** *telefonerà e* ***glielo*** *spiegherà* (féminin).
  Il lui téléphonera et le lui (à lui ou à elle) expliquera.

  Forme ***Lei*** (149) :
  — ***Glielo*** *do subito.*
  Je vous le donne tout de suite.
- en revanche ***loro*** est invariable :
  — *Telefonerà* ***loro*** *e lo spiegherà* ***loro****.*
  Il leur téléphonera et le leur expliquera (à eux ou à elles).

**e** Enclise du pronom complément :

Le pronom personnel complément forme faible (sauf ***loro*** qui est en réalité une forme forte) s'unit au verbe (enclise du pronom) à l'infinitif, au gérondif, à l'impératif (sauf à la forme *Lei*) et au *«participio passato assoluto»* (193)

| *lavati* | *(non lavarti)* | *si lavi* | *laviamoci* | *lavatevi* |
|---|---|---|---|---|
| lave-toi | (ne te lave pas) | lavez-vous | lavons-nous | lavez-vous |

— *Bisogna lavarti. Lavandoti ti sentirai meglio.*
Il faut te laver. En te lavant tu te sentiras mieux.
— *Lavatosi si sentì meglio.*
Après s'être lavé il se sentit mieux.

- on redouble la consonne du pronom avec les impératifs monosyllabiques :
  *da**mm**i,* donne-moi, *da**ll**e,* donne-lui (à elle), *da**cc**i,* donne-nous, *di**mm**i,* dis-moi..., *fa**mm**i,* fais-moi..., *sta**mm**i vicino,* reste près de moi

  sauf avec ***gli*** :
  *da**gli**, di**gli**, fa**gli**, sta**gli** vicino*
- à l'impératif négatif on peut dire :
  *non alzarti, non darmelo, non prendermelo, non restituirmelo*
  ou : *non ti alzare, non me lo dare, non me lo prendere, non me lo restituire*
- à la forme *Lei,* (149), il n'y a pas enclise du pronom à l'impératif :

| — *Mi dica !* | — *Me lo dica !* |
|---|---|
| Dites-moi ! | Dites-le moi ! |

mais le pronom s'accole normalement à l'infinitif et au gérondif :

| — *Devo dirle che...* | — *Vedendola e parlandole...* |
|---|---|
| Je dois vous dire que... | En vous voyant et en vous parlant... |

## 2 Formes fortes :

**a** *Me* (moi), *te* (toi), *lui* (lui), *lei* (elle), *noi* (nous), *voi* (vous), *loro* (eux, elles) :

| — *Aiuta* ***me*** *non gli altri.* | — *Anche* ***noi****?* |
|---|---|
| C'est moi que tu dois aider pas les autres. | Nous aussi ? |
| — *Hanno chiamato* ***lei****, non* ***lui****.* | — *Non partire con* ***loro****.* |
| On l'a appelée elle, pas lui. | Ne pars pas avec eux (elles). |

Forme ***Lei***, (149) : *Andrò con* ***lei****.* J'irai avec vous.

**b** A la forme réfléchie, le pronom est ***sé*** au singulier et au pluriel :

— *Pensa solo a **sé**.*
Il ne pense qu'à lui.
— *Pensano solo a **sé**.*
Ils ne pensent qu'à eux.

**c** Comme il n'y a qu'une forme en français, on risque de confondre avec le pronom complément non réfléchi :

— *Da quando è partita sua figlia la mamma pensa solo a lei.*
Depuis que sa fille est partie, sa maman ne pense qu'à elle.
— *Suo marito è malato. La signora Bianchi pensa solo a lui.*
Son mari est malade. Madame Bianchi ne pense qu'à lui.

Pour ne pas se tromper il est commode d'ajouter **même** *(stesso) :*

— *Pensa solo a sé (= se stessa).*
Elle ne pense qu'à elle (même).
— *Spinge la palla davanti a sé (= a se stesso).*
Il (elle) pousse le ballon devant lui (devant elle).

Forme ***Lei***, (149) :
— *Non pensi troppo a **sé**.*
Ne pensez pas trop à vous.
— *Guardi davanti a **sé**.*
Regardez devant vous.

**1** Traduire :
1. Il faut que j'aille à Rome et que tu ailles à Paris. 2. Si j'avais le temps je voyagerais. 3. Si tu voyageais, tu serais moins intolérant. 4. Pendant que je voyage, toi, tu restes chez toi. 5. Il nous reconnaîtra. 6. Si elles sont libres (libero) nous les inviterons. 7. Quand ils seront en France nous les accueillerons (accogliere). 8. J'écris souvent à mon grand-père (nonno) : je lui écris tous les mois. 9. Je téléphone souvent à ma grand-mère : je lui téléphone tous les dimanches. 10. Si tu ne peux leur téléphoner, envoie-leur (spedire) des cartes postales (la cartolina).

**2** Traduire :
1. Le dimanche je me lève à 8 heures. 2. Habille-toi (vestirsi) vite, nous sommes en retard. 3. Montre-nous cette lettre. 4. Appelle ta mère et demande-lui (chiedere) si quelqu'un a téléphoné. 5. Téléphone à ma sœur et dis-lui que je serai en retard. 6. Si tu écris à ton frère, dis-lui que je le salue. 7. Dis-nous où nous pouvons te retrouver ce soir. 8. Si tu veux lire ce roman je te le prêterai. 9. Si elle me le demande, je le lui dirai. 10. S'il continue, je le dénoncerai (denunciare).

**3** Traduire :
1. Si elles viennent avec moi je leur ferai un cadeau (regalo). 2. Je l'ai attendue hier soir. Tu le lui as dit? 3. Je l'ai vu dans le train. Tu le lui as dit? 4. Prends ce cahier (quaderno) et donne-le moi.

5. Achète des bonbons (la caramella) et donne-les à ces enfants. Donne-les leur tout de suite (subito). 6. Pourquoi ne le leur as-tu pas encore dit? Dis-le leur tout de suite. 7. Elles n'achètent de vêtements que pour elles. 8. Depuis qu'elle m'a quitté je ne pense qu'à elle. 9. Mon amie a vu Sophie (Sofia) et s'est assise à côté d'elle. 10. Sur son bureau, devant elle, se trouve la photo de son mari.

## 222 La prononciation (difficultés rencontrées par les Français)

### 1 Les sons :

Les Français ont naturellement tendance à prononcer certaines lettres ou groupes de lettres comme s'il s'agissait de leur langue maternelle :

**a** Voyelles et groupes de voyelles :

- ***e*** se prononce ***é*** (comme dans «thé») ou ***è*** (comme dans «bière»)
- ***u*** se prononce toujours ***ou*** : *muro [mouro]*
- ***au*** ne se prononce pas comme **Laure** : ***a-ou*** *[Laura laoura]*
- ***eu*** ne se prononce pas comme **Europe** : ***é-ou*** *[Europa éouropa]*
- ***ue*** ne se prononce pas comme **langue** : ***wé*** *[lingue lingwé]*
- ***ai*** ne se prononce pas comme **tu sais** : ***a-i*** *[sai sa-i]*
- ***oi*** ne se prononce pas comme **pois** : ***o-i*** *[poi po-i]*
- ***ui*** ne se prononce pas comme **autrui** : ***ou-i*** *[altrui altroui]*

**b** Voyelles et consonnes :

*am an em en im in om on um un* ne sont pas nasalisées
*a-m a-n é-m é-n i-m i-n o-m o-n ou-m ou-n*

**c** Consonnes :

- ***r*** est roulé
- ***z*** se prononce ***[ts]*** ou ***[dz]*** : *razza [rattsa] mezzo [mèddzo]* (297)
- ***c*** se prononce
  ***[tch]*** s'il est suivi de ***e*** ou de ***i***
  ***[k]*** s'il est suivi de ***a, o, u*** ou ***he, hi***
  *cinema [tchinéma]* *cena [tchéna]* *cercare [tcherkaré]*
  *chimica [kimika]* *chepì [képi]* *chitarra [kitarra]*
- ***sc :***
  ***sci, sce, scia, scio, sciu*** se prononcent ***[chi, ché, cho, cha, chou]*** :
  *sci [chi]* *scena [chèna]* *sciopero* [*chopero,* grève]
  *lasciare [lacharé]* *sciupare* [*chouparé,* gaspiller]
  ***schi, sche*** se prononcent ***[ski, ské]*** :
  *rischiare [riskiare]* *schema [skèma]*

- ***g :***
  ***ge, gi :*** se prononcent ***[djé, dji]*** :
  *genio [djènio]* — *Giuseppe [Djouzèppé]*
  *giro [djiro]*
  ***ghe, ghi :*** se prononcent ***[gué, gui]*** :
  *ghiaccio [guiattcho]* — *Gherardo [Guérardo]*

  Attention aux groupes ***gua, gue, gui, guo!***
  Contrairement à ce qui se passe en français, on entend le ***u [ou]*** :
  ***[goua, goué, goui, gouo]***
  *guardare [gwardaré]* — *guerra [gwèrra]*
  *guida [gwida]* — *languore [langworé]*

- ***gli :***
  ne se prononce pas comme dans le français «glisser» mais ***li*** légèrement mouillé, comme dans «mi**li**eu» :
  *figli figlia figlie figlio famiglia tiglio* (tilleul)

  Exceptions :
  *anglicano, geroglifico, glicerina, glicine, negligente*

- ***gn :***
  *stagnante* ne se prononce pas comme dans le français «stagnant» [stag-nant] mais comme dans «campa**gne**»

- ***q :***
  Attention aux groupes ***qua, que, qui, quo***. Contrairement à ce qui se passe en français, on entend le ***u (= ou)*** : ***[koua, koué, koui, kouo]*** :
  *qualità [kwalità]* — *questione [kwéstioné]*
  *liquido [likwido]* — *liquore [likworé]*

- ***ll :***
  ce groupe n'a jamais le son du français «bri**ll**er». Il est prononcé comme dans «vi**ll**e» : *villa, camomilla*

- ***tio, tia :***
  n'est jamais prononcé comme dans le français «na**tio**nal» ou «ra**tio**nnel» mais comme dans «natif» : *natia* (natal), *calpestio* (piétinement)

- **doubles lettres :**
  Il faut faire entendre les doubles lettres :
  *beve* il boit (présent ind.) — *bevve* il but (passé simple)
  *faremo* nous ferons (futur) — *faremmo* nous ferions (conditionnel)

## 2 L'accent tonique :

Les Français ont tendance à accentuer tous les mots sur la dernière syllabe alors que, en italien, l'accent est placé sur la dernière, sur l'avant-dernière ou sur la troisième, voire la quatrième syllabe avant la fin du mot.

**a** Il se trouve rarement sur la dernière syllabe et, dans ce cas, il est indiqué : on dit qu'on a affaire à des ***parole tronche*** (280) : *città, virtù...*

**b** Il n'est pas indiqué quand il se trouve :

- sur l'avant-dernière syllabe (cas le plus courant : ***parole piane***, 207) : *Cina, Spagna, madre, pane, montagna, pianura, costituzione...*

- ou sur la syllabe précédente (***parole sdrucciole***, 251) :
  *America, cinema, telefono...*
- et même (assez rarement) sur la $4^e$ (ou la $5^e$) syllabe avant la fin dans certaines formes verbales :
  *telefona* ***(sdrucciolo)*** →
  *telefonami* ***(bisdrucciolo)*** →
  *telefonamelo* ***(trisdrucciolo)***
- pour ce qui est de l'accentuation des formes verbales : (207).

## 223 *Proprio*

Adjectif, pronom ou adverbe, ***proprio*** est très employé avec des significations diverses :

**a** Adjectif, ***proprio*** signifie «propre» :

— *nel senso proprio della parola*
au sens propre du mot
— *l'amor proprio*
l'amour propre
— *Il riso è proprio dell'uomo.*
Le rire est le propre de l'homme.

***Proprio*** exprime le possessif (216) :
— *Ognuno prese la* ***propria*** *macchina.*
Chacun prit sa voiture.
— *L'ha visto con i* ***propri*** *occhi.*
Il l'a vu de ses propres yeux.

**b** Pronom, ***proprio*** signifie «sien» :

— *Ognuno dovrà metterci del* ***proprio****.*
Chacun devra y mettre du sien.

**c** Adverbe, ***proprio*** signifie «précisément», «vraiment», «tout à fait» :

— *È* ***proprio*** *bello.*
C'est vraiment beau.
— *Era proprio lei.*
C'était bien elle.

### POUR ALLER PLUS LOIN

— *È uscito* ***proprio ora****.*
Il vient (juste) de sortir.
— *È uno scandalo vero e* ***proprio****.*
C'est un vrai scandale.
— *Era tornato* ***proprio allora****.*
Il venait (juste) de revenir.

■ Traduire :
1. I ladri sono entrati proprio quando i camerieri abbassavano la saracinesca (rideau de fer). 2. È proprio così. 3. Occorreva dare il proprio nome. 4. Ognuno pensava al proprio interesse. 5. Non volle seguirti? Proprio! 6. Decisero di mettersi in proprio. 7. La politica ha delle regole che le sono proprie. 8. Ognuno vorrebbe possedere una casa propria. 9. Hanno telefonato proprio ora. 10. Entrò proprio allora.

## 224 Pugno (significations du mot -)

Le mot ***pugno*** signifie :

**a** **Poing** et **coup de poing** :

— *Non dice niente ma stringe **i pugni**.*
Il ne dit rien mais serre les poings.
— *Mamma, mi ha dato **un pugno**!*
Maman, il m'a donné un coup de poing!
— *Smettete di **fare a pugni**!*
Cessez de vous bagarrer!

**b** **Poignée** :

— *Dammi un **pugno** di lamponi.*
Donne-moi une poignée de framboises.
— *Trovarsi con un **pugno** di mosche.*
Se retrouver les mains vides.

POUR ALLER PLUS LOIN

— *Battere il **pugno** sulla tavola.*
Frapper du poing sur la table.
— *L'ha scritto **di proprio pugno**?*
Il l'a écrit de sa main?
— *Come ti sei vestita? Non vedi che questi colori **fanno a pugni**?*
Comment t'es-tu habillée? Tu ne vois pas que ces couleurs jurent?

## 225 Pure (sens de -)

***Pure*** est adverbe ou conjonction.

### 1 Adverbe, *pure* :

**a** Renforce le sens du verbe :

— *Mangia **pure**!*
Mange donc!

— *Era **pur** vero!*
C'était donc vrai!

**b** Signifie **même, aussi** :

— *Giocheranno* ***pure*** *loro.*
Ils joueront eux aussi.
— ***Pure*** *mio fratello è biondo.*
Mon frère aussi est blond.

Dans les phrases négatives on emploie de préférence ***neppure*** :
— ***Neppure*** *lui volle entrare. = Pure lui non volle entrare.*
Lui non plus ne voulut pas entrer. Lui aussi refusa d'entrer.

## 2 Conjonction, *pure* signifie :

**a** **Bien que, tout en, quoique** :

— ***Pur*** *essendo giovane è sempre malato.*
Bien qu'il soit jeune il est toujours malade.

**b** **Même si** *(anche se)* :

— *Dovessi* ***pure*** *rovinarmi farò questo viaggio.*
Même si je devais me ruiner, je ferai ce voyage.

**c** **Cependant, pourtant, mais, néanmoins** :

— *Sembrerà incredibile,* ***pure*** *è vero.*
Cela peut sembler incroyable, et pourtant c'est vrai.
— *Faceva freddo* ***pure*** *è venuto.*
Il faisait froid et pourtant (néanmoins) il est venu (il est quand même venu).

Dans ce sens on trouve indifféremment ***pure*** ou ***eppure***.

Traduire :
1. Parla pure! Ti ascoltiamo. 2. Pure la sorella studia italiano. 3. Neppure i vicini se ne sono accorti. 4. Pur avendo abitato a Roma per tre anni non parla bene l'italiano. 5. Li ho invitati tutti, pure non sono venuti. 6. Sia pure in pensione (à la retraite) deve rimborsare il prestito (prêt). 7. Un regalo sia pure piccolo fa sempre piacere. 8. Eppure si muove (Galilei).

## 226 Q

### 1 Prononciation :.

*Q* + *u* + voyelle ne se prononce jamais comme les groupes français équivalents : *tranquillo [trank**wi**lo] questione [k**we**stioné] squalo [sk**wa**lo]*

### 2 Particularités orthographiques :

- dans les abréviations, ***q*** signifie ***quadrato*** (carré) ou ***quintale*** :
  *kmq = chilometro quadrato* *10 q. = dieci quintali*
- on rencontre parfois ***q*** concurremment à ***k*** dans les mots étrangers :
  *Iraq / Irak* mais : *iracheno* (irakien) *suq* et *suk* (souk)

**1** Lire :
acquedotto – acqua – tranquillità – quoziente – liquido – liquore – qui, qua – questo – questa – qualità – quantità – quadro – qualifica – quaglia – quadrante – quaranta – quarto – quartiere – quattordici – quindicina – quindici – quaderno.

**2** Traduire :
eau – aqueduc – quotient – qualité – quantité – tableau – caille – cahier – quarante – quart – quartier – quinze – quinzaine – cette – ce – ici – qualification.

## 227 Quai (traduction de -)

Le mot **quai** se traduit de diverses façons selon le cas.

### 1 Le quai de gare :

**Le quai de la gare se traduit par *il binario*** (la voie), ***il marciapiede*** ou ***la banchina***.
— *Il treno è in arrivo sul* ***binario*** *otto.*
Le train est annoncé quai numéro 8.
— *Ti aspetterò sul* ***marciapiede****.*
Je t'attendrai sur le quai.

### 2 Le quai du port :

**Le quai du port est *la banchina*.**
— *Ci sono molti panfili lungo la* ***banchina****.*
Il y a beaucoup de yachts le long du quai.

3 **Le quai d'un fleuve :**

**Le quai d'un fleuve est *il lungofiume*** ou ***lungo*** + le nom du fleuve.

| | | |
|---|---|---|
| — *il lungarno* | — *il lungotevere* | — *il lungosenna* |
| le quai de l'Arno | le quai du Tibre | le quai de la Seine |

On dit aussi ***il lungomare*** pour la **promenade du bord de mer** et il ***lungolago*** pour le **bord d'un lac**.

■ Traduire :
1. J'aime me promener sur les quais de la Seine. 2. Il y a trop de voitures sur les quais de l'Arno. 3. Le train arrivera au quai n° 2. 4. Beaucoup de films policiers se déroulent sur les quais des ports.

## 228 Qualche (traduction de -)

1 **Quelque, un, un certain :**

— ***Qualche** tempo dopo...*
Quelque temps plus tard...
— *Si troverà **qualche** scusa.*
On trouvera une excuse.
— *Un'opera di un **qualche** interesse.*
Une œuvre d'un certain intérêt.

2 **Quelques :**

Il équivaut à ***alcuni*** ou ***alcune*** mais il est **toujours suivi du singulier** :
— *C'era **qualche** spettatore = C'**erano** alcuni spettatori.*
Il y avait quelques spectateurs.
— *Aspettò **qualche** minuto / alcuni minuti prima di andar via.*
Il attendit quelques minutes avant de partir.

Cela explique que ***qualcuno (qualche + uno)*** signifie :

- **quelqu'un** :
  — *È entrato **qualcuno**.*
  Quelqu'un est entré.
- ou **quelques-uns** :
  — *Molti applaudirono ma **qualcuno** fischiò / **alcuni** fischi**arono**.*
  Beaucoup applaudirent mais quelques-uns sifflèrent.

POUR ALLER PLUS LOIN

On trouve ***qualche*** dans des expressions très employées :
— *in qualche modo*
d'une façon ou d'une autre
— *qualche volta*
parfois, quelquefois
— *Qualche giorno si saprà.*
Un jour ou l'autre on le saura.

■ Remplacer ***alcuni*** ou ***alcune*** par ***qualche*** :
1. Prenderò alcuni giornali, aspetta alcuni minuti. 2. È durato solo alcuni secondi. 3. Ci sono state alcune difficoltà. 4. Ho visto alcuni buoi (bœufs) e alcune pecore (brebis). 5. Si vedono alcuni uomini. 6. Ci sono solo alcune ragazze. 7. Le ho incontrate alcune volte. 8. Mi ha segnalato alcune eccezioni. 9. Partirò con alcuni amici ed alcune amiche. 10. C'erano alcune migliaia di dimostranti (manifestant).

## 229 Quale

***Quale*** peut être adjectif interrogatif ou exclamatif, pronom relatif (245) ou pronom interrogatif.

### 1 Adjectif interrogatif et exclamatif :

Il équivaut à ***che*** (103) :

— ***Quale*** *lezione ha preparato?*
Quelle leçon avez-vous préparée?

— ***Quale*** *lezione di coraggio!*
Quelle leçon de courage!

### 2 Pronom relatif :

Il équivaut à ***cui*** (245) :

— *La persona* ***alla quale*** *penso.*
La personne à laquelle je pense.

— *La scala* ***sulla quale*** *sale.*
L'échelle sur laquelle il monte.

— *Gli amici* ***con i quali*** *parto.*
Les amis avec lesquels je pars

— *L'editore* ***per il quale*** *scrive.*
L'éditeur pour lequel il écrit.

### 3 Pronom interrogatif :

Contrairement au français et contrairement à ce qui se passe pour le pronom relatif, l'italien n'emploie pas l'article :

— *A* ***quale*** *pensi?*
A **la**quelle (auquel) penses-tu?

— *Su* ***quale*** *salirai?*
Sur **le**quel (laquelle) monteras-tu?

— *Con* ***quali*** *partirai?*
Avec **les**quels (lesquelles) partiras-tu?

— *Per* ***quale*** *lavori?*
Pour **le**quel (laquelle) travailles-tu?

### POUR ALLER PLUS LOIN

• ***quale*** équivaut à ***come*** :
— *Certe persone* ***quale*** *mio padre sono troppo modeste.*
Certaines personnes, comme mon père, sont trop modestes.

• ***tale quale*** ou ***tale e quale*** équivaut à **tel quel, exactement comme** :
— *Te lo presto ma me lo dovrai restituire* ***tale e quale****.*
Je te le prête mais tu devras me le rendre tel quel.

— *È **tale quale** la madre.*
Elle est exactement comme sa mère / C'est tout sa mère.
— *Cerco una stampante **tale quale**.*
Je cherche une imprimante exactement comme celle-ci.

- traduction de **où** *(in cui)* et de **d'où** *(da cui)* (191) :

— *Il paese **nel quale** vivo.*
Le pays où je vis.
— *La regione **dalla quale** viene.*
La région d'où il vient.

- traduction de **chez qui** :

— *Non è il dentista **dal quale** sono andato.*
Ce n'est pas le dentiste chez qui je suis allé.

■ Traduire :
1. Quel menu préférez-vous? 2. Quelle surprise. 3. C'est le bateau (la nave) sur lequel j'ai fait une croisière (la crociera). 4. Donne-moi le couteau avec lequel tu as coupé (tagliare) le fromage. 5. La voiture avec laquelle il va travailler a plus de dix ans. 6. Voici deux dictionnaires. Lequel veux-tu? 7. Voici deux grammaires : avec laquelle voulez-vous étudier? 8. Il y a deux tiroirs (il cassetto). Dans lequel avez-vous laissé le carnet de chèques (il libretto degli assegni)? 9. C'est tout son père. 10. Voici la famille chez qui j'ai passé mon enfance.

## 230 Quantité

Pour exprimer la quantité on peut utiliser :

### 1 Les adjectifs et adverbes de quantité :

**a** Les adjectifs de quantité ***molto, poco, troppo, parecchio, alquanto...*** sont variables en genre et en nombre :

— ***C'è** molta acqua.*
Il y a beaucoup d'eau.
— *Ci sono pochi turisti.*
Il y a peu de touristes.

**b** ***Qualche*** (228) est toujours suivi du singulier et signifie :

- **quelque**, **un certain** (singulier) :

— *Parlare con **qualche** esagerazione.*
Parler avec quelque / une certaine exagération.

- **quelques** (pluriel) :

— *C'era **qualche** difetto.*
Il y avait quelque**s** défaut**s**.

**2** **Les unités de mesure de poids *(peso)* et de volume :**

| | |
|---|---|
| *la tonnellata (ton.)* | la tonne |
| *il quintale (q)* | le quintal |
| *il chilogrammo (kg)* | le kilogramme |
| *la libbra (lib)* | la livre |
| *l'ettogrammo (etto)* | l'hectogramme |
| *il grammo (gr.)* | le gramme |
| *il litro* | le litre |
| *l'ettolitro* | l'hectolitre |
| *la bottiglia* | la bouteille |
| *il bicchiere* | le verre |

On emploie aussi :

- ***mezzo*** (demi, 73) : *mezza porzione*
- ***quarto*** (quart) : *un quarto di vino* et, familièrement, *un quartino.*

**3** **«Assez» se traduit par *abbastanza* ou par *piuttosto*** (32) :

— *Con un chilo ne ho* ***abbastanza****.*
Avec un kilo j'en ai assez.
— *Questa valigia è* ***piuttosto*** *pesante.*
Cette valise est assez lourde.

■ Traduire :
1. C'est très lourd (pesante) : ça pèse au moins deux tonnes. 2. Il a bu un litre et demi de vin. 3. Il y a trop de sel (sale). 4. Il y a peu de clients. 5. Donnez-moi quelques cerises (ciliegia). 6. Un quart de vin me suffit.

# 231 Quanto

En italien, on rencontre très souvent le mot ***quanto*** avec différentes fonctions et différents sens.

**1** ***Quanto* adverbe :**

Il est invariable :

— ***Quanto pesi?***
Combien pèses-tu?

— ***Quanto*** *sono felice!*
Que je suis heureux!

**2** **Adjectif interrogatif ou exclamatif :**

Alors que l'interrogatif **combien** et l'exclamatif **que** sont invariables en français, leur équivalent ***quanto*** est variable en genre et en nombre qu'il s'agisse :

- de l'interrogatif :

— *Quanto denaro hai preso?*
Combien d'argent as-tu pris?
— *Quanti turisti verranno?*
Il viendra combien de touristes?

— *Quanta pioggia è caduta?*
Il est tombé combien de pluie?
— *Quante piste ci sono?*
Combien de pistes y a-t-il?

- ou de l'exclamatif :

— *Quanta folla! Quanti spettatori!*
Quelle foule! Que de spectateurs!

## 3 *Quanto* pronom :

***Quanto*** pronom interrogatif, exclamatif ou relatif est également variable :

**a** Interrogatif :

— *Quanti verranno?* (masc.)
Combien viendront?

— *Quante torneranno?* (fém.)
Combien reviendront?

**b** Exclamatif :

— *Quanti sono morti!*
Combien sont morts!

— *Quante sono guarite!*
Combien sont guéries!

**c** Relatif (= tout ce que) :

— *Porta quanto occorre.*
Porte ce (tout ce) qu'il te faut.

— *Grazie a quanti sono venuti.*
Merci à tous ceux qui sont venus.

## 4 Dans les comparaisons *quanto* est accompagné de *tanto* :

**a** Il est variable devant un nom :

— *Ci sono tanti ragazzi quante ragazze.*
Il y a autant de garçons que de filles.

**b** Invariable devant un adjectif :

— *Sono tanto giovani quanto stupidi.*
Ils sont aussi jeunes que stupides.

**c** On peut sous-entendre ***tanto*** :

— *È intelligente **quanto** noi.*
Il est aussi intelligent que nous.

### POUR ALLER PLUS LOIN

***Quanto*** entre dans de nombreuses expressions qui traduisent :

- **à ce que, d'après ce que** :

— ***Da quanto*** *mi è stato detto.*
A ce qu'on m'a dit.

- **plus (moins) qu'**on **ne**... avec l'indicatif en français, le subjonctif en italien :

— *È più vecchio **di quanto** si creda.*
Il est plus vieux qu'on ne le croit.

• **quoi que, bien que, pour autant que** :

— ***per quanto*** *tu dica...*
quoi que tu dises...

— ***per quanto*** *io sappia...*
pour autant que je sache...

**1** Traduire :
1. Quanto costa? 2. Quanti errori hai fatto? 3. Quante lagrime (larme)! 4. Hanno rubato tutto quanto. 5. Per quanti sforzi abbiamo fatto non siamo riusciti a ritrovarli. 6. Sono responsabili tutti quanti. 7. Per quanto gridasse nessuno interveniva. 8. Per quanto riguarda questo problema cerchiamo una soluzione che convenga a tutta quanta la popolazione. 9. Quanti barboni (clochard) si vedono che non sanno dove andare a dormire! 10. Prego, rispondete quanto prima.

**2** Traduire :
1. Sei pigro quanto un ghiro (loir). 2. Sarebbe quanto mai rischioso. 3. Quanti ne abbiamo? 4. Questa maglia è calda quanto la tua. 5. Quanto suona bene il violino! 6. Per quanto mi riguarda non ho ancora scelto. 7. Quanti piccioni! 8. Quanta folla! 9. Quanti capolavori! 10. Vale oro quanto pesa.

## 232 Quasi (signification de -)

### 1 L'italien *quasi* a deux significations :

**a Presque** :

— *Sono* ***quasi*** *le 8.*
Il est presque 8 heures.
— *Avete finito di mangiare?* ***Quasi****.*
Vous avez fini de manger? Presque.
— *Si è* ***quasi*** *arrivati.*
On est presque arrivé.

**b Comme si** :

***Quasi*** est l'équivalent de ***come se***; il est suivi du subjonctif imparfait :
— *Urla* ***quasi fossimo*** *all'aria aperta.*
Il hurle comme si nous étions en plein air.
— *Parla* ***quasi fosse*** *lui il padrone.*
Il parle comme si le patron c'était lui.

### 2 La répétition de *quasi* exprime l'imminence :

— ***Quasi quasi*** *cadevo.*
Il s'en est fallu de peu que je ne tombe.
— ***Quasi quasi*** *confessava tutto.*
Un peu plus et il avouait tout.

■ Traduire :
1. Non mangia quasi niente. 2. Quasi tutti erano stranieri. 3. È quasi mezzogiorno. Sbrigati. 4. Quasi nessuno lo conosce. 5. La polizia è intervenuta quasi subito. 6. Hai finito il lavoro? Quasi. 7. Lui parla quasi fosse pazzo. 8. Quasi quasi investivo un pedone. 9. Pensano all'avvenire quasi fossero sicuri di guarire. 10. Quasi quasi gli dicevo che mi dava sui nervi.

## 233 Quattro (emplois et traductions de -)

Le numéral ***quattro*** entre dans certaines expressions courantes.

### 1 Comme en français :

— *Non è una cosa da gridare* ***ai quattro venti****.*
Ce n'est pas quelque chose qu'il faut crier aux quatre vents.

### 2 Plus ou moins différemment du français :

- ***quattro*** en italien, **quatre** en français :
  — *Scende sempre le scale* ***a quattro a quattro****.*
  Il descend toujours l'escalier quatre à quatre.
  — *Penso che lui* ***si è fatto in quattro*** *per...*
  Je pense qu'il s'est mis en quatre pour...
  — *Glielo dirò* ***a quattr'occhi****.*
  Je le lui dirai entre quatre yeux.
  — *C'erano solo* ***quattro gatti****.*
  Il n'y avait que quatre pelés et un tondu.
- ***quattro*** en italien, autres mots en français :
  — *Facciamo* ***quattro passi*** *per sgranchirci le gambe?*
  On fait quelques pas pour se dégourdir les jambes?
  — *Abbiamo fatto* ***quattro chiacchiere****.*
  Nous avons fait un brin de causette.
  — *Tutto fu terminato* ***in quattro e quatr'otto****.*
  Tout fut terminé en un tour de main.

## 234 Quello (formes et emplois, 74)

### 1 Adjectif ou pronom démonstratif :

***Quello*** désigne ce qui est loin dans le temps et dans l'espace :

— *Vedi* ***quel*** *villaggio?*
Tu vois ce village, là-bas?
— *In* ***quell'****epoca faceva più caldo.*
A cette époque-là il faisait plus chaud.

— ***Quelli*** *sono più belli.*
Ceux-là sont plus beaux.
— *Vuoi questo o* ***quello****?*
Tu veux celui-ci ou celui-là?

2 **La forme de l'adjectif démonstratif varie en fonction du mot qui le suit** (74) :

- masculin : *quel → quei* *quello, quell' → quegli*
- féminin : *quella, quell' → quelle*

3 **Attention à ne pas confondre l'adjectif et le pronom :**

Le pronom n'a que 2 formes au masculin et au féminin :

- masculin : *quello → quelli*
- féminin : *quella → quelle*

POUR ALLER PLUS LOIN

- pour traduire **ce que**... on dit : ***quello che, quel che*** ou ***ciò che***;
- *quello* équivaut à *colui, quelli* à *coloro, quella* à *colei, quelle* à *coloro* (74) :
- *quello* a parfois un sens péjoratif :

— *Cosa crede **quello**?*
Qu'est-ce qu'il croit celui-là? (ce type?)

■ Traduire :
1. Je voudrais ce livre, là-haut. Lequel? Celui-là. 2. Ce sont les joueurs (giocatore) de ton quartier? Oui, ce sont ceux-là. 3. Ces écoliers sont très bruyants (rumoroso). Lesquels? Ceux-là, là-bas. 4. Ce n'est pas ce que j'ai dit. 5. Ces deux cravates ont le même prix. Tu préfères celle-ci ou celle-là?

## 235 Question (traduction de -)

Pour traduire le français **question** on utilise :

1 ***Domanda* (question que l'on pose) :**

— *Fare una **domanda**.*
Poser une question.
— *Ho saputo rispondere alle **domande**.*
J'ai su répondre aux questions.
— *Tempestato di **domande** finì con l'arrabbiarsi.*
Pressé de questions il finit par se mettre en colère.

2 ***Questione*** **(= problème) :**

— *Gli italiani non hanno ancora risolto la* ***questione*** *meridionale.*
Les Italiens n'ont pas encore résolu la question du Midi.
— *Calmati! È solo* ***questione*** *di tempo.*
Calme-toi! Ce n'est qu'une question de temps.

*POUR ALLER PLUS LOIN*

- De quoi est-il question?
— *Di che si tratta?*
- Recommencer! Il n'en est pas question!
— *Ricominciare? Neanche per sogno!*
- Cela n'a rien à voir avec la question!
— *Questo non c'entra!*

■ Traduire :
1. Je n'ai pas compris la question. 2. Pouvez-vous répéter la question? 3. C'est une question de vie ou de mort. 4. Ils mettront la question sur le tapis (tappeto). 5. Que veux-tu? C'est une question d'argent (denaro). 6. Répondez à la question.

## 236 Questo (formes et emplois, 74)

1 **Adjectif ou pronom démonstratif :**

***Questo*** se rapporte à ce qui est proche dans l'espace ou dans le temps, contrairement à ***quello*** (74 et 234) :
— *Ti dico che voglio* ***questa*** *cravatta, non quella.*
Je te dis que je veux cette cravate, celle-ci, pas celle-là.

2 ***Questo qui, questo qua*** :

L'italien emploie moins *questo* ***qui****, questo* ***qua****,* que le français n'utilise : celui-**ci**, celle-**ci**...

3 **Le pronom masculin singulier *questo* est parfois remplacé par la forme *questi*. Malgré sa terminaison, *questi* est un singulier :**

— *Leopardi e Montale sono due poeti. Questi del Novecento, quello dell'Ottocento.*
Leopardi et Montale sont deux poètes. Celui-ci (ce dernier) du XX^e siècle, celui-là (l'autre) du XIX^e.

POUR ALLER PLUS LOIN

- dans certaines expressions, ***questa*** est employé comme pronom neutre :

— ***Questa*** *poi!*
Ça alors!

— ***Questa*** *è bella!*
Elle est bien bonne!

- ***questo*** remplace souvent ***ecco*** (290) :

— ***Questa*** *è mia sorella.*
Voici ma sœur. / C'est ma sœur.

■ Traduire :
1. Quali preferisci, questi o quelli? 2. Quando si sentì attaccato, questi si difese. 3. Questa è buffa! (amusant) 4. Questa è grossa! 5. E con questo? 6. Questo mai! 7. Questo sì che è champagne!

## 237 Qui, qua (adverbes -)

**a** Les adverbes ***qui*** et ***qua*** signifient «ici».

Ils désignent ce qui est proche dans l'espace :

| | |
|---|---|
| — *Vieni* ***qui / qua****.* | — *Lascialo* ***qui****.* |
| Viens ici. | Laisse-le ici. |

**b** Avec ***qua*** sont formés d'autres adverbes de lieu :

| | | | |
|---|---|---|---|
| *quaggiù* | ici-bas | *quassù* | ici, en haut |
| *qua sopra* | ci-dessus | *qua sotto* | ci-dessous |
| *qua dietro* | là-derrière | *qua dentro* | là-dedans |
| *qua vicino* | près d'ici | *qua intorno* | autour d'ici |

**c** Dans la phrase française : «Où es-tu? Je suis là», l'adverbe «là» signifie en réalité «ici» : l'italien traduit alors par ***qui*** ou ***qua*** :

| | |
|---|---|
| — *Dove sei? Sono* ***qui****.* | — *Siete* ***qui****?* |
| Où es-tu? Je suis là. | Vous êtes là? |

**d** *Questo* = celui-**ci**, *questa* = celle-**ci** (236).

■ Traduire :
1. Où sont-ils? Ils sont là. 2. Ici, en montagne, on respire de l'air pur. 3. C'est encore loin? Non, c'est tout près. 4. Par ici il n'y a rien à louer (affittare). 5. Signe (firmare) ci-dessous. 6. Lequel (quale) veux-tu? Celui-ci ou celui-là? 7. Prends plutôt ceux-ci. 8. Tout le monde souffre (patire) ici-bas.

## 238 Qui (traduction de -, 54)

Le français **«qui»** est pronom interrogatif, exclamatif, démonstratif, indéfini ou relatif. Attention à bien distinguer ces cas en italien :

### 1 «Qui» interrogatif, exclamatif, démonstratif ou indéfini se traduit par *chi* :

**a** Interrogatif :

— *A **chi** pensi?*
A qui penses-tu?

— ***Chi** è?*
Qui est-ce?

— *Di **chi** è questa sacca?*
A qui est ce sac de voyage?

**b** Exclamatif :

— ***Chi** l'avrebbe detto!*
Qui l'eût dit!

**c** Démonstratif : **celui, celle... qui** :

— ***Chi** ben ama ben castiga.*
Qui aime bien châtie bien.
— *Natale con i tuoi, Pasqua con **chi** vuoi.*
Noël en famille, Pâques avec qui l'on veut.
— *Ripeteva a **chi** voleva ascoltarlo...*
Il répétait à qui voulait l'entendre...

**d** Indéfini :

- **qui** = «les uns... les autres», «certains... d'autres» :
  — *Non erano d'accordo. **Chi** voleva restare chi voleva partire.*
  Ils n'étaient pas d'accord. Les uns voulaient rester les autres voulaient partir.
- **qui que ce soit** = *chiunque :*
  — ***Chiunque** sia non aprirò.*
  Qui que ce soit, je n'ouvrirai pas.

### 2 «Qui» pronom relatif (245) se traduit par :

**a** *Che*:

— *Il cane **che** abbaia non morde.*
Le chien qui aboie ne mord pas.
— *Fa quel (ciò / quello) **che** gli piace.*
Il fait ce qui lui plaît.
— *Mi ha ringraziato **il che** mi ha fatto piacere.*
Il m'a remercié ce qui m'a fait plaisir.

- mais :
  — *L'ho detto io / sono stato io a dirlo.*
  C'est moi qui l'ai dit.

**b** ***Cui*** (invariable), ***quale*** (variable et précédé de l'article) :

— *Il ragazzo **a cui (al quale)** telefono è svedese.*
Le garçon à qui je téléphone est suédois.

— *La ragazza* ***con cui (con la quale)*** *balla è carina.*
La jeune fille avec qui il danse est charmante.

- on peut dire : *Il ragazzo* ***a cui*** *telefono* ou : *Il ragazzo* ***cui*** *telefono.*

Ne pas confondre :

- le pronom interrogatif :
  — *A chi pensi?*
  A qui penses-tu?
- et le pronom relatif :
  — *L'uomo a cui pensi.*
  L'homme à qui (auquel) tu penses.

■ Traduire :
1. Qui es-tu? 2. Qui sait! 3. A qui est ce portefeuille (portafoglio)? 4. Tu peux partir avec qui tu voudras. 5. Qui préfère la littérature qui les mathématiques. 6. C'est pareil pour qui que ce soit. 7. Il m'a aidé ce qui m'a ému (commosso). 8. C'est lui qui l'a fait. 9. Il dira ce qui me conviendra (converrà). 10. Les filles à qui tu écris ne répondront pas.

## 239 Quindi

***Quindi*** a deux valeurs différentes :

### 1° Adverbe :

Il signifie **puis, ensuite, de là :**
— *Siamo andati a Parigi* ***quindi*** *a Londra.*
Nous sommes allés à Paris puis à Londres.

### 2° Conjonction :

Il signifie **par conséquent, aussi, c'est pourquoi** :
— *Non ha studiato,* ***quindi*** *è stato bocciato.*
Il n'a pas travaillé, c'est pourquoi il a été collé.
— *È sordo* ***quindi*** *non ha sentito.*
Il est sourd, aussi n'a-t-il pas entendu.

■ Traduire :
1. Andremo al cinema quindi andremo a ballare. 2. Fa freddo quindi è meglio tornare a casa. 3. Non era assicurato quindi l'incendio lo ha rovinato. 4. L'aereo va a Roma quindi al Cairo. 5. Non so cosa regalarle, quindi scegli tu.

## 240 Quoi (traduction de -)

**Quoi** est un pronom interrogatif ou relatif.

### 1 Pronom interrogatif :

Il se traduit par ***che*** ou ***che cosa*** :
— *A **che cosa** pensi?*
A quoi penses-tu?
— *Vorrei qualcosa.* ***Che?*** / ***Che cosa?***
Je voudrais quelque chose. Quoi?

- A quoi bon? *A che pro? Perché mai? A che serve?*

### 2 Pronom relatif :

Il se traduit par ***che*** :
— *Non c'è di **che**.*
Il n'y a pas de quoi.
— *Non c'è di **che** ridere.*
Il n'y a pas de quoi rire.
— *Ha divorziato **dopo di che** ha cambiato casa.*
Il a divorcé après quoi il a changé de domicile.

### 3 Dans de nombreuses expressions dont l'équivalent français comprend le mot «quoi», on ne trouve pas le pronom *che* :

- traduction de : **quoi que, pour quoi que** :
  — *Comunque non partirò.*
  Quoi qu'il en soit je ne partirai pas.
  — *Qualunque cosa accada...*
  Quoi qu'il arrive...
  — *Per qualunque cosa (per qualsiasi cosa) telefonami.*
  Pour quoi que ce soit téléphone-moi.
- exclamatif :
  — *Insomma (per farla breve) è pazzo!*
  Il est fou, quoi!
- **ce à quoi** :
  — *Quello a cui aspira...*
  Ce à quoi il aspire...

■ Traduire :
1. En quoi consiste le jeu? 2. Dites-moi en quoi je peux vous être utile. 3. Quoi qu'ils disent ne les crois pas. 4. De quoi s'agit-il? 5. Il n'a plus de quoi vivre. 6. Prends de quoi écrire. 7. Ce à quoi il rêve (sognare) est inaccessible. 8. Les tigres (la tigre), les lions (il leone), les singes (la scimmia), tous les animaux quoi. 9. A quoi bon? 10. Il y a encore de quoi faire pour terminer ce travail.

# 241 Rare (traduction de -)

**1** ***Raro* signifie «rare» au sens de «exceptionnel», «peu commun» :**

Le substantif correspondant est ***rarità***.
— *Il caviale è un prodotto **raro**.*
Le caviar est un produit rare.
— *Il panda è un animale **raro**.*
Le panda est un animal rare.

**2** ***Scarso, rado* est «rare» au sens de «peu abondant» :**

Le substantif est ***scarsità*** ou ***scarsezza***.
— *Gli applausi furono **scarsi**.*
Les applaudissements furent rares.
— *Cura i **radi** capelli.*
Il soigne ses rares cheveux.

*È una donna di una **rara** intelligenza* est donc le contraire de :
*È una donna di **scarsa** intelligenza.*

POUR ALLER PLUS LOIN

- dans certains cas, pour traduire **rare** on n'utilisera ni ***raro*** ni ***scarso*** ni ***rado*** :
— *Non ha niente di straordinario / Non è un gran che.*
Ce n'est rien de rare.
— *Tu non ti fai più vivo / diventi prezioso.*
Tu te fais rare.
- à l'adjectif ***scarso*** correspond le verbe ***scarseggiare*** :
— *In tempo di crisi la benzina **scarseggia**.*
En temps de crise l'essence se fait rare.

■ Traduire :
1. Le diamant est cher parce qu'il est rare. 2. Le coup (colpo) fut d'une rare audace. 3. C'est la crise : l'argent devient rare. 4. Après l'incendie (incendio) les arbres étaient rares dans cette région. 5. Le taux de réussite (successo) est rare cette année. 6. Ce fut vraiment quelque chose de rare.

# 242 Rater (traduction de -)

Au français **«rater»** correspondent divers mots italiens qu'il faut employer à bon escient :

- rater son train : *perdere il treno* ;

- rater un examen :
  — *essere bocciato ad un esame;*
- rater sa vie :
  — *Ha sbagliato tutto nella vita.*
  — *La sua vita è stata un fallimento.*
- rater son coup :
  — *Ha fallito (mancato / sbagliato) il colpo.*
- c'est un raté :
  — *È un fallito.*

■ Traduire :
1. Tu vas rater la correspondance (la coincidenza). 2. Vous avez encore raté votre concours? 3. Pour la deuxième fois elle a raté son mariage. 4. On t'avait prévenu : ça n'a pas raté. 5. Il ne rate jamais son coup.

## 243 Réfléchis (verbes -, 220)

**1** **Conjugaisons** : (220), **pronoms réfléchis,** (221) :

**2** **Emplois :**

**a** Comme en français :

***Lavarsi***, se laver : *mi lavo,* je me lave, *lavati,* lave-toi, etc.

— ***Se lo dice*** *ogni mattina.*
Il se le dit tous les matins.
— ***Se lo rimprovererà*** *sempre.*
Il se le reprochera toujours.

**b** Différemment du français, l'italien employant plus souvent les formes réfléchies :

— ***Se lo*** *prende /* ***se lo*** *beve /* ***se lo*** *mangia /* ***se lo*** *sogna...*
Il le prend (pour lui) / le boit / le mange / en rêve...
— ***Si è preso*** *un calcio.*
Il a pris un coup de pied.
— ***Si gode*** *la partita.*
Il suit la partie avec plaisir.

**c** Attention à l'emploi des verbes serviles :

On dit :
— ***Si è*** *dovuto curare* ou : ***Ha*** *dovuto curar**si**.*
Il a dû se soigner.

***prendersela con*** : s'en prendre à quelqu'un, en avoir contre quelqu'un

Traduire :
1. Lave-toi vite. 2. Coiffe-toi (pettinarsi). 3. Coiffons-nous. 4. Lavez-vous (Lei). 5. Ne te blesse pas (ferirsi). 6. Ne vous blessez pas (Lei). 7. L'enfant a pris une gifle (lo schiaffo). 8. Il boit avec ravissement son apéritif. 9. Ce succès, il se l'attribue à tort. 10. Pourquoi t'en prendre à moi? Cet accident (incidente) je ne me l'explique pas.

## 244 Regretter (traduction de -)

**Regretter** se traduit, selon le cas, par ***rincrescere, rimpiangere, rammaricarsi di*** ou par ***mi (ti, gli, le...) dispiace*** (83).

### 1 *Rammaricarsi* :

***Rammaricarsi*** signifie **regretter** dans le sens de «se repentir» ***(pentirsi)***, d'éprouver un sentiment de faute ou d'amertume :
— *Si **rammaricava** (si **pentiva**) del suo gesto.*
Il regrettait son geste.
— *Mi **rammarico** di non averti ascoltato.*
Je regrette de ne pas t'avoir écouté.

### 2 *Rimpiangere* :

***Rimpiangere*** traduit le regret du passé, de ce qu'on a laissé échapper : «pleurer sur», «avoir la nostalgie de»...
— ***Rimpiange** le vacanze trascorse in Italia quando era giovane.*
Il regrette les vacances passées en Italie dans sa jeunesse.

### 3 *Rincrescere* et *dispiacere* (83) :

Ces deux verbes sont employés sous une forme impersonnelle dans le sens de «présenter des excuses», «être désolé» :
— ***Mi rincresce** di non averti risposto più presto.*
Je regrette de ne pas t'avoir répondu plus tôt.
— ***Mi dispiace,** non ho capito bene.*
Je regrette, je n'ai pas bien compris.

***Mi rincresce*** est plus fort que ***mi dispiace*** : Je suis vraiment désolé...

Traduire :
1. Je regrette de ne pas avoir étudié davantage (di più) quand j'étais jeune. 2. Il regrette le temps où il pouvait encore jouer au football (calcio). 3. Je regrette vraiment de devoir te quitter. Je le regrette moi aussi. 4. Je regrette de ne pouvoir vous renseigner (informare). 5. Pouvez-vous me dire où est la rue d'Azeglio? Non, je regrette.

# 245 Relatifs (pronoms -)

## 1 Pronom sujet : *che* :

— *È un ragazzo **che** canta bene.*
C'est un enfant qui chante bien.

## 2 Pronom complément direct : *che* :

— *Non è la canzone **che** preferisco.*
Ce n'est pas la chanson que je préfère.

## 3 Pronom complément indirect : *cui* ou *quale* :

**a A qui, auquel...** :

— *Non conosci i ragazzi **a cui (ai quali)** penso.*
Tu ne connais pas les garçons à qui je pense.

**b Pour qui, pour lequel...** :

— *La ditta **per cui (per la quale)** lavoravo è fallita.*
La maison pour laquelle je travaillais a fait faillite.

**c Avec qui, avec lequel...** :

— *Le persone **con cui (con le quali)** gioco sono più giovani di me.*
Les personnes avec qui je joue sont plus jeunes que moi.

Quand on doit traduire **qui**, attention à ne pas confondre ***chi*** pronom interrogatif (quelle personne?) et ***cui*** pronom relatif (54) :
— *Con **chi** giochi a calcio?*
Avec qui joues-tu au football?
— *È un amico **con cui** gioco a calcio.*
C'est un ami avec qui je joue au football.

## 4 Traduction de «dont» (84) :

— *È la donna **di cui** parlavo.*
C'est la femme dont je parlais.
— *È la donna **la cui** figlia si è appena sposata.*
C'est la femme dont la fille vient de se marier.

## 5 Traduction de «où» (191) :

**a** Dans le sens spatial, on traduit par ***dove*** ou ***in cui*** :

— *Questo è l'albergo **dove (in cui)** ho dormito.*
Voici l'hôtel où j'ai dormi.

**b** Dans le sens temporel on n'emploie que ***in cui*** :

— *Ricordo il giorno **in cui** ti incontrai.*
Je me souviens du jour où je t'ai rencontré.

■ Traduire :
1. Montre-moi la reproduction qui est sur ton bureau (la scrivania). 2. Le photographe qui a pris (scattare) cette photo est célèbre. 3. Le tableau (quadro) dont tu parles est au musée des Offices (Uffizi). 4. C'est le musée où je l'ai vu. 5. Je l'ai vu l'année où je suis allé à Florence. 6. C'est un grand tableau dont le cadre (la cornice) est en bois doré. 7. Je ne sais plus à qui m'adresser (rivolgersi). 8. Parles-en à la personne à qui je t'ai présenté hier soir. 9. C'est un jeune peintre dont les œuvres sont peu connues. 10. Il y a dix passagers (passeggero) dont trois enfants.

## 246 *Remplir (traduction de -)*

### 1 Dans la plupart des cas, «remplir» se traduit par *riempire* :

— ***Riempire*** *un bicchiere.*
Remplir un verre.
— *Gli occhi le si* ***riempivano*** *di lagrime.*
Ses yeux se remplissaient de larmes.

L'adjectif correspondant est ***pieno*** ou ***gremito*** (bondé) ; ***strapieno*** ou ***pieno zeppo*** signifie «plein à craquer».

### 2 Dans d'autres cas, l'italien emploie d'autres verbes :

**a** Remplir une tâche :

***compiere*** / ***adempiere*** *un compito* / *una mansione*

**b** Remplir une fonction :

- à titre définitif : ***ricoprire*** *una carica*
- à titre provisoire : ***assolvere*** / ***assumere*** *un incarico*

**c** Remplir son temps :
***occupare bene*** *il proprio tempo*

**d** Remplir un formulaire :
***compilare*** *un modulo.*

**1** Conjuguer à l'impératif le verbe ***«riempire»***.

**2** Traduire :
1. Mon verre est vide, remplis-le. 2. Il est conscient de remplir une tâche importante. 3. Comment remplit-il ses journées? 4. Vous devez remplir la carte d'embarquement (imbarco). 5. Pendant la guerre, ils se sont rempli les poches.

# 247 Rêver (traduction de -)

1 «Rêver» se traduit par *sognare* :

— *Non **sogno** mai.*
Je ne rêve jamais.
— *Cosa fate? **Sognate?***
Que faites-vous? Vous rêvez?

2 **Contrairement au français, *sognare* est transitif :**

— *La donna **che** sogno.*
La femme dont je rêve.
— *Ti ho sognato.*
J'ai rêvé de toi.
— *Sogna la vittoria.*
Il rêve de victoire.

POUR ALLER PLUS LOIN

— *Sognare ad occhi aperti.*
Rêver les yeux ouverts.

— *Se lo sogna di notte.*
Il en rêve la nuit.

■ Traduire :
1. Mi pare di sognare. 2. Sogno o sono desto? 3. Ho sognato di essere malato. 4. Sogna una vita piacevole. 5. Questa vita non è un sogno, è un incubo (cauchemar). 6. Quella promozione me la sognavo di notte.

# 248 S

## 1 Prononciation :

La lettre -***s***- peut avoir le son dur comme dans le français «suisse», ou doux comme dans le français «mi**s**e».

**a** Son dur :

- au début d'un mot, -***s***- suivi d'une voyelle a toujours un son dur, comme en français :
  — *un segno* un signe — *la sorella* la sœur
- il en est de même à l'intérieur d'un mot lorsque -***s***- est précédé ou suivi d'une consonne :
  — *il percorso* le parcours — *il disprezzo* le mépris
- un préfixe ne change pas le son dur du mot de base :
  — *suscitare* susciter — *risuscitare* ressusciter
- le pronom ***«si»*** conserve toujours le son dur :
  — *si alza* il se lève — *alzandosi* en se levant
- en fin de mot, -***s***- a le son dur :
  — *il gas* le gaz — *il ribes* la groseille
  et on l'entend toujours, contrairement au français :
  — *l'ananas, il caos, il pus, il pancreas*
- suivi des consonnes *c, f, p, q, t,* -***s***- a le son dur :
  — *scaricare* décharger — *lo studio* l'étude — *lo sport* le sport
  — *la squadra* l'équipe — *la sferza* le fouet — *lo sforzo* l'effort

**b** Son doux :

- suivi des consonnes *b, d, g, l, m, n, r, v,* -***s***- a le son doux :
  — *sbottonare* déboutonner — *lo sgabello* le tabouret — *snello* svelte
  — *lo sdegno* le dédain — *lo smalto* l'émail — *sradicare* déraciner
- lorsque -***s***- se trouve entre deux voyelles, il vaut mieux le prononcer «doux» (contrairement à la prononciation toscane qui aboutit à un -***s***- dur) : *la* ***casa [la caza]***, la **maison**, est différent de *la* ***cassa,*** la **caisse**.

## 2 Orthographe :

Au pluriel on trouve parfois -***s***- à la fin des mots d'origine étrangère se terminant par une consonne (139). Il vaut mieux ne pas l'employer :
*il camion* → *i camion(s)* *il film* → *i film(s)*

**3** -*S*- **«impur» :**

On parle de **«*s* impur»** lorsqu'un -***s***- est suivi d'une consonne. Cela entraîne l'emploi des articles ***«uno», «lo», «gli»*** (31) :
***lo*** *studio* → ***gli*** *studi*    ***lo*** *sport* → ***gli*** *sport*

**4** **Césure en fin de ligne** (51) :

Quand on rencontre un groupe **«*s* + consonne»** à la fin d'une ligne, on coupe avant le -***s***- contrairement au français :
*co/struzione, di/sposizione*

**5** **Sens privatif ou valeur de renforcement de la lettre -*s*- à l'initiale :**

**a** Sens privatif :
*scaricare* (décharger) ← *caricare*
*scolorare* (décolorer) ← *colorare*
*svantaggio* ← *vantaggio*
*slegare* (délier) ← *legare*
*smentire* (démentir) ← *mentire*
*smisurato* ← *misurato*

**b** Valeur de renforcement :

| | | | | | |
|---|---|---|---|---|---|
| *muovere* | → | *smuovere* | *vuotare* | → | *svuotare* |
| remuer, agiter | | agiter fortement | vider | | vidanger |
| *premere* | → | *spremere* | *vario* | → | *svariato* |
| appuyer | | presser | varié | | très varié |
| *gridare* | → | *sgridare* | *battere* | → | *sbattere* |
| crier | | réprimander | battre | | claquer |

# 249 *Santo (emploi de -)*

La forme de l'adjectif ***santo*** (saint) dépend du mot qui le suit :

**1** **Devant un prénom (nom de saint) la forme de *santo* varie :**

- féminin : ***santa*** *Caterina* (consonne) ***sant'****Anna* (voyelle)
- masculin : ***san*** *Paolo* (consonne) ***sant'****Antonio* (voyelle)
- on emploie ***santo*** devant «s impur» (***Santo*** *Stefano*) mais pas devant «z» *(san Zeno, san Zaccaria)*
- *il* ***san****bernardo* (le saint-bernard)

**2** **Devant un nom autre qu'un nom de saint, on a toujours *santo* :**

— *il* ***santo*** *padre*
le Saint-Père

— *il* ***santo*** *patrono*
le saint patron

— *il* ***santo*** *Sinodo*
le Saint Synode

**3** **Lorsque *santo* n'est pas suivi d'un nom, il garde la forme complète :**

— *Quel papa non era un* ***santo****.*
Ce pape n'était pas un saint.

■ A la place des pointillés, mettre le mot «**santo**» à la forme qui convient :
1. Il quadro rappresenta ........... Giovanni e ........... Pietro in mezzo ai ........... apostoli. 2. È un ........... molto venerato, è il ........... patrono del paese. 3. Hanno condotto una vita ........... 4. Per l'anno ........... ci sono stati molti turisti a Roma. 5. ........... Anna e ........... Chiara. 6. Zitti! è un luogo ........... 7. Cosa fa tutto il ........... giorno? 8. Andrò in Spagna per la settimana ........... 9. Non puoi lasciarci un momento in ........... pace? 10. Non sanno più a quale ........... votarsi.

## 250 Sapere

### 1 Conjugaison :

***Sapere*** est un verbe très irrégulier. Il n'est régulier qu'à l'imparfait de l'indicatif et du subjonctif, au gérondif et au participe passé.

**indicatif**

| présent | futur | imparfait | passé simple |
|---|---|---|---|
| *so* | *saprò* | *sapevo* | *seppi* |
| *sai* | *saprai* | *sapevi* | *sapesti* |
| *sa* | *saprà* | *sapeva* | *seppe* |
| *sappiamo* | *sapremo* | *sapevamo* | *sapemmo* |
| *sapete* | *saprete* | *sapevate* | *sapeste* |
| *sanno* | *sapranno* | *sapevano* | *seppero* |

| subjonctif présent | subjonctif imparfait | conditionnel |
|---|---|---|
| *sappia* | *sapessi* | *saprei* |
| *sappia* | *sapessi* | *sapresti* |
| *sappia* | *sapesse* | *saprebbe* |
| *sappiamo* | *sapessimo* | *sapremmo* |
| *sappiate* | *sapeste* | *sapreste* |
| *sappiano* | *sapessero* | *saprebbero* |

| impératif affirmatif | gérondif | participe passé |
|---|---|---|
| *sappi* | *sapendo* | *saputo* |
| *sappia* | | |
| *sappiamo* | | |
| *sappiate* | | |
| *(sappiano)* | | |

**2** **Les différents sens de *sapere* :**

**a** **Savoir, connaître, apprendre** :

— *Non lo* ***so.***
Je ne le sais pas.
— ***Ho saputo*** *che ti sei sposato.*
J'ai appris que tu t'es marié.
— ***Vennero a sapere*** *che era divorziato.*
Ils apprirent qu'il était divorcé.

— *Lo* ***sappiamo*** *a memoria.*
Nous le savons par cœur.
— *Chi lo* ***sa****?*
Allez savoir !
— ***Non so*** *la strada.*
Je ne connais pas le chemin.

- ***Come si sa*** : comme on le sait (146).

**b** Suivi de la préposition ***di, sapere*** est employé pour traduire :

- **avoir le goût, l'odeur de...**
  — ***Sa di*** *pesce.*
  Ça sent le poisson.
  — ***Sa di*** *bruciato.*
  Ça sent le brûlé.
  — ***Non sa di niente.***
  Ça n'a pas de goût; (et, par extension) c'est sans intérêt.
- **savoir un peu de, connaître un peu de, avoir des notions de :**
  — *Lui sa il latino, lei* ***sa di*** *greco.*
  Lui, il sait le latin, elle, elle connaît un peu le grec.

■ Traduire :
1. Sai guidare? 2. Fammi sapere quando torni. 3. È uno che la sa lunga. 4. Non trovi che sa d'aglio (ail)? 5. Questo, lo devi sapere a memoria. 6. Sono venuto a sapere che sei stato operato.

# 251 *Sdruccioli ( mots -)*

**1** **Sont sdruccioli (c'est-à-dire accentués sur l'antépénultième syllabe, 3e avant la fin) les mots se terminant par.**

- ***-abile :*** *lavabile...*
- ***-dromo :*** *aerodromo...*
- ***-evole :*** *colpevole...*
- ***-ibile :*** *flessibile...*
- ***-issimo :*** *carissimo...*
- ***-esimo :*** *battesimo...*
- ***-fero :*** *frigorifero...*
- ***-filo :*** *francofilo...*
- ***-fobo :*** *francofobo...*
- ***-grafo :*** *fotografo...*
- ***-logo :*** *monologo...*
- ***-metro :*** *perimetro...*
- ***-scafo :*** *piroscafo...*
  mais : *motoscafo*
- ***-udine :*** *abitudine...*
- ***-cromo :*** *policromo...*
- ***-ico*** (il y en a 1350...) : *simpatico, mosaico...* sauf : *amico, nemico, antico, pudico, impudico (mendico* lit. pour *mendicante),*
- ***-ica*** (il y en a 214) : *ostrica, musica, America...* sauf : *fatica, formica, ortica, mollica, rubrica, vescica,*
- ***-ido :*** *morbido, arido...* sauf : *infido, malfido.*

**2** **Peuvent être rapprochés des mots *«sdruccioli»* les mots suivants qui se terminent par :**

- ***-aia :*** *risaia...* (mais on prononce *Isaia*)
- ***-acia :***
  *audacia, efficacia, Grecia...* sauf : *farmacia*
- ***aglia, -aglio, -iglia, -iglio, -oglia, -oglio, -uglia, -uglio :***
  *vestaglia* (robe de chambre), *bersaglio* (cible), *famiglia, consiglio, foglia, orgoglio, pattuglia, cespuglio* (buisson)...
- ***-accia, -eccia, -iccia, -occio, -uccia :***
  *traccia, corteccia* (écorce), *salsiccia, roccia, cartuccia...*
- ***-ario :*** *centenario...*
- ***-aio*** et ***-oio :***
  *ghiacciaio* (glacier), *pattinatoio* (patinoire)...
- ***-erio :*** *desiderio...*
- ***-irio :*** *delirio...*
- ***-orio :***
  *avorio...* sauf *lavorio, logorio* et *mormorio*
- ***-urio :*** *tugurio* (taudis)...
- ***-zio :***
  *spazio, silenzio, giudizio...* sauf : *ronzio* (bourdonnement)

  Pour les mots se terminant par ***-ia*** et correspondant aux mots français en ***-ie,*** (141).

**3** **Accentuation des formes verbales :**

**a** La dernière personne des verbes est *«sdrucciola»* ou *«bisdrucciola»* : à la troisième personne du pluriel du présent de l'indicatif et du subjonctif, de l'imparfait de l'indicatif et du subjonctif, du passé simple et du conditionnel :

***parlare*** : *parlano, parlino, parlavano, parlassero, parlarono, parlerebbero*

**b** Au présent de l'indicatif et du subjonctif la dernière personne est :

- *«sdrucciola»* si la 3^e^ personne du singulier est *«piana»* :
  *parla* → *parlano* *parli* → *parlino*
- *«bisdrucciola»* si la 3^e^ personne du singulier est *«sdrucciola»* :
  *immagina* → *immaginano* *immagini* → *immaginino*

**c** Seul l'imparfait du subjonctif a une première personne du pluriel *«sdrucciola»* : *parlassimo.*

**d** Lorsqu'un ou deux pronoms personnels sont accolés à la forme verbale, l'accent conserve la place qu'il occupait dans la forme verbale de base :

*prendere* → *prenderlo* → *prendermelo*
*dà* → *dammi* → *dammelo*
*parlare* → *parlandone* → *parlandomene*
*telefonare* → *telefona* → *telefonamelo*

**e** Quand un verbe est formé sur un substantif ou un adjectif, la troisième personne de l'indicatif est accentuée de la même façon que ce substantif :

- *l'immagine* (image) — *immaginare* → *immagina*
- *la modifica* (modification) — *modificare* → *modifica*
- *il pettine* (peigne) — *pettinarsi* → *si pettina*
- *agevole* (aisé) — *agevolare* (faciliter) → *agevola*

Exceptions :

- *augurio* (souhait) — *augurare* → *augura*
  *desiderio* (désir) — *desiderare* → *desidera*
- *mormorío* (murmure) — *mormorare* → *mormora*
  *brontolío* (grognement) — *brontolare* → *brontola*

**f** L'accentuation permet de distinguer le sens des homonymes :

- *ancora* : ancre (marine) — *ancora* : encore
- *affascina* : il fascine — *affascina* : il fait des fagots
- *nocciolo* : noyau — *nocciolo* : noisetier
- *principi* : princes (*<principe)* — *principi : principes <principio*)
- *subito* : aussitôt — *subito* : subi (part. pas. de *subire*)

■ Indiquer la troisième personne du pluriel du présent de l'indicatif puis du subjonctif des verbes formés sur les substantifs ou adjectifs : abito, anima, argine (digue), articolo, benefico, calcolo, celebre, chiacchiera (bavardage), circolo, comodo, continuo, credito, critica, cronometro, debito, dedica (dédicace), deposito, dondolo (balançoire), esame, fabbrica, formula, fotocopia, genere, giudice, incarico, integro, linea, lume, merito, opera, ordine, pagina, ospite, palpito, pattino, polvere, popolo, prodigo, prospero, recita (représentation théâtrale), regola, rotolo, sangue, sciopero, seme, solido, spiga (épi), stimolo, strepito (tapage), termine, titolo, Venere, verifica, vincolo (lien), visita, vomito (vomissement), zoppo (boîteux), zucchero.

## 252 Se (conjonction -)

**1** La conjonction *se* correspond à la conjonction française «si» :

— ***Se** vuoi.*
Si tu veux.
— *Si può sapere **se** è guarito?*
Peut-on savoir s'il est guéri?

**2** **Dans les phrases hypothétiques, la concordance des temps est différente en italien et en français** :

**a** Imparfait de l'**indicatif** en français → imparfait du **subjonctif** en italien :

— *Se **potessi** tornerei.*
Si je le pouvais je reviendrais.
— *Cammina come se **fosse** ferito.*
Il marche comme s'il était blessé.

- ***se*** est parfois sous-entendu :
  — *Fossi più giovane!*
  Ah! si j'étais plus jeune!
- ***se*** peut être renforcé par ***mai*** :
  — ***Semmai** diventassimo ricchi...*
  Si jamais nous devenions riches...
- ***come se*** peut être remplacé par ***quasi*** :
  — *Parla **come se (quasi)** fosse malato.*
  Il parle comme s'il était malade.
- ***caso mai, qualora, quand'anche*** équivalent à ***se*** :
  — ***Caso mai** piovesse...*
  Si jamais il pleuvait...
  — ***Qualora** telefonasse...*
  S'il téléphonait / au cas où il téléphonerait...
  — ***Quand'anche** si scusasse...*
  S'il s'excusait (même s'il s'excusait)...

**b** **Présent** de l'indicatif → **futur** en italien (115) :

— ***Se** scoppierà la guerra ci saranno molte vittime.*
Si la guerre éclate il y aura beaucoup de victimes.
— ***Se** gli telefonerai ti spiegherà tutto.*
Si tu lui téléphones il t'expliquera tout.

On rencontre aussi le présent, mais moins couramment :
— *Se viene (se verrà) digli che...*
S'il vient, dis-lui que...

**c** ***Se*** prend quelquefois la valeur de **quand** (comme en français) :

— ***Se** faceva bel tempo si andava al mare.*
S'il faisait beau (quand il faisait beau) on allait à la mer.

**d** ***Se*** a aussi le sens de **puisque** :

— ***Se** lo dice lui, sarà vero.*
Puisque c'est lui qui le dit, ce doit être vrai.

**1** Traduire :
1. Si j'étais plus jeune je t'épouserais. 2. Si j'avais su, je ne serais pas venu. 3. Si j'avais eu de la chance (fortuna), je m'en serais sorti (cavarsela). 4. Si j'avais voulu j'aurais épousé une princesse (princi-

pessa). 5. Si les élèves avaient écouté ils auraient compris. 6. Si je n'avais pas cru ce qu'il a dit, je ne l'aurais pas aidé. 7. Si la route n'avait pas été humide, je n'aurais pas eu d'accident (incidente). 8. Si le ministre avait expliqué sa politique il n'y aurait pas eu de révolution. 9. Si tu avais pris l'avion, tu serais arrivé la veille (il giorno prima). 10. Si tu avais regardé la carte, tu ne te serais pas trompé de route.

**2** Traduire :
1. S'il m'appelle, j'irai avec lui. 2. S'il part demain, je le suivrai. 3. S'il répète ce que je lui ai dit je ne lui dirai plus rien. 4. S'il finit son travail à 6 heures, il pourra aller au théâtre. 5. S'il fait un gâteau nous le mangerons ensemble. 6. S'il boit du champagne il m'en offrira. 7. S'il séduit Juliette, Romeo sera jaloux. 8. S'il produit des primeurs (la primizia), il s'enrichira (arricchirsi). 9. S'il donne de l'argent j'en donnerai aussi. 10. S'il ne voit pas le problème je le lui expliquerai.

**3** Traduire :
1. S'il vient avec vous, je ne viendrai pas. 2. Si tu enlèves ton pull tu tomberas malade (ammalarsi). 3. S'il propose un devis (preventivo) j'en proposerai un moins cher. 4. S'il prend un avocat, j'en prendrai un aussi. 5. S'il porte plainte (sporgere querela) je dirai tout ce que je sais sur lui. 6. S'il pleut, nous ne sortirons pas. 7. S'il a des difficultés, nous l'aiderons. 8. S'il devient méchant (cattivo), je le punirai. 9. S'il est reçu (promosso) à l'examen, je lui ferai un cadeau. 10. S'il sait répondre à cette question, il montrera qu'il est intelligent.

## 253 *Sentire*

Le verbe ***sentire*** ressemble au français **«sentir»** et signifie :

### 1 Sentir :

— *Non **senti** quel puzzo?*
Tu ne sens pas cette puanteur?

— *Non mi **sento** bene.*
Je ne me sens pas bien.

***Sentire di*** est l'équivalent de ***sapere di*** (250), plus employé.
— ***Sente di** muffa.*
Ça sent le moisi.

### 2 Éprouver, ressentir, être sensible :

— ***Sento** freddo.*
J'ai froid, j'éprouve une sensation de froid.
— ***Sento** poca simpatia per lui.*
Je ressens peu de sympathie pour lui.
— *È una fanciulla che **sente** molto.*
C'est une jeune fille très sensible.

3 **Se sentir capable de, avoir le courage de...**

— ***Te la sentiresti*** *di salire lassù?*
Tu te sentirais capable de monter là-haut?
— *Non* ***me la sento*** *di parlarle.*
Je n'ai pas le courage de lui parler.

4 **Entendre et écouter** (90) :

— *Non* ***ho sentito****.*
Je n'ai pas entendu.
— *Mi stia a* ***sentire****!*
Écoutez-moi!

5 **Apprendre :**

— *Ho* ***sentito*** *che non c'è più niente da fare.*
J'ai appris (j'ai entendu dire) qu'il n'y a plus rien à faire.

6 **Écouter, aller voir, consulter :**

— *Dovrebbe* ***sentire*** *un avvocato al riguardo.*
Il devrait aller voir (écouter l'avis d') un avocat à ce sujet.

7 **Penser, voir, interpréter :**

— *Dimmi come* ***senti*** *le cose.*
Dis-moi comment tu vois les choses.
— *Non* ***sento*** *le cose come te.*
Je ne vois pas les choses comme toi.

## 254 «Serviles» (verbes -)

***Dovere, potere, volere*** sont appelés verbes «serviles» car ils peuvent jouer le rôle de second auxiliaire aux temps composés.

1 **Ils se construisent normalement avec *avere* :**

— ***Ho*** *fatto quello che ho dovuto (potuto, voluto).*
J'ai fait ce que j'ai dû (pu, voulu).

2 **Aux temps composés ils prennent l'auxiliaire du verbe qui les suit :**

**a** Comme en français :

— ***Ho*** *dovuto (potuto, voluto) mangiare, rispondere, scrivere.*
J'ai dû (pu, voulu), manger, répondre, écrire.
Parce qu'on dit : ***ho*** *mangiato, risposto, scritto...*

— ***Ho*** *dovuto (potuto, voluto)* ***essere.***
J'**ai** dû (pu, voulu) être; alors que l'italien dit :
— ***Sono*** *stato.*
J'**ai** été.

**b** Différemment du français :

— ***Sono*** *dovuto (potuto, voluto) partire.*
J'ai dû (pu, voulu) partir.
Parce qu'on dit : ***sono*** *partito.*

- l'italien accorde le participe passé de *dovere, potere, volere* au sujet : *sono dovut**o**, sono dovut**a**, siamo dovut**i**, siamo dovut**e** partire.*
- cette règle d'emploi de l'auxiliaire est très largement respectée mais on rencontre aussi l'auxiliaire *avere* à la place de *essere* notamment quand on veut insister sur la notion de «devoir», «pouvoir» et «vouloir» :
  — *A causa del raffreddore non* ***ha*** *potuto venire.*
  A cause de son rhume il n'a pas pu venir.
- le verbe *sapere* suit l'exemple de *dovere, potere* et *volere* mais on emploie plutôt *avere :*
  — *Non* ***ha*** *saputo (è saputo) tornare da solo.*
  Il n'a pas su rentrer tout seul.

■ Traduire :
1. J'ai dû tout recommencer. 2. Nous avons pu répondre à toutes les questions. 3. Tu as voulu voir ce film? 4. J'ai dû monter au premier étage (piano). 5. Il a pu aller voir ses parents samedi. 6. Nous avons voulu entrer par la fenêtre. 7. Nous avons voulu descendre tout de suite. 8. J'ai voulu descendre les escaliers à pied. 9. J'ai pu monter (portar su) les valises dans la chambre. 10. Ma mère n'a pas pu venir.

## 255 Siccome

Ne pas confondre ***come***, qui sert aux comparaisons, (55) et ***siccome*** qui a le sens de **«étant donné que, puisque»** ***(dato che)*** *:*

— ***Siccome*** *sono in ritardo prenderò un taxi.*
Comme je suis en retard je prendrai un taxi.
— ***Siccome*** *insisti ti seguirò.*
Comme (puisque) tu insistes, je te suivrai.

■ Traduire :
1. Il pleure comme un enfant. 2. Comme il est triste il ne veut pas jouer. 3. Tu parles comme si tu n'étais responsable de rien. 4. Comme ils sont responsables, ils iront en prison (carcere).

## 256 Siècles

Pour indiquer les siècles, l'italien dispose de deux moyens (68).

### 1 Comme en français, on emploie l'ordinal :

— *Il diciottesimo secolo.*
Le XVIIIe siècle.

### 2 Pour désigner un siècle entre le XIIIe et le XXe, en n'indiquant que le chiffre des centaines :

— *Il Duecento, il Trecento, il Quattrocento, il Cinquecento, il Seicento, il Settecento, l'Ottocento, il Novecento* ou
*il '200, '300, '400, '500, '600, '700, l'800, il '900*
Le XIIIe, XIVe, XVe, XVIe, XVIIe, XVIIIe, XIXe, XXe siècle.

Attention !

- *il* ***Duecento*** *('200)* = **XIIIe** siècle
  *il* ***Novecento*** *('900)* = **XXe** siècle
- ***nel*** *XVIe secolo /* ***nel*** *Cinquecento* = **au** XVIe siècle
- adjectifs correspondants :
  *trecentesco, ottocentesco, etc.* : du quatorzième, du dix-neuvième siècle, etc.

■ Traduire :
1. È una chiesa settecentesca. 2. Il palazzo fu costruito nell '800. 3. Il campanile fu distrutto alla fine del '500. 4. Dal '200 al '500 Firenze conobbe un periodo di grande splendore. 5. Hanno una bella collezione di stampe ottocentesche. 6. Successe nel Settecento. 7. Petrarca è un poeta trecentesco.

## 257 Sigles

Voici quelques sigles italiens courants. Pour les abréviations, (4).
Dans de nombreux cas, les sigles italiens sont les mêmes qu'en français (ONU, UNESCO, etc.). Complétez ces listes au fur et à mesure que vous rencontrerez des sigles au cours de vos lectures (journaux, publicités, etc.).

**A**

*A.C.I. Automobil Club Italiano*
et *Azione Cattolica Italiana*
*AGIP Azienda Generale Italiana Petroli*
*AIDS Sida*
*AITA Associazione Internazionale Trasporti Aerei*
*ALITALIA Aerolinee Italiane Internazionali*

**B**

*B.U. Bollettino ufficiale*

**C**

*C.A.I. Club Alpino Italiano*
*C.A.P. Codice di Avviamento Postale*
*C.C.I.A. Camera di commercio, Industria e Agricoltura*
*C.E.E. Comunità economica europea*
*CGIL Confederazione Generale Italiana del Lavoro*
*C.I.O. Comitato Olimpico internazionale*
*CISL Confederazione italiana dei sindacati liberi*
*CISNa.L. Confederazione Italiana Sindacati Nazionali liberi*
*CIT Compagnia Italiana di Turismo*
*CONFAGRICOLTURA*
*CONFCOMMERCIO*
*CONFINDUSTRIA*
*CONI Comitato Olimpico Nazionale Italiano*
*CRI Croce Rossa Italiana*

**D**

*D.C. Democrazia Cristiana*
*D.P. Democrazia Proletaria*

**E**

*ENEL Ente nazionale per l'Energia elettrica*
*ENI Ente Nazionale Idrocarburi*
*ENIT Ente Nazionale Industrie turistiche*
*ENPAS Ente Nazionale di Previdenza e Assistenza per i Dipendenti statali*
*EUR Espozione Universale Roma* *
*EURATOM Comunità Europea per l'Energia Atomica*
*EUROVISION Televisione europea*

**F**

*FAO Organizzazione per l'Alimentazione e l'Agricultura*
*FIAT Fabbrica Italiana Automobili di Torino*
*FINMARE Società finanziaria Marittima*
*FINMECCANICA Società finanziaria Meccanica*
*FINSIDER Società Finanziaria Siderurgica*

**G**

*G.U. Gazzetta Ufficiale*

**I**

*I.G.E. Imposta Generale sull'Entrata*
*INA Istituto Nazionale Assicurazione*
*I.N.P.S. Istituto Nazionale per la Previdenza Sociale* (Sécurité sociale)

**M**

*M.E.C. Mercato Comune Europeo*
*M.S.I. Movimento sociale italiano*

**O**

*O.E.C.E. Organizzazione Europea di Cooperazione Economica* (O.C.D.E.)
*O.I.L. Organizzazione Internazionale del Lavoro*
*O.N.U. Organizzazione delle Nazioni Unite*
*O.S.A. Organizzazione degli Stati Americani* (O.E.A.)
*O.U.A. Organizzazione per l'Unità Africana*

**P**

*P.C.I. Partito Comunista Italiano* **
*P.D.S. Partito democratico della Sinistra* **
*P.D.I.U.M. Partito Democratico di Unità Monarchica*
*P.L.I. Partito Liberale Italiano*
*P.R.I. Partito Radicale Italiano*
*P.S.I. Partito Socialista Italiano*

---

* L'*EUR* constitue désormais un quartier de Rome.

** Le *P.C.I.* s'appelle depuis 1991 : *P.D.S.* mais il est resté un *P.C.I.* constitué du *PSIUP* et de dissidents du P.D.S.

*P.S.I.U.P. Partito Socialista Italiano di Unità Proletaria*
*P.S.U. Partito Socialista Unificato*

**R**

*R.D.T. Repubblica Democratica Tedesca* ***
*R.F.T. Repubblica Federale Tedesca* ***

**S**

*S.I.P. Società Idroelettrica per le telecomunicazioni*
*S.M.I. Serpente Monetario Internazionale*
*S.P.Q.R. Senatus Populusque Romanus = Senato e Popolo romano*

**T**

*T.C.I. Touring Club Italiano*
*T.O.T.I.P. Totalizzatore Ippico* (PMU)
*TOTOCALCIO Totalizzatore Calcistico* (pari sur les matchs de football)

**U**

*U.D.I. Unione delle Donne Italiane*
*U.I.L. Ufficio Internazionale del Lavoro* et : *Unione Italiana del Lavoro*

**Y**

*Y.C.I Yacht Club italiano*

*** La *R.F.T.* et la *R.D.T.* se sont réunifiées en 1990.

## 258 Sortir (traduction de -)

Selon le cas, le français **«sortir»** se traduit :

### 1 *Uscire* ou *andare fuori* :

*Uscire, andar fuori* signifient quitter un lieu, aller à l'extérieur :
— *È già* ***uscito****?*
Il est déjà sorti?
— *Sì, è* ***andato fuori*** *cinque minuti fa.*
Oui, il est sorti il y a cinq minutes.

On dit (77) :
*uscire* ***di*** *casa,* ***di*** *scuola,* ***di*** *prigione* mais :
*uscire* ***dalla*** *casa degli amici,* ***dalla*** *scuola elementare,* ***dal*** *carcere di Roma.*

### 2 *Sporgere* :

— *Mi sono ferito a causa di un chiodo che* ***sporgeva*** *dalla panca.*
Je me suis blessé à cause d'un clou qui sortait du banc.
— *Attento! Non* ***sporgere*** *la testa.*
Attention! Ne sors pas la tête!

### 3 *Tirar fuori, trarre, estrarre* :

— *Dai,* ***tira fuori*** *le mani dalle tasche.*
Allez, sors les mains de tes poches.
— ***Estrasse*** *la pistola e sparò.*
Il sortit son pistolet et tira.

4 ***Cavarsela*** **(fam.), «s'en sortir» :**

— *Tranquillizzati! **Se la caverà** come al solito.*
Rassure-toi! Il s'en sortira comme d'habitude.

5 ***Metter fuori, venire fuori, varare*** **:**

— *Hai visto? Hanno **messo fuori** un nuovo modello.*
Tu as vu qu'ils ont sorti un nouveau modèle?
— *Non capisco perché da queste discussioni non **viene fuori** niente.*
Je ne comprends pas pourquoi il ne sort rien de ces discussions.
— *Non hanno ancora **varato** il progetto di cui parlavano?*
Ils n'ont pas encore sorti le projet dont ils parlaient?

6 ***Schizzare fuori*** **dans l'expression *«schizzare dalla testa»* :**

— *Era divertentissimo : gli occhi gli **schizzavano dalla testa**.*
C'était très amusant : ses yeux sortaient de sa tête.

■ Traduire :
1. Escono sempre insieme. 2. Levatosi da tavola aveva ancora fame. 3. Ho avuto paura quando ha estratto un rasoio dalla tasca. 4. Tira fuori i soldi! Devo uscire a fare la spesa. 5. La macchina è uscita di strada. 6. Perché l'arbitro ha fischiato? Il pallone non era uscito dal campo. 7. Perché sono usciti di corsa? 8. È un ex allievo dell'Accademia militare. 9. Uscirà di nuovo vincitore, ne sono sicuro. 10. Questa scultura sporge troppo dal muro. 11. Provengono da una vecchia famiglia.

## 259 Spettare a / toccare a / stare a...

1 ***Spettare a, toccare a, stare a*** **(moins employé) expriment l'idée rendue par les expressions françaises :**

- c'est à mon (ton...) tour de..., c'est à moi (toi...) de...
- c'est moi (toi...) qui dois..., c'est moi (toi...) qui peux...

2 **La différence de signification n'est pas très grande entre ces verbes, mais :**

**a** ***Toccare a*** indique le tour, l'ordre de passage :

— ***A** chi **tocca**?*
A qui le tour / à qui de jouer?
— ***Gli toccò** il pezzo più duro.*
Il tomba sur le morceau le plus dur.

— ***Tocca a** te giocare per primo.*
C'est à toi de jouer le premier.
— *Il premio **è toccato** a Luigi.*
Le prix est allé à Louis.

**b** ***Spettare a*** suggère davantage l'obligation ou le droit :

— *Il padrone è lui :* ***spetta a*** *lui risolvere il problema.*
Le patron c'est lui. C'est à lui de résoudre le problème.
— *La decisione* ***spetta agli*** *elettori.*
La décision revient aux électeurs.
— *Vengo a riscuotere la somma che* ***mi spetta****.*
Je viens recevoir la somme qui m'est due.

■ Traduire :
1. Non giocare adesso. Tocca a me. 2. Mi toccò aspettare a casa. 3. Tocca a noi invitarvi. 4. Spetta ai vecchi farsi rispettare. 5. Quest'indennizzo spetta alle vittime. 6. Spetta al ministro prendere la decisione. 7. Non spettava a lei giudicarci. 8. Sono problemi che non vi toccano. 9. Tocca sempre a me pagare il caffè. 10. Se stesse a me parlare, non sarei così prudente.

## 260 Sta (questa, 236)

Dans certains mots, le préfixe ***sta*** remplace l'adjectif démonstratif féminin *questa :*

- *stamattina, stamane, stamani* = *questa mattina,* ce matin
- *stasera* = *questa sera,* ce soir
- *stanotte* = *questa notte,* cette nuit
- *stavolta* = *questa volta,* cette fois

## 261 Stare

**1** **Conjugaison :**

indicatif

| présent | futur | imparfait | passé simple |
|---|---|---|---|
| *sto* | *starò* | *stavo* | ***stetti*** |
| *stai* | *starai* | *stavi* | ***stesti*** |
| *sta* | *starà* | *stava* | ***stette*** |
| *stiamo* | *staremo* | *stavamo* | ***stemmo*** |
| *state* | *starete* | *stavate* | ***steste*** |
| *stanno* | *staranno* | *stavano* | ***stettero*** |

| conditionnel | subjonctif présent | subjonctif imparfait | impératif | part. passé |
|---|---|---|---|---|
| *starei* | ***stia*** | ***stessi*** | | *stato* |
| *staresti* | ***stia*** | ***stessi*** | *sta* | |
| *starebbe* | ***stia*** | ***stesse*** | ***stia*** | |
| *staremmo* | ***stiamo*** | ***stessimo*** | *stiamo* | |
| *stareste* | ***stiate*** | ***steste*** | *state* | |
| *starebbero* | ***stiano*** | ***stessero*** | ***(stiano)*** | |

Le participe passé ***stato*** est aussi le participe passé de l'auxiliaire *essere* : *Sono stato.* J'ai été.

## 2 Emplois :

**a** ***Stare*** + **gérondif** = **être en train de** :

— *Che cosa* ***sta facendo****?*
Que fait-il ?

**b** ***Stare*** + ***per*** + **infinitif** = **être sur le point de** :

— ***Stanno per*** *entrare.*
Ils sont sur le point d'entrer / ils vont entrer.

***Stare lì lì per*** traduit une imminence encore plus proche :
— ***Stava lì lì*** *per cadere.*
Il allait tomber / il était à un cheveu de tomber.

**c** ***Stare*** suivi de la préposition ***a*** et de l'infinitif est souvent employé pour remplacer un autre impératif ou équivaut à ***stare*** + **gérondif** :

— *Stammi a sentire = sentimi.*
Écoute-moi.
— *Stateci a guardare = guardateci.*
Regardez-nous.
— *Cosa* ***stai a*** *raccontare?*
Que racontes-tu ?

**d** ***Stare*** est un verbe très employé car ses significations sont variées :

- pour désigner l'état :
  — *Come* ***stai****? Sto bene, grazie.*
  Comment vas-tu ? Je vais bien, merci.
  — ***Sta*** *buono,* ***sta*** *zitto.*
  Sois gentil, ne parle pas.
- pour indiquer la situation dans l'espace :
  — *Dove* ***stai****?*
  Où es-tu ?
  — ***Sta*** *fermo.*
  Ne bouge pas.
  — *Dove* ***stai*** *di casa?*
  Où habites-tu ?
- pour traduire : **convenir**, **aller** :
  — *Questo vestito* ***ti sta*** *bene.*
  Ce vêtement te va bien.
- comme équivalent de ***toccare a, spettare a*** (259) :
  — ***Sta / spetta a*** *lui decidere.*
  C'est à lui de décider.

**1** Traduire :
1. State attenti. 2. Sta ritto. 3. Stia comodo. 4. State seduti. 5. Sta sveglio. 6. Stai ancora con i genitori? 7. Non sta fermo un minuto. 8. Stiamo freschi. 9. Stare in forse. 10. Non stare con le mani in mano.

**2** Traduire :
1. Mi piace stare in compagnia. 2. Si vede che non stanno a proprio agio. 3. Ti ha dato la multa (amende, contravention)? Ti sta bene. 4. Stando ai fatti, possiamo concludere che... 5. Fatto sta che non l'abbiamo invitato. 6. Tutto sta nel fatto che l'orologio andava indietro. 7. D'accordo? No, non ci sto. 8. Lasciamo stare. 9. Che cosa state a fare? 10. Staremo a vedere.

## 262 -stra (préfixe -)

Ce préfixe signifie **extra**.

**a** Il donne aux adjectifs la valeur d'un superlatif absolu :

— *stracarico*
surchargé
— *stracolmo, strapieno*
plein à craquer
— *un cognac stravecchio*
un très vieux cognac
— *straricco*
très riche
— *stragrande*
énorme
— *un formaggio strasecco*
un fromage très sec

**b** Quand il accompagne les verbes, il exprime l'excès :

— *stracotto*
trop cuit, cuit et recuit
— *strafare*
en faire trop, faire du zèle

## 263 Su (adverbe)

**1** **L'adverbe *su* signifie «dessus», «au-dessus», «en haut» :**

— *È **su**.*
Il est en haut
— *Guardi più **su**.*
Regardez plus haut.
— *Abita **su**.*
Il habite en haut (à l'étage).
— *Come va **lassù**?*
Comment ça va, là-haut?

**2** ***Su* précise ou modifie le sens de certains verbes :**

— *andare* ***su***
monter
— *saltare* ***su***
sauter sur ses pieds, bondir

— *portare* ***su***
monter (quelque chose)
— *mettere* ***su*** *casa*
s'installer (fonder une famille)

**3** **L'adverbe *su* entre dans des expressions dont la traduction française ne comprend pas l'adverbe «dessus» ou «au-dessus» :**

- ***su per giù*** : plus ou moins, environ :
  — *Misura* ***su per giù*** *dieci metri.*
  Cela mesure plus ou moins dix mètres.
- ***in su*** : au moins :
  — *Tutto costa da un milione* ***in su****.*
  Tout coûte plus d'un million. / Il n'y a rien à moins d'un million.
- ***tirare su*** *il morale...* : «remonter» quelqu'un :
  — ***È su di morale****.*
  Il a repris courage. Il a repris du poil de la bête.
  Le ***«tiramisù»*** est un gâteau plutôt alcoolisé qui redonne du «tonus»...

■ Traduire :
1. Il est encore là-haut? 2. Monte-moi ce paquet, s'il te plaît. 3. Tu as l'âge (età) de fonder une famille. 4. J'ai dépensé environ dix millions. 5. J'ai besoin de divertissement pour me remonter le moral. 6. L'explosion l'a fait bondir. 7. Quel temps avez-vous là-haut, en montagne?

# 264 *Su (préposition -)*

## Formes

**1** **La préposition *su* se combine avec les articles** (31).

| | masculin | féminin |
|---|---|---|
| singulier | *sul sullo sull'* | *sulla sull'* |
| pluriel | *sui sugli* | *sulle* |

**2** **La préposition *sopra* correspond à *su* mais elle est plus lourde :**

— *500 metri* ***sul*** *livello (= sopra il livello) del mare.*
500 mètres au-dessus du niveau de la mer.

## Emplois

**1** **En général la préposition *su* correspond au français «sur» :**

— *Mettilo* ***sul*** *pianoforte.*
Mets-le sur le piano.

— *Va* ***sulla*** *sinistra.*
Il va sur la gauche.

**2** **Les différences entre les deux langues ne sont pas rares :**

**a** Construction :

Devant un pronom, l'italien emploie la préposition ***di*** :
— *Conta* ***su di*** *me,* ***di*** *noi...*
Compte sur moi, sur nous...
— *I sospetti caddero* ***su di*** *lui.*
Les soupçons tombèrent sur lui.

**b** Préposition ***su*** en italien, autre préposition en français :

- **dans** :
  — *Si legge* ***sui*** *giornali.*
  On le lit dans les journaux.
  — *Scrivilo* ***sul*** *quaderno.*
  Écris-le dans ton cahier.
  A l'inverse :
  — *C'è una dimostrazione* ***in*** *piazza.*
  Il y a une manifestation sur la place.
- **vers** :
  — *sulla mezzanotte*
  vers minuit
  — *sul far del giorno*
  vers l'aube / le lever du soleil
- **dans les... environ** :
  — *È* ***sui*** *sessanta.*
  Il a dans les 60 ans.
  — *Va* ***sul*** *milione.*
  Cela coûte environ un million.

**c** Préposition ***su*** en italien, tournure sans préposition en français :

— *Parlare* ***sul*** *serio.*
Parler sérieusement.
— *Questo va fatto* ***su*** *due piedi.*
Il faut le faire tout de suite.

Traduire :
1. Je l'ai laissé sur la table (tavola). 2. Sur le moment je n'ai pas su répondre. 3. Il se trompe trois fois (volta) sur quatre. 4. Tu as tort de compter sur lui. 5. Dessine-le (disegnare) dans ton carnet (taccuino). 6. On envoie les renseignements (informazione) sur demande (richiesta). 7. Elle a dans les quatre-vingts ans. 8. Je reviendrai assez tard (tardi). 9. Il faut travailler sérieusement. 10. Quand on l'appelle il arrive tout de suite.

# 265 Subjonctif imparfait

Le subjonctif imparfait est très souvent employé en italien alors qu'il est d'un usage rarissime en français. Pour les **formes** voir (131).

## Emplois

### 1 Concordance des temps :

L'italien respecte strictement la concordance des temps :

- principale au **présent** → **présent** du subjonctif dans la subordonnée
- principale au **passé** → **imparfait** du subjonctif dans la subordonnée :

***Credo** che **sia** tardi.* → ***Credevo** che **fosse** tardi.*
***Bisogna** che tu **risponda**.* → ***Bisognava** che tu **rispondessi**.*
***È** indispensabile che io **parta**.* → ***Era** indispensabile che io **partissi**.*

### 2 On emploie le subjonctif imparfait :

**a** Pour exprimer une hypothèse, un souhait, une supposition, notamment après la conjonction *se* (252) ou des conjonctions équivalentes :

— *Se tu mi **dessi** quel romanzo, ti darei questo disco.*
Si tu me donnais ce roman, je te donnerais ce disque.
— *Se **stesse** con noi sarei rassicurato.*
S'il était avec nous, je serais rassuré.
— *Se **producessero** di più farebbero buoni affari.*
S'ils produisaient davantage ils feraient de bonnes affaires.

**b** Après certains verbes au conditionnel :

*Vorrei, desidererei, preferirei, bisognerebbe, occorrerebbe, mi piacerebbe, temerei, mi dispiacerebbe, mi stupirebbe, mi farebbe piacere, mi rallegrerei, mi augurerei, sarei contento che, sarei felice, sarei stupito, avrei paura, ammetterei, rifiuterei...,*
— *Vorrei che tu **venissi** con me.*
Je voudrais que tu viennes *(vinsses)* avec moi.

### 3 Dans certains types de phrases, le subjonctif imparfait peut être traduit par un conditionnel français :

— *Chi **volesse** imitarlo non ce la farebbe.*
Celui qui voudrait l'imiter n'y arriverait pas.

**1** Mettre à l'imparfait du subjonctif les formes verbales suivantes qui sont à l'imparfait de l'indicatif :
ero – eravamo – erano – parlavamo – parlavi – parlavo – ripetevano – ripetevo – ripetevate – partivo – partivi – par-

tivamo – guarivi – guarivano – davo – davano – stavi – stavamo – dicevamo – dicevi – estraevano – estraeva – supponevo – supponevano – producevamo – producevate – traducevano – traducevamo – bevevano – bevevo – facevo – facevate – facevi.

**2** Traduire :
1. S'il faisait beau j'irais au stade. 2. Si je gagnais à la loterie, j'achèterais une Ferrari. 3. S'il pleuvait davantage, l'herbe pousserait (crescere) mieux. 4. S'ils produisaient davantage, ils s'enrichiraient (arricchirsi). 5. Si tu disais la vérité, je te pardonnerais. 6. S'il restait tranquille, il ne tomberait pas. 7. Si vous traduisiez mieux vous comprendriez. 8. Si tu buvais moins tu conduirais mieux. 9. S'il donnait son nom on le reconnaîtrait. 10. Si j'étais Italien je préférerais vivre à Rome.

**3** Traduire :
1. Si nous avions le temps je t'expliquerais tout. 2. Si l'essence n'était pas si chère, je voyagerais davantage. 3. On nous traitait comme si nous faisions partie de la famille. 4. Ils nous regardaient comme si nous disions des bêtises (stupidaggine). 5. Il nous parlait comme si nous ne donnions pas de pourboire (la mancia). 6. Il était vêtu comme s'il n'avait pas le sou (il becco di un quattrino). 7. Il me faisait des cadeaux (regalo) comme si j'étais son ami. 8. Il faisait des grimaces (smorfia) comme s'il buvait du vinaigre (aceto). 9. Il était triste comme s'il n'était pas en bonne santé. 10. Il était habillé comme s'il était sur le point de partir.

# 266 *Subjonctif présent*

## Formes

### 1 Conjugaisons régulières :

Comme les trois premières personnes sont identiques, on emploie le pronom lorsqu'il y a un risque de confusion.

| | *cant-**are*** | *ripet-**ere*** | *dorm-**ire*** | *ubbid-**ire*** |
|---|---|---|---|---|
| *che io* | *cant-**i*** | *ripet-**a*** | *dorm-**a*** | *ubbid-**isca*** |
| *che tu* | *cant-**i*** | *ripet-**a*** | *dorm-**a*** | *ubbid-**isca*** |
| *che egli* | *cant-**i*** | *ripet-**a*** | *dorm-**a*** | *ubbid-**isca*** |
| *che* | *cant-iamo* | *ripet-iamo* | *dorm-iamo* | *ubbid-iamo* |
| *che* | *cant-iate* | *ripet-iate* | *dorm-iate* | *ubbid-iate* |
| *che* | *cant-**ino*** | *ripet-**ano*** | *dorm-**ano*** | *ubbid-**iscano*** |

### Cas particuliers :

**a** Verbes du 1er groupe *(-are)* :

- verbes se terminant par ***-care*** ou ***-gare***:
  Le ***-h-*** devant la terminaison conserve le son dur devant ***-i-***:
  ***pubblicare*** (publier) :
  *pubblichi, pubblichi, pubblichi, pubblichiamo, pubblichiate, pubblichino*
  ***lusingare*** (flatter) :
  *lusinghi, lusinghi, lusinghi, lusinghiamo, lusinghiate, lusinghino*
- verbes se terminant par ***-iare***:
  Si le ***-i-*** est accentué, il se conserve devant la terminaison.
  Ces verbes sont très peu nombreux (moins de dix sur plus de 1200 se terminant par *-iare*) :
  *sciare* (skier), *inviare* (envoyer), *avviarsi* (s'acheminer vers), *deviare* (dévier), *traviare* (fourvoyer), *spiare* (espionner), *espiare* (expier).
  — *Bisogna che tu scii meno.*
  Il faut que tu skies moins.
  — *Bisogna ch'io invii questo pacco.*
  Il faut que j'envoie ce paquet.

  A la 1re et à la 2e personne du pluriel il n'y a qu'un *-i-* car il n'est pas accentué : *Bisogna che sciamo (sciate) meno.*

  Tous les autres verbes en *-iare* n'ont qu'un *-i-* :
  — *Bisogna che tu mangi di più.*
  Il faut que tu manges davantage.

**b** Verbes du 3e groupe (en ***-ire***: ***-a*** ou ***-isca***) (140) :

Ils suivent le modèle du présent de l'indicatif :
***dormire*** :
*dorma, dorma, dorma, dormiamo, dormiate, dormano*
***reagire*** :
*reagisca, reagisca, reagisca, reagiamo, reagiate, reagiscano*

## 2 Conjugaisons irrégulières :

**a** Alternance de sons durs et doux dans :

- les verbes se terminant par :
  ***-gere*** : *leggere* (lire) :
  *legga, legga, legga, leggiamo, leggiate, leggano*
  ***-scere*** : *conoscere* (connaître) :
  *conosca, conosca, conosca, conosciamo, conosciate, conoscano*
- les verbes :
  ***dolersi*** (se plaindre) : *mi dolga... ci dogliamo...*
  ***cogliere*** : *colga... cogliamo...*
  ***scegliere*** : *scelga... scegliamo...*
  ***sciogliere*** (dissoudre) : *sciolga... sciogliamo...*
  ***togliere*** (enlever) : *tolga... togliamo...*
  ***rimanere*** : *rimanga... rimaniamo...*

***tenere*** *: tenga... teniamo...*
***valere*** *: valga... valiamo...*
***salire*** (monter) : *salga... saliamo...*
***venire*** *: venga... veniamo...*

- cas particulier des verbes en ***-cere*** :
  certains alternent sons durs et sons doux :
  *torcere, vincere, convincere :*
  *torca, torca, torca, torciamo, torciate, torcano;*

  d'autres n'ont que des sons doux (avec redoublement du ***-c***) :
  *giacere, piacere, dispiacere, nuocere, tacere : piaccia, piaccia, piaccia, piacciamo, piacciate, piacciano*

**b** Verbes à irrégularités multiples :

- auxiliaires :
  ***essere :***
  *sia, sia, sia, siamo, siate, siano*
  ***avere :***
  *abbia, abbia, abbia, abbiamo, abbiate, abbiano*

- verbes en ***-are :***
  ***dare :***
  *dia, dia, dia, diamo, diate, diano*
  ***stare :***
  *stia, stia, stia, stiamo, stiate, stiano*
  ***andare :***
  *vada, vada, vada, andiamo, andiate, vadano*
  ***fare :***
  *faccia, faccia, faccia, facciamo, facciate, facciano*

- verbes en ***-ere :***
  ***bere :***
  *beva, beva, beva, beviamo, beviate, bevano*
  **condurre** *(produrre, sedurre, tradurre...) :*
  *conduca, conduca, conduca, conduciamo, conduciate, conducano*
  ***dovere :***
  *debba (deva), debba, debba, dobbiamo, dobbiate, debbano (devano)*
  ***parere :***
  *paia, paia, paia, paiamo, paiate, paiano*
  **porre** *(comporre, disporre, supporre...) :*
  *ponga, ponga, ponga, poniamo, poniate, pongano*
  ***potere :***
  *possa, possa, possa, possiamo, possiate, possano*
  ***sapere :***
  *sappia, sappia, sappia, sappiamo, sappiate, sappiano*
  ***solere :***
  *soglia, soglia, soglia, sogliamo, sogliate, sogliano*
  ***trarre :***
  *tragga, tragga, tragga, traiamo, traiate, traggano*
  ***volere :***
  *voglia, voglia, voglia, vogliamo, vogliate, vogliano*

- verbes en *-ire :*
  ***dire :***
  *dica, dica, dica, diciamo, diciate, dicano*
  ***udire :***
  *oda, oda, oda, udiamo, udiate, odano*
  ***uscire :***
  *esca, esca, esca, usciamo, usciate, escano*
  ***apparire :***
  *appaia, appaia, appaia, appariamo, appariate, appaiano* (et *apparisca, apparisca, apparisca, appariamo, appariate, appariscano*)
- verbes à diphtongaison (81) :
  ***sedere :***
  *sieda, sieda, sieda, sediamo, sediate, siedano*
  ***morire :***
  *muoia, muoia, muoia, moriamo, moriate, muoiano*
  ***nuocere :***
  *noccia (nuoccia), noccia, noccia, nociamo, nociate, nocciano (nuocciano)*

**3** Traduire :
1. Il faut que je parle. Oui, il est nécessaire que je réponde. 2. Il est préférable que tu reviennes. 3. Il vaut mieux que je me taise. 4. Il convient que je réfléchisse encore. 5. Ils veulent que je parte. 6. Ils exigent que je rembourse mes dettes (il debito). 7. Ils souhaitent que je reste ici. 8. Il interdit que je vous suive. 9. Il permet que je réponde. 10. Ils préfèrent que je voyage.

## Emplois

### 1 On emploie le subjonctif présent italien comme en français :

**a** Après certains verbes ou expressions indiquant :

- la **volonté**, l'**accord**, le **refus** :
  *voglio, ordino, desidero, accetto, ammetto, rifiuto, proibisco che...*
- la **nécessité**, l'**obligation** :
  *bisogna, occorre, è indispensabile, necessario, importante, obbligatorio che...*
- le **regret** :
  *(mi) dispiace, (mi) rincresce, peccato, è deplorevole, scandaloso, inammissibile che...*
- la **crainte** :
  *temo, ho paura che...*
- le **souhait** et la **satisfaction** :
  *(mi) auguro, mi rallegro, mi piace, sono contento, felice, è preferibile, è meglio, è augurabile / auspicabile che...*

- l'**opinion** :
*preferisco, basta, non è vero, è naturale, bello, utile, inutile, giusto, sono sorpreso, stupito, mi meraviglio, mi stupisco che...*

**b** Avec de nombreuses conjonctions :

- ***benché, nonostante che, sebbene, per quanto*** : bien que, quoique, de sorte que
- ***perché, affinché*** : pour que, afin que
- ***di modo ché, talché, sicché*** : de sorte que
- ***a meno che, eccetto che, tranne che*** : à moins que
- ***purché*** : pourvu que
- ***a patto che, a condizione che*** : à condition que
- ***prima che*** : avant que

## 2 On emploie le subjonctif présent à la place de l'indicatif français avec les verbes exprimant :

**a** **L'opinion** :

*credo, penso, mi pare, mi sembra, stimo, giudico, suppongo che...*
— *Mi sembra che* ***sia*** *falso.*
Il me semble que **c'est** faux.

**b** **L'espoir** :

— *Spero che* ***sia*** *vero.*
J'espère que c'est vrai.

**c** **Le doute** ou **l'hypothèse** :

*voglio sapere se, non so se, dicono che...*

- avec ces verbes, il vaut mieux employer le subjonctif même si, parfois, on préfère l'indicatif pour insister sur l'élément qu'on juge exact :
— *Credo che Dio* ***esiste****.*
Je crois que Dieu existe (= j'en suis sûr).
— *Voglio sapere se* ***è*** *entrato o uscito.*
Je veux savoir s'il est entré ou sorti.
— *Dicono che* ***è*** *onesto.*
On dit qu'il est honnête.
- il y a une différence entre le subjonctif et l'indicatif :
— *Dicono che* ***è*** *onesto.*
On dit qu'il est honnête.
Tout le monde est d'accord (moi aussi, a priori).
— *Dicono che* ***sia*** *onesto.*
Les autres le disent, moi, je ne peux encore les approuver.
- de même, en français on distingue entre :
Je cherche le train qui **part** à midi.
— *Cerco il treno che* ***parte*** *a mezzogiorno* (il existe).
et : Je cherche un train qui **parte** à midi.
— *Cerco un treno che* ***parta*** *a mezzogiorno* (peut-être n'y en a-t-il pas).

C'est le plus beau souvenir que j'**ai** de cette période.
— *È il più bel ricordo che* **ho** *di quell'epoca* (c'est certain).
C'est le plus beau souvenir que j'**aie** de cette période.
— *È il più bel ricordo che io* ***abbia*** *di quell'epoca* (à la réflexion, j'en trouverais peut-être de plus beaux).

■ Traduire :
1. Il peut rester dans ce bar pourvu qu'il ne boive pas d'alcool. 2. Je crois que c'est exagéré. 3. J'espère que c'est fini. 4. J'estime que c'est trop cher. 5. Je juge que cela dépend de toi. 6. J'ignore où on en trouve. 7. Je me demande si c'est frais. 8. Je ne sais pas si c'est récent. 9. Ils disent que tu as tort. 10. Je voudrais savoir si c'est encore possible. 11. Il me semble que tu la connais. 12. Je suppose qu'il est riche. 13. Il vaut mieux qu'il apprenne à conduire. 14. Il est indispensable qu'il donne ses papiers.

## 3 Traduction du «ne» explétif français avec le subjonctif :

La différence est nette entre :

- je crains qu'il **ne** revienne ce soir (hélas, **il risque de** revenir) et :
- je crains qu'il **ne** revienne **pas** ce soir (hélas, **il risque de ne pas** revenir).

Dans le premier cas on traduit par : *temo che torni stasera.*
Le «ne» français n'est pas traduit.

Dans le deuxième, on dit : *temo che* ***non*** *torni stasera.*
L'emploi de ***non*** exprime la négation «ne... pas».

■ Traduire :
1. Je crains qu'il ne soit mort. 2. Je redoute qu'il ne revienne. 3. J'ai peur qu'il ne guérisse pas. 4. Il est souhaitable qu'il ne recommence pas. 5. Il est impensable qu'il ne dise pas la vérité. 6. Il est incroyable qu'il ne fasse pas son travail. 7. Va le voir avant qu'il ne meure. 8. Parle à voix basse afin qu'il n'entende pas.

## 4 Autres emplois du subjonctif :

**a** A la place de l'infinitif français dans les phrases du type :

— *Pare, sembra che esiti.*
Il semble hésiter.
— *Mi scrive, telefona, dice ch'io torni.*
Il m'écrit, me téléphone, me dit... de partir.

**b** Dans les comparaisons, là où le français emploie parfois le conditionnel :

— *Parla come uno che **sappia** tutto.*
Il parle comme quelqu'un qui saurait (sait) tout (comme s'il savait tout).
— *Risponde come uno che **sia** colpevole.*
Il répond comme quelqu'un qui serait coupable (comme s'il était coupable).

5 **Concordance des temps** (59 et 265) :

Alors que le français utilise presque toujours le subjonctif présent, l'italien respecte strictement la concordance des temps :

- principale à l'indicatif **présent**
  → subordonnée au **subjonctif présent**
- principale au **passé** → subordonnée au **subjonctif imparfait**
  ***Bisogna** che **partano**.* → ***Bisognava** che **partissero**.*
  ***Spero** che **sia** guarito.* → ***Speravo** che **fosse** guarito.*

Traduire :
1. Il faut qu'il parte. 2. Il fallait qu'il parte. 3. Ils voulaient que je revienne. 4. Il marche comme quelqu'un qui serait malade. 5. Ils m'ont écrit de revenir. 6. Il travaille comme quelqu'un qui ne s'intéresserait pas à ce qu'il fait. 7. J'espère que c'est fini. 8. Nous espérions que c'était fini. 9. Il me semble que c'est cher. 10. Il me semblait que c'était cher.

## 267 Succedere

1 **Succéder :**

— ***Si sono succeduti** al comando.*
Ils se sont succédé au commandement.

— ***Succederà** al padre.*
Il succèdera à son père.

2 **Se produire, se passer, arriver (*capitare, accadere, avvenire*) (30) :**

— ***È successa** una disgrazia.*
Il est arrivé un malheur.

— *Che cosa **succede**?*
Que se passe-t-il ?

3 **Le verbe *succedere* a deux formes de passé simple et de participe passé :**

- ***succedette*** et ***succeduto*** dans le sens de «prendre la succession» :
  — *Il figlio è **succeduto** al padre.*
  Le fils a succédé à son père.
  — *La figlia succe**dette** alla madre.*
  La fille succéda à sa mère.

- ***successe*** et ***successo*** dans le sens de «arriver», «se produire» :
  — *Quella sera non **successe** niente.*
  Ce soir-là il ne se passa rien.
  — *Non gli è **successo** niente.*
  Il ne lui est rien arrivé.

■ Traduire :
1. Qu'est-il arrivé? 2. Elle a succédé à sa mère? 3. Il ne se passera rien de grave. 4. Si vous voulez succéder à votre père il faut vous y préparer. 5. Ils succédèrent à leurs parents et devinrent riches. 6. Il se produisit une catastrophe.

## 268 Suffire (traduction de -)

**a** «**Suffire**» se traduit par ***bastare*** :

— ***Basta** un sorriso per sedurre.*
Il suffit d'un sourire pour séduire.

— *Ora **basta**!*
Maintenant ça suffit.

**b** A la différence du français, ***bastare***

- varie : il s'accorde avec le sujet :
  — *Basta un giorno di lavoro.*
  Il suffit d'un jour de travail.
  — ***Bastano** due giorni di lavoro.*
  Il suffit de deux jours de travail.
- se construit avec l'auxiliaire *essere* aux temps composés (99) :
  — ***Sono** bastati dieci minuti.*
  Dix minutes ont suffi.
  — ***È** bastato un secondo.*
  Il a suffi d'une seconde.
- est suivi d'un infinitif sans préposition :
  — ***Basta telefonare** al numero...*
  Il suffit de téléphoner au numéro...

■ Traduire :
1. Silence! Ça suffit! 2. Il suffit d'y penser. 3. Il suffira de répondre. 4. Un quart d'heure suffit. 5. Il suffit de réfléchir. 6. Il suffit de quelques millions. 7. Il a suffi d'une erreur pour tout compromettre.

## 269 Superlatif

### 1 Superlatif relatif :

**a** Comme en français :

— *È **il più (meno)** pesante **di** tutti gli zaini.*
C'est le plus (moins) lourd de tous les sacs à dos.

**b** Différemment du français :

- contrairement au français, l'italien ne reprend pas l'article devant *più* ou *meno* lorsqu'il a déjà été exprimé :
  — *È* ***lo*** *zaino* ***più (meno)*** *pesante di tutti.*
  C'est le sac à dos le plus (moins) lourd de tous.
  — *Mi parve* ***il*** *giorno* ***più*** *lungo della mia vita.*
  Il me sembla que c'était le jour le plus long de ma vie.
- on utilise aussi fréquemment les formes :
  ***superiore*** = *più alto* ***inferiore*** = *più basso*
  ***migliore*** = *più buono* ***peggiore*** = *più cattivo, meno buono*
  ***maggiore*** = *più grande* ***minore*** = *più piccolo*
- ne pas confondre ***la maggior parte*** et *la* ***maggioranza***, *la* ***minor parte*** et la ***minoranza*** :
  — *Nella* ***maggior parte*** *dei casi...*
  Dans la majorité des cas...
  — *Il governo non ha più la* ***maggioranza***.
  Le gouvernement n'a plus la majorité.

## 2 Superlatif absolu :

**a** On obtient le superlatif absolu en ajoutant le suffixe ***-issimo*** ou en utilisant ***molto*** (168), ***assai*** (32), ***tanto*** (270) (invariables) :

— *Questo zaino è pesant****issimo****.*
— *Questo zaino è* ***molto (assai, tanto)*** *pesante.*
Ce sac à dos est très lourd.

**b** Le redoublement de l'adjectif ou de l'adverbe correspond à un superlatif absolu :

| — *fine fine* | — *alto alto* | — *sottile sottile* |
|---|---|---|
| très fin | très haut | très mince |

**c** Il existe des formes littéraires : *cele****berrimo****, salu****berrimo****...*
mais on peut dire : ***molto*** *celebre, salubre...*

**d** ***supremo*** = *molto grande* ***infimo*** = *molto basso*
***ottimo*** = *molto buono* ***pessimo*** = *molto cattivo*
***massimo*** = *molto grande* ***minimo*** = *molto piccolo.*

*Massimo* est aussi employé comme superlatif relatif :
— *È il* ***massimo*** *specialista della questione.*
C'est le plus grand spécialiste de la question.

**■** Traduire :
1. Tu n'es pas le garçon le plus beau de la ville. 2. C'était le plus grand cinéma du quartier. 3. Il fait très chaud. 4. C'est le maximum que je puisse faire. 5. Ne te contente pas du minimum. 6. Le vin était excellent.

## 270 Tanto

*Tanto* peut être adverbe, adjectif ou pronom :

### 1 Adverbe, *tanto* est invariable :

Comme *molto* (168) il signifie **beaucoup, très, tellement** :

— *Ha pianto* ***tanto***.
Il a beaucoup / tellement pleuré.
— *Bevve* ***tanto*** *da non poter alzarsi.*
Il but tellement qu'il ne put se lever.
— *Abbiamo* ***tanto*** *da dire.*
Nous avons beaucoup à dire.
— *Sono* ***tanto*** *belle.*
Elles sont très belles.

### 2 Adjectif, *tanto* est variable et a plusieurs significations :

**a Beaucoup** :

— *C'è tanta gente.*
Il y a beaucoup de monde.

**b Autant** (39) :

— *Ci sono tante ragazze quanti ragazzi.*
Il y a autant de filles que de garçons.

**c** ***Altrettanto*** est l'équivalent de ***tanto*** :

— *Dipinse* ***altrettanti*** *ritratti quanti paesaggi.*
Il peignit autant de portraits que de paysages.

**d** ***Tanto*** est employé dans des formes usuelles de salutation et de souhait :

- au Nouvel An on présente ses souhaits en disant :
  — *Tanti auguri!* Tous mes vœux!
  On répond :
  — *Grazie. Altrettanti!*
  Merci. Je vous présente les miens.
- on entend très souvent :
  — *Tanti saluti a...* Bien des choses à...

### 4 Pronom, *tanto* est variable :

***Tanto*** pronom signifie **tant, tellement, beaucoup** :

— ***Tanti*** *hanno detto la stessa cosa...*
Beaucoup / tellement de gens ont dit la même chose.
— *È un quadro come se ne vedono* ***tanti***.
C'est un tableau comme on en voit tant.
— ***Tante*** *me ne ha dette che non voglio più vederlo.*
Il m'en a tant dit que je ne veux plus le voir.

■ Mettre ***«tanto»*** à la forme qui convient à la place des pointillés : 1. Hanno mangiato ............ 2. Come fanno a ridere ............? 3. Ho preso ............ mele quante pere. 4. Sei troppo gentile con loro! Cosa vuoi sono ............ carini! 5. Erano ............ stanchi da non poter più ascoltare. 6. Ci sono altret ............ tedeschi quanti francesi. 7. ............ sono emigrati per vivere meglio e quanti sono tornati disperati. 8. ............ auguri! Altret ...........! 9. ............ saluti a tuo fratello. 10. Può fare tutto quello che vuole ............ me ne frego (je m'en moque).

## 271 Téléphoner

**a** Pour téléphoner il suffit de connaître le numéro : ***numero di telefono*** ou ***numero telefonico*** qu'on trouve dans l'annuaire : ***elenco telefonico.***

- on décroche : *si stacca il ricevitore;*
- on compose le numéro : *si fa il numero;*
- et on dit :
  — *Pronto! Chi parla?*
  Allô! Qui est à l'appareil?
- on répond :
  — *Parla Giovanni.*
  C'est Jean.

**b** Si on téléphone dans une autre ville ou à l'étranger, il faut connaître l'indicatif : ***il prefisso*** :

- du pays : **39** quand on téléphone en Italie et **33** pour téléphoner d'Italie en France;
- et de la ville : Par exemple : Rome 06, Milan 02, Turin 011, Venise 041, Gênes 010, Florence 055, Naples 081, Palerme 091.
  Ainsi pour téléphoner de France au 26 25 70 à Florence, on compose le 19 39 55 26 25 70

## 272 Le temps qu'il fait (che tempo fa?)

**1** **Les principaux phénomènes atmosphériques sont exprimés par des verbes impersonnels :**

| | | |
|---|---|---|
| — *piovere*<br>pleuvoir | — *nevicare*<br>neiger | — *lampeggiare / balenare*<br>faire des éclairs |
| — *piovigginare*<br>bruiner | — *fioccare*<br>neiger à gros flocons | — *grandinare*<br>grêler |
| — *diluviare*<br>pleuvoir à verse | — *gelare*<br>geler | — *annottare*<br>faire nuit |
| — *tuonare*<br>tonner | — *tramontare*<br>tomber (le soir tombe) | — *albeggiare*<br>commencer à faire jour |

Aux temps composés, ces verbes se construisent avec l'auxiliaire ***essere*** (forme considérée comme plus classique) ou ***avere*** (de plus en plus fréquemment) :
— *È piovuto, è nevicato... ou : **Ha** piovuto, **ha** nevicato...*
Il **a** plu, il **a** neigé...

**2** **Certains verbes sont accompagnés d'un sujet :**

— *Tira vento.*
Il fait du vent, le vent souffle.
— *Fa bel (brutto) tempo.*
Il fait beau (mauvais) temps.
— *Il sole sorge.*
Le soleil se lève.
— *Il sole tramonta / cala la sera.*
Le soir tombe.

On dit :
*Il sole **tramonta***, le soleil se couche, ou simplement : ***tramonta***, le jour tombe, le soleil se couche.
Le substantif correspondant est :
*il **tramonto***, le couchant.

**1** Donner le verbe ou l'expression qui correspond aux mots :
la pioggia, il lampo (éclair), la grandine (grêle), il gelo, il vento, la neve (neige), la notte, il tramonto (crépuscule), il maltempo (le mauvais temps).

**2** Traduire :
1. Quel temps fait-il aujourd'hui? Il fait beau temps. 2. Le soleil brille. 3. Au couchant les nuages (la nuvola) sont très beaux. 4. Il pleut depuis ce matin. 5. Le vent est froid et siffle (sibilare) dans les arbres. 6. Voici les prévisions du temps. 7. J'écoute les prévisions de la météo : on annonce des averses (acquazzone). 8. Il gèle. Il y aura du verglas (ghiaccio) sur la route. 9. Ne sors pas, il y a du vent. 10. Rentrons, le soir tombe.

## 273 *Temps (l'expression du -)*

**1** **Pour parler du présent :**

— *ora / adesso*
maintenant
— *oggi*
aujourd'hui
— *finora*
jusqu'à maintenant
— *ai giorni nostri / oggigiorno / oggidì*
de nos jours

## 2 Pour parler du futur :

**a** Adverbes et locutions adverbiales :

— *domani*
demain
— *dopodomani*
après-demain
— *l'anno prossimo...*
l'année prochaine...
— *a giorni*
dans quelques jours
— *fra due, tre... giorni, settimane, mesi, anni...*
dans deux, trois... jours, semaines, mois, années...
— *presto*
bientôt
— *fra poco / fra breve*
très bientôt
— *fra un attimo / un momento*
dans un instant

**b** Expression du futur proche : «être sur le point de... aller...» (115)

## 3 Pour parler du passé :

**a** Adverbes et locutions adverbiales :

— *ieri*
hier
— *ieri l'altro*
avant-hier
— *un'ora fa* (129)
il y a une heure
— *due giorni (mesi, anni) fa...*
il y a deux jours (mois, ans)
— *l'anno scorso...*
l'année dernière
— *una volta / un tempo*
autrefois
— *fino allora*
jusqu'alors

**b** Expression du passé proche : «venir de...» (288) :

— *È **appena** arrivato.*
— *È arrivato **or ora**.*
— *È arrivato **un momento fa**.*
— *È arrivato **poco fa**.*
} Il **vient d'**arriver.

**c** Passé dans le passé :

— *Era **appena** arrivato.*
— *Era arrivato **allora allora**.*
— *Era arrivato **poco prima**.*
} Il **venait d'**arriver.

**d** **Auparavant : *prima*** :

— *Era già venuto quindici giorni **prima**.*
Il était déjà venu quinze jours auparavant.

## 4 Traduction de «il y a» (129) :

— *È morto **da** un mese.*
Il y a un mois qu'il est mort.
— *È partito un mese **fa**.*
Il est parti il y a un mois.

5 **Traduction de «dans»** (66, 95, 113) :

Ne pas confondre ***fra, in*** et ***entro***:
— *Comincerò questo lavoro* ***fra*** *un'ora. Spero di poter finirlo* ***in*** *dieci giorni. Ad ogni modo* ***va*** *terminato* ***entro*** *il mese.*
Je commencerai ce travail dans une heure. J'espère pouvoir le finir en dix jours. De toute façon il doit être terminé dans le mois.

POUR ALLER PLUS LOIN

- *l'**ora***, l'heure; *il **minuto***, la minute; *il **secondo***, la seconde; *l'**attimo***, l'instant;
- ***presto** / **per tempo***, de bonne heure; ***tardi***, tard;
- ***spesso***, souvent; ***raramente** / **di rado***, rarement;
***a volte** / **talvolta***, parfois; ***ogni tanto***, de temps en temps;
***regolarmente***, régulièrement; ***costantemente***, constamment;
***di continuo***, continuellement; ***saltuariamente***, par intervalles;
- ***a lungo***, longtemps; ***sempre***, toujours; ***mai***, jamais; ***brevemente***, brièvement;
- ***prima***, d'abord; ***poi** / **quindi***, ensuite; ***infine** / **finalmente***, enfin;
- ***ormai***, désormais; ***subito***, tout de suite;
***ad un tratto** / **d'improvviso** / **improvvisamente***, soudain

## 274 Titres (emploi des -)

1 **Dans la conversation et les médias :**

Les Italiens continuent à employer les titres plus couramment que les Français.

**a** Titres correspondant au niveau d'études. On entend souvent :

- ***dottore,*** titre attribué aux médecins mais aussi à tous ceux qui ont fait des études universitaires;
- ***avvocato, ingegnere, professore***;
- ***ragioniere,*** pour ceux qui ont fait des études comptables ou commerciales.

Ainsi, quand on lit dans la presse, sans autre précision, ***l'Avvocato,*** il faut comprendre *Giovanni Agnelli*, PDG de FIAT, ***l'Ingegnere*** est *Carlo de Benedetti* (groupes Olivetti, Valeo, etc.).

**b** Titres correspondant à une distinction honorifique :

- ***cavaliere*** (Chevalier) ou ***commendatore*** (Commandeur) *dell'**Ordine della Repubblica***.
Ainsi, *Enzo Ferrari* était appelé, sans autre précision, *il Commendatore.*

- les députés ont droit au titre d'*onorevole* (188) :
  — *L'onorevole X, ministro di Grazia e Giustizia...*
  Le Ministre de la Justice X...
- il est évidemment plus rare d'entendre :
  — *Sua Santità, Sua Eminenza, Sua Maestà...*

### 2 Dans la correspondance :

Dans la correspondance, le titre est souvent accompagné d'un adjectif : ***Chiarissimo*** *(Chiar.mo)*, ***Illustrissimo*** *(Ill.mo)* (illustre, célèbre), ***Prof.***, ***Ing.*** etc.

POUR ALLER PLUS LOIN

Les expressions comprenant les mots ***signor, signora*** ou ***signorina*** et suivis de titres ne se construisent pas comme les expressions françaises équivalentes (170) :
— *Signor Presidente*
Monsieur **le** Président
— *Signora Direttrice*
Madame **la** Directrice
— *Ho un appuntamento con* ***il signor*** *Direttore.*
J'ai rendez-vous avec **Monsieur le** Directeur.
— ***La signora Direttrice*** *è appena uscita.*
**Madame la Directrice** vient de sortir.

Traduire :
1. Mi dica, Onorevole. 2. Buona notte signor Marchese. 3. Sua Santità è in viaggio in Polonia. 4. Avvocato, gradisce un caffè? 5. Senta, dottore... 6. Quando posso incontrare il signor Duca? 7. Signora Ministro, le sarei grato di... 8. Arrivederla signor direttore. 9. Ingegnere, mi spieghi perché... 10. Buongiorno, signora Duchessa.

## 275 Tomber (traduction de -)

### 1 Au sens propre, «tomber» a plusieurs traductions :

**a** ***Cadere, cascare*** :

— *È* ***caduto*** */* ***cascato*** *per strada.*
Il est tombé dans la rue.
— ***Cadere*** *supino / bocconi...*
Tomber sur le dos / sur le ventre...

**b** ***Scendere*:**

— *La pioggia* ***scende*** */ viene giù.*
La pluie tombe.
— *I capelli* ***scendono*** *(ricadono) sulla fronte.*
Les cheveux tombent sur le front.

**c** ***Calare*:**

— *Il sipario è* ***calato****.*
Le rideau est tombé.
— *La notte* ***cala****.*
La nuit tombe.

- ***calare*** *il sipario* : **baisser** le rideau

## 2 Au sens figuré, «tomber» entre dans de nombreuses expressions françaises :

Elles correspondent à des traductions italiennes variées :

**a** Comprenant les verbes ***cadere*** ou ***cascare*** :

- tomber dans le panneau : *cascarvi*
- tomber des nues : *cascare dalle nuvole*

**b** N'utilisant pas ces verbes :

- Il est bien / mal tombé : *È capitato bene / male.*
- Il est tombé **sur** un ancien camarade d'école : *Si è imbattuto* ***in*** *un vecchio compagno di scuola.*

### POUR ALLER PLUS LOIN

- **tomber sous la main** : *venire fra le mani*
- **tomber sur la tête** : *diventare matto / impazzire*
- **laisser tomber** : *lasciare perdere*
- **tomber à l'eau** : *andare a monte / in fumo*
- **tomber du ciel** : *piovere dal cielo*
- **tomber en poussière** : *andare in polvere*
- **tomber en ruines** : *crollare / rovinare*
- Mon anniversaire **tombe** le ... : *Il mio compleanno ricorre il...*

Traduire :
1. Com'è caduto? 2. Il sole cala ed io casco dal sonno. 3. Dove sono capitato? 4. Mi sono imbattuto in un chiacchierone (bavard). 5. Ho preso la prima cosa che mi veniva fra le mani. 6. Ci sei cascato, eh? 7. È caduta in deliquio. 8. Tutto è andato a monte. 9. Il mio onomastico (fête) ricorre il 30 marzo. 10. Il leone cadde morto stecchito.

## 276 Tout le monde / le monde entier

Les expressions françaises **«tout le monde»** : je connais tout le monde, et **«le monde entier»** : j'ai visité le monde entier, ne sont pas équivalentes. De même, en italien :

1 **«Tout le monde» se traduit : *tutta la gente, tutti, tutti quanti* :**

— *Conosce* ***tutta la gente*** */ conosce* ***tutti quanti****.*
Il connaît tout le monde.

2 **«Le monde entier» se traduit : *tutto il mondo, il mondo intero* :**

— *Conosce* ***il mondo intero*** */* ***tutto il mondo****.*
Il connaît le monde entier (notre planète).

POUR ALLER PLUS LOIN

- il y a un monde fou : *c'è un mare di gente*
- monsieur Tout le Monde : *l'uomo della strada*
- *girare il mondo :* courir le monde
- *un giramondo :* un globe-trotter

— *Tutto il mondo è paese.*
C'est partout la même chose (rien de nouveau sous le soleil).
— *Il mondo è bello perché è vario.*
Il faut de tout pour faire un monde.

■ Traduire :
1. Il voulait découvrir le monde entier. 2. Mon oncle a couru le monde pendant toute sa vie. 3. Nos avions (aereo) permettent de faire le tour du monde. 4. Ce journaliste est un vrai globe-trotter. 5. Pourquoi s'étonner? C'est partout la même chose. 6. Que de monde! 7. La politique ne devrait pas se faire en fonction des sondages (sondaggio) d'opinion effectués (eseguire) auprès (presso) de Monsieur Tout le Monde. 8. Je ne te présente pas. Je crois que tu connais tout le monde. 9. Tout le monde s'en fout (infischiarsene).

## 277 Tout (- à fait / pas du -, 10 et 71)

1 **Dans les phrases affirmatives :**

**Tout à fait** se traduit par ***del tutto*** ou ***affatto*** qui ont le même sens :
— ***È affatto*** */* ***del tutto*** *normale.*
C'est **tout à fait** normal.

— ***È del tutto / affatto*** *straordinario.*
C'est **tout à fait** extraordinaire.

### 2 Dans les phrases négatives :

***Affatto*** et ***del tutto*** n'ont pas la même signification :

- *affatto :* pas du tout
  — ***Non è affatto*** *normale.*
  Ce n'est **pas du tout** *normal.*
- *del tutto :* pas tout à fait
  — ***Non è del tutto*** *normale.*
  Ce n'est **pas tout à fait** normal.

Traduire :
1. Tu es d'accord? Pas du tout. 2. Il est entièrement d'accord avec moi. 3. C'est tout à fait scandaleux. 4. Ce n'est pas tout à fait terminé. 5. C'est tout à fait nouveau. 6. Il n'est pas entièrement guéri. 7. Ce n'est pas tout à fait cuit. 8. C'est tout à fait rassurant.

## 278 *Tous / toutes les...*

**a** La traduction italienne de **«tous / toutes les deux, trois...»** a une structure différente de celle du français :

- tous **les** deux, trois... *Tutti* ***e*** *due, tre* ou : *tutt'****e*** *due, tre...*
- toutes **les** deux, trois... *Tutte* ***e*** *due, tre* ou : *tutt'****e*** *due, tre...*

**b** Bien qu'il s'agisse de formes littéraires, on rencontre assez souvent :

- ***ambedue*** (masculin et féminin) : tous les deux, toutes les deux
- ***entrambi*** (masculin) : tous les deux
- ***entrambe*** (féminin) : toutes les deux
  — ***Ambedue / entrambi*** *sono malati.*
  Ils sont malades tous les deux.
  — ***Ambedue / entrambe*** *sono guarite.*
  Elles sont guéries toutes les deux.

Traduire :
1. Regarde ces cravates. Laquelle prends-tu? Je les prends toutes les deux. 2. Ils ont été reçus tous les cinq à l'examen (promosso). 3. Toutes les deux ont épousé des étrangers (straniero). 4. Nous sommes tombés tous les quatre.

## 279 Train (être en - de, 261)

L'expression **«être en train de...»** est rendue en italien par : ***stare*** + **gérondif**.

— ***Sta*** *studi**ando**.*
Il est en train d'étudier. Il étudie.
— ***Stanno*** *dorm**endo**.*
Ils sont en train de dormir. Ils dorment.

POUR ALLER PLUS LOIN

- **«être en train»** (être en forme, de bonne humeur) se traduit : *essere in forma, essere di buon umore*
- **«être dans le train»** (voyager en train) se dit : *viaggiare in* ou *col treno*
- **le train de vie, le niveau de vie** se dit : *il tenore di vita.*

Traduire :
1. Que font-ils? (fare) 2. Que dit-il? (dire) 3. Que traduisait-il? (tradurre) 4. Que proposais-tu (proporre) à ce monsieur quand je suis entré? 5. Qu'es-tu en train de boire? (bere) 6. Que peins-tu? (dipingere) 7. Qu'êtes-vous en train d'extraire? 8. Nous nous sommes rencontrés dans le train. 9. Ce matin je ne suis pas en train. 10. Il a un train de vie de richard (da riccone).

## 280 Tronchi (mots «tronqués»)

Les mots accentués sur la dernière syllabe sont appelés oxytons ou *«tronchi»*, «tronqués». On les reconnaît facilement puisque, ce qui est exceptionnel en italien, l'accent est indiqué (139 et 222).

### 1 Les noms :

Ils peuvent se terminer par :

- ***à*** : *città, carità, onestà...*
- ***é*** : *perché, benché...*
- ***ì*** : *chepì, così...*
- ***ò*** : *casinò, oblò...*
- ***ù*** : *virtù, caucciù, bambù...*

**Attention!** le fait qu'un mot se termine par une consonne ne signifie pas que l'accent tombe sur la dernière syllabe :
*il lapis* (crayon), *il camion, il pullman, il computer* (ordinateur), *il Milan* et *l'Inter* (équipes de football de Milan)...

2 **Les formes verbales :**

Sont accentuées sur la dernière syllabe :

- au futur, la 1re et la 3e personnes du singulier :

— *vedrò* — *vedrà*
je verrai il verra
— *verrò* — *verrà*
je viendrai il viendra

- au passé simple, la 3e personne du singulier des verbes réguliers :
***-are** : parlò* ***-ere** : ripeté* ***-ire** : dormì, finì*

## 281 *Troppo (adjectif et pronom, 168, 230)*

Comme les autres quantitatifs, ***troppo*** est :

1 **Invariable quand il est adverbe :**

— *Bevi **troppo**.*
Tu bois trop.
— *Sono **troppo** impazienti.*
Ils sont trop impatients.

2 **Variable quand il est adjectif :**

— *Bevi tropp**a** birra.*
Tu bois trop de bière.
— *Esco. C'è tropp**a** gente.*
Je sors. Il y a trop de monde.

3 ***Troppo* est aussi pronom indéfini et variable :**

— ***Troppi*** *sono disoccupati.*
Trop (de gens) sont au chômage.

POUR ALLER PLUS LOIN

- **«je ne sais trop...»** se traduit : ***non saprei***
- **«n'être que trop...»** se traduit : *essere fin troppo...*

— ***Sei fin troppo*** *gentile.*
Tu n'es que trop gentil.

■ Traduire :
1. Trop c'est trop. 2. Il parle trop. 3. Ne mange pas trop. 4. Ne prends pas trop de gâteaux (la pasta). 5. Tu mets trop de sucre (zucchero). 6. Trop de gens sont malhonnêtes. 7. Trop d'automobilistes sont imprudents. 8. Il y a trop d'accidents de la route (incidente stradale) le samedi soir. 9. Il a compris? Je ne sais trop. 10. Elle n'est que trop indulgente envers (verso) son mari.

## 282 *Tutoyer (dare del tu)*

### 1 Emplois : *tu, Lei, voi* :

En Italie on se tutoie, ***«ci si dà del tu»***, assez facilement (entre collègues de travail, étudiants, etc.).
Lorsqu'on s'adresse à une personne avec laquelle on n'a pas de relations étroites, on emploie ***Lei*** (troisième personne) : ***«dare del Lei»*** (149).

Quand on s'adresse à plusieurs personnes on emploie ***voi*** et cela qu'on leur dise ***tu*** ou ***Lei*** quand on leur parle individuellement (158) :
— *Dove **sei**, Giacomo? Dove **sei**, Paola? Venite qua.*
— *Dov'**è**, Signor Rossi? Dov'**è**, Signora Martelli? Venite qua.*

### 2 L'impératif :

Dans la pratique, on utilise très souvent l'impératif. Il faut bien connaître les formes verbales pour ne pas tutoyer celui avec qui on emploie le ***«Lei»*** et vice-versa.

**a** Principaux impératifs utilisés dans la vie courante :

| | *avere* | *essere* | *entrare* |
|---|---|---|---|
| *tu*<br>*Lei* | *abbi*<br>*abbia* | *sii*<br>*sia* | *entra*<br>*entri* |
| | *leggere* | *sentire* | *pulire* |
| *tu*<br>*Lei* | *leggi*<br>*legga* | *senti*<br>*senta* | *pulisci*<br>*pulisca* |
| | *fare* | *dare* | *andare* |
| *tu*<br>*Lei* | *fa*<br>*faccia* | *da'*<br>*dia* | *va'*<br>*vada* |
| | *rimanere* | *sapere* | *proporre* |
| *tu*<br>*Lei* | *rimani*<br>*rimanga* | *sappi*<br>*sappia* | *proponi*<br>*proponga* |
| | *bere* | *tenere* | *salire* |
| *tu*<br>*Lei* | *bevi*<br>*beva* | *tieni*<br>*tenga* | *sali*<br>*salga* |

| | prendere | scegliere | venire |
|---|---|---|---|
| *tu*<br>*Lei* | *prendi*<br>*prenda* | *scegli*<br>*scelga* | *vieni*<br>*venga* |
| | *dire* | *udire* | *uscire* |
| *tu*<br>*Lei* | *di'*<br>*dica* | *odi*<br>*oda* | *esci*<br>*esca* |

**b** Cas particuliers des impératifs monosyllabiques (221) :

- forme ***tu*** (redoublement de la consonne) :

— *dammi* donne-moi — *dimmi* dis-moi — *fammi* fais-moi
— *dammelo* donne-le-moi — *dimmelo* dis-le-moi — *fammelo* fais-le-moi
— *dalle* donne-lui — *dille* dis-lui — *falle* fais-lui (fém.)

**mais :**

— *dagli* donne-lui — *digli* dis-lui — *fagli* fais-lui (masc.)

- forme ***Lei*** :

*mi dia, mi dica, mi faccia, me lo dia, me lo dica, me lo faccia, glielo dia, glielo dica, glielo faccia* (masc. et fém.)

**1** Mettre à la forme de politesse «***Lei***» les phrases suivantes qui sont à la forme «***tu***» :
1. Perché non rispondi? 2. Ti ho telefonato ieri. 3. Ti chiamerò stasera. 4. Vuoi qualcosa? 5. Cosa cerchi? 6. Abbi pazienza. 7. Sii gentile, vattene. 8. Dimmi il tuo indirizzo. 9. Dammi un bicchiere di vino. 10. Fammi sapere quando tornerai.

**2** Mettre à la forme «***tu***» les phrases suivantes qui sont à la forme «***Lei***» :
1. Gli faccia vedere la sua macchina. 2. Le dia un consiglio. 3. Gli presenti sua moglie. 4. Faccia quello che crede preferibile. 5. Torni indietro. Non vada avanti. 6. Mi dia una mano per favore. 7. Faccia quello che deve fare. 8. Perché non porta la sua valigia? 9. Che cosa vuole sua moglie? 10. Esca da questa porta e torni da quell'altra.

## 283 U (prononciation de la lettre -)

**1** **-*U*- se prononce toujours *[ou]*:**

*sicuro [sikouro], duro [douro]...*

**2** **-*U*- dans les groupes de voyelles :**

Dans les groupes de voyelles ***-u-*** se prononce distinctement détaché de la voyelle qui l'accompagne :

| *au* | *eu* | *iu* | *ua* | *ue* | *ui* | *uo* | *uoi* |
|---|---|---|---|---|---|---|---|
| *Claudia* | *Europa* | *più* | *guarda* | *bue* | *circuito* | *suo* | *suoi* |

- dans les groupes de voyelles, l'accent tonique peut porter sur ***-u-*** ou sur l'autre voyelle :
  *gratuito* *costruito* *paura* *Laura* *suo* *suono*
- les groupes «***gu*** + **voyelle**», «***qu*** + **voyelle**» ne se prononcent pas comme en français (222) :

| | | | |
|---|---|---|---|
| *gua [gwa]* | *gue [gwé]* | *gui [gwi]* | *guo [gwo]* |
| *guardare* | *guerra* | *guida* | *seguo* |
| *qua [kwa]* | *que [kwé]* | *qui [kwi]* | *quo [kwo]* |
| *quando* | *questione* | *liquido* | *quotidiano* |

## 284 -u (mots se terminant par -)

Les mots se terminant par ***-u*** sont rares. Ils sont tous invariables. Ce sont :

- des **monosyllabes** : *blu, gru*
- des **adverbes** :
  *su, lassù* (là-haut), *giù, laggiù* (là-bas), *quaggiù* (ici-bas), *più*
- des **mots accentués** sur la **dernière syllabe** :
  *gioventù, virtù, schiavitù* (esclavage), *tribù, caucciù, gurù, marabù, ragù, zebù, zulù*

## 285 Uno

**1** **Article indéfini masculin singulier :**

On le place devant les mots commençant par «***s* impur**», «***z***», «***gn***», «***ps***» (31) :

| | | |
|---|---|---|
| — ***uno sp**ecialista* | — ***uno z**oppo* | — ***uno ps**ichiatra* |
| un spécialiste | un boîteux | un psychiatre |

Devant les autres consonnes ou une voyelle, l'article est ***un***.

**2** **Adjectif numéral (57) :**

— *Uno, due, tre, via!*
Un, deux, trois, partez!
— *ventuno, trentuno...*
vingt et un, trente et un

— *le mille e **una** notte*
les mille et une nuits
— *cent**ouno***
cent un

**3** **Pronom indéfini :**

— ***Uno** vuole l'altro no.*
L'un veut, l'autre non.

— ***Uno** di loro è tedesco.*
L'un d'entre eux est allemand.

- *uno = qualcuno, un tale*:
  — *Ho parlato con **uno** che...*
  J'ai parlé avec quelqu'un qui...
- *uno* = on (187) :
  — *Quando **uno** vuole vincere, si allena di più.*
  Quand on veut gagner, on s'entraîne davantage.

■ Traduire :
1. Il discorso durerà una mezz'ora. 2. Ho portato un regalo per uno. 3. Vuole sentirne una? 4. Se uno mi dicesse il contrario sarei molto sorpreso. 5. Ieri ho visto uno che cercava di rubare una macchina. 6. Parlerò loro ad uno ad uno. 7. Una di loro verrà con noi. 8. Bada troppo agli uni e agli altri. 9. È sempre così : uno divorzia e poi se ne pente. 10. Chi l'ha detto? Uno che non conosco.

## 286 Uovo

Ne serait-ce que pour en manger, on est parfois appelé à parler de ***l'uovo,*** «l'œuf». On se souviendra que :

**a** ***L'uovo*** a un pluriel féminin : ***le uova*** (2).

**b** On peut préparer les œufs de diverses façons :
— *uova strapazzate*
œufs brouillés
— *un uovo sodo*
un œuf dur
— *un uovo bazzotto*
un œuf mollet
— *al tegame / tegamino*
sur le plat
— *«alla coque» / al guscio*
à la coque
— *uova affogate / in camicia*
pochés

- on peut aussi **«gober un œuf»** : ***bere un uovo*** que la poule ***(gallina)*** vient de «pondre» : ***deporre***;
- dès qu'on fait un peu de cuisine, il faut savoir :
  ***battere le uova*** : battre les œufs / monter les œufs en neige,
  et ***separare il chiaro dal tuorlo*** : séparer le blanc du jaune.

# 287 Venire

## 1 Conjugaison :

La conjugaison de ***venire***, très utilisé, présente beaucoup d'irrégularités :

| indicatif | | | subjonctif |
|---|---|---|---|
| présent | futur | passé simple | présent |
| **vengo** | **verrò** | **venni** | **venga** |
| **vieni** | **verrai** | *venisti* | **venga** |
| **viene** | **verrà** | **venne** | **venga** |
| *veniamo* | **verremo** | *venimmo* | *veniamo* |
| *venite* | **verrete** | *veniste* | *veniate* |
| **vengono** | **verranno** | **vennero** | **vengano** |

| impératif | conditionnel | participe passé |
|---|---|---|
| | **verrei** | *venuto* |
| **vieni** | **verresti** | |
| **venga** | **verrebbe** | |
| *veniamo* | **verremmo** | |
| *venite* | **verreste** | |
| **(vengano)** | **verrebbero** | |

## 2 Emplois :

**a** Comme le français **venir** :

— ***Viene*** *da Messina.*
Il vient de Messine.

— *Va e* ***viene****.*
Il ne fait qu'aller et venir.

Le sens du verbe est modifié par l'emploi de certains adverbes :

— *venire* ***su***
monter

— *venire* ***giù***
descendre

— *venire* ***dentro***
entrer

— *venire* ***fuori***
sortir

— *venire* ***via***
s'en aller

— *venire* ***dietro***
suivre

— *venire* ***meno***
s'évanouir

— *venire* ***bene***
réussir (travail...)

— *venire* ***male***
rater, échouer

**b** Différemment du français :

• comme auxiliaire avec le participe passé :

— ***Verrà*** *curato dal dott. Biondi.*
Il sera soigné par le docteur Biondi.

— *Gli* ***venne*** *fatto di passare proprio in quel momento...*
Le hasard fit qu'il passa par là précisément à ce moment-là.

- comme auxiliaire avec le gérondif :
— ***Veniva** spiegando che...*
Il expliquait que...
- comme auxiliaire avec l'infinitif :
— *Sul momento mi **venne** da rifiutare.*
Ma première réaction fut de refuser.

POUR ALLER PLUS LOIN

On trouve le verbe ***venire*** dans des expressions dont l'équivalent français :

- comprend le verbe **venir** :

— *venire al dunque*
en venir au fait
— *venire alle mani*
en venir aux mains
— *far venire l'acquolina in bocca*
faire venir l'eau à la bouche

- emploie d'autres verbes :

— *Come viene viene.*
Ça donnera ce que ça donnera.
— *Che cosa ti è venuto in mente di...?*
Quelle idée t'a pris de...?
— *Le è venuto in uggia.*
Elle l'a pris en grippe.
— *far venire i brividi*
donner le frisson
— *venire a noia*
ennuyer
— *venire alla luce*
voir le jour

Traduire :
1. Dai, vieni su ad abbracciarmi. 2. Verrò se vedrò che il mio intervento è gradito. 3. Giulio Cesare «venne, vide e vinse». 4. Sono molto contento : questo ritratto è venuto bene. 5. Venite fuori se avete un po' di coraggio. 6. Da noi la cucina viene fatta solo con prodotti freschi. 7. Venivano dicendo che sarebbero tornati. Come mai non sono qua? 8. Dopo un po' la tv viene a noia. 9. Quei cretini stavano per venire alle mani. 10. Con la cornice, quanto viene questa litografia?

## 288 Venir de (traduction de -)

### 1 Au sens propre :

Au sens propre **venir de** se traduit par ***venire da*** :
— ***Da dove viene** questa macchina?*
D'où vient cette voiture?

### 2 Au sens figuré (273) :

**a** Au présent, le verbe est accompagné de ***appena*** (29) ou ***or ora*** et de ***essere*** au présent :
— *È **appena** uscito / è uscito **or ora**.*
Il vient de sortir.

**b** Au passé, le verbe est accompagné de ***appena*** ou de ***allora allora*** et de ***essere*** à l'imparfait :
— *Era **appena** uscito / era uscito **allora allora**.*
Il venait de sortir.

Traduire :
1. Ils viennent de Paris. 2. Tu viens avec moi? 3. Il vient de dire le contraire. 4. Je viens de payer mes impôts (le tasse). 5. Elles venaient d'arriver quand je suis entré. 6. Je viens de te téléphoner. 7. La nouvelle (la notizia) venait de tomber sur les télescripteurs (la telescrivente). 8. Ta lettre vient de m'arriver.

## 289 Villes et régions

### 1 Noms de villes italiennes traduites en français :

Le nom des principales villes italiennes a été traduit en français :
*Roma, Milano, Torino, Venezia, Firenze, Napoli, Genova,*
*Pisa, Ventimiglia, Cuneo, Ferrara, Bologna, Ravenna, Cremona,*
*Mantova, Verona, Vicenza, Padova, Bergamo, Ancona, Trento,*
*Parma, Perugia, Assisi, Siena, Spoleto, Ostia, Taranto,*
*Palermo, Catania, Messina, Siracusa, Agrigento, Taormina...*

### 2 Noms de villes et de régions étrangères traduites en italien :

**a** Régions :

**France** :
*il Bacino Parigino, l'Alsazia, la Lorena, i Vosgi, la Piccardia, la Fiandra,*
*la Normandia, la Bretagna, la Loira, la Gironda,*
*il Massiccio Centrale, l'Alvernia, il Limosino, i Pirenei, le Alpi,*
*la Savoia, il Delfinato, la Linguadoca, la Provenza, la Costa Azzurra*

**b** Villes :

- **France** *(Francia)* :
  *Parigi, Strasburgo, Lione, Digione, Marsiglia, Tolone, Nizza...*
- **Grande Bretagne** *(Gran Bretagna, Regno Unito)* :
  *Inghilterra, Londra, Edinburgo...*

- **Allemagne** *(Germania)* :
  *Berlino, Colonia, Acquisgrana* (Aix-la-Chapelle)...
- **Suisse** *(Svizzera)* :
  *Ginevra, Zurigo, Losanna, etc...*

3 **Les noms de villes sont féminins :**

— *Parigi è bellissima in primavera.*
Paris est très beau au printemps.

**Exception :** *Il Cairo,* Le Caire.

**1** Donner la traduction française des noms de villes italiennes citées dans le premier paragraphe.

**2** Traduire en français les noms de pays et de régions indiqués au paragraphe 2.

**3** Traduire les noms de régions italiennes suivants :
Piemonte, Lombardia, Liguria, Campania, Lazio, Veneto, Emilia Romagna, Sicilia, Calabria, Basilicata, Trentino Alto Adige, Valle d'Aosta.

## 290 *Voici, voilà (traduction de -)*

**Voici, voilà** se traduit par :

1 ***Ecco*** :

— ***Ecco*** *il biglietto.*
Voici (voilà) le billet.

— ***Ecco*** *l'autobus.*
Voici le bus.

Les pronoms personnels ***mi, ti, lo, la, li, le, ci, vi*** ainsi que le pronom ***ne*** s'accolent à ***ecco*** :

— ***Eccomi.***
Me voici.

— ***Eccone*** *altri tre.*
En voici trois autres.

— *Cerchi gli occhiali?* ***Eccoli.***
Tu cherches tes lunettes? Les voici.

— ***Eccoci*** *arrivati!*
Nous voici arrivés!

2 ***Questo*** **pronom démonstratif :**

— ***Questo*** *è mio fratello.*
Voici mon frère.

— ***Questa*** *è una sorpresa!*
Voilà une (bonne) surprise!

POUR ALLER PLUS LOIN

- **Et voilà** (voilà qui est fait) ! *Ecco fatto!*
- La solution, **la voilà** ! *La soluzione è questa!*
- **Voilà bientôt trois ans** qu'il a quitté la maison. *Sono quasi tre anni che ha lasciato la casa.*
- **En voilà assez** ! *Adesso basta!*

■ Traduire :
1. Voici une lettre pour toi. 2. Voilà une nouveauté ! 3. Voilà enfin le grand champion que nous attendions. 4. Il arrive : le voilà. 5. Ils arrivent : les voilà. 6. Tu n'aimes pas ce tableau (quadro) ? En voici un autre. 7. Voilà déjà deux heures qu'il est parti. 8. Laisse-moi faire. Et voilà ! 9. Enfin ! Vous voilà. Je commençais à me faire du souci (preoccuparsi). 10. En voilà assez avec ces plaintes (un lamento, la lagna). Réagissez avec un peu de courage (coraggio).

## 291 Volere

### 1 Conjugaison :

Très employé, le verbe ***volere*** présente de nombreuses formes irrégulières :

| indicatif | | | subjonctif | conditionnel |
|---|---|---|---|---|
| présent | futur | passé simple | présent | |
| ***voglio*** | ***vorrò*** | ***volli*** | ***voglia*** | ***vorrei*** |
| ***vuoi*** | ***vorrai*** | *volesti* | ***voglia*** | ***vorresti*** |
| ***vuole*** | ***vorrà*** | ***volle*** | ***voglia*** | ***vorrebbe*** |
| ***vogliamo*** | ***vorremo*** | *volemmo* | ***vogliamo*** | ***vorremmo*** |
| *volete* | ***vorrete*** | *voleste* | ***vogliate*** | ***vorreste*** |
| ***vogliono*** | ***vorranno*** | ***vollero*** | ***vogliano*** | ***vorrebbero*** |

### 2 Emplois :

**a** Comme le français **«vouloir»** :

— ***Voglio*** *uscire.*
Je veux sortir.
— *Che cosa* ***vuole*** *da me?*
Que veut-il (qu'attend-il) de moi?

Verbe «servile» (254), ***volere*** est construit avec l'auxiliaire du verbe qui le suit :

— ***È*** *voluto uscire.*
Il a voulu sortir.

mais : — ***Ho*** *voluto essere rimborsato.*
J'ai voulu être remboursé.

**b** Emplois différents du français :
***volere*** sert à traduire :

- **il faut** (106) :
  — ***Ci vuole*** *tempo.*
  Il faut du temps.
  — ***Ci vogliono*** *mezzi adeguati.*
  Il faut des moyens appropriés.
- **aimer** (14) :
  — *Ti* ***voglio bene****.*
  Je t'aime.
- **demander** :
  — *Chi* ***mi vuole****?*
  Qui me demande?

POUR ALLER PLUS LOIN

— ***Vuol*** *piovere.*
Le temps est à la pluie.
— *Dio* ***voglia*** */* ***volesse****!*
Plût au Ciel que...!
— *Chi troppo* ***vuole*** *male stringe.*
Qui trop embrasse mal étreint.
— ***Vuol*** *vedere che...?*
Vous pariez que...?
— ***Volendo*** *si potrebbe...*
Si on voulait on pourrait...
— *Qui ti voglio.*
C'est là que je t'attends.

Traduire :
1. La vogliono al telefono. 2. Vuole sapere una cosa? 3. Ce n'è voluto, sai! 4. Perché non è voluto tornare? 5. Perché hai voluto parlare? 6. Volendo si potrebbe arrivare prima. 7. Volendo si potrebbe andare a ballare (danser). 8. Ti voglio bene assai (chanson). 9. Vuol nevicare, non ti pare? 10. Quanto tempo ci vuole per andare a Roma? Ci vogliono dieci ore.

# 292 Voyager (viaggiare)

## 1 Invitation au voyage :

**a** Europe : *Europa (europeo)*

- la France et quelques-uns de ses voisins :

| | | |
|---|---|---|
| *Belgio* | *belga* | *franco belga* |
| *Francia* | *francese* | *franco* |
| *Germania* | *tedesco* | *marco* |
| *Gran Bretagna* | *inglese* | *lira sterlina* |
| *Italia* | *italiano* | *lira* |
| *Spagna* | *spagnolo* | *peseta* |
| *Svizzera* | *svizzero* | *franco* |

*M.E.C. Mercato Comune Europeo*

- autres pays d'Europe :

*la Bulgaria (bulgaro)*
*la Cecoslovacchia (cecoslovacco)*
*la Danimarca (danese)*
*la Grecia (greco, greci)*
*la Jugoslavia (jugoslavo)*
*il Lussemburgo (lussemburghese)*
*i Paesi Bassi (Olanda, olandese)*
*la Polonia (polacco)*
*il Portogallo (portoghese)*
*la Romania (rumeno)*
*la Svezia (svedese)*
*l'Ungheria (ungherese)*
*l'Unione sovietica (sovietico, russo)*

**b** Amérique : *America (americano)*

- *Nord America :*
*Stati Uniti (statunitense, il dollaro)*
*Canada (canadese, il dollaro canadese)*
- *Sud America :*
*Messico (messicano), Cile (cileno), Perù (peruviano), Brasile (brasiliano), Argentina (argentino), Bolivia (boliviano), Panama (panamese...)*

**c** Bassin méditerranéen : *Bacino mediterraneo*
Moyen Orient : *Medio Oriente* et Afrique : *Africa :*
*Algeria (algerino), Marocco (marocchino), Tunisia (tunisino), Turchia (turco), Egitto (egiziano), Libia (libico), Arabia saudita (arabo), Somalia (somalo), Etiopia (etiope), Libano (libanese), Giordania (giordano), Siria (siriano), Irak (iracheno), Israele (israeliano), Costa d'avorio, Senegal (senegalese), Sud Africa (sudafricano), etc.*

**d** L'Extrême Orient : *L'estremo Oriente :*

*Cina (cinese), Giappone (giapponese, yen), Thailandia (thailandese), Vietnam (vietnamita), Cambogia* (féminin, *cambogiano*) *etc.*

## 2 Pour aller en Italie :

- le passeport ***(passaporto)*** et le visa ***(il visto)*** ne sont pas nécessaires. La carte d'identité suffit ***(basta la carta d'identità)***. La douane ***(dogana)*** n'est pas tâtillonne ***(pignola)***;
- on peut prendre l'avion ***(l'aereo)*** et notamment les vols de la compagnie nationale ***(Alitalia)***. Les chemins de fer ***(le ferrovie dello Stato)*** ne sont pas chers et sont en train de se moderniser (***il Pendolino*** est l'équivalent de notre T.G.V. sur la ligne Milan-Rome). Si on prend la voiture, on peut bénéficier de réductions sur le prix de l'essence en achetant des «coupons» ***(coupons, buoni di benzina)*** et on a une réduction ***(sconto)*** sur le péage des autoroutes;
- il ne faut pas oublier ses papiers ***(i documenti)*** et surtout le permis de conduire ***(la patente)***, l'assurance ***(l'assicurazione)*** et la carte de crédit ***(la carta di credito)***. Bon voyage! ***(Buon viaggio!)***.

## 293 W

La lettre **-w-** *(doppia v, W come Washington)* n'apparaît que dans des mots d'origine étrangère.

**a** Prononciation :

**-w-** se prononce *[v]*, comme en allemand, ou *[w]*, comme en anglais.

**b** Position : **-w-** se trouve :

- à l'initiale : *watt, week-end, western, whisky, water-polo, wagneriano...*
- ou à l'intérieur du mot : *Kuwait, kiwi.*

## 294 X

La lettre **-x-** est rare en italien : on la trouve :

- à l'initiale : *xenofobia, xenofobo, xeres, xilofono...*
- au milieu : *taxi, bauxite, uxoricidio...*
- ou à la fin d'un mot : *i sioux*

— *L'ora X.*
L'heure H.

## 295 Y

La lettre **-y-** *(ipsilon, y come York)* est très rare en italien. On ne la trouve que dans des mots d'origine étrangère.

**a** Prononciation :

**-y-** se prononce *[i]*

**b** Position :

- à l'initiale : *yacht, yak, yemenita, yen, yiddish, yoga, yogurt (yoghurt* et *iogurt)*
- à la fin d'un mot : *whisky, hobby, lobby, pony* (poney)

## 296 Y (traduction de -)

**1** **«Y» est adverbe ou pronom et se traduit par *ci* (et moins fréquemment par *vi*) :**

**a** Y, adverbe :

— ***Ci** vado.*
J'y vais.

— ***Ci (vi)** mangio ogni giorno.*
J'y mange tous les jours.

**b** Y, pronom :

— ***Ci*** *penserò.*
J'y penserai.

**c** Traduction de **«on y»** et de **«on se»** (187) :

***Ci si*** peut signifier **«on y»** avec les verbes non pronominaux et **«on se»**, avec les verbes pronominaux :

— ***Ci si*** *mangia bene.*
On y mange bien.
— ***Ci si*** *alza alle sei.*
On se lève à six heures.
— ***Ci si*** *trovano tutte le novità.*
On y trouve toutes les nouveautés.
— ***Ci si*** *lava e* ***ci si*** *pettina.*
On se lave et on se coiffe.

Pour traduire «on y», on peut employer ***ci si*** ou ***vi si :***
***ci si*** *mangia bene =* ***vi si*** *mangia bene.*

## 2 «Y» avec les formes verbales :

**a** ***Ci*** ou ***vi*** s'accole à l'infinitif, à l'impératif, et au gérondif (221) :

- infinitif :
  — *Bisogna andar**ci**.*
  Il faut y aller.
  — *Bisogna abituar**visi**.*
  Il faut s'y habituer.
- impératif :
  — *Andiamo**ci**.*
  Allons-y.
  — *Non andar**ci** / non **ci** andare!*
  N'y va pas!
- gérondif :
  — *Andando**ci** presto non farai la coda.*
  En y allant de bonne heure tu ne feras pas la queue.

**b** Particularités de l'impératif (282) :

- avec un impératif monosyllabique, la consonne est redoublée :
  — *Vacci.*
  Vas-y.
- *ci* et *vi* ne s'accolent pas à l'impératif de la forme *Lei :*
  — ***Ci*** *vada.*
  Allez-y.

### POUR ALLER PLUS LOIN

- Ça y est. *Ecco fatto. Ci sei.*
- Il n'y connaît rien. *Non se ne intende.*
- Tu y arrives? *Ce la fai?*
- Y compris la taxe de séjour. *Compresa la tassa di soggiorno.*

■ Traduire :
1. J'y allais tous les mois. Maintenant je n'y vais plus. 2. J'y croirai quand tu m'auras apporté des preuves. 3. Il faut s'y habituer. 4. Je ne peux pas m'y résigner (rassegnare). 5. N'y retourne pas. 6. Retournez-y. 7. N'y retournez pas. 8. Vas-y tout de suite. 9. J'y vais parce qu'on y rencontre des amis. 10. On y voit beaucoup de gens. 11. On se reposera après le match (la partita). 12. On s'occupera de tout. 13. Vous y êtes? Oui, ça y est. 14. Je peux compter sur toi? Bien sûr, tu peux y compter. 15. Vous n'y arriverez pas tout seul (da solo). 16. Il faut deux jours y compris la visite des musées. 17. Pour réparer un moteur, il faut s'y connaître.

## 297 Z

### 1 Prononciation :

*-Z- [dzeta]* se prononce *[ts]*, son dur ou *[dz]*, son doux, sans qu'il y ait de règle précise.
— *Dall'a alla zeta.*
De A à Z.

Retenons la prononciation de quelques mots courants :

**a** *Z-* à l'initiale :

- prononciation *[ts]* :
*zacchera* (éclaboussure), *zampa* (patte), *zampillo* (jet d'eau), *zampogna* (cornemuse), *zampone* (pied de porc), *zana* (berceau), *zappa* (pioche), *zar, zeppo* (*pieno zeppo* plein à ras-bord), zio (oncle), *zingaro* (bohémien), *zitella* (vieille fille), *zitto* (silencieux), *zoccolo* (sabot), *zoppo* (boîteux), *zoppicare, zucca* (la courge), *zucchero* (sucre), *zuffa* (bagarre), *zuppa* (soupe), *Zurigo* (Zurich)...
- prononciation *[dz]* :
*zaino* (sac à dos), *zabaione* (dessert), *zaffiro* (saphir), *la zanzara* (le moustique), *la zattera* (le radeau), *la zebra* (le zèbre), *zelo, zero, zigomo* (pommette), *zigzag, zodiaco, zoo, zoom, zona, zulù...*

**b** Dans le corps du mot :

Le son est souvent le même que dans les mots français correspondants :

- prononciation *[ts]* :
*razza, tazza, violenza, imprudenza, azione, nazione, collezione, canzone...*
- prononciation *[dz]* :
*orizzonte*, verbes en ***-izzare*** *(organizzare...)* et mots en ***-izzazione*** (*realizzazione...*, 298)

*la razza [ratsa]* = la race; *la razza [radza]* = la raie (poisson)

**2 Mots masculins commençant par *z-* :**

Devant les mots masculins commençant par un ***-z-***, on emploie, au singulier, les articles ***uno*** et ***lo***, et au pluriel, l'article ***gli*** (31) :

***uno** zoo* → ***lo** zoo* → ***gli** zoo*
***uno** zero* → ***lo** zero* → ***gli** zeri*

mais (249) : *San Zeno, San Zaccaria.*

## 298 -zione (-tion)

**1 La plupart des mots français (1250...) se terminant par « -tion » ont un équivalent italien en *-zione* :**

*attenzione, costruzione, emozione, proporzione*

Notamment la terminaison ***-izzazione*** correspond au français **-isation**.

**2 Toutefois on aurait tort de traduire toujours « -tion » par *-zione* :**

**a** Certains mots français en **-tion** ont un équivalent italien :

- en ***-mento*** :
  *adattamento, adeguamento* (adaptation), *ammodernamento* (à côté de *modernizzazione*), *inquinamento* (pollution)
- en ***-ica*** :
  *bonifica* (bonification), *modifica* (modification), *qualifica* (qualification), *rettifica* (rectification), verifica (vérification)

**b** Parfois les mots français en **-tion** n'ont pas d'équivalents italiens en ***-zione***, ***-mento***, ou ***-ica*** :

*arresto, alterco* (altercation), *aumento, compenso* (compensation), *contributo* (contribution), *intervento* (intervention), *obbligo* (obligation morale, *obbligazione* = titre boursier), *reclamo* (réclamation), *restauro* (restauration d'œuvres d'art), *significato* (signification), *sterminio* (extermination), *trapianto* (transplantation, greffe).

### POUR ALLER PLUS LOIN

La terminaison **-iser** des verbes français correspond souvent à la terminaison italienne :

- ***-izzare*** :
  *analizzare, attualizzare, autorizzare, materializzare, meccanizzare, organizzare, scandalizzare, standardizzare, terrorizzare, visualizzare...*
- ou ***-eggiare*** :
  *rivaleggiare, simboleggiare, temporeggiare, tiranneggiare...*

■ Traduire :
1. Humaniser (sur : umano), diviniser (sur : divino), minimiser (sur : minimo), rationaliser (sur : razionale), thésauriser (sur : tesoro),
2. Une augmentation, une réclamation, une signification, une restauration, une greffe.

## 299 Zitto

On emploie ***zitto*** pour inviter à observer le silence : Chut ! Silence ! Tais-toi ! Taisez-vous !
Ce mot est variable en genre et en nombre comme ***bravo*** (47) et ***attento*** (35) :

— *Zitto Luigi !*
Tais-toi (silence), Louis !
— *Zitti, signori !*
Taisez-vous, Messieurs !

— *Zitta, Maria !*
Tais-toi (silence), Marie !
— *Zitte, signorine !*
Taisez-vous, Mesdemoiselles !

## 300 Zut (traduction de -)

- **zut** se traduit ***accidenti***

Ne confondons pas :

- ***incidente*** qui signifie **accident** : *un incidente stradale* (un accident de la route)
- et ***accidenti*** qui signifie **zut**
- ***accidenti*** est le pluriel de ***accidente*** qui évoque une réalité imprévue et souvent désagréable et qui entre dans des expressions familières marquant le mécontentement :
— *Tu non capisci un accidente.*
Tu n'y comprends rien.
— *Non mandarmi un accidente, non è colpa mia.*
Ne t'en prends pas à moi, ce n'est pas de ma faute.

# CONJUGAISONS

## Les auxiliaires (*avere* 42, *essere* 99)

- **présent de l'indicatif :**
  *ho, hai, ha, abbiamo, avete, hanno*
  *sono, sei, è, siamo, siete, sono*
- **présent du subjonctif :**
  *abbia, abbia, abbia, abbiamo, abbiate, abbiano*
  *sia, sia, sia, siamo, siate, siano*
- **impératif affirmatif :**
  *abbi, abbia, abbiamo, abbiate, (abbiano)* [1]
  *sii, sia, siamo, siate, (siano)* [1]
- **impératif négatif :**
  *non avere, non abbia, non abbiamo, non abbiate, (non abbiano)* [1]
  *non essere, non sia, non siamo, non siate, (non siano)* [1]
- **futur :**
  *avrò, avrai, avrà, avremo, avrete, avranno*
  *sarò, sarai, sarà, saremo, sarete, saranno*
- **conditionnel :**
  *avrei, avresti, avrebbe, avremmo, avreste, avrebbero*
  *sarei, saresti, sarebbe, saremmo, sareste, sarebbero*
- **imparfait de l'indicatif :**
  *avevo, avevi, aveva, avevamo, avevate, avevano*
  *ero, eri, era, eravamo, eravate, erano*
- **imparfait du subjonctif :**
  *avessi, avessi, avesse, avessimo, aveste, avessero*
  *fossi, fossi, fosse, fossimo, foste, fossero*
- **passé simple :**
  *ebbi, avesti, ebbe, avemmo, aveste, ebbero*
  *fui, fosti, fu, fummo, foste, furono*
- **passé composé :**
  *ho, hai, ha, abbiamo, avete, hanno avuto*
  *sono, sei, è stato (stata), siamo, siete, sono stati (state)*
- **participe passé :** *avuto, stato* **Gérondif :** *avendo, essendo*

## Conjugaisons régulières

- **présent de l'indicatif :**

  ***-are***
  ***parlare*** (218) : *parlo, parli, parla, parliamo, parlate, parlano*

---

Pour l'ensemble de ces verbes, sont données dans l'ordre, la conjugaison au présent de l'indicatif, au présent du subjonctif et à l'impératif.
1. L'impératif à la forme ***Loro*** est donné entre parenthèses car il n'est pratiquement plus utilisé (158).

***-ere***
***ripetere*** (218) : *ripeto, ripeti, ripete, ripetiamo, ripetete, ripetono*

***-ire***
***partire*** (140) : *parto, parti, parte, partiamo, partite, partono*
***pulire*** (140) : *pulisco, pulisci, pulisce, puliamo, pulite, puliscono*

- **présent du subjonctif :**

***-are***
***parlare*** (266) : *parli, parli, parli, parliamo, parliate, parlino*

***-ere***
***ripetere*** (266) : *ripeta, ripeta, ripeta, ripetiamo, ripetiate, ripetano*

***-ire***
***partire*** (266) : *parta, parta, parta, partiamo, partiate, partano*
***pulire*** (266) : *pulisca, pulisca, pulisca, puliamo, puliate, puliscano*

- **impératif affirmatif :**

***-are***
***parlare*** (132) : *parla, parli, parliamo, parlate, (parlino)* [1]

***-ere***
***ripetere*** (132) : *ripeti, ripeta, ripetiamo, ripetete, (ripetano)* [1]

***-ire***
***partire*** (132) : *parti, parta, partiamo, partite, (partano)* [1]
***pulire*** (132) : *pulisci, pulisca, puliamo, pulite, (puliscano)* [1]

- **impératif négatif** (132) :
*non parlare, non parli, non parliamo, non parlate, (non parlino)* [1]
*non ripetere, non ripeta, non ripetiamo, non ripetete, (non ripetano)* [1]
*non partire, non parta, non partiamo, non partite, (non partano)* [1]
*non pulire, non pulisca, non puliamo, non pulite, (non puliscano)* [1]

- **exemple de verbe pronominal** (220) : ***alzarsi :***
**indicatif présent :**
*mi alzo, ti alzi, si alza, ci alziamo, vi alzate, si alzano*

**impératif :**
*alzati, si alzi (Lei), alziamoci, alzatevi, (si alzino)* [1]

- **futur** (115) :

***-are***
*parlerò, parlerai, parlerà, parleremo, parlerete, parleranno*

***-ere***
*ripeterò, ripeterai, ripeterà, ripeteremo, ripeterete, ripeteranno*

***-ire***
*partirò, partirai, partirà, partiremo, partirete, partiranno*

---

1. L'impératif à la forme ***Loro*** est donné entre parenthèses car il n'est pratiquement plus utilisé (158).

- **conditionnel** (60) :

**-are**

*parlerei, parleresti, parlerebbe, parleremmo, parlereste, parlerebbero*

**-ere**

*ripeterei, ripeteresti, ripeterebbe, ripeteremmo, ripetereste, ripeterebbero*

**-ire**

*partirei, partiresti, partirebbe, partiremmo, partireste, partirebbero*

- **imparfait de l'indicatif** (130) :

**-are**

*parlavo, parlavi, parlava, parlavamo, parlavate, parlavano*

**-ere**

*ripetevo, ripetevi, ripeteva, ripetevamo, ripetevate, ripetevano*

**-ire**

*partivo, partivi, partiva, partivamo, partivate, partivano*

- **imparfait du subjonctif** (131) :

**-are**

*parlassi, parlassi, parlasse, parlassimo, parlaste, parlassero*

**-ere**

*ripetessi, ripetessi, ripetesse, ripetessimo, ripeteste, ripetessero*

**-ire**

*partissi, partissi, partisse, partissimo, partiste, partissero*

- **passé simple** (197) :

**-are**

*parlai, parlasti, parlò, parlammo, parlaste, parlarono*

**-ere**

*ripetei, ripetesti, ripeté, ripetemmo, ripeteste, ripeterono*

**-ire**

*partii, partisti, partì, partimmo, partiste, partirono*

- **passé composé** (196) :
*ho, hai, ha, abbiamo, avete, hanno parlato, ripetuto, ubbidito*
*sono, sei, è partito (partita), siamo, siete, sono partiti (partite)*

- **participe passé** (193) :
*parlato, ripetuto, partito*

- **participe présent :**
peu de verbes ont un participe présent couramment employé (194)

- **gérondif** (119) :
*parlando, ripetendo, partendo*

## Conjugaisons irrégulières

### 1 Cas particulier des verbes en *-ciare, -giare, -care, -gare* (218, 115, 60) :

**a** Particularités orthographiques :

- au présent de l'indicatif, du subjonctif et à l'impératif :
  ***cominciare :*** *comincio, cominci..., che io cominci..., comincia, cominci*
  ***mangiare :*** *mangio, mangi..., che io mangi..., mangia, mangi*
  ***toccare :*** *tocco, tocchi..., che io tocchi..., tocca, tocchi*
  ***pagare :*** *pago, paghi..., che io paghi..., paga, paghi*
- au futur et au conditionnel :
  *comincerò..., mangerò..., toccherò..., pagherò...*
  *comincerei..., mangerei..., toccherei..., pagherei...*

**b** Les verbes se terminant par ***-iare*** ne conservent le *-i* devant le *-i* de la terminaison (présent de l'indicatif 2ᵉ personne, présent du subjonctif 3 premières personnes du singulier et dernière du pluriel, impératif : forme ***Lei***) que si le *-i-* du radical est accentué (peu d'exemples : *amnistiare, avviare, deviare, inviare, sviare, espiare, spiare, sciare...)*
***sciare,*** **skier** : *scio, scii, scia, sciamo, sciate, sciano*
*scii, scii, scii, sciamo, sciate, sciino*
*scia, scii, sciamo, sciate, (sciino)*

Si le *-i* n'est pas accentué (cas le plus courant : *abbaiare, copiare, svegliare, ingiuriare, rovesciare, testimoniare, sorvegliare, scoppiare...* ), il n'est pas conservé :
***invidiare,*** **envier** : *invidio, invidi, invidia, invidiamo, invidiate, invidiano*
*invidi, invidi, invidi, invidiamo, invidiate, invidino*
*invidia, invidi, invidiamo, invidiate, (invidino)*

### 2 Alternance son dur, son doux :

- **verbes en *-gere, -cere, -scere* (218) :**
  ***leggere :*** *leggo, leggi, legge, leggiamo, leggete, leggono*
  *legga, legga, legga, leggiamo, leggiate, leggano*
  *leggi, legga, leggiamo, leggete, (leggano)* [1]
  ***torcere :*** *torco, torci...*
  ***crescere :*** *cresco, cresci...*
- et voir ci-dessous, au présent de l'indicatif, du subjonctif et à l'impératif, les verbes : *cogliere, condurre, dolersi, porre, rimanere, scegliere, sciogliere, tenere, togliere, trarre, valere, dire, salire, uscire*

### 3 Verbes irréguliers au présent de l'indicatif, du subjonctif et à l'impératif (218, 266 et 132) :

***andare :*** *vado, vai, va, andiamo, andate, vanno*
*vada, vada, vada, andiamo, andiate, vadano*
*va', vada, andiamo, andate, (vadano)* [1]

---

1. L'impératif à la forme ***Loro*** est donné entre parenthèses car il n'est pratiquement plus utilisé (158).

***dare** : do, dai, dà, diamo, date, danno*

*dia, dia, dia, diamo, diate, diano*

*da', dia, diamo, date, (diano)* [1]

***stare** : sto, stai, sta, stiamo, state, stanno*

*stia, stia, stia, stiamo, stiate, stiano*

*sta', stia, stiamo, state, (stiano)* [1]

***fare** : faccio (fo), fai, fa, facciamo, fate, fanno*

*faccia, faccia, faccia, facciamo, facciate, facciano*

*fa', faccia, facciamo, fate, (facciano)* [1]

***bere** : bevo, bevi, beve, beviamo, bevete, bevono*

*beva, beva, beva, beviamo, beviate, bevano*

*bevi, beva, beviamo, bevete, (bevano)*

***cogliere** : colgo, cogli, coglie, cogliamo, cogliete, colgono*

*colga, colga, colga, cogliamo, cogliate, colgano*

*cogli, colga, cogliamo, cogliete, (colgano)* [1]

***condurre*** [2] *: conduco, conduci, conduce, conduciamo, conducete, conducono*

*conduca, conduca, conduca, conduciamo, conduciate, conducano*

*conduci, conduca, conduciamo, conducete, (conducano)* [1]

***dolersi** : mi dolgo, ti duoli, si duole, ci dogliamo, vi dolete, si dolgono*

*mi dolga, ti dolga, si dolga, ci dogliamo, vi dogliate, si dolgano* [1]

*duoliti, si dolga, dogliamoci, doletevi, (si dolgano)* [1]

***dovere** : devo / debbo, devi, deve, dobbiamo, dovete, devono / debbono*

*debba / deva, debba, debba, dobbiamo, dobbiate, (debbano / devano)*

***giacere** : giaccio, giaci, giace, giacciamo, giacete, giacciono*

*giaccia, giaccia, giaccia, giacciamo, giacciate, giacciano*

***nuocere** : noccio, nuoci, nuoce, nociamo, nocete, nocciono*

*noccia, noccia, noccia, nociamo, nociate, nocciano*

*nuoci, noccia, nociamo, nocete, (nocciano)* [1]

***parere** : paio, pari, pare, paiamo, parete, paiono*

*paia, paia, paia, paiamo, paiate, paiano*

***piacere** : piaccio, piaci, piace, piacciamo, piacete, piacciono*

*piaccia, piaccia, piaccia, piacciamo, piacciate, piacciano*

*piaci, piaccia, piacciamo, piacete, (piacciano)* [1]

***porre*** [3] *: pongo, poni, pone, poniamo, ponete, pongono*

*ponga, ponga, ponga, poniamo, poniate, pongano*

*poni, ponga, poniamo, ponete, (pongano)* [1]

***potere** : posso, puoi, può, possiamo, potete, possono*

*possa, possa, possa, possiamo, possiate, possano*

***rimanere** : rimango, rimani, rimane, rimaniamo, rimanete, rimangono*

*rimanga, rimanga, rimanga, rimaniamo, rimaniate, rimangano*

*rimani, rimanga, rimaniamo, rimanete, (rimangano)* [1]

---

1. L'impératif à la forme ***Loro*** est donné entre parenthèses car il n'est pratiquement plus utilisé (158).
2. Verbes courants suivant le modèle de ***condurre** : **dedurre, introdurre, produrre, ridurre, sedurre, tradurre.***
3. Verbes courants suivant le modèle de ***porre** : **comporre, deporre, disporre, esporre, imporre, proporre, supporre.***

***sapere :*** *so, sai, sa, sappiamo, sapete, sanno*
*sappia, sappia, sappia, sappiamo, sappiate, sappiano*
*sappi, sappia, sappiamo, sapete, (sappiano)*
***scegliere :*** *scelgo, scegli, sceglie, scegliamo, scegliete, scelgono*
*scelga, scelga, scelga, scegliamo, scegliate, scelgano*
*scegli, scelga, scegliamo, scegliete (scelgano)* [1]
***sciogliere :*** *sciolgo, sciogli, scioglie, sciogliamo, sciogliete, sciolgono*
*sciolga, sciolga, sciolga, sciogliamo, sciogliate, sciolgano*
*sciogli, sciolga, sciogliamo, sciogliete, (sciolgano)* [1]
***sedere, sedersi :*** *(mi) siedo, (ti) siedi, (si) siede, (ci) sediamo, (vi) sedete, (si) siedono*
*(mi) sieda, (ti) sieda, (si) sieda, (ci) sediamo, (vi) sediate, (si) siedano siedi(ti), (si) sieda, sediamo(ci), sedete(vi), (si siedano)* [1]
***solere :*** *soglio, suoli, suole, sogliamo, solete, sogliono*
*soglia, soglia, soglia, sogliamo, sogliate, sogliano*
***tacere :*** *taccio, taci, tace, tacciamo, tacete, tacciono*
*taccia, taccia, taccia, tacciamo, tacciate, tacciano*
*taci, taccia, tacciamo, tacete, (tacciano)* [1]
***tenere :*** *tengo, tieni, tiene, teniamo, tenete, tengono*
*tenga, tenga, tenga, teniamo, teniate, tengano*
*tieni, tenga, teniamo, tenete, (tengano)* [1]
***togliere :*** *tolgo, togli, toglie, togliamo, togliete, tolgono*
*tolga, tolga, tolga, togliamo, togliate, tolgano*
*togli, tolga, togliamo, togliete, (tolgano)* [1]
***trarre*** [2] ***:*** *traggo, trai, trae, traiamo, traete, traggono*
*tragga, tragga, tragga, traiamo, traiate, traggano*
*trai, tragga, traiamo, traete, (traggano)* [1]
***valere :*** *valgo, vali, vale, valiamo, valete, valgono*
*valga, valga, valga, valiamo, valiate, valgano*
***volere :*** *voglio, vuoi, vuole, vogliamo, volete, vogliono*
*voglia, voglia, voglia, vogliamo, vogliate, vogliano*

***apparire :*** *appaio, appari, appare, appariamo, apparite, appaiono*
*appaia, appaia, appaia, appariamo, appariate, appaiano*
*appari, appaia, appariamo, apparite, (appaiano)* [1]
***dire :*** *dico, dici, dice, diciamo, dite, dicono*
*dica, dica, dica, diciamo, diciate, dicano*
*di', dica, diciamo, dite, (dicano)* [1]
***morire :*** *muoio, muori, muore, moriamo, morite, muoiono*
*muoia, muoia, muoia, moriamo, moriate, muoiano*
*muori, muoia, moriamo, morite, (muoiano)* [1]
***salire :*** *salgo, sali, sale, saliamo, salite, salgono*
*salga, salga, salga, saliamo, saliate, salgano*
*sali, salga, saliamo, salite, (salgano)* [1]
***udire :*** *odo, odi, ode, udiamo, udite, odono*
*oda, oda, oda, udiamo, udiate, odano*
*odi, oda, udiamo, udite, (odano)* [1]

---

1. L'impératif à la forme ***Loro*** est donné entre parenthèses car il n'est pratiquement plus utilisé (158).
2. Verbes courants suivant le modèle de ***trarre : attrarre, detrarre, distrarre, estrarre, sottrarre.***

***uscire*** *: esco, esci, esce, usciamo, uscite, escono*
*esca, esca, esca, usciamo, usciate, escano*
*esci, esca, usciamo, uscite, (escano)* [1]
***venire*** *: vengo, vieni, viene, veniamo, venite, vengono*
*venga, venga, venga, veniamo, veniate, vengano*
*vieni, venga, veniamo, venite, (vengano)* [1]

## 4 Verbes irréguliers au futur et au conditionnel (115, 60)

***andare*** *: andrò, andrai, andrà, andremo, andrete, andranno*
*andrei, andresti, andrebbe, andremmo, andreste, andrebbero*
***bere*** *: berrò, berrai, berrà, berremo, berrete, berranno*
*berrei, berresti, berrebbe, berremmo, berreste, berrebbero*
***cadere*** *: cadrò, cadrai, cadrà, cadremo, cadrete, cadranno*
*cadrei, cadresti, cadrebbe, cadremmo, cadreste, cadrebbero*
***condurre*** [2] *: condurrò, condurrai, condurrà, condurremo, condurrete, condurranno*
*condurrei, condurresti, condurrebbe, condurremmo, condurreste, condurrebbero*
***dolersi*** *: mi dorrò, ti dorrai, si dorrà, ci dorremo, vi dorrete, si dorranno*
*mi dorrei, ti dorresti, si dorrebbe, ci dorremmo, vi dorreste, si dorrebbero*
***dovere*** *: dovrò, dovrai, dovrà, dovremo, dovrete, dovranno*
*dovrei, dovresti, dovrebbe, dovremmo, dovreste, dovrebbero*
***parere*** *: parrò, parrai, parrà, parremo, parrete, parranno*
*parrei, parresti, parrebbe, parremmo, parreste, parrebbero*
***porre*** [3] *: porrò, porrai, porrà, porremo, porrete, porranno*
*porrei, porresti, porrebbe, porremmo, porreste, porrebbero*
***potere*** *: potrò, potrai, potrà, potremo, potrete, potranno*
*potrei, potresti, potrebbe, potremmo, potreste, potrebbero*
***rimanere*** *: rimarrò, rimarrai, rimarrà, rimarremo, rimarrete, rimarranno*
*rimarrei, rimarresti, rimarrebbe, rimarremmo, rimarreste, rimarrebbero*
***sapere*** *: saprò, saprai, saprà, sapremo, saprete, sapranno*
*saprei, sapresti, saprebbe, sapremmo, sapreste, saprebbero*
***tenere*** *: terrò, terrai, terrà, terremo, terrete, terranno*
*terrei, terresti, terrebbe, terremmo, terreste, terrebbero*
***trarre*** [4] *: trarrò, trarrai, trarrà, trarremo, trarrete, trarranno*
*trarrei, trarresti, trarrebbe, trarremmo, trarreste, trarrebbero*
***valere*** *: varrò, varrai, varrà, varremo, varrete, varranno*
*varrei, varresti, varrebbe, varremmo, varreste, varrebbero*
***vedere*** *: vedrò, vedrai, vedrà, vedremo, vedrete, vedranno*
*vedrei, vedresti, vedrebbe, vedremmo, vedreste, vedrebbero*

---

1. L'impératif à la forme ***Loro*** est donné entre parenthèses car il n'est pratiquement plus utilisé (158).
2. Verbes courants suivant le modèle de ***condurre*** *:* ***dedurre, introdurre, produrre, ridurre, sedurre, tradurre.***
3. Verbes courants suivant le modèle de ***porre*** *:* ***comporre, deporre, disporre, esporre, imporre, proporre, supporre.***
4. Verbes courants suivant le modèle de ***trarre*** *:* ***attrarre, detrarre, distrarre, estrarre, sottrarre.***

**vivere :** *vivrò, vivrai, vivrà, vivremo, vivrete, vivranno*
*vivrei, vivresti, vivrebbe, vivremmo, vivreste, vivrebbero*
**volere :** *vorrò, vorrai, vorrà, vorremo, vorrete, vorranno*
*vorrei, vorresti, vorrebbe, vorremmo, vorreste, vorrebbero*
**morire :** *morirò, morirai...* formes régulières plus courantes que *morrò...*
*morirei...* formes régulières plus courantes que *morrei...*
**venire :** *verrò, verrai, verrà, verremo, verrete, verranno*
*verrei, verresti, verrebbe, verremmo, verreste, verrebbero*

## 5 Verbes irréguliers à l'imparfait de l'indicatif et/ou du subjonctif (130 et 131)[1] :

**dare :** *davo...* (régulier)
*dessi, dessi, desse, dessimo, deste, dessero*
**fare :** *facevo, facevi, faceva, facevamo, facevate, facevano*
*facessi, facessi, facesse, facessimo, faceste, facessero*
**stare :** *stavo...* (régulier)
*stessi, stessi, stesse, stessimo, steste, stessero*
**bere :** *bevevo, bevevi, beveva, bevevamo, bevevate, bevevano*
*bevessi, bevessi, bevesse, bevessimo, beveste, bevessero*
**condurre**[2] **:** *conducevo, conducevi, conduceva, conducevamo, conducevate, conducevano*
*conducessi, conducessi, conducesse, conducessimo, conduceste, conducessero*
**porre**[3] **:** *ponevo, ponevi, poneva, ponevamo, ponevate, ponevano*
*ponessi, ponessi, ponesse, ponessimo, poneste, ponessero*
**trarre**[4] **:** *traevo, traevi, traeva, traevamo, traevate, traevano*
*traessi, traessi, traesse, traessimo, traeste, traessero*
**dire :** *dicevo, dicevi, diceva, dicevamo, dicevate, dicevano*
*dicessi, dicessi, dicesse, dicessimo, diceste, dicessero*

## 6 Verbes irréguliers au passé simple et au participe passé :

Exemple de verbes irréguliers au passé simple :

- **correre :** *corsi, corresti, corse, corremmo, correste, corsero*
  participe passé : *corso*
- **piangere :** *piansi, piangesti, pianse, piangemmo, piangeste, piansero*
  participe passé : *pianto*

**a** Passé simple en ***-si***, participe passé en ***-so*** :

*accendere, accesi, acceso*
*accludere, acclusi, accluso*
*accorrere, accorsi, accorso*
*alludere, allusi, alluso*

---

1. ***Fare, bere, condurre, porre, trarre, dire*** (et les verbes suivant leur modèle) ont un gérondif irrégulier (119).
2. Verbes courants suivant le modèle de ***condurre : dedurre, introdurre, produrre, ridurre, sedurre, tradurre.***
3. Verbes courants suivant le modèle de ***porre : comporre, deporre, disporre, esporre, imporre, proporre, supporre.***
4. Verbes courants suivant le modèle de ***trarre : attrarre, detrarre, distrarre, estrarre, sottrarre.***

*appendere, appesi, appeso*
*ardere, arsi, arso*
*aspergere, aspersi, asperso*
*attendere, attesi, atteso*
*chiudere, chiusi, chiuso*
*concorrere, concorsi, concorso*
*confondere, confusi, confuso*
*contendere, contesi, conteso*
*contundere, contusi, contuso*
*correre, corsi, corso*
*decidere, decisi, deciso*
*deludere, delusi, deluso*
*difendere, difesi, difeso*
*diffondere, diffusi, diffuso*
*dipendere, dipesi, dipeso*
*discorrere, discorsi, discorso*
*dividere, divisi, diviso*
*elidere, elisi, eliso*
*eludere, elusi, eluso*
*espandere, espansi, espanso*
*espellere, espulsi, espulso*
*esplodere, esplosi, esploso*
*emergere, emersi, emerso*
*evadere, evasi, evaso*
*fondere, fusi, fuso*
*immergere, immersi, immerso*
*incidere, incisi, inciso*
*includere, inclusi, incluso*
*intridere, intrisi, intriso*
*invadere, invasi, invaso*
*ledere, lesi, leso*
*mordere, morsi, morso*
*offendere, offesi, offeso*
*perdere, persi / perdei, perso / perduto*
*persuadere, persuasi, persuaso*
*prendere, presi, preso*
*racchiudere, racchiusi, racchiuso*
*radere*[1]*, rasi, raso*
*recidere, recisi, reciso*
*rendere, resi / rendei, reso*
*ricorrere, ricorsi, ricorso*
*ridere, risi, riso*
*rifulgere, rifulsi, rifulso*
*rinchiudere, rinchiusi, rinchiuso*
*rodere, rosi, roso*
*scendere, scesi, sceso*
*socchiudere, socchiusi, socchiuso*
*soccorrere, soccorsi, soccorso*
*sommergere, sommersi, sommerso*
*sospendere, sospesi, sospeso*
*spargere, sparsi, sparso*
*spendere, spesi, speso*
*stendere, stesi, steso*
*tendere, tesi, teso*
*tergere, tersi, terso*
*uccidere, uccisi, ucciso*
*valere, valsi, valso*

**b** Passé simple en ***-si***, participe passé en ***-sso*** :

*mettere, misi, messo*
*ammettere, ammisi, ammesso*
*commettere, commisi, commesso*
*scommettere, scommisi, scommesso*

**c** Passé simple en ***-ssi***, participe passé en ***-sso*** :

*affiggere, affissi, affisso*
*annettere, annessi, annesso*
*commuovere, commossi, commosso*
*comprimere, compressi, compresso*
*concedere, concessi, concesso*
*discutere, discussi, discusso*
*esprimere, espressi, espresso*
*imprimere, impressi, impresso*
*incutere, incussi, incusso*
*muovere (si), mossi, mosso*
*percuotere, percossi, percosso*
*reprimere, repressi, represso*
*riflettere, riflessi*[2]*, riflesso*
*riflettei*[2]*, riflettuto*
*scindere, scissi, scisso*
*scuotere, scossi, scosso*
*sopprimere, soppressi, soppresso*

---

1. A côté de ***radersi*** *(rasi, raso)* on emploie ***rasarsi*** *(rasato)*.
2. ***Riflettere*** signifie **réfléchir** (activité intellectuelle : *riflettei, riflettuto*) et **refléter** (renvoyer une image : *riflessi, riflesso*).

**d** Passé simple en ***-si***, participe passé en ***-to*** :

*accorgersi, mi accorsi, accorto*
*aggiungere, aggiunsi, aggiunto*
*assolvere, assolsi, assolto*
*assumere, assunsi, assunto*
*attingere, attinsi, attinto*
*avvolgere, avvolsi, avvolto*
*cingere, cinsi, cinto*
*cogliere, colsi, colto*
*compiangere, compiansi, compianto*
*convincere, convinsi, convinto*
*distinguere, distinsi, distinto*
*dipingere, dipinsi, dipinto*
*dolersi, mi dolsi, doluto*
*ergere, ersi, erto*
*fingere, finsi, finto*
*frangere, fransi, franto*
*giungere, giunsi, giunto*
*intingere,intinsi, intinto*
*piangere, piansi, pianto*
*mungere, munsi, munto*
*porgere, porsi, porto*
*pungere, punsi, punto*
*redimere, redensi, redento*
*rivolgersi, rivolsi, rivolto*
*scegliere, scelsi, scelto*
*sconvolgere, sconvolsi, sconvolto*
*scorgere, scorsi, scorto*
*soggiungere, soggiunsi, soggiunto*
*spegnere, spensi, spento*
*spingere, spinsi, spinto*
*svellere, svelsi, svelto*
*torcere, torsi, torto*
*tingere, tinsi, tinto*
*ungere, unsi, unto*
*vincere, vinsi, vinto*
*volgere, volsi, volto*

**e** Passé simple en ***-ssi***, participe passé en ***-tto*** :

*affliggere, afflissi, afflitto*
*correggere, corressi, corretto*
*cuocere, cossi, cotto*
*dirigere, diressi, diretto*
*distruggere, distrussi, distrutto*
*eleggere, elessi, eletto*
*erigere, eressi, eretto*
*friggere, frissi, fritto*
*leggere, lessi, letto*
*negligere, neglessi, negletto*
*prediligere, predilessi, prediletto*
*proteggere, protessi, protetto*
*redigere, redassi, redatto*
*reggere, ressi, retto*
*scrivere, scrissi, scritto*
*sorreggere, sorressi, sorretto*
*struggere, strussi, strutto*

**f** Passé simple en ***-si***, participe passé en ***-tto*** :

*stringere, strinsi, stretto*
*costringere, costrinsi, costretto*
*astringere, astrinsi, astretto*

**g** Passé simple en ***-si***, participe passé en ***-sto*** :

*chiedere, chiesi, chiesto*
*nascondere, nascosi, nascosto*
*rimanere, rimasi, rimasto*
*rispondere, risposi, risposto*

**h** Verbe redoublant une consonne au passé simple :

*cadere, caddi, caduto*
*conoscere, conobbi, conosciuto*
*crescere, crebbi, cresciuto*
*giacere, giacqui, giaciuto*
*nascere, nacqui, nato*
*nuocere, nocqui, nociuto*
*piacere, piacqui, piaciuto*
*piovere, piovve, piovuto*
*rompere, ruppi, rotto*
*tacere, tacqui, taciuto*
*tenere, tenni, tenuto*
*volere, volli, voluto*
*venire, venni, venuto*

**i** Verbe n'ayant aucune forme régulière au passé simple :

- ***essere :*** *fui, fosti, fu, fummo, foste, furono*
- verbes en ***-are*** :
  ***dare :*** *diedi, desti, diede, demmo, deste, diedero*
  (et : *detti, desti, dette, demmo, deste, dettero*) (p. pas. : *dato*)
  ***stare :*** *stetti, stesti, stette, stemmo, steste, stettero* (p. pas. : *stato*)
  ***fare :*** *feci, facesti, fece, facemmo, faceste, fecero* (p. pas. : *fatto*)
  ***trarre :*** *(contrarre, detrarre, estrarre, sottrarre)*
  *trassi, traesti, trasse, traemmo, traeste, trassero* (p. pas. : *tratto*)
- verbes en ***-ere*** :
  ***bere :*** *bevvi, bevesti, bevve, bevemmo, beveste, bevvero* (p. pas. : *bevuto*)
  ***porre :*** *(comporre, proporre, supporre, disporre)*
  *posi, ponesti, pose, ponemmo, poneste, posero* (p. pas. : *posto*)
  ***condurre :*** *(produrre, sedurre, tradurre)*
  *condussi, conducesti, conducemmo, conduceste, condussero* (p. pas. : *condotto*)
- verbes en ***-ire***
  ***dire :*** *(benedire, maledire)*
  *dissi, dicesti, disse, dicemmo, diceste, dissero* (p. pas. : *detto*)

**7** **Cas particuliers :**

- auxiliaire ***avere*** :
  *ebbi, avesti, ebbe, avemmo, aveste, ebbero* (p. pas. *avuto*)
- ***vedere :*** *vidi, vedesti, vide, vedemmo, vedeste, videro* (p. pas. : *veduto* et *visto*)
- ***redigere :*** *re**dass**i, redigesti, re**dass**e, redigemmo, redigeste, re**dass**ero* (p. pas. *re**datt**o*)
- le participe passé de *assistere, resistere, insistere* est : *assistito, resistito, insistito*
- gérondifs irréguliers : *fare* → *facendo*   *bere* → *bevendo*   *condurre* → *conducendo*   *porre* → *ponendo*   *trarre* → *traendo*   *dire* → *dicendo*

# CORRIGÉ

N.B. 1. E' = È (cf. § 88)
2. Quand la phrase peut s'adresser à une seule personne, on emploie la forme «lei»; quand elle peut concerner plusieurs personnes, on emploie «voi». Les deux traductions sont données.

**1** 1.2 - 1 - 5 - 4 - 3. 2. Diplômée 25 ans cinq ans d'expérience travail de bureau et d'administration cherche emploi à Chiavasso, Turin et environs. Téléphoner heure des repas au ... – 24 ans correspondancière en langues étrangères anglais français, trois ans d'expérience import export sténodactylo et traitement de texte cherche emploi. Libre immédiatement. Tél... le soir.
*notes : ragioniera :* comptable. *Pluriennale :* de plusieurs années = expérimentée, confirmée. *Ordini :* commandes. *Magazzino :* stocks, gestion des stocks. *Valuta offerte :* examine toute offre. *Ditta :* maison de commerce, entreprise. *Studio medico :* cabinet médical. *Pratica lavori ufficio :* secrétaire expérimentée, confirmée, expérience du travail de bureau.
N.B. Les n$^{os}$ de téléphone ont été occultés car il s'agit d'annonces anthentiques.

**2** *1.* (F + M). *2.* M. *3.* M + F. *4.* F. *5.* M + F. *6.* F (pluriel). *7. 8. 9.* M + F. *10.* F. *11.* F. *12.* F *13. 14. 15.* F (pluriel). *16. 17.* M + F. *18.* F. *19.* F (pluriel). *20.* M.

**3** 1. Di chi è questa penna? E' di Giovanni. 2. Vieni con me a teatro? No, vado al cinema. 3. Roma è a nord di Napoli 4. Ho un appuntamento alle 10. 5. Tornerò a mezzogiorno. 6. Ci si vede (ci vediamo) in trattoria all'una. 7. Passo (trascorro) le vacanze (le ferie) in montagna. 8. Si affretta a pagare per non avere guai. 9. Avrebbero fatto meglio a tacere. 10. Costa cento franchi al giorno.
1. Vieni a vedermi (a trovarmi) stasera. 2. Corro a dirglielo *(à lui ou à elle).* 3. E' restato a bocca aperta. 4. Il telefono è vicino alla finestra davanti al televisore. 5. Sono costretto a dirlo. 6. Siamo costretti a partire. 7. Si sono conosciuti in ufficio. 8. Questo treno non arriva mai in orario. 9. Il regista si è ispirato ad un romanzo. 10. E' intervenuto a favore dei suoi amici.

**5** Intelligente, inglese, rapida, cattiva, gentile, seria, ricca, lunga, larga, nostalgica, periodica, glauca, analoga, nemica, greca, ellenisitica, medioevale, rinascimentale, contemporanea, europea
*masculin pluriel*: intelligenti, inglesi, rapidi, cattivi, gentili, seri, ricchi, lunghi, larghi, nostalgici, periodici, glauchi, analoghi, nemici, greci, ellenistici, medioevali, rinascimentali, contemporanei, europei
*féminin pluriel*: intelligenti, inglesi, rapide, cattive, gentili, serie, ricche, lunghe, larghe, nostalgiche, periodiche, glauche, analoghe, nemiche, greche, ellenistiche, medioevali, rinascimentali, contemporanee, europee.
1. Mia figlia porta spesso (delle) camicette rosa. 2. Ho già più (parecchie) paia di scarpe marrone (marroni). 3. Gli allievi (le allieve) di questa scuola hanno delle uniformi (delle divise) granata. 4. Il dossier è composto di tre fogli arancione. 5. E' sempre molto chic : porta solo abiti grigio scuro. 6. Invece sua moglie indossa vestiti chiari : pantaloni verde chiaro e vestiti giallo chiaro. 7. Le donne ricche frequentano solo (soltanto) uomini ricchi. 8. I prodotti belgi o francesi sono così buoni come le merci tedesche o inglesi. 9. I lettori più seri leggono anche libri divertenti.

**6** 1. Il est tellement absorbé qu'il ne t'entend pas. 2. Le buvard a absorbé l'encre. 3. Ce crétin m'a écrasé le pied. 4. Ajoute un peu de basilic pilé. 5. Le voyage l'a beaucoup fatigué : il est très fatigué. 6. Ne marche pas pieds nus. 7. Si tu continues ainsi tu te fouleras un membre. Que feras-tu quand tu seras estropié? 8. Il est facile de faire un pot-au-feu : il suffit de faire bouillir la viande avec des légumes. 9. Tu ne sembles pas bien éveillé. A quelle heure t'es-tu réveillé? 10. Je suis éveillé (debout) depuis deux heures du matin (*ou :* de l'après-midi?)

**7** 1. Questo non mi riguarda. Si rivolga allo sportello 4. 2. Mandate (inviate, indirizzate, spedite) la risposta al seguente indirizzo. 3. Decisero di rivolgersi direttamente al Presidente della Repubblica.

**8** Cattivamente, gentilmente, rapidamente, leggermente, vivacemente, lentamente, rumorosamente, silenziosamente, correttamente, scorrettamente, astutamente, pigramente, febbrilmente, largamente, lungamente (a lungo), rigorosamente, esattamente, particolarmente, generalmente, cortesemente, scortesemente, garbatamente, sgarbatemente, irregolarmente, violentemente, benevolmente, delicatamente, deliziosamente, caldamente, freddamente, attivamente, sinceramente, ipocritamente, stupidamente, intelligentemente.
1. Vengono di rado (raramente). 2. Ha urtato (picchiato, bussato a) la porta violentemente. 3. Ti seguirò volentieri. 4. Parli sul serio? 5. Parla troppo forte. 6. Cammina lentamente (adagio, piano) camminerai più a lungo (lungamente). 7. Ho risposto altrimenti. 8. E' restato con le braccia penzoloni. 9. Era (stava) ginocchioni (in ginocchio). 10. Il bimbo è coricato (sdraiato) supino, mettilo bocconi.

**9** 1. Cerco un buon affare. 2. Hanno aumentato il fatturato (il giro d'affari) del 10 %. 3. Non è affare mio (non mi riguarda, non sono i fatti miei). Non me ne occuperò. 4. Si immischia troppo negli affari altrui. 5. Hanno lasciato tutta la loro roba in disordine. 6. Non ho abbastanza posto per la mia roba. 7. Questo conviene (fa al caso mio, va bene), dammelo. 8. E' una strana faccenda. 9. Ho già avuto a che fare (da fare) con loro. 10. Qui non c'è più roba.

**10** 1. Cette personne m'est complètement inconnue. 2. Cette ville nous est entièrement inconnue. 3. Le problème ne m'est absolument pas connu. 4. La construction n'est pas entièrement terminée. 5. Ils ont exprimé des points de vue tout à fait différents (divergents). 6. Il ne fait pas du tout froid. 7. Ce n'est pas complètement cuit. 8. Tu as faim? Pas du tout. 9. Il n'est pas du tout certain qu'il soit coupable. 10. Je te dérange? Pas du tout.
1. Hai paura? Nient'affatto. 2. Non sono affatto convinto. 3. Non è del tutto guarito. 4. Dicendo questo eravamo affatto sinceri. 5. Ho affatto dimenticato questa (quella) data. 6. Non è affatto la stessa cosa. 7. Non è del tutto falso.

**11** 1. Il n'a que soixante-dix ans? Il en paraît davantage. 2. Hier un jeune homme de seize ans est mort. 3. Les vingt ans du fascisme. 4. Il est plus vieux que moi. 5. C'était une femme de soixante ans en grande forme (dégourdie). 6. Quel âge auras-tu le mois prochain? 7. Je vais sur mes (je vais avoir) soixante ans. 8. Sa femme a rajeuni. Lui, au contraire, a beaucoup vieilli, il a maigri et il a blanchi. 9. Il aura dix-huit ans dans deux mois.

1. Quanti anni hai? 2. Ho compiuto quindici anni domenica. 3. L'ho visto : era un ventenne. 4. Sa, ho più di settant'anni. Ebbene (eh be', questa poi), non li dimostra. 5. Fra due anni compirà cent'anni.

**12** 1. I giornali dovrebbero aggiornare le loro informazioni. Questi dati sono superati. 2. Il Ministro ha rinviato (rimandato) per la terza volta l'incontro con la stampa (i giornalisti). 3. Il processo è stato rinviato (rimandato) di nuovo. 4. Quello che (ciò che, quel che) dite (dice lei) non corrisponde più alla realtà : aggiornatevi (si aggiorni, *Lei*). 5. Il Concilio Vaticano II ha contribuito all'aggiornamento della Chiesa. 6. Come fanno per aggiornare i conti? 7. Mio fratello è sempre aggiornato.

**13** 1. Qui non c'è più posto. Va altrove. 2. Se la tua borsa non è qui, l'avrai messa altrove. 3. Quando si viene d'altrove (da altre regioni), si è sorpresi da questo paesaggio. 4. Qui la gente è molto accogliente per quelli che arrivano d'altrove (da altre parti). 5. Per me è lo stesso. D'altronde è lo stesso prezzo. 6. (E') inutile insistere. D'altronde me l'hai già detto inutilmente (invano). 7. Ha sempre la testa altrove. 8. Sbagli. L'hai incontrato altrove. D'altronde sei stato tu a dirmelo (me l'hai detto tu stesso).

**14** 1. Je le sais que tu m'aimes. Moi aussi, je t'aime. 2. Je t'aime beaucoup (je t'adore). 3. Je n'aime pas le football. 4. Tu aimes le vin blanc? 5. J'aime les jeunes gens sportifs. 6. Il raffole des jeux télévisés. 7. Je n'aime pas cette couleur. 8. Tout le monde raffole (est fou) de la Télé. 9. Pourquoi ne lui as-tu pas encore dit que tu l'aimes *(elle)?* 10. Qui n'aime pas le champagne?

1. L'ama da anni (e anni). 2. Per dirle *(à elle)* che l'ama (le vuole bene) le ha cantato una canzone d'amore. 3. Mi piace solo (soltanto) il vino rosso. 4. Mi piace la cucina italiana. 5. Non mi piacciono questi antipasti. 6. Andiamo pazzi per le ostriche. 7. Ama il proprio mestiere. 8. Non basta dire ad una persona che le si vuol bene (che l'amiamo) bisogna provarglielo. 9. Preferisce stare (restare) a casa (sua). 10. L'ama *(gli - masc. - vuole bene)* di tutto cuore.

1. piacciono 2. piace. 3. piace. 4. piacciono. 5. piace. 6. piacciono.

**15** 1. Ils vont guérir (ils sont sur le point de guérir). 2. Je vais tout t'expliquer. 3. Dépêche-toi, le train va arriver. 4. Si tu n'étais pas intervenu, il allait se laisser rouler. 5. Comment ça va? Bien, et vous? 6. Il allait tout avouer (il était à un poil de tout avouer). 7. Il va s'enfuir et qui le retrouvera? 8. Comment me va ce chapeau? 9. Ils allaient renoncer quand ils trouvèrent la solution. 10. Allez ouvrir, s'il vous plaît.

1. Vado al cinema. Vieni con me? 2. Andiamo a prendere il giornale. 3. Andate a giocare a tennis? 4. Sei arrivato al momento giusto : stavo per partire (partivo). 5. Sta per cambiare lavoro. 6. E' facile : ora ti spiego quello che si deve fare. 7. Come state (sta, *lei*)? 8. Va ad aprire il garage (l'autorimessa). 9. Vacci tu. 10. La camicia non mi sta (bene).

**16** 1. Alors (pendant qu'il) qu'il se préparait pour les vacances il a eu un accident de la route. 2. Il est tombé malade au moment où (alors qu') il avait trouvé un bon travail. 3. Ils sont revenus hier alors qu'ils avaient promis de rester longtemps à l'étranger. 4. Ils n'ont pas remboursé leurs dettes alors qu'ils s'étaient engagés à le faire avant la fin du mois (dans le mois). 5. Quand bien même (alors même qu') il serait malade, il devrait être poli.

1. Mentre mi preparavo (mi accingevo) a rispondere, squillò il telefono. 2. Mangia carne mentre dovrebbe mangiare pesce. 3. La polizia lo ha arrestato allorché (mentre) cercava di varcare il confine. 4. Guida ancora la sua macchina mentre non ne è più capace. 5. Si diverte mentre dovrebbe studiare.

**18** 1. Questo spettacolo è morboso. 2. Dammi del sanguinaccio. 3. A mezzogiorno mangio alla mensa. 4. Questo ci recherà (porterà, darà) un po' di conforto. 5. E' una ditta italiana. 6. Il gatto ha mangiato il dolce. 7. Prendi una candela. 8. Ora basta. 9. Ho rotto la mia cinepresa. 10. Non sono riuscito a chiudere il rubinetto dell'acqua.

1. Lo vedo tutti i giorni festivi. 2. Che bel grappolo d'uva. 3. Lascia la mancia. 4. Ho già attraversato (varcato) la Manica (il Canale della Manica) con la nave. 5. E' una delizia. 6. Non è un regalo per te. 7. La sceneggiatura è fastidiosa. 8. Lo scenario è troppo triste. 9. Non lasciare la sogliola al sole. 10. Tutti mi conoscono.

**19** 1. Anche tuo fratello viene con noi? 2. Tu hai anche (perfino) dimenticato il suo indirizzo? 3. E' molto elegante, mette anche (perfino) un cappello. 4. Non è freddoloso, non mette (indossa) neanche la maglia. 5. Fa freddo, metti la tua maglia (il tuo pullover, mettiti la maglia) e anche il tuo soprabito. 6. Perfino (anche) il primo ministro può sbagliare. 7. Non parlano neanche inglese. 8. Neanche noi (neppure noi) parliamo tedesco.

1. Anche voi (lei) mi aspettate (mi aspetta)?. 2. Neanche mia sorella ha voluto aspettarti. 3. E' furiosa : non l'hai neanche guardata. 4. Non ci hanno neanche dato un bicchiere d'acqua. 5. Non abbiamo neanche una fetta di pane. 6. Neanch'io voglio partire. 7. Voglio restare anch'io (anch'io voglio restare).

**20** 1. andrò. 2. vada. 3. andasse. 4. andarono. 5. vacci. 6. andrò. 7. andare. 8. vada. 9. andassimo. 10. va.

1. Va a vedere dove sta. 2. Vado a prendere la macchina. 3. No,non va : la fattura va pagata entro la settimana. 4. Vanno dicendo dappertutto che non hanno denaro ma io so bene che hanno certi risparmi. 5. Questo prodotto va lavato con cura (accuratamente). 6. Non vanno mai d'accordo. 7. Ho passato (trascorso) la giornata ad andare su e giù. 8. Andando indietro (indietreggiando) ha urtato il marciapiede. 9. Va pazzo per i funghi. 10. Questa canzone è andata in onda più volte oggi. 11. Lascia perdere, non stancarti invano. 12. Questo progetto è andato a monte. Tutto il denaro è andato in fumo.

**22** 1. Elle n'est pas antipathique, tout au contraire! 2. En agissant ainsi tu ne nous aides pas, au contraire! 3. C'est un accident, et même une catastrophe! 4. Il n'est pas avare, au contraire (bien mieux), il est généreux. 5. Prends une autre brioche, même deux si tu veux. 6. J'ai besoin d'un couteau, ou mieux d'un tourne-vis. 7. Tu sais, elle est blonde, et même très blonde.

**23** 1. Ti ho visto (scorto, intravisto) ieri all'uscita della metropolitana e ti ho chiamato. Non mi hai sentito? 2. Non mi ero accorto che la valigia era aperta. 3. Appena il bambino mi ha visto si è messo a sorridere. 4. Non si sono ancora accorti del loro errore.

**24** 1. Bravi ragazzi, continuate. 2. Bravo, babbo (papà). 3. Brava mamma. 4. Brave ragazze. 5. Bravi campioni!

**25** 1. Dès qu'il la vit, il courut à sa rencontre. 2. Cela ne me convient pas. C'est à peine cuit. 3. Cela coûte à peine un million. 4. J'ai tout juste eu le temps de sortir. 5. Il vient tout juste de sortir de la Faculté de médecine (il est frais émoulu de -). 6. Nous finissions à peine (nous venions à peine) de répondre que (quand) on nous posa de nouvelles questions encore plus précises. Nous répondîmes avec beaucoup de peine (difficilement). 7. Dès que tu seras de retour chez toi tu pourras te reposer. 8. Ils eurent tout juste le temps de sauter dans la voiture. 9. Il (elle) n'avait que dix-huit ans quand il (elle) se maria.

1. Resta ancora un poco con noi. Sono appena le undici. 2. Arriverà appena fino al rifugio (a pena *voudrait dire avec peine*). 3. Appena arrivo in casa apro (accendo) la tivù. 4. E' andato in pensione appena ha potuto. 5. Appena apre la bocca dice una sciocchezza. 6. Avevamo appena finito di mangiare quando è scoppiato (scoppiò) l'incendio. 7. Vieni a trovarmi appena potrai. 8. Il postino mi aveva appena portato la sua lettera quando ha telefonato. 9. Fece appena in tempo a prendere la (sua) borsa.

**26** 1. Goûtez ce gâteau. Je l'ai fait exprès pour vous. 2. Il peut (*lei :* vous pouvez) vous installer dans cette maison; tout est en ordre. 3. Ne vous faites pas de souci. J'ai donné un coup d'œil au moteur : il est en bon état (il marche bien, tout est en ordre). 4. Tu peux dire tout ce que tu veux contre moi. J'ai la conscience tranquille. 5. Ils disent que vous avez fait exprès d'arriver en retard. 6. Pour la photo mettez de l'ordre dans vos cheveux (coiffez-vous).

**27** 1. Tout ce que j'ai appris, c'est un vieux professeur qui me l'a appris. 2. La valse, c'est elle qui me l'a apprise. 3. Apprends (*ou :* il apprend) par cœur les dates et les événements. 4. Comment a-t-il appris que sa femme le trompait? 5. J'ai appris que tu as été reçu au Bac. Félicitations.

1. insegna. 2. imparare. 3. insegnare. impararla.

**28** 1. Il dit justement ce qu'il devait taire (cacher). 2. Il veut s'en aller (vous voulez vous en aller)? Justement. 3. Je voulais justement t'avertir à l'avance. 4. Vous voulez entrer *(lei)*? Il veut entrer? Tout juste.

**29** 1. Di chi è questo zaino? 2. Di chi sono queste valigie? 3. A chi telefoni? 4. A chi tocca giocare? 5. A chi devo rivolgermi? 6. A chi hai spedito questa cartolina? 7. Da' questo quadro a chi vorrai. 8. E' la persona a cui scrive ogni settimana. 9. L'uomo a cui ho parlato non ha saputo informarmi. 10. La donna a cui tu pensi non abita più qui.

**30** 1. Quand êtes-vous arrivés? 2. Nous sommes arrivés à Florence hier soir. 3. Qu'est-il arrivé? Il est arrivé (il s'est produit) un accident de la route. 4. Son heure est arrivée (= a sonné). 5. Tu y es arrivé? Bravo. 6. Je pense qu'il n'arrivera pas à réparer le moteur. 7. Il est en train de devenir fou. Il en est arrivé à un point où il ne peut se rappeler (il en est arrivé au point de ne même pas se rappeler) son adresse. 8. Madame, on vous demande au téléphone. Merci, j'arrive tout de suite. 9. Que veux-tu? Ce sont des choses qui arrivent. 10. Il a trop de dettes. Il n'y arrive plus.

1. Quando arriverete? 2. Arriveremo all'aeroporto a mezzanotte. 3. Sono arrivato stanotte. 4. Che cosa è successo (capitato, accaduto)? 5. Aspettami. Mi metto le scarpe e vengo. 6. Sono giunto al punto di interrogarmi sulla sua onestà. 7. Dammi una mano. Non ce la faccio da solo. 8. Qui non succede mai niente di straordinario. 9. Ce la fai (ci riesci) o vuoi che io ti aiuti? 10. Arriveranno con mezz'ora di ritardo.

**31** 1. una la delle (camicie) - una la delle le (cravatte) - una la delle le (scarpe) - un il dei i (fazzoletti) - un il dei i (cappelli) - una la delle le (giacche) - un il dei i (visi) - una la delle le (fronti) - uno lo degli gli (zigomi) - una la delle le (psichiatre) - uno lo degli gli (psicologi) - uno lo degli gli (svizzeri) - uno lo degli gli (schemi) - un l' degli gli (italiani) - una la delle le (italiane)
della delle della delle della delle del dei del dei della delle del dei della delle dello degli della delle dello degli dello degli dello degli dell' degli dell' delle

1. Dammi (dello) zucchero. 2. Non voglio prosciutto. 3. Prenderò dei panini. 4. Non ci sono bicchieri. 5. Non va mai al cinema con la moglie. 6. Si tolse le scarpe. 7. E' la mezza. 8. Arriverò alle 9. 9. Il 1990 fu l'anno della riunificazione della Germania. 10. La rivoluzione scoppiò nell'89.

1. Se ci sono (se ci saranno) utili il 15 % per voi (per lei) e il 20 % per me. 2. Dante è l'autore della Divina Commedia. 3. Lavora presso la Fiat. 4. Grazie Signor Presidente. 5. Ho conosciuto bene la Sua signora madre. 6. Papa Giovanni XXIII era molto popolare. 7. L'imperatore Napoleone III aiutò molto l'Italia. 8. Non voglio altro champagne. Mi dia (datemi) acqua (dell'acqua) minerale. 9. Non ho molti amici.

**32** 1. Je t'aime beaucoup (je t'adore). 2. Cette jeune fille est très jolie. 3. Ne dépense pas davantage, tu as déjà beaucoup dépensé d'argent. 4. Tu ne travailles pas assez. 5. Il a (elle a) beaucoup de succès car il (elle) travaille beaucoup. 6. Ce sera beaucoup plus cher que tu ne le pensais. 7. Cela a été bien pire que ce qui était prévu. 8. Cela s'est produit longtemps avant la guerre. 9. Je m'en suis aperçu longtemps après les faits. 10. Comment vas-tu? Je me sens beaucoup mieux. 11. Ils ont beaucoup voyagé. 12. Nous l'avons beaucoup regretté (nous avons été vraiment désolés). 13. Il n'y avait pas assez de gens. Mais que dis-tu? Il y avait beaucoup de monde.

**33** 1. Ils n'attaquent plus le gouvernement. 2. Je n'arrive pas à coller ce timbre. 3. Ce sparadrap ne tient pas (ne colle pas). 4. Ils avaient fixé (cloué) une planche sur la porte. 5. Pourquoi collez-vous cette affiche sur le mur? C'est interdit. 6. Le ragoût a attaché. Il a un goût de brûlé (il sent le brûlé). 7. Le lierre meurt (là) où il s'attache. 8. Les verres manquaient : ils ont bu à la bouteille. 9. L'orchestre attaqua l'ouverture. 10. Ils ont attaqué (ils se sont lancés sur) les hors-d'œuvre avec appétit.

**34** 1. Nous l'attendons au passage (= aux actes). 2. Il s'attendait à te voir plus tôt. 3. On s'attend à ce qu'il soit battu aux prochaines élections. 4. Je t'ai fait beaucoup attendre? 5. J'avoue que je m'attendais à quelque chose de mieux. 6. N'attends pas trop (ne tarde pas), décide-toi. 7. Il est presque impossible de répondre à l'attente des étudiants.

**35** Attenta Maria. Attenti signori. Attente ragazze. Attento papà (babbo). Attenta mamma!

**37** 1. Non ho visto alcun (nessun) progresso. 2. Non c'è nessuna (alcuna) soluzione. 3. Non ne ho vista nessuna. 4. Nessuno è competente. 5. Nessuna difficoltà lo ferma. 6. Nessun negozio è aperto. 7. Non ho trovato nessun supermercato chiuso. 8. Nessuno ha saputo informarmi. 9. Quale cravatta prendi? Non ne compro nessuna perché nessuna mi piace. 10. Nessuno è seduto?

**38** Macchina, porta, libro, scatola (boîte), giubba (veste), bicchiere, cucchiaio (cuillère), fare, minestra (potage), palla (balle), ricco, affare, tabella (tableau d'affichage), tela.

**39** 1. Quand il mourut il laissa autant d'argent à sa femme qu'à ses filles. 2. Ne te fais pas autant de soucis. Ce ne sera rien, tu verras. 3. Pour pratiquer ce sport il faut autant de force que d'agileté (souplesse). 4. Il y aura autant d'Américains que de Japonais. 5. Je n'ai plus faim. Ne me donne pas autant de purée. 6. Je ne croyais pas qu'il attendrait autant. 7. Pourquoi travailles-tu autant?. 8. Ils ont eu autant d'enfants que leurs parents. 9. Je n'ai pas encore autant de disques que vous en avez vous-même. 10. Il ne reviendra pas, d'autant plus qu'il ne connaît personne dans cette ville.

1. Ha letto tanti capolavori classici quanti gialli. 2. Ti hanno offerto cinque libri? Ne voglio altrettanti. 3. Credo che non sai (*ou :* che tu non sappia) fare lo stesso. 4. Beve tanto vino quanta acqua. 5. Ci sono tanti italiani quanti tedeschi.

**40** 1. Il se sacrifie pour le bien d'autrui. 2. N'enviez pas l'argent d'autrui. 3. Ne fais pas attention à autrui (aux autres); fais ce que tu dois faire. 4. Ne te mêle pas des affaires d'autrui. 5. Je me réjouis du bien d'autrui (des autres).

1. Bisogna aiutare gli altri. 2. Non tiene conto dei consigli altrui (degli altri). 3. Non agiremo alle spese altrui (degli altri).

**41** 1. Questo tempio è stato costruito due secoli avanti Cristo (a. C.). 2. L'ho visto ieri l'altro. 3. Ha gridato prima di cadere. 4. Rifletti prima di deciderti. 5. Avanti, ragazzi!. 6. Avanti, la porta è aperta. 7. Riposatevi prima della partita. 8. Ha ingannato parecchie (più) persone prima di me. 9. Non posso più aspettare. Rimborsatemi entro il mese.

1. Puis-je entrer? Entre (entrez). 2. Qui a sifflé? Allez, courage, dites-le. 3. Comme avant, plus qu'avant, je t'aimerai. 4. Avant de répondre réfléchis un peu. 5. Je te téléphonerai avant mardi. 6. Avant-hier il pleuvait. 7. Il a réagi avant l'heure. 8. Peu de temps auparavant il y avait eu un éboulement. 9. Tu te trompes. L'accent tombe sur la troisième syllabe avant la fin. 10. Ce soir ils donnent (on donne) le ballet en avant-première.

**42** 1. avrò, avrà, avremo, avrai, avrete, avranno. 2. avevamo, avevo, avevano, avevi, aveva, avevate. 3. abbi, abbiate, abbia, abbiamo *(coraggio),* abbia, abbi, abbiate, abbiamo *(pazienza).* 4. non essere, non siate, non siamo, non sia *(impaziente),* non siate, non sia, non essere *(stupido).*

1. Si è tuffato dallo scoglio. 2. Non si sono degnati di scrivermi. 3. Il ministro degli Interni ha dato le dimissioni (si è dimesso). 4. Perché non ti sei mosso? 5. Il gatto è salito (si è arrampicato) sul tiglio.

1. I prezzi sono rincarati. 2. L'occhio è gonfiato. 3. Com'è invecchiato! Tu trovi? Avevo l'impressione che fosse ringiovanito. 4. Quando le ho detto questo è impallidita. 5. La situazione è migliorata. Perché mi hai detto che è peggiorata? 6. E' ingrassato poi è dimagrito. 7. Tutte le rose sono fiorite nello stesso momento. 8. Le foglie non sono ancora rinverdite. 9. Questo problema è sempre esistito.

1. In un minuto sono apparsi poi scomparsi. 2. La notizia è circolata rapidamente. 3. L'aereo è atterrato a Orly. 4. Nel 1966 l'Arno è straripato e ha allagato Firenze. 5. Il petrolio è sgorgato (sprizzato) subito. 6. La pallottola è penetrata fino al fegato.

1. Questo concerto mi è piaciuto. 2. Sono bastati due secondi di disattenzione. 3. Questo discorso mi è dispiaciuto. 4. Le condizioni di pagamento sono cambiate. 5. Tutti i miei sforzi non sono serviti a niente. 6. E' fallito nel tentativo. 7. Non siamo mai riusciti a vincere. 8. Questa bibbia è appartenuta al re di Francia. 9. Questo quadro ci è costato un occhio. 10. Sono voluto entrare lo stesso.

1. Hanno litigato per tutta la serata. 2. Scusami ho sbagliato. 3. I tempi sono cambiati ma non ho cambiato opinione. 4. E' scivolato (sul ghiaccio) ed è finito contro il parapetto. 5. Hanno sempre fuggito le responsabilità. 6. Perché sei fuggito quando sono entrato? 7. La gioia non è durata.

**43** 1. Qui frappe à la porte? 2. C'est une route fréquentée. 3. Je l'ai fait en un clin d'œil. 4. Elle (*ou :* vous) sait (savez) mentir sans ciller. 5. Ferme les persiennes : le soleil tape pendant tout l'après-midi. 6. La fête bat son plein. 7. Il bat (mélange) les cartes très rapidement. 8. Ils se sont disputés puis ils se sont battus à coups de poings. 9. Cette rampe en fer forgé est belle. 10. 10 heures sonnaient quand il est revenu.

**45** 1. bel. 2. belle. 3. bei. 4. begli. belli. 5. bel. 6. bello. bella. 7. bella. 8. bel. 9. bella. 10. bello.

**46** 1. Come va? Tutto bene. 2. Siamo molto lieti (contenti) di essere arrivati. 3. L'ho trovato molto stanco. 4. Hai lavorato (studiato) molto? 5. E' pagato bene? 6. E' arrivato in ritardo tanto che (cosicché, sicché) non c'era più nessuno per accoglierlo. 7. Non è una sommossa bensì un colpo di Stato (un golpe). 8. Quand'anche (anche se) confessasse il proprio errore non lo aiuterei. 9. Sei proprio bugiardo come tuo padre. 10. E' anche possibile (può darsi) che questo treno circoli di domenica.

**47** Brava, Maria. Bravi, signori. Brave, ragazze. Bravo, papà, (babbo). Brava, mamma.

**48** 1. Tenir bon (= tenir dur. Résister. Ne pas céder, ne pas lâcher). 2. C'est bon pour le moral. 3. Être bon en mathématiques. 4. Pourrais-tu être assez bon pour m'aider? 5. Il est bon de noter (remarquer) que... 6. Il a répondu en toute bonne foi. 7. Aujourd'hui il fait beau temps. 8. Mon fils a été déclaré bon pour le service militaire. 9. En bon révolutionnaire qu'il est, il parle toujours de combattre (lutter) pour les justes causes. 10. Fais ce qui te paraît bon.

1. Buongiorno (buon giorno). 2. Buona sera. 3. Buona notte. 4. Buon appetito. 5. Buon Natale. 6. Buona fortuna. 7. E' sempre stato buono con me. 8. Tieni sodo (non mollare), vengo. 9. A che serve (a che pro) studiare? 10. Questa è bella! (Questa poi!).

**50** 1. Chi è? Siete voi? Sì, siamo noi. 2. E' Marcello? No, è Andrea. 3. Era bello? No, non era interessante. 4. Sarà ancora più difficile. 5. Partirai tu (sarai tu a partire)? 6. Fu il mio amico ad essere ferito. 7. Rispose mia madre (fu mia madre a rispondere). 8. Il pacco lo prenderà mio padre (sarà mio padre a prendere il pacco). 9. Chi ha fischiato? Tu? (Hai fischiato tu)? No, non ho fischiato io, ha fischiato quel signore. 10. Chi giocherà con me? Tua moglie.

1. Chi ha suonato? Noi (abbiamo suonato noi). 2. Siete stati voi a telefonare ieri? No, non siamo stati noi. 3. Lui beve e pago io (e sono io a pagare). Trovo che è ingiusto (non è giusto). 4. Spetta a voi (tocca a voi) rispondere. 5. Spetta a loro beneficiare di questo vantaggio. 6. Tocca a noi (spetta a noi) entrare. 7. Spetta a loro (tocca a loro) trovare una soluzione. 8. Spetta ai genitori occuparsi dei figli (badare ai figli). 9. Spetta allo Stato intervenire. 10. Tocca a te mescolare le carte.

**51** Ri-spondere rispon-dere, si-stemare siste-mare, asciut-to, ginna-stica ginnasti-ca, calpe-stio.

**52** 1. Ho più capelli di mio fratello. 2. Scrivo meno velocemente di te. 3. Canta più forte che bene. 4. Ci sono più soldati che civili (borghesi). 5. Sono più sportivi di noi. 6. E' meno simpatica della sorella. 7. Ne do più a mio padre che a mia madre.

**53** 1. Da Alfredo è una buona trattoria. 2. Vieni a casa mia stasera. 3. Dove stavi? Stavo a casa dei miei genitori. 4. Torna a casa sua per mangiare. 5. Sarò a casa tua a mezzogiorno. 6. Era raffreddato. E' restato a casa sua. 7. A casa vostra c'è troppo rumore. 8. Questa reazione è frequente presso i vecchi 9. Si osserva (nota) già quest'usanza presso i greci dell'Antichità.

**54** 1. A chi lascerete quest'appartamento? 2. Di chi vuoi parlare? 3. Non so su chi contare. 4. Con chi parti in viaggio? 5. E' l'amica con cui ho visitato gli Stati Uniti. 6. E' la persona a cui ho chiesto il tuo indirizzo. 7. Di chi sono queste valigie? 8. Chi vuole parlare? 9. E' il responsabile al quale (a cui) ho scritto. 10. Chi c'è?

**55** 1. Fa freddo come d'inverno. 2. Voglio una bistecca come te. 3. Divori come se tu non avessi mangiato da più (parecchi) giorni. 4. Parla come se fosse il padrone (Parla da padrone). 5. Come maestro di sci è straordinario. 6. Siccome (dato che) bisogna arrivare prima di mezzanotte partirò verso le nove. 7. Come (allorché) calava la sera arrivò (giunse) in riva ad un fiume. 8. Sono ricchi come i loro genitori. 9. Com'è (quant'è) bello! 10. E' appunto (proprio) come glielo dico (ve lo dico).

**56** 1. Come. 2. come. 3. come. 4. quanto. 5. quanta. 6. tante quanti. 7. tanti quanti. 8. tanto quanta. 9. tanti quanti.

1. Di. 2. di. 3. di. 4. di. 5. che. 6. che. 7. che. 8. che. 9. di. 10. che.

**57** 1. Ottantotto, duecentotrentuno, quattrocentocinquantasei, milletré, millenovecentonovantadue, diciottomilanovecentosettantotto, duecentoquarantasettemilanovantotto, un milione novecentosettantanovemila cinquecentosettantadue

1. Quest'attrice dice che ha più di duecento paia di scarpe. 2. Giocano tutti e sei nella stessa squadra. 3. Un gelato per uno (per ciascuno), prego. 4. Vorrei prenotare un tavolo (una tavola). Saremo in sei. 5. Facciamo uno sconto del 25 %. 6. Il tasso di disoccupazione ha raggiunto l'8 %. 7. C'erano migliaia di spettatori. 8. Sei per otto quarantotto. 9. Ho un centinaio di video-cassette. 10. Facciamo (consentiamo) uno sconto dell'11 % ai primi dieci clienti.

sesto, terzo, quinto, ottavo, diciottesimo, nono, ventunesimo, quarantacinquesimo, cinquantaseiesimo, ottantotesimo, novantatreesimo, centesimo, centoventiquattresimo, milionesimo

1. I primi quattro sono già arrivati. 2. Prenderò gli altri cinque. 3. Come di solito siete gli ultimi due. 4. Aprite il libro al capitolo 7 (settimo) e cominciate a leggere al paragrafo 3 (terzo). 5. Carlo Quinto fu un grandissimo imperatore come Napoleone primo. 6. L'ultimo re fu Luigi XVI (sedicesimo). 7. Il predecessore di Giovanni Paolo II (secondo) era papa Paolo VI (sesto).

**58** 1. Dessiné (fait) à l'encre de Chine. 2. Une omelette aux champignons. 3. Faites à votre aise. 4. Il intervint par tous les moyens. 5. Par ce froid il vaut mieux ne pas sortir. 6. Il se met toujours en colère contre quelqu'un. 7. La lutte contre le Sida s'est intensifiée. 8. Nous nous levions avec le soleil. 9. Avec le temps on pardonne tout. 10. En disant cela il croyait me tromper.

1. Arriverà con l'aereo delle 20.30. 2. Voglio una «creme caramel» con panna montata. 3. Sopportò il dolore con coraggio. 4. Parlava con le mani sulle anche e con la testa alta. 5. Con la speranza di incontrarla prese il treno. 6. E' andata a Roma con lo scopo di studiare storia dell'arte. 7. E' andato a trovare (a vedere) il direttore con lo scopo (l'intento) di studiare il suo dossier (la pratica). 8. Mentre stava parlando (pur parlando) sorvegliava (teneva d'occhio) la porta con la coda dell'occhio. 9. Attento. Ha detto che ti avrebbe ammazzato (ucciso) con le sue mani. 10. Con il pretesto di chiedere un'informazione non ha fatto la coda.

**59** 1. Bisogna che io ti parli. 2. Bisognava che io ti parlassi. 3. Bisogna che lei torni. 4. Non bisognava che tornassero. 5. Credo che non ce ne sia più. 6. Credevo che ce ne fossero ancora. 7. Penso che tu sei (sia) imprudente. 8. Non pensavo che fosse così (tanto) imprudente. 9. E' necessario che tu ti spieghi. 10. Era necessario che ci incontrassimo. 11. Bisognerebbe che tu studiassi di più. 12. Vorrebbe che tu lo accompagnassi. 13. Sarebbe ora che guarisse. 14. Verresti con me se andassi a Roma? 15. Mi pare che sia troppo caro. 16. Mi pareva (sembrava) che non fosse fresco. 17. Preferirei che partisse.

1. Se verrai saremo contenti. 2. Se mi darai una mano finiremo questo lavoro più rapidamente. 3. Se mi telefonerete dopo le 8 sarò a casa (mia). 4. Se spenderemo tutto il denaro oggi come faremo domani? 5. Se proporrai uno sconto accetteranno la tua proposta.

1. Verrei se ne avessi voglia. 2. Preferirei aspettare. 3. Al tuo posto prenderei quello di destra. 4. Se io non lo sorvegliassi dormirebbe per tutta la giornata.

5. Credo che sarebbe meglio. 6. Mi pare (sembra) che ti divertiresti di più con i tuoi amici. 7. Pensavo che saremmo partiti domani. 8. Credo che mi avrebbe avvertito se avesse rinunciato a venire. 9. Mi pareva (sembrava) che sarebbe stato guarito più presto dal dottore Toccasana. 10. Credevo che avresti preso il treno.

1. Je le savais bien que tu viendrais. 2. Il serait venu s'il en avait eu le temps. 3. S'il avait renoncé à venir il aurait téléphoné. 4. Il m'a téléphoné qu'il arriverait à minuit. 5. Je pensais qu'il ferait (qu'il aurait fait) tout son possible pour m'aider. Au contraire il n'est pas intervenu. 6. Je le savais qu'il ferait tout son possible pour m'aider. Son intervention a été décisive. 7. J'étais sûr qu'il serait collé. Au contraire il a été reçu. 8. Je suis désolé : je pensais que tu serais reçu. 9. J'ai pris mon parapluie parce qu'on m'a dit qu'aujourd'hui il y aurait un orage. 10. Je croyais que ce serait amusant.

**60** 1. parlerei torneresti pagherebbe balleremmo lavorereste entrerebbero ripeterei scriveresti leggerebbe scriveremmo cogliereste accoglierebbero partirei dormiresti salirebbe subiremmo finireste ubbidirebbero.

2. scivoleremmo ricorderei desidereresti considererebbe spiegheremmo attaccherebbero mangereste comincerei indicheremmo lasceresti rovescerebbero scierebbero.

1. Verresti con me? 2. Venendo con me vedresti delle belle cose. 3. Non potrei seguirti. 4. Non potrebbero entrare. 5. Sapremmo difenderci. 6. Berreste troppo vino. 7. Sedurrebbero tutti i ragazzi (maschi). 8. Produrreste di più. 9. Proporrebbero una soluzione. 10. Resteremmo (staremmo) con loro.

1. Cadrei anch'io. 2. Dovremmo tornare. 3. Ti darebbe denaro. 4. Saresti soddisfatto. 5. Avreste tutto quello che trovereste. 6. Faremmo un bel viaggio. 7. Si andrebbe fino in Sicilia. 8. Non sapreste farlo. 9. Produrrebbero novità. 10. Disporresti di una casa confortevole e vi resteresti (ci stareste) a lungo.

1. Tornerebbe se potesse. 2. Se lei lo vedesse con te sarebbe gelosa. 3. Se avessimo la macchina potremmo andare in Italia. 4. Se tu volessi si andrebbe in Scozia e si vedrebbero dei bei laghi. 5. Se mi invitassero andrei con loro. 6. Verresti anche tu? 7. Se avessi diciott'anni avrei la patente di guida. 8. Vorrei essere con voi. 9. Vi (le) sarei grato di aiutarmi. 10. Dovresti riflettere. 11. Bisognerebbe pensarci.

1. Credo che sarebbe promosso se desse l'esame. 2. Mi pare che sarebbe meglio prendere un taxi. 3. Pensa che dovremmo rivolgerci al custode. 4. Credo che avrebbe fatto questo viaggio se tu lo avessi invitato. 5. Pensavo che saresti stato d'accordo. 6. Credeva che tu avresti lavorato con lui. 7. Mi ha risposto che se ci fosse lo sciopero dei treni (delle ferrovie dello Stato) avrebbe preso l'aereo. 8. Credevo che sarebbe arrivato prima di me. 9. Sarebbe arrivato prima di te se tu non fossi stato in anticipo. 10. Ce pauvre lieutenant corse allait devenir l'empereur Napoléon I. Il n'aurait pas fait une telle carrière s'il n'y avait pas eu la révolution.

**63** 1. Le drapeau italien est vert blanc rouge. 2. Le drapeau français est bleu blanc rouge. 3. Regarde ces beaux cheveux roux. 4. Tu ne vois pas que ces couleurs jurent (détonent)? 5. Comme d'habitude le clown avait les cheveux couleur étoupe. 6. Il m'en a fait voir de toutes les couleurs (des vertes et des pas mûres). 7. Après l'évanouissement il a repris des couleurs.

**64** 1. De ce balcon on voit la mer. 2. Ce sont des souliers d'homme. 3. Ce n'est pas de lui d'agir ainsi (de la sorte). (Il n'est pas dans ses habitudes d'agir de la sorte). 4. Elle lui donnera des conseils de mère (comme si elle était sa mère) : elle la traite encore comme une enfant. 5. C'est une voiture pour la ville. 6. Achète (*ou :* il achète) un timbre à mille lires. 7. Ils vivent ici depuis toujours. 8. Tu sais, c'est l'homme à la casquette rouge. 9. Pourquoi veux-tu séparer les lapins des poules? 10. Les habitudes d'ici sont différentes de celles que nous connaissons.

1. Dès demain je recommencerai à travailler. 2. Ils sont passés par la porte-fenêtre. 3. Il n'y a plus rien à ajouter. 4. Ce n'est pas une chose facile à dire. 5. D'après (à) ce que j'ai su, ils ne sont jamais venus ici. 6. Je vais chez le boucher chaque jour. 7. Pourquoi n'a-t-il pas (n'avez-vous pas - *lei*-) fait ce travail tout seul? 8. Il n'y a pas de quoi s'étonner. Je m'y attendais. 9. Serais-tu assez aimable pour me prendre en voiture jusqu'à la gare? J'ai tellement de choses à faire que je ne peux y aller à pieds. 10. Ils ont mis une grille afin de mieux se protéger des voleurs.

**65** 1. Je le lirai dans le train. 2. Je l'ai rencontré dans le train de Rome. 3. Cet autobus va au centre. 4. En particulier l'acte III est très beau. 5. J'ai vu le spectacle en avant-première. 6. Ils voyagent toujours en groupe. 7. Il a été fabriqué en série. 8. Regardez en l'air. 9. Tu es en avance. 10. En prime il a eu un billet de 10 000 lires.

1. J'ai trop de choses dans la tête. 2. La maman berce l'enfant dans ses bras. 3. J'avais la clé dans ma poche. 4. Je suis sûr qu'il y a des souris dans le grenier. 5. On est bien dans la cave, on y est au frais. 6. Je passe mes vacances à la campagne. 7. Ils se sont rencontrés à la discothèque. 8. Veuillez passer au secrétariat. 9. Ils arriveront à l'heure. 10. Au printemps il fait encore froid par ici (dans cette région).

**66** 1. Vengo qui d'estate o in primavera. 2. Sono nato nel 1983 ed io nell'85. 3. La prima guerra mondiale è scoppiata nel 1914 ma l'Italia è entrata in guerra solo nel '15. 4. Ho fatto quel quadro in tre giorni. 5. In quel tempo non c'erano le lavatrici. 6. Quell'anno la neve fu molto abbondante. 7. Aspettatemi, tornerò fra mezz'ora. 8. Sarà terminato fra una quindicina di giorni. 9. Mi ha risposto che devo pagare entro il mese. 10. Una volta si viveva più spensierati.

**67** 1. Dia. 2. dessi. 3. dessi. daresti. 4. diede. 5. diamo. 6. dessimo. 7. darei. 8. dammi. 9. mi dia. 10. dessimo.

1. Ennuyer, importuner, déranger. 2. Se cogner la tête contre le mur. 3. Prendre le maquis. 4. S'adonner au jeu, à la boisson, à l'étude. 5. Éclater en sanglots. 6. Se mettre en colère. 7. S'enfuir, prendre les jambes à son cou. 8. Cela se pourrait; c'est possible. 9. Écoute-moi et ne t'en fais pas. 10. Tu ne me feras pas croire cela (tu n'arriveras pas à me le faire avaler).

**68** 1. Quanti ne avevamo ieri? 2. Sono nato il 5 marzo 1976. 3. E' un palazzo del Cinquecento. 4. L'ha comprato nell'89. 5. E' nata nell'Il. 6. Ieri l'altro era sabato. 7. Se ne riparlerà ancora fra due secoli. 8. Ne ho parlato tre settimane fa. 9. Torni (tornate) fra due mesi. 10. Dopodomani sarà domenica.

**69** 1. Mi mancano dati recenti per rispondere. 2. Ho corretto i dati che erano stati comunicati per errore. 3. Date le difficoltà credo che il primo ministro fallirà. 4. Dato che (siccome) ho mangiato (fatto la prima colazione) alle 10 non avrò fame a mezzogiorno. 5. Dato il freddo che fa staremo (resteremo) a casa. 6. Dato il caldo le merci si guastano. 7. Data la distanza non arriveremo prima di mezzanotte. 8. Data l'ora non troveremo un solo ristorante (una sola trattoria) aperto (a). 9. Dato che (siccome) non si trova lavoro (il lavoro non si trova), il denaro manca in questa regione. 10. Data la situazione non siamo molto ottimisti.

**72** 1. A chi hai chiesto quest'informazione? 2. Le (vi) chiedo di tacere. 3. Quest'esercizio richiede uno sforzo di attenzione. 4. Non ha osato chiedere la parola. 5. Non chiediamo meglio che partire. 6. Non mi hanno chiesto (chiamato) al telefono? 7. Che cosa chiedi (domandi) di meglio? 8. Si cerca (cercasi) un insegnante d'italiano per la riapertura della scuola. 9. Chi non chiede (domanda) nulla (niente) non ha niente (nulla) (*ou :* nulla ha). 10. Mi ha domandato di dargli una mano.

**73** 1. Si è fermato a mezza corsa (a metà strada). 2. Fu solo un mezzo successo. 3. Sono entrato perché la porta era semiaperta (socchiusa). 4. La scatola è semichiusa. 5. Aspettatemi mezz'ora. 6. Il film dura due ore e mezzo. 7. Ho scritto una pagina e mezzo (mezza). 8. Stava qui mezz'ora fa. 9. Ho mangiato mezza banana. 10. Appuntamento alla mezza.

1. Je participerai à la course de demi-fond. 2. Il (elle) le regardait avec un air amusé. 3. Excuse-moi; je ne te reconnaissais pas dans la pénombre. 4. Tu devrais avoir honte. Tu es à moitié ivre. 5. Quand on l'a retrouvé il était à demi-mort. 6. Rendez-vous à une heure et demie. 7. Anna est la demi-sœur de Paul. 8. Je joue demi-droit. 9. Il comprit à demi-mot.

**74** Quel, quei, quell', quegli, quelle, quel, quella, quella, quel, quei, quelle, quello, quegli, quello, quegli, quei, quelle.

1. Quel. 2. quei. 3. quella. 4. quella. 5. quelli. 6. quelli (coloro). 7. quelli (coloro). 8. quella. 9. quegli. quelli. 10. quello.

**75** 1. Le repas est servi à partir de 11 heures 30 (on sert à partir de...). 2. A partir de Lyon (dès Lyon) le train est très rapide. 3. Ils devinrent amis dès le premier moment. 4. A partir du mois prochain (dès le mois prochain), journée continue. 5. Dès que je la verrai je lui parlerai de toi. 6. Il cessa de boire du café le soir et dès lors il dormit sereinement. 7. Dès qu'il se vit seul il éclata en sanglots.

1. Fin dall'infanzia (da bambino) sapeva che sarebbe diventato ingegnere. 2. Appena tornerò andrò a trovarti. 3. Appena apparve, tutti si alzarono. 4. Appena la vide si mise a cantare. 5. Comincio a studiare sul serio a partire da lunedì. 6. Possiamo concludere fin da oggi. 7. Appena piove si vedono le chiocciole (lumache). 8. Tornerò appena potrò.

**76** 1. J'ai quelque chose à dire. 2. Je dois faire la lessive avant demain. 3. Excusez-moi, je ne peux vous accompagner. Je dois travailler. 4. Pourquoi n'est-il pas venu? Il doit être malade. 5. A cause de la grève, il dut passer la nuit à l'aéroport de Milan Linate. 6. Tu as dû rester à la maison? 7. Elle a dû se peigner (se coiffer) en moins d'un quart d'heure. 8. Quel âge a-t-il? Il doit avoir quatre-vingts ans. 9. Combien peut-il peser? Il doit peser trente kilos. 10. Il a trop de choses à faire. Ne t'inquiète pas. Il a toujours fait son devoir.

**77** 1. C'est un amour d'enfant. 2. C'est plein de gens. 3. Je me suis réveillé à deux heures du matin. 4. Ils vont de ville en ville, de lieu en lieu pour faire connaître leur production. 5. Il grandit de jour en jour. 6. Il devient de plus en plus riche d'année en année. 7. Il aime parler du plus et du moins. 8. Au premier abord, je vis la difficulté. 9. Il n'a pas ouvert la boîte aux lettres? 10. A qui est ce sac à main?

1. Vengono a trovarmi ogni tanto. Senza di loro morirei di fame. 2. Ho smarrito il mio libretto degli assegni. 3. La banca mi ha prestato denaro ad un tasso del 10 %. 4. Mia nonna soffre di stomaco, non esce mai di casa (da casa sua). 5. L'ho vista mentre usciva dall'ufficio del direttore. 6. Prima di noi, la casa era abitata da napoletani. 7. Come potresti fare questo viaggio senza di noi? 8. (Sia detto) Tra di noi, credo che mentano. 9. Spero di arrivare prima della notte. 10. Credo di poter trovare un posto.

1. E' difficile rispondere : cerco di capire. 2. Non fidatevi (si fidi) di quella gente. 3. Di chi è questa macchina? E' dei miei amici. 4. Vieni con me al mercato del pesce. 5. E' di argento o di platino? 6. D'inverno non si sta bene in questa casa ma d'estate è perfetto. 7. La città è ricca di monumenti romani. 8. Ti darò denaro di nascosto. 9. Non ho capito niente : è passato di corsa ed è restato solo cinque minuti. 10. Ho meno esperienza di te : prima di dire di sì, vorrei riflettere.

**80** Letto, libro, uccello, fiume, fiume, porta, calzoni, stanza, lettera, campo, finestra, tavola, tavola, poltrona (fauteuil), seggiola (chaise), foglia, libro.

**83** 1. Ce spectacle me déplaît (ne me plaît pas). 2. Je n'ai pas aimé du tout cette lettre. 3. Cela ne me déplairait pas de vivre au bord de mer. 4. Je n'aime pas ces façons de faire (de se comporter). 5. Je vous dérange si je fume? 6. Pourriez-vous (auriez-vous la gentillesse) d'appeler un taxi? 7. Je regrette (je suis désolé) de vous laisser (quitter) ici. 8. Je vous ai fait mal? Je regrette (je suis désolé, navré). 9. Moi non plus, je n'aime pas ces polémiques. 10. Je suis en retard. Je regrette (je suis désolé). Excusez-moi.

1. Ci dispiace (siamo spiacenti) dover partire (andar via). 2. Questo colore mi dispiace (non mi piace). 3. Disturbo se accendo la televione? 4. La disturberebbe di sorvegliare la mia valigia mentre vado a comprare un giornale? 5. Ci dispiace (spiacenti) non abbiamo più pane. 6. Non potrò assistere a questa cerimonia. Mi dispiace molto (mi rincresce).

**84** 1. Il entra alors une jeune fille dont je reconnus tout de suite le sourire. 2. C'est une marchandise dont on fait la publicité à la télé et dont tous (tout le monde) sont (est) satisfait(s). 3. Tu sais, c'est cette personne dont le fils périt dans un incendie. 4. Apporte-moi le livre dont je t'ai parlé. 5. C'est l'écrivain dont la dernière œuvre a été portée à l'écran. 6. C'est un film original dont les acteurs sont tous des animaux. 7. Ce soir-là ils détruisirent beaucoup de voitures dont celle de ma fiancée. 8. Le roman dont (d'où) est tiré cet extrait est un chef d'œuvre de la littérature médiévale. 9. La façon dont il parle à ses clients le rend sympathique à tout le monde. 10. C'est un événement dont on parlera longtemps.

1. Vado sempre a vedere i film di cui si parla sui giornali. 2. La riconoscerai facilmente : è la ragazza di cui hai visto la foto a casa mia, quella i cui capelli sono molto lunghi e riccioluti. 3. E' un romanzo di cui conosco solo il titolo. 4. E' il romanzo il cui titolo è tratto da una canzone. 5. Ho visto molti amici di cui non avevo più sentito parlare da anni (e anni).

**85** 1. Devo partire subito. E noi, cosa dobbiamo fare? 2. Per andare a teatro dovrete voltare a sinistra. 3. Per entrare dovette prendere il biglietto. 4. Ha dovuto truccarsi senza specchio. 5. Ho dovuto reagire immediatamente.

**87** La pattinatrice, l'autrice, la contessa, la lettrice, la telespettatrice, l'innocente, l'incosciente.

Le automobili veloci. le voci sottili. le luci splendenti. le sedi locali. le piramidi e le sfingi. le absidi. le miosotidi. le paludi. le catastrofi. le stragi. i salici piangenti.

**88** 1. E' chiuso. 2. C'è già la coda. 3. Non è zucchero. 4. Non c'è più zucchero. 5. Pronto! Sei tu Luigi? No, sono Giovanni. 6. Non tocca ancora a te giocare. 7. Spetta al medico prendere questa responsabilità.

**89** 1. Dov'è? Eccola. 2. Dove sono? Eccoli (eccole). 3. Siete voi? Sì, eccoci. 4. Puoi darmi (dello) zucchero? Si, eccone.

**90** 1. Elle n'est pas malade. Elle s'écoute trop. 2. Ecoute ce disque. Il est génial. 3. Ecoute mieux, tu comprendras. 4. Ecoute, on pourrait faire comme çà. 5. Il n'écoute personne. 6. Ne l'écoute pas, il exagère. 7. Il était tout ouïe. 8. Il aime s'écouter quand il parle (= il s'écoute parler).

**92** 1. C'est une cérémonie en l'honneur des héros. 2. Il est déguisé en bohémien. 3. Donne-lui-en encore. Non, ne lui en donne pas. 4. Pourquoi ne m'en parlez-vous pas? Parlez-m'en s'il vous plaît. 5. Vous en avez donné à tout le monde, donnez-en aussi à mes amis. 6. Où as-tu mis le lait? Il y en a encore? Non, il n'y en a plus. 7. Il y a encore des cerises? Non, il n'y en a plus. 8. Le minerai était trop pauvre en fer. On a (ils ont) fermé la mine. 9. Ce n'est pas un film en couleurs; il est en noir et blanc. 10. Ça suffit. Finissons-en avec ces accusations réciproques.

Me ne compro, te ne compri, se ne compra, ce ne compriamo, ve ne comprate, se ne comprano

- compratene, se ne compri (lei), compriamocene, compratevene
- non comprartene (non te ne comprare), non se ne compri (lei), non compriamocene, non compratevene

me ne vergogno, te ne vergogni, se ne vergogna, ce ne vergogniamo, ve ne vergognate, se ne vergognano

- vergognatene, se ne vergogni (lei), vergogniamocene, vergognatevene
- non te ne vergognare (non vergognartene), non se ne vergogni (lei), non vergogniamocene, non vergognatevene

me ne vado, te ne vai, se ne va, ce ne andiamo, ve ne andate, se ne vanno

- vattene, se ne vada (lei), andiamocene, andatevene
- non andartene (non te ne andare), non se ne vada (lei), non andiamocene, non andatevene

**92** 1. Si decise finalmente ad entrare. 2. Eccoti finalmente! 3. Ci fu del pesce, della carne e infine un grande dolce. 4. Siamo andati al cinema poi al museo e infine al ristorante (in trattoria). 5. E' una medicina straordinaria, insomma (almeno) a quanto dice il mio farmacista. 6. Ho dormito bene, insomma meglio della notte precedente.

**95** 1. Bisogna restituire i libri entro il mese. 2. Rassicuratevi : la pratica sarà evasa entro la settimana. 3. Risultati entro la settimana.

**99** 1. Sii prudente. 2. Non essere impaziente. 3. Siamo calmi. 4. Non sia violento. 5. Credo che sia timido. 6. Credevo che fosse timido ma non è vero. 7. Se fossi studente di liceo sarei già in ferie. 8. Se fossimo ancora studenti avremmo meno lavoro. 9. Bisogna che siate coraggiosi. 10. Bisognava che fossero coraggiosi.

1. I prati sono rinverditi dopo la pioggia poi sono ingialliti in pochi giorni (in qualche giorno, in alcuni giorni). 2. L'aereo non è decollato per il vento. 3. Anche mio nonno è emigrato in Canada. 4. E' inciampato in una pietra (sasso). 5. Quegli sforzi non sono bastati. 6. Non è riuscito ad entrare. 7. Il tuo libro non mi è servito. 8. Questo non mi è costato niente. 9. Il tentativo è fallito. 10. Una volta è bastata e tutto è crollato.

1. La macchina (l'autobomba) è esplosa quando è suonata la mezzanotte. 2. Gli utili sono aumentati (cresciuti). 3. Siamo scivolati sul ghiaccio. 4. Il fiume è straripato. 5. Come (quanto) sei cambiato! Sei dimagrito ed impallidito. 6. Era cambiata molto : era cresciuta ed era ingrassata. 7. Tutti dicono che è ringiovanita invece io trovo che è (sia) invecchiata. 8. Quando gli ho parlato della sua fidanzata è arrossito. 9. Il suo stato è peggiorato ed è spirato durante la notte. 10. I soldati sono sbarcati sulla spiaggia poi sono corsi fino al villaggio. Vi ci sono penetrati senza difficoltà.

**101** 1. J'ai rencontré le Ministre des Affaires étrangères. 2. Il s'est enrôlé dans la légion étrangère. 3. On voit qu'ils ne sont pas de la région (du pays, du coin) : ils passent leur temps à demander des renseignements. 4. Il affirma qu'il était complètement étranger à cette affaire. 5. Il semblait (on aurait dit) que tout lui était (fût) étranger. 6. Ils ont (on a) découvert un corps étranger dans son estomac. On devra l'opérer. 7. Le commerce extérieur est de plus en plus rentable. 8. Je ne partage pas les idées du président sur la politique étrangère. 9. Ils accueillent les étrangers avec cordialité.

**103** 1. Com'è (quant'è) magro! 2. Quanto rumore! 3. Che delusione! 4. Che successo! 5. Quanti clienti!

1. Vous la connaissez? Bien sûr! (vous pensez si je la connais!). 2. Pas question de continuer le voyage! Il faut rentrer à la maison tout de suite. 3. Ils ne sont pas intelligents comme vous le dites! Loin de là! 4. Regarde! J'ai trouvé des cèpes. Quels cèpes? (Cela ne risque pas d'être des cèpes! Ça des cèpes? Jamais de la vie!). 5. Tu as tout compris? Bien sûr! (Pourquoi pas? Tu en doutes?).

**105** 1. Sono venuto qui molto tempo fa. 2. Questa casa è stata costruita più secoli (parecchi secoli) fa. 3. E' arrivato due mesi fa. 4. Sono partiti un'ora fa. 5. Ti cerchiamo da due ore. 6. Insegna da dieci anni. 7. Stava qui un momento fa.

**106** 1. Se si vuole guidare non bisogna bere. 2. Con questo motore ci vuole (occorre) benzina super (la super). 3. Se tu vuoi che arrivi domani bisogna imbucare questa lettera prima di mezzogiorno e ci vuole (occorre) un francobollo da 1 000 lire. 4. Bisogna affrancare la lettera. 5. Ci vorranno (occorreranno) due milioni. 6. Ci volle molta pazienza. 7. Bisognerà essere attenti e bisognerà stare zitti. 8. Bisognerebbe che tu le [gli] scrivessi. D'accordo, se occorre (se occorrerà), le (gli, masc.) scriverò ma, prima, bisogna che io rifletta un po'. 9. Prendi ciò che ti occorre. 10. Non bisogna (si deve) aprire questo pacco.

**107** Mio, le sue, nostra, i vostri, la sua, il tuo, vostra, il loro, sua, tuo, i vostri, mia, suo, il loro, nostra, i loro, tuo, sua, i nostri, vostro, la loro, il suo, le sue, la tua

**108** 1. Si vous voulez, je peux vous servir de guide. Merci, mais saurais-tu aussi servir d'interprète? 2. Il a bien fait de ne pas revenir, il aurait mal fait de venir maintenant. 3. Vous auriez mieux fait d'attendre. 4. Je ferai en sorte que tout le monde le sache. 5. A la maison (chez vous) qui s'occupe des affaires domestiques (des affaires de la maison)? 6. Ce fut une sale affaire. 7. Ils feront tout leur possible pour trouver une solution (pour réparer). 8. Arriveront-ils à l'heure à l'aéroport (réussiront-ils à arriver à l'heure à l'aéroport)? 9. Tu as réussi? 10. Aujourd'hui ils se sont couchés tard.

1. Che cosa hai da fare oggi? 2. Ho fatto il bagno alle sei. 3. L'ho visto tre mesi fa poi non si è più fatto vivo. 4. Ora basta. Finiamola. 5. Avrei fatto meglio a tacere. 6. Mi può fare da testimonio? 7. Avrà (avrete) un bel fare : non ce la farà (non ce la farete). 8. E' molto abile per farsi avanti. 9. Se incontrerai tua madre falle vedere questa lettera. 10. Va' da tuo padre e fagli vedere questo prodotto.

**109** 1. J'ai foi (confiance) en l'avenir. 2. Vous ne devez pas prêter foi à ses paroles. 3. Ils n'ont ni foi ni loi. 4. Il est digne de foi. 5. Sur ma foi cela s'est passé ainsi. 6. Je l'ai dit en toute bonne foi. 7. Il ne devrait pas se fier à eux, ils sont de mauvaise foi. 8. Pourquoi se méfie-t-il de tout le monde? 9. Je suis sûr que vous êtes de bonne foi. 10. Je ne prête pas foi aux (je n'ai pas confiance dans les) nouvelles du journal télévisé.

**110** Attore, scrittore, pittore, giocatore, seccatore, il flautista, l'alpinista, il progressista, l'infermiere, lo studente, il leone, il professore, il re, il cane, l'inglese, il polacco, l'americano, lo statunitense, lo stregone, il genero, il suocero, il fratello, il nipote, l'ipocrita, il sornione, il presentatore, l'interprete

**111** 1. Il n'ouvrit pas la porte tant qu'il ne reconnut pas celui qui avait frappé. 2. Ne le dérange pas tant qu'il est en train de manger. 3. Attends-le jusqu'à ce qu'il arrive. 4. Il suivit la voiture des yeux jusqu'à ce qu'elle disparut (jusqu'au moment où elle disparut). 5. Je lui écrivis tant qu'il vécut en Allemagne. 6. J'ai écouté tant que ça a été intéressant. 7. Il (elle) restera à la maison jusqu'à ce qu'il (elle) se marie. 8. Il le frappa jusqu'à ce qu'il s'évanouisse (perdît connaissance, tant qu'il ne perdît pas connaissance). 9. Nous attendons ici tant qu'ils ne sont pas de retour (jusqu'à ce qu'ils retournent)? Oui, nous devons les attendre jusqu'à ce qu'ils reviennent. 10. Il rit tant qu'il ne comprit pas (jusqu'au moment où il comprit) que les autres ne plaisantaient pas.

**112** 1. Guariti (una volta guariti) ricominciarono a bere. 2. Non lo riconoscerei : l'ho visto solo una volta o due (un paio di volte). 3. Raggiunto questo risultato si riposarono. 4. Ci vado due volte al giorno. 5. Una volta tanto prenderò un whisky. 6. Era insieme sorridente ed attento. 7. Vincono una volta sì una volta no. 8. Ogni volta è la stessa cosa. 9. Prende i chicchi d'uva tre per volta.

**113** 1. C'era una spia tra di loro. 2. Bisogna sapere leggere tra le righe. 3. Sono restati in mezzo alle (tra le) fiamme. 4. Fra te e lui non vedo differenza. 5. C'è un avvocato tra i presenti (gli astanti)? 6. Nessuno di noi ci ha pensato. 7. Si è trovato tra l'incudine e il martello. 8. Piangeva in mezzo alle risa. 9. Sia detto tra di noi, tra i trenta ed i quarant'anni non ha più fatto niente. 10. Si è ritrovato il corpo tra le macerie.

**114** 1. C'est une édition hors commerce. 2. Il a couru hors de la salle de bains (il est sorti de la salle de bains en courant). 3. Un petit billet tomba (hors) de sa poche. 4. Il regarde toujours par la fenêtre. 5. Chérie, attention à cette tout terrain. 6. Ils ne jouent pas en mesure. 7. Je préfèrerais une maison à l'écart (à l'extérieur) de la ville. 8. Le bruit vient de l'extérieur (de dehors). 9. Sors si tu l'oses. 10. Il était hors jeu. 11. Je comprends tout hormis un mot. 12. Il sera à l'extérieur de Rome (il ne sera pas à Rome, il sera absent de Rome) pendant un mois.

**115** Canterò, canteremo, canteranno, canterà - spiegherai, spiegherete, spiegheranno, spiegherà - lascerò, lasceremo, lascerete, lascerai - scenderai, scenderete, scenderanno, scenderà - dormirò, dormiremo, dormirete, dormiranno - sarò, sarai - avrà, avremo - terrete, terranno - vedrò, vedrai, vedrà, vedremo - verrò, verrai, verrà, verremo - comporremo, comporrete, comporrà - berrò, berremo

1. potrò sarò. 2. vedrà vorrà. 3. tradurrà si arricchirà. 4. produrrà ne parleranno. 5. proporrà discuteremo. 6. verrà seguirò.

**117** Pas de difficulté particulière dans la mesure où le genre des mots est connu. Attention :
à l'initiale (masculin : *lo* → pluriel *gli* devant *s impur, z, gn, ...*)
et à la finale : • au masculin *o, e, a* → *i* sauf pour les mots ayant un pluriel féminin en a (214) et pour les mots invariables (139)
• féminin *a* → *e, e* → *i* (211)
En cas d'hésitation, voir 211

**118** 1. Quanta gente! 2. Non è gente per bene. Non frequentatela. 3. Tutti (tutta la gente) afferma il contrario. 4. Che razza di gente! 5. Vi burlate della gente!

**119** 1. Essendo sportivo non si ammala mai. 2. Bevendo solo acqua non sopporta più il vino né l'alcool. 3. Facendo un mestiere utile vive felice. 4. Traducendo il testo commise molti errori. 5. Producendo merci poco care trova facilmente i clienti. 6. Traendo le più belle pagine da molti romanzi pubblicò un'antologia. 7. Telefonando la sera pagava meno. 8. Partendo a mezzanotte non ci sarà nessuno per strada. 9. Scrivendo la lettera pensava al passato felice. 10. Avendo una grossa macchina arrivò per tempo.

1. Le persone che non temono il sole possono mangiare in terrazza. 2. Si è rotto la gamba scivolando sul ghiaccio. 3. I bambini che hanno già il biglietto possono entrare. 4. Gli spettatori che pagano mezza tariffa entreranno dopo gli altri. 5. Hanno avuto un

incidente facendo dello sci (sciando). 6. Dicendo (mentre diceva, pur dicendo, nel dire questo) pensava a quel che era accaduto. 7. Parlando così si fece capire meglio. 8. Scoppiando allora la guerra, tutto fu sconvolto. 9. A furia di sbagliare si impara (sbagliando s'impara).

**121** 1. Il fut difficile de briser la glace. 2. Au lieu de se troubler, il resta de marbre (de glace). 3. Au printemps les fleuves russes transportent des blocs de glace. 4. D'habitude, j'y mets de la glace pilée. 5. J'aime le patinage sur glace. 6. Le champagne doit être tenu (mis, placé) dans la glace pendant une heure. 7. L'accueil fut glacial. 8. Tu as les pieds glacés (gelés). 9. Changer la glace coûtera cher.

**122** 1. S'ils reviennent tu leur diras que je ne pouvais les attendre. 2. S'ils y tiennent je leur expédierai une lettre. 3. Ils n'ont pas encore compris? Je leur ai tout précisé.

**124** Cocorico, képi, chimie, margherite, guitare, disques, risque, voiture / machine, richesse, quille.

Ricchi, ricche, dischi, grammatiche, stanchi, stanche, ingorghi, lunghi, larghi, lunghe.

**Présent de l'indicatif:* tocco tocchi tocca tocchiamo toccate toccano, pago paghi paga paghiamo pagate pagano, piego pieghi piega pieghiamo piegate piegano, sego seghi sega seghiamo segate segano **présent du subjonctif:* che (io, tu lui, lei) tocchi tocchi tocchi tocchiamo tocchiate tocchino, paghi paghi paghi paghiamo paghiate paghino, pieghi pieghi pieghi pieghiamo pieghiate pieghino, seghi seghi seghi seghiamo seghiate seghino **impératif:* tocca tocchi tocchiamo toccate, paga paghi paghiamo pagate, piega pieghi pieghiamo piegate, sega seghi seghiamo segate **futur:* toccherò toccherai toccherà toccheremo toccherete toccheranno, pagherò pagherai pagherà pagheremo pagherete pagheranno, piegherò piegherai piegherà piegheremo piegherete piegheranno, segherò segherai segherà segheremo segherete segheranno **conditionnel:* toccherei toccheresti toccherebbe toccheremmo tocchereste toccherebbero, pagherei pagheresti pagherebbe pagheremmo paghereste pagherebbero, piegherei piegheresti piegherebbe piegheremmo peghereste piegherebbero, segherei segheresti segherebbe segheremmo seghereste segherebbero.

**125** 1. E' mezzoggiorno (*ou* mezzanotte). 2. E' l'una. 3. Sono le due. 4. Sono le sei e un quarto. 5. E' mezzanotte (mezzogiorno) meno venti. 6. Sono le otto meno un quarto.

**126** Altro, volere, balzo *(saut)*, bocca, ginocchio, penzolare *(pendre)*, rovesciare *(renverser)*, salto saltellare, tasto *(le toucher)*, tastare

**129** 1. Ci sono molti spettatori? Sì, ce ne sono almeno duemila ma ce ne sono meno (ce n'è meno) che due anni fa. 2. Non l'ho visto da sei mesi. 3. C'è troppa gente. 4. C'è ancora un posto? Sì, ce ne sono due per Lei (per voi). 5. Pioveva da due giorni. 6. Ci sarà dello champagne? No, ci saranno delle specialità regionali. 7. Era sposato da un mese.

**130** 1. Quando pioveva facevo lo stesso una passeggiata. 2. Se fossi medico lavorerei in un ospedale. 3. Bevevano un litro di vino al giorno. 4. Questa fabbrica produceva modelli superati. 5. Facevamo quello che ci chiedevano (che ci si chiedeva). 6. Se facesse bel tempo prenderemmo le nostre biciclette. 7. Non diceva mai la verità. 8. Mentiva così bene che si credeva che dicesse la verità. 9. Scusatemi volevo solo conoscere il prezzo. 10. Se avessi saputo non sarei venuto.

2. ero, eravamo, avevamo, cantavate, scrivevano, apriva, finivano, facevamo, facevano, seduceva, traducevate, bevevamo, bevevano, supponevi, disponevano, esponevamo, componevo, traevo, traevano, dicevate, dicevano, dicevo.

**131** 1. facesse bel tempo. 2. tu mi dessi. 3. fossimo. 4. bevesse. 5. proponesse. 6. producessero. 7. attraesse. 8. traessi. 9. tu stessi. 10. tu avessi.

1. Se volessimo ci riusciremmo. 2. Parlate come se gli altri fossero dei cretini. 3. Se almeno mi ascoltasse! 4. Caso mai la porta fosse chiusa trovereste (troverebbe, *lei*) la chiave sotto lo stuoino. 5. Chi volesse stupirlo non ci riuscirebbe. 6. Cerca invano qualcuno che gli desse la risposta. 7. Bisognerebbe che mi aiutaste di più. 8. Vorrei che nevicasse. 9. Era inutile che mi telefonasse.

**132** 1. Abbi coraggio. 2. Non aver paura. 3. Sii gentile. 4. Non essere orgoglioso. 5. Fammi vedere questo quadro. 6. Facci vedere questo disegno o mostracene un altro. 7. Se il custode entra digli che non abbiamo trovato l'uscita. 8. Va a vedere mia madre e dille che passerò stasera a casa sua. 9. Dammi un consiglio. 10. Supponi che partissimo adesso.

1. Vieni con noi, non partire con loro. 2. Rispetta gli ordini. 3. Non andare a vedere questo film. 4. Tieni conto del tempo che fa. 5. Sappi controllarti. 6. Scegli un regalo. 7. Non cogliere questi fiori. 8. Esci dalla porta di dietro. 9. Proponimi altro. 10. Taci e traduci questa pagina.

1. Venga, non parta. 2. Rispetti. 3. Non vada. 4. Tenga. 5. Sappia controllarsi. 6. Scelga. 7. Non colga. 8. Esca. 9. Mi proponga. 10. Taccia e traduca.

Nuoci noccia nociamo nocete, cuoci coccia cociamo cocete, convinci convinca convinciamo convincete, cresci cresca cresciamo crescete, accogli accolga accogliamo accogliete, stringi stringa stringiamo stringete.

**133** 1. J'y vais en automne ou au printemps, jamais l'été ou l'hiver. 2. Il progresse (s'améliore) de jour en jour. 3. En l'absence de preuves on ne trouva pas le coupable. 4. En résumé tout a échoué. 5. En général ce sont plutôt les vieillards qui viennent. 6. Il (elle) éclata en sanglots. 7. Je n'ai pas eu le temps de vous avertir. 8. Un homme à la mer. 9. Je n'ai pas pu me défendre : ils étaient quatre. 10. Je paierai comptant.

1. Ces jours-ci il fait froid. 2. Nulle part dans le monde tu ne trouveras les mêmes choses. 3. Je n'aime pas te voir la pipe au bec (à la bouche). 4. Ils m'ont ri au nez. 5. Il mit son balluchon sur ses épaules et allez! 6. Ils iront au secours des survivants. 7. C'est une honte de laisser cette maison à l'abandon. 9. A l'avenir vous devrez réfléchir davantage. 10. Ils étaient sur le point de partir en Belgique. 11. Ils t'ont prêté un million? Ils se sont transformés en mécènes...

**134** 1. Non ridere e non farmi aspettare. 2. Bisogna comprarlo e pulirlo. 3. Bisognerà ripetermelo. 4. E' pericoloso uscire. 5. E' vietato sporgersi. 6. E' spiacevole non capire. 7. Credo di avere il diritto di parlare così. 8. Stavo per telefonarti. 9. Corro presto ad aprire la porta. 10. Sali a trovarmi (vedermi).

**140** 1. Il ministro mente quando smentisce questa notizia. 2. Finisci questo lavoro e seguici. 3. Finiamo questo lavoro e ti seguiamo. 4. Ubbidisci servilo. 5. Apri la porta perché lui fugga. 6. Non capisco perché gli spettatori tossiscono durante la recita. 7. Spogliati (svestiti) e dormi presto. 8. Ogni volta che ubbidisce sua madre gli (*ou* le *féminin*) offre (dà, regala) una caramella.

**141** 1. I pianisti tedeschi. 2. Le pianiste polacche. 3. I trapezisti coraggiosi. 4. Le trapeziste ferite. 5. Gli automobilisti collerici. 6. Le automobiliste lente e prudenti. 7. I dentisti specializzati. 8. Le giovani dentiste. 9. I tennisti statunitensi. 10. Le tenniste svedesi.

**143** 1. C'est à toi de jouer. 2. On jouera à pile ou face. 3. Il joue aux courses : il perd beaucoup d'argent. 4. Pourquoi joues-tu sur les mots? 5. Ils sont très forts : ils jouent du Vivaldi. 6. Vous ne jouez pas en mesure. 7. La porte ne ferme plus : le bois a joué. 8. Ils étaient violents et jouaient souvent du couteau. 9. Le chat joue avec la souris. 10. Vous n'arriverez pas toujours à vous jouer des autres.

1. Per favore, suonate un valzer. 2. Suono il clarinetto e mia moglie il pianoforte. 3. Non atteggiarti a filosofo. Ti conosco. 4. Quest' attore recita bene (le commedie di) Molière. 5. Si ride delle difficoltà. 6. Ragazzi, non si gioca con la propria salute. 7. Quella volta si giocò la testa (mise la vita a repentaglio). 8. Giochi a scacchi? 9. Vieni a giocare a pallavolo. 10. Passa il tempo a giocare in borsa al rialzo o al ribasso. 11. Che cosa si dà (si recita) stasera a teatro?

**145** 1. Come va laggiù? (lì, là)? 2. Dov'è la tua macchina? Là (lì, laggiù) oltre il ponte. 3. Vicino (vicinissimo, lì vicino) c'erano dei buchi ma a qualche chilometro da lì (a poca distanza) cominciava la strada nuova. 4. Mi dispiace. Mia madre non è qui. 5. Passate (*lei* : passi) di qua : l'uscita è di qua. 6. Da qui (da questo) viene il malinteso. 7. Non sapevo che foste (che steste, che lei fosse, stesse) a questo punto. 8. Mio nonno ha ottant'anni ma è proprio in gamba. 9. Il padrone sperava con questo (così, in questo modo) scoraggiare gli scioperanti. Lo riconosco a questo (è una delle sue, lui non cambia...). 10. Sei andato in Cina? Va' là.

**146** 1. Come si sa la gente è curiosa. 2. Come si vede (si può osservare) dappertutto è meglio avere dei diplomi per trovare un lavoro (impiego). 3. Quell'anno lo si vedeva in tutte le feste. 4. Tuo fratello lo si incontra tutti i giorni in piazza.

**149** 1. (Lei) è italiano?. 2. (Lei) è italiana? 3. (Lei) è francese? 4. (Lei) è francese? 5. Ecco la sua borsa. 6. E' suo padre. 7. Non sono i suoi figli? 8. Di chi è questa rivista? E' sua? 9. Di chi è questa maglia? E' sua? 10. Di chi sono questi pacchi? Sono suoi?

1. E' troppo impaziente. 2. Il suo cane è bello. 3. Tutti i suoi gatti sono neri? 4. Perché non ha preso la sua macchina? 5. Sono suoi quei libri? 6. Perché non è entrata? 7. Perché non è venuto con sua moglie? 8. E' partito con i suoi fratelli? 9. Ecco il suo passaporto. 10. Ecco la sua giacca.

1. Ha capito? 2. E' contento? 3. Canta bene? 4. Conosce mio fratello? 5. Dorme ancora? 6. Capisce il tedesco? 7. Può entrare. 8. Vuole delle caramelle? 9. Verrà con i suoi amici? 10. Dovrebbe alzarsi.

1. Prenda questo pacco. 2. Lavi la macchina. 3. Telefoni alla stazione. 4. Finisca il suo lavoro. 5. Legga quest'articolo. 6. Abbia un po' di pazienza. 7. Sia più attento. 8. Dia una mano ai suoi amici. 9. Non risponda. 10. Si vesta presto.

1. Prendi. 2. Lava. 3. Telefona. 4. Finisci il tuo... 5. Leggi. 6. Abbi. 7. Sii. 8. Da... ai tuoi amici. 9. Non rispondere. 10. Vestiti.

1. Ha ordinato lei, allora pagherà lei. 2. Deve rispondere lei alle domande della polizia. 3. Mi scusi, non l'ho visto. 4. Parli più forte, non la sento bene. 5. Può dire quello che vuole, non la credo. 6. Se vorrà, la fotograferò. 7. Resti un giorno di più, così la posso invitare a casa. 8. Se non mi telefonerà le scriverò. 9. Non dica questo : è una bugia. 10. Non si metta questa cravatta. Non le sta bene.

1. Le dico di alzarsi e le ordino di lavarsi. 2. Come si chiama? Non la conosco. 3. Si alzi e mi porti un romanzo. 4. Si occupi di suo nonno e mi dica se sta bene, me lo dica subito. 5. Non mi dimentichi; mi scriva spesso. 6. Si versi un bicchiere di vino : su, ne beva ancora un po'. 7. Vada a prendere il suo album e me lo faccia vedere. 8. Non vada oggi al cinema; ci vada domani. 9. Prenda quei fogli di carta e me ne dia dieci. 10. Invece di voltarsi indietro guardi davanti a sé.

**150** 1. Siccome (dato che) è bruna, il rosso è il colore che le sta meglio. 2. Gioco più male di tutti. 3. Trovami la macchina che scrive meglio e più veloce. 4. Scegli le scarpe che ti stanno meglio. 5. Proprio in Italia si riposerebbe meglio. 6. La ditta Martini è quella che paga meglio e la ditta Stella quella che paga più male.

**151** 1. Paolo ha risposto più intelligentemente di tutti. 2. Proprio i tuoi amici si sono comportati con minor dignità (sono stati proprio i tuoi amici a comportarsi...). 3. Proprio gli animali hanno reagito (sono stati proprio gli animali a reagire...) nel modo più strano (stranamente). 4. Proprio mia madre mangia più spesso. 5. A casa nostra è (proprio) mio padre che va a letto più tardi. 6. Rispondi più seriamente che potrai. 7. Rimborsa più tardi che sarà possibile. 8. Tornate (torni, *lei*) più presto che potrete (potrà).

**152** 1. Ecco il negozio più chic della città. 2. Ci dia (dateci) il pesce più fresco e meno caro. 3. Il più bello di tutti i tango del mondo, è quello che ho ballato tra le vostre braccia (le sue braccia). 4. E' la torre più alta della città. 5. Quello meno logoro è mio.

**153** 1. Ecco due quadri. Quale preferisci? 2. Ci sono due macchine. In quale vuoi viaggiare? 3. Non trovo quel libro. Ci sono almeno sei scaffali (mensole). Su quale lo hai messo? 4. Non ho più rivisto la ragazza alla quale (a cui) penso spesso. 5. Sono vecchie valigie, ma sono le valigie con cui (con le quali) ho fatto dei bei viaggi. 6. Ha tante case che non sa in quale trascorrere (passare) (trascorrerà, passerà) le ferie (le vacanze). 7. E' un arnese su cui (sul quale) si può contare (uno può contare, di cui ci si può fidare, uno si può fidare).

**154** 1. E' molto lontano? No, è molto vicino. E' vicino al camposanto. 2. Mettiti dietro di noi. Ci si nasconderà (ci nasconderemo) dietro il muro. 3. Dove posso sedere (sedermi)? davanti o dietro? Siediti di fronte allo schermo. 4. La sua casa stava (si trovava) in mezzo alla foresta. 5. Lassù, l'aria è migliore di qui. 6. Ho camminato a lungo (per molto tempo) lungo la strada. 7. In cima alla montagne (al monte), c'è ancora neve. 8. Ci sono cartacce dappertutto. 9. Ti seguirei in capo al mondo se tu me lo chiedessi. 10. Ci sono pescatori in riva al fiume.

**158** 1. Voi siete tedeschi, e loro? Loro sono polacchi. 2. Voi siete inglesi, e loro? Loro sono svedesi. 3. Mi rivolgerò proprio a loro, mica al custode. 4. Benché non siano della città (non abitino in questa città), mi hanno guidato loro. 5. Se i tuoi amici mi parlano (parleranno) di te dirò loro dove sei, e se mi chiedono (chiederanno) il tuo indirizzo glielo darò (indicherò). 6. Questi bambini hanno sete : bisogna dar loro dell'acqua (bisogna dargli acqua). Se ne avessi ne darei loro (gliene darei).

**160** 1. Stavano tutti dietro di lui. 2. Si voltò e guardò dietro di sé. 3. Davanti a lui sorgeva una roccia (*à la mer :* uno scoglio) 4. Invece di guardare in alto, farebbe meglio a guardare davanti a sé. 5. E' un egoista : parla solo di sé. 6. Da quando è partito suo figlio, lei parla solo di lui. 7. Aveva solo cento franchi con sé. 8. Ha sempre il suo cane presso di sé. 9. Il Presidente ha scelto male i collaboratori che ha intorno a sé.

**161** 1. Peut-être est-il malade. 2. Peut-être ne reviendra-t-il pas. 3. Peut-être ne comprend-il pas l'italien. 4. Si au moins nous étions arrivés à temps. 5. Si au moins je pouvais aller en Sardaigne. 6. Tu veux l'apéritif? Pourquoi pas? 7. Je continuerai à écrire ce roman même s'il ne doit pas être accepté par l'éditeur. 8. Je suis sûr que vous avez compris le sens (la signification) de «magari». Espérons! 9. Vous êtes en excellente santé! Dieu vous entende! 10. La justice triomphera. Espérons-le (acceptons-en l'augure).

**162** 1. On ne sait jamais. Si jamais il vient, dis-lui de me téléphoner. 2. Nous ne te dérangerons jamais plus. 3. Je l'ai rencontré plusieurs fois, toi jamais. 4. A 18 h, il faut prendre l'autobus, jamais la voiture. 5. Il n'est pas venu avec toi? Pourquoi donc? 6. Je ne le lui pardonnerai jamais de la vie. 7. Depuis quand les enfants dictent-ils leur quatre volontés à leurs parents? 8. Si (jamais, par hasard, malheureusement...) je devais arriver après vingt heures (huit heures du soir), ne m'attends pas pour manger. 9. Il est devenu plus crétin que jamais. 10. C'est la théorie la plus étrange que j'aie jamais entendue.

**163** 1. A la campagne il manque des jeunes filles à marier et les hommes n'arrivent pas à fonder un foyer. 2. Tu es en âge de te marier (de prendre femme) et ta sœur est en âge de se marier : jusqu'à quand resterez-vous avec vos parents? 3. Ils veulent marier leur fille à un bon garçon mais ils n'en trouvent pas : s'ils sont trop exigeants la pauvre (la pauvrette) restera vieille fille. 4. Ce crétin a toujours dit qu'il voulait épouser une riche héritière; il est mort célibataire. Tant pis pour lui! 5. A quoi sert de se marier si on divorce peu de temps après?

**164** 1. Risponderò io stesso. 2. Oggi è lo stesso menù. Ma no, non è la stessa cosa. 3. Voglio la stessa cravatta di te. 4. Queste scarpe sono eleganti : comprerò (acquisterò) le stesse. 5. Neanche sua sorella ha reagito. 6. In questa casa non c'è neanche il termosifone. 7. I ladri hanno preso perfino quello che c'era nel frigorifero. 8. Non verrò neanch'io (neanch'io verrò). 9. Non hai letto neanche una pagina. 10. Non accetterei neanche se tu mi dessi un milione.

1. E' pagato male ma lavorerò lo stesso. 2. Me l'ha detto la stessa direttrice. 3. Dopo quest'incidente non è più lo stesso (non è più quello). 4. A ottant'anni fa la cucina da sola. 5. L'appuntamento si svolgerà proprio qui. 6. Ho piantato quest'albero quello stesso anno (proprio quell'anno). 7. Ha parlato senza neanche pensarci. 8. E' proprio uno scandalo! (è uno scandalo vero e proprio). 9. Non siamo in grado di consegnare questo prodotto. 10. Il treno non è arrivato in orario, anzi aveva molto ritardo.

**166** 1. La piscina ha solo venti metri di lunghezza, 15 di larghezza e 4 di profondità (la piscina è lunga solo – soltanto – 20 metri, larga... profonda...). 2. A partire dall' altitudine (da un'altezza di, da quota) 2 700 metri si prova un senso di malessere. 3. Questo terreno fa 1 200 metri quadri (quadrati). 4. A quanti chilometri da Parigi si trova Nizza (quanto dista Nizza da Parigi)? Non lo so ma ci sono almeno ottocento chilometri tra le due città.

**167** 1. Sei tu? Sì, sono io. 2. E' tuo? No, non è mio. 3. L'hai detto tu? Sì, l'ho detto io, e allora? 4. Tocca a me giocare. 5. Non spetta a me criticare quello che avete (lei ha) fatto. 6. Ripetimelo spesso. 7. Non sono stato io a rompere questo piatto. 8. Te lo dico io. 9. Povero me! E' più abile di me. 10. Se non lo vuoi, dammelo.

**168** 1. Molta. 2. molte. 3. molta. 4. molto. 5. molto. 6. molto. 7. molto. 8. molti. 9. molti. 10. molti. molto.

1. Ils paient maintenant les nombreux efforts qu'ils ont faits. 2. Elle est restée très enfant (jeune). 3. La grande quantité de bière qu'ils ont bue et l'excitation expliquent la violence des supporters. 4. Excusez-les; beaucoup d'entre eux sont très pressés. 5. C'est presque minuit. 6. Tu as vu comme il se croit important? 7. Je n'ai pas vu les tableaux de ce peintre en France mais j'en ai vu beaucoup en Italie.

**169** 1. Lo invidio : ha fatto il giro del mondo (ha girato il mondo). 2. Ci sono abbastanza bombe nucleari per distruggere il mondo intero (il pianeta). 3. Vorrei conoscere il mondo intero. 4. Tutti (tutta la gente) conosce la cocacola. 5. Non parlarne a tutti (a tutta la gente). 6. Non si fidano di lui (diffidano di lui) nell'ambiente degli affari. 7. Tutti hanno capito? (Avete capito tutti?).

**170** 1. Arrivederci (arrivederla), signora direttrice. 2. La ringrazio signor Direttore. 3. Ho un appuntamento con il signor Direttore alle 17. 4. Caro amico, non mi chiami Signor Direttore, mi chiami per nome. Grazie, Signor Direttore, scusi, Grazie, Alfredo. 5. Vorrei vedere (incontrare) il signor sindaco. 6. Il signor sindaco è assente fino alle 15.

**171** 1. Torna a lavorare con noi. 2. Scenderanno a trovarti (vederti) domani. 3. Torneremo presto a giocare con voi (*ou :* lei). 4. Chi salirà sul tetto a riparare i guasti? 5. Vai a vedere i risultati?

**172** La Befana vient des montagnes au cœur de la nuit (quand il fait nuit noire). Comme elle est fatiguée! Elle est entourée de neige, de gel (de glace), de vent... Elle a croisé ses mains sur la poitrine (ses mains sont croisées, sont en croix sur sa poitrine) et la neige est son manteau, le gel sa cape (= *pannello* mot peu usité pour désigner une pièce de drap a ici le sens de couverture, de plaid) et le vent est sa voix. Et elle s'approche tout doucement des fermes et des masures *(le décor évoqué ici est celui de la campagne)* pour regarder et pour écouter. Tantôt plus près, tantôt plus loin. Tout doucement.

**173** 1. Non è mai andato negli Stati Uniti? Ma sì, ne è tornato il mese scorso. 2. C'è ancora vino? Dammene un bicchiere. 3. Non conosco tuo padre ma tua madre me ne parla spesso. 4. Se vai a comprare il pane, prendine anche per me. 5. Compra un gelato per tua sorella ma non prenderne per te. 6. Ha un bel dire che se ne frega, io so che ci pensa. 7. Vattene. 8. Andatevene. 9. Bisogna andarsene. 10. Ora basta (sono stufo, non voglio più sentirne parlare) : se ne parla dappertutto, non me ne parli più.

**174** 1. C'è solo (è restato solo) un panino e niente da bere. Questo non importa. Beviamo solo acqua. 2. Basta che lui mi telefoni stasera. 3. Leggo solo riviste e vedo soltanto film italiani. 4. Mi dispiace (spiacente), ho solo biglietti da 10 000 lire. 5. Non mentire. 6. Non bevete più vino (*avec Lei :* non beva più vino). 7. Compralo a meno che sia troppo caro. 8. E' più lontano di quanto io credessi. 9. Temo (ho paura) che non si curi. 10. Ho paura (temo) che si ammali.

**175** 1. Questo non significa niente. Non ha né testa né coda. 2. Non hanno né mangiato né bevuto. 3. Né privatizzazione né nazionalizzazione. 4. Non vogliono né possono viaggiare. 5. E' un errore né più né meno.

**176** 1. Non ne voglio neanch'io (neanch'io ne voglio). 2. Neanche mia moglie parla inglese. 3. Neanche il direttore commerciale parla giapponese. 4. Non mi ha dato neanche il suo indirizzo. 5. Sono sicuro che non hai pensato una sola volta a me. 6. Anche se tu l'avessi fatto apposta, non l'avresti fatta (non ci saresti riuscito). 7. Io, fare del deltaplano (ala volante)? Neanche per sogno. 8. Sposare Maria? Neanche per sogno. 9. Neanche una volta ha offerto l'aperitivo. 10. Neanch'io sono contento.

**177** 1. Il le sait mieux que personne (quiconque). 2. Rien ni personne ne pourra me faire renoncer à ce voyage. 3. Je ne crains rien ni personne. 4. Quelqu'un est entré? (il n'est entré personne)? Non, personne. 5. En aucun cas je n'accepterai de le recevoir et en aucun lieu (nulle part). 6. Il n'y a aucun doute : ils n'ont aucune faute (ils ne sont aucunement responsables). 7. Aucune cliente ne s'est aperçue du changement. 8. C'est une nouvelle sans aucun intérêt. 9. Aucun autre ne pourrait le faire. 10. En aucune façon on ne peut agir ainsi (de la sorte).

1. Nessuno ha sete? No, nessuno. 2. Nessuno dei miei amici gioca a tennis. 3. Quella sera, non c'era nessuno. 4. Nessuno di questi (quei) quadri mi piace. 5. Nessuno l'ama (**gli** *masculin, ou* **le** *féminin,* vuole bene) come me. 6. Ecco dei libri. Quanti ne vuoi? Nessuno. Non ho nessuna voglia di leggere. 7. Nessuno lo sa ancora e niente lo prova. 8. Chi te l'ha detto? Nessuno. L'ho indovinato da solo. 9. Non c'era nessuno più felice di me. 10. Hai visto qualcuno? No, nessuno.

**178** 1. Rien ne m'intéresse : rien ne m'amuse. 2. Nous n'avons plus rien à nous dire. 3. Tu n'as rien d'autre à faire? 4. Merci. De rien. 5. C'est une chose de rien (sans importance). 6. Je n'ai rien contre toi. 7. Lire ne me dit plus rien. 8. Il suffit d'un rien pour la faire rire (Un rien suffit pour la faire rire : un rien l'amuse). 9. Je ne le veux pas : il ne vaut rien. 10. Tu as compris? Rien du tout (Absolument pas).

1. Niente è originale in questa mostra. 2. Niente vino per me, grazie. 3. Non vogliamo più niente. 4. Non avete mangiato niente. 5. E' ripartito come se niente fosse. 6. Piangere non serve a niente. 7. Domani, niente metrò (*ou :* metropolitana). 8. Niente è bello come il tramonto (niente è più bello del -).

**179** 1. Pourquoi a-t-il (*ou :* avez-vous) changé de prénom? 2. Sans citer de noms, dis-moi ce qui s'est passé. 3. Son nom de baptême (= son prénom) ne lui plaît pas. 4. Es-tu capable de citer les noms les plus connus de la littérature italienne? 5. Au nom du Père, du Fils et du Saint-Esprit. 6. Il était (*ou :* c'était) d'une stupidité sans nom. 7. On lui a collé un surnom qui ne lui va pas (qui ne lui ressemble pas). 8. Il a réussi à se faire un nom. 9. Hélène Bianchi épouse Parenti. 10. Excuse-moi, je ne m'étais pas aperçu qu'aujourd'hui c'est ta fête (*l'anniversaire serait* il compleanno).

**180** 1. Tout le monde est malade, mais pas ma mère (ma mère non). 2. Je répondrai par un non catégorique (franc et net). 3. Il va pleuvoir? Il semble que non. 4. Reviendra-t-il? Certainement pas. 5. Veux-tu une tasse de thé? Pourquoi pas? 6. Tu es content, non? C'est mieux ainsi (comme ça), non? 7. Je vais au lycée un jour sur deux. 8. Dépêche-toi, sinon on arrivera en retard. 9. Quand elle dit oui (*ou :* que oui), lui (il) dit non (*ou :* que non). 10. Il a trouvé un emploi? Il semble que non (il ne semble pas).

**181** 1. Non seulement mon père mais ma mère et ma tante intervinrent elles-aussi (*ou :* en plus de mon père...). 2. Les voleurs ont pris non seulement les bijoux et l'argent mais aussi les photographies. 3. Au lieu de vous taire comme je vous l'avais recommandé, vous en avez parlé à tout le monde.

**182** 1. Voici maintenant les nouvelles sportives. 2. Nous écoutons (on écoute) le bulletin d'informations? 3. Attention à ne pas répandre une fausse nouvelle. 4. Connais-tu les toutes dernières nouvelles? 5. C'est une bonne ou une mauvaise nouvelle? 6. Je n'ai plus eu de nouvelles de mes camarades d'école. 7. J'ai dû traduire toute la nouvelle. 8. Les nouvelles de Moscou (en provenance de Moscou) me surprennent. 9. Pas de nouvelles pour moi? 10. C'est un petit nouveau (**un bizuth ;** à l'Université, on dit *una matricola* et à l'armée *un pivello, un pivellino,* **un bleu**).

**183** L'affetto, l'ago, l'obbligo, il foglio di carta, il metodo, il tentativo, il minuto, il secondo, l'invito, il mosaico, il significato, il periodo, il cucchiaio, il figlio, lo zio, l'amico, il catalogo, il dialogo, il medico, l'uovo, il dito, il lenzuolo, il centinaio, il paio, il labbro, il riso, il migliaio, il casinò, la radio.
*pluriel :* gli affetti, gli aghi, gli obblighi, i fogli di carta, i metodi, i tentativi, i minuti, i secondi, gli inviti, i mosaici, i significati, i periodi, i cucchiai, i figli, gli zii, gli amici, i cataloghi, i dialoghi, i medici, le uova, le

dita, le lenzuola, le centinaia, le paia, le labbra, le risa, le migliaia, i casinò, le radio.

**184** 1. Bisognerà porgere delle scuse. 2. Ci vuole (occorre) troppo denaro : ci rinuncio. 3. Non studiate (lavorate) abbastanza. Bisogna studiare (lavorare) di più. 4. Per arrivare in cima, bisogna camminare lentamente. 5. Per andare in montagna bisogna mettere delle scarpe comode. 6. Ci vorrà (occorrerà) una giornata. 7. Ci volevano (occorrevano) tre ore. 8. La soluzione va trovata entro la settimana. 9. L'idraulico ha tutto l'occorrente (tutto ciò che gli occorre, che gli serve). 10. Che cosa ti occorre (ti serve) per riuscire?

**185** 1. Chaque oiseau préfère son nid (chacun aime son chez soi). *Il y a aussi un autre proverbe : casa mia casa mia pur piccina che tu sia tu mi sembri una badia :* ma petite maison, même si tu es petite, tu es pour moi comme une abbaye. 2. Chacun pour soi et Dieu pour tous. 3. Elle doit aller chez le gynécologue tous les trois mois. 4. La sentinelle passe tous les quarts d'heure. 5. N'insiste pas; de toute façon je ne viendrai pas. 6. De toute façon si tu as besoin de moi, tu sauras où me trouver. 7. Ils se rencontrent de temps en temps à la mairie. 8. Il a été l'objet de critiques de toutes parts (de toute provenance). De toute façon il les méritait. 9. Chacun paiera sa part de l'addition *(on dit alors que «si fa alla romana» : chacun paie son écot.* 10. En Italie aussi, à la Toussaint, on met des chrysanthèmes dans les cimetières.

**186** 1. Je ne sais pas si le magasin est ouvert après 19 heures. 2. Plus de la moitié de la récolte est perdue (abîmée). 3. Ils ont plus de quatre-vingt-dix ans. 4. Depuis son enfance il voulait savoir ce qu'il y avait derrière ces montagnes. 5. Il a vécu longtemps outremer puis, quand il est parti à la retraite, il est revenu en Italie. 6. Il boit plus que de raison (sans mesure) : il tombera malade.

**187** 1. In quest'albergo si parla perfino il giapponese. 2. Ogni mattina si fa una passeggiata. 3. Ogni giorno si fanno almeno dieci chilometri. 4. Si possono prendere delle trote nel torrente. 5. A partire da lunedì ci si alzerà (ci alzeremo) alle sette. 6. Ci si abitua (ci abituiamo) a tutto ma non ci si rassegna (non ci rassegniamo). 7. Hai avuto torto : quando si vuole fare un lungo viaggio ci si informa prima di partire. 8. E' tardi. Andiamo. Se questo luogo ti piace, ci si tornerà (ci torneremo) domani. 9. Mi piace questo villaggio : ci si arriva (ci arriviamo) facilmente e ci si incontrano persone simpatiche. 10. Quando si è ricchi, cambiare la macchina non è un problema ma quando si è disoccupati...

**189** 1. Si tu étais arrivé une heure plus tôt tu l'aurais vu. 2. Il (elle) répond enfin à ma lettre! Il était temps. 3. Il y a encore beaucoup à attendre? Non, c'est question d'une heure (un peu moins exact = c'est une question d'heures). 4. Ils recommencent (reprennent) toutes les deux heures.

1. Per ora esito a partire (andar via). 2. Adesso (ora) possiamo divertirci. 3. Finora non ho detto niente, ma è venuta l'ora di reagire. 4. D'ora in poi comando io. 5. Sii gentile, dammi la risposta ora (adesso, fin da ora). 6. Non essere impaziente, scendo subito. 7. Sono usciti proprio ora (or ora). 8. Ora mi sorride, ora non mi riguarda neanche. 9. L'ha sposata per il suo denaro; ora tutto appartiene a sua madre (è di sua madre), lui avrà una bella sorpresa.

**190** Peccatrice, educatrice, ricercatrice, fondatrice, operatrice, seccatrice, benefattrice, ispettrice, protettrice, traduttrice, seduttrice, elettrice, pittrice

**191** 1. Dove andate (*lei :* dove va?). 2. Dov'è la vostra macchina? (*lei :* la sua macchina)? 3. Da dove viene questo treno? 4. Ecco l'ospedale dov'è stato operato. 5. Dove abita adesso? Lo cerco dal giorno in cui abbiamo litigato per un nonnulla. 6. Mi sono sposato l'anno in cui ho cominciato a lavorare presso la Fiat. 7. Questo vignettista esagera : mi domando fino a che punto si spingerà. 8. Per fortuna la notte in cui l'incendio distrusse la casa tutta la famiglia era assente. 9. Lo ritroverò dovunque (in qualunque posto) lui vada. 10. E' sempre triste e rifiuta il mio aiuto. Non so da che verso prenderlo.

**192** 1. mio. il loro. 2. le mie le loro. 3. la mia la loro. 4. il mio il loro. 5. mio il loro.

**193** 1. Non ero mai venuta fin qui. 2. E' stato malato ed ha pianto per tutta la notte. 3. Non ho mai riso tanto in vita mia. 4. Perché ha scritto? 5. Quando sono scesi (andati giù)? 6. Questo prodotto è composto di farina, di uova, e di latte. 7. Abbiamo scelto una Fiat. 8. Non mi ha stretto la mano. 9. Non ho ancora risposto. 10. Si sono uccisi (sono morti) in macchina.

1. Hai espresso la nostra opinione. 2. Il negozio è aperto la mattina e chiuso la sera. 3. Quest'articolo è stato redatto dal direttore. 4. La sposa sembrava molto commossa. 5. Dei pezzenti ne ho sempre visti in questo quartiere. 6. Questa giacca l'ho fatta fare a Milano. 7. Non è voluto entrare. 8. Non ti sei lavato le mani? 9. Dopo aver bevuto un bicchiere di champagne (*ou :* Bevuto un bicchiere di champagne) si sentì meglio. 10. Dopo aver esaminato le foto (*ou :* Esaminate le foto) concluse che non riconosceva nessuno.

**194** 1. Preferisco i fichi che provengono (provenienti) dalla Sicilia. 2. Le persone che hanno freddo possono entrare. 3. Questo spettacolo è riservato alle persone che abitano nel quartiere. 4. Sono delle sculture che risalgono (risalenti) al medioevo. 5. Essendo inglese non teme la pioggia. 6. Peggiorando la malattia, fu ricoverato in ospedale. 7. Avendo sbagliato treno arrivò in ritardo. 8. Camminando (pur camminando) pensava ai propri affari. 9. Ecco i verbi che si coniugano con l'ausiliare essere. 10. La polizia tenne conto (tenne debito conto) delle testimonianze provenienti (che provenivano) dai vicini.

**196** 1. Ieri ci siamo divertiti molto. 2. Ho mangiato del caviale. 3. Quando sono partiti? 4. Non è riuscito a parlarmi. 5. Fin dove avete passeggiato? 6. Hanno litigato. 7. E' cambiato molto. 8. Questo coltello mi è servito molto. 9. Non ho capito la risposta. 10. E' suonata mezzanotte.

Ci divertimmo. mangiai. partirono. non riuscì. passeggiaste. litigarono. cambiò. servì. capii. suonò.

**198** 1. Mi servo (faccio gli acquisti, le compere) nei supermercati. E' meno caro. 2. Hai lasciato cadere un biglietto da 20 000 lire. 3. Signore, ha dimenticato il resto. 4. Per favore, mi occorrono (delle) monete da 200 lire per telefonare. 5. Mi dispiace (mi rincresce) non ho (gli) spiccioli.

**199** 1. Il faut s'attendre au pire. 2. Pourquoi penses-tu seulement au pire? 3. Les affaires vont de mal en pis. 4. C'est la plus mauvaise solution. 5. Si tu passes à droite ce sera pire. 6. Il va mieux? Non, il va plus mal, mais nous, nous sommes encore plus mal que lui (notre situation est encore pire que la sienne).

**200** Filouter *(rubare)*, ricaner *(ridere)*, somnoler *(sonno)*, chantonner *(cantare)*, blanchâtre *(bianco)*, verdâtre *(verde)*, un vieillard à l'air rébarbatif (méchant, acariâtre, désagréable sur : *vecchio*), faire piètre figure (sur *figura* qui ne signifie pas visage mais silhouette, aspect; le contraire est *«fare bella figura»*, se montrer à son avantage), des choses sans valeur (des «saletés», sur : *la roba*), une sale affaire (*un affare*, masc.)

**201** 1. C'est pour moi? Oui, c'est pour toi. 2. Une glace pour chacun, s'il vous plaît. 3. Je n'ai pas le temps d'aller aux champignons (d'aller chercher des champignons). 4. Il a roulé dans les escaliers (le long des -) mais heureusement il ne s'est pas fait mal. 5. Pour le moment, cela suffira. 6. Il a attendu le bonheur pendant toute sa vie. 7. Je ne le vis pas à cause de la distance. 8. Fermé pour cause de grève. 9. Je l'ai rencontré par hasard : il se promenait dans les rues de Milan. 10. L'avion était sur le point de décoller (allait décoller) quand on nous dit qu'on devrait attendre au moins une heure à cause du brouillard.

**202** 1. Perché sei in ritardo? Perché c'era molto traffico. 2. Ti telefono perché tu non dimentichi il nostro appuntamento. 3. Parti con me? Perché no? 4. Non si è mai saputo il perché di quest'assassinio (di quest'omicidio).

**203** 1. Anche mio nonno era ingegnere. 2. Nella nostra famiglia (in questa famiglia) perfino (anche) mia nonna gioca a tennis. 3. E' anche (perfino = *vous vous rendez compte!*) andato in Giappone. 4. Gli hanno anche (perfino) preso gli occhiali. 5. Parlano perfino *(belle prouesse!)* il cinese.

**205** 1. poco. 2. poco. 3. poco. 4. poca. 5. pochi. 6. poca. 7. poca pochi. 8. pochi. 9. pochi poco. 10. poco.

**206** 1. Giovanni Rossi! Enchanté! 2. C'est un plaisir de le voir danser. 3. Faites comme il vous plaît (comme il vous plaira). 4. Prends ce que tu préfères (ce qui te plaît le plus). 5. Ce fut pour moi un vrai plaisir d'écouter cet orchestre.

1. Non mi piace il vino bianco. 2. Non gli piacciono gli spaghetti. 3. Sono il signor Martin. Piacere! 4. Posso chiederti un piacere?

**208** 1. Non ne voglio più. 2. (Questo) costa molto di più. 3. Ne mangerei due volte più (il doppio). 4. Ne ho preso altri due (due di più). 5. Ci sono sempre più disoccupati. 6. Questo è durato più di un'ora. 7. L'ho ripetuto più volte. 8. Seguirò l'opinione dei più. 9. Tornerò il più tardi possibile (il più tardi che potrò). 10. Piove e inoltre (di più) tira vento.

**209** 1. Il pèse dix kilos de plus que moi. 2. Tu es plus belle que jamais. 3. Il fut plus qu'étonné (il fut étonné au plus haut point). 4. Tu ne peux travailler davantage? 5. Je ne peux courir plus vite. 6. Ce qui me désole le plus c'est de ne pas l'avoir remercié. 7. Il parle anglais mieux que les touristes américains. 8. Je connais mieux l'allemand que l'espagnol. 9. Tu es plus paresseux qu'on ne le croyait (que nous ne le croyions).

1. che. 2. di. 3. che. 4. dell'. 5. che. 6. di. 7. che. 8. degli delle. 9. che. 10. che.

**210** 1. Smettila di lamentarti. Sei più felice di me. 2. Come stai? Non ho da lamentarmi, grazie (*ou :* mica male). 3. Non compatisco mai nessuno né voglio che mi si compatisca. 4. Se continuerà (lei, *ou :* se continuerete - voi -) a far rumore andrò a sporgere denuncia (a denunciarla) al commissariato (in questura). 5. Questo ragazzo mi dà sui nervi, non posso più sopportare la sua lagna.

**211** I francesi. le francesi. gli spagnoli. le spagnole. i problemi. le tribù. le radio. le analisi.
I vecchi, le vecchie, gli zii, le zie, i fogli, le foglie, gli uffici, i ronzii, i nemici e gli amici, le nemiche e le amiche, i banchi, le banche, i fisici, i pronostici, le domestiche, i dialoghi, le psicologhe, gli astrologi, i monologhi, i belgi, le belghe, i greci, le greche, le armi, le panche, le ciliegie, le pance, le spiagge, le scie.

1. I begli occhi. 2. I soldati eroici. 3. Gli uomini intelligenti. 4. I politici pessimisti. 5. I prodotti identici. 6. Le opere autentiche. 7. I ritratti identici. 8. Le voci rauche. 9. I riflessi glauchi. 10. Le mani sporche.

2. Il bell'occhio, il soldato eroico, l'uomo politico, il politico pessimista, il prodotto identico, l'opera autentica, il ritratto identico, la voce rauca, il riflesso glauco, la mano sporca.

3. I miei amici inglesi, i miei fratelli, i miei fratelli minori, i loro padri, i tuoi consigli inutili, le loro macchine nuove, le mie sorelline, i suoi problemi principali, i nostri colleghi tedeschi e le nostre colleghe polacche, quei ragazzi antipatici, quegli uomini seri, quegli strumenti scientifici, quei viaggi interminabili.

**214** 1. Conosco tutti i membri della squadra. 2. Abbiamo fatto il giro delle mura. 3. C'erano centinaia di dimostranti. 4. Non mi piacciono le uova sode. 5. Può citare tutti gli dei della mitologia. 6. Se salterai ti romperai le ossa. 7. Si sentono risa di bambini (fanciulleschi). 8. Ho comprato (acquistato) due paia di lenzuola. 9. Ho scambiato le miglia con i chilometri. 10. Passa il tempo ad aggrottare le sopracciglia.

**215** 1. Tu devrais partir maintenant. Après il fera trop froid. 2. Je prends la première route (rue) à droite, et après? 3. Il est facile de deviner quand l'événement s'est déjà produit (*ou :* avoir l'esprit de l'escalier). 4. D'accord, j'ai menti. Et alors?

**216** 1. E' la mia penna (stilografica). 2. Non sono i miei occhiali. 3. Dammi il loro indirizzo. 4. Prendi le loro valigie. 5. Dove ha messo i suoi documenti? 6. Partirà con suo fratello e la moglie di lui. 7. Non pensa abbastanza (non si preoccupa abbastanza della) alla propria sicurezza. 8. Di chi è questo bicchiere? E' mio. 9. Perde tutti i capelli. 10. Metti il tuo impermeabile.

1. Venite a casa mia (*lei :* venga). 2. Si dedica al bene altrui. 3. Il signor Perini, mio direttore, è efficace. 4. Sua Santità visiterà la Polonia. 5. Mia madre e il mio fratellino sono assenti fino a domani. 6. I miei cugini vengono spesso a trovarmi. 7. E' arrivato il loro zio. 8. La sua seconda moglie è morta l'anno scorso. 9. Amici miei, bisogna partire (andar via).

**217** 1. Ho ottenuto uno sconto del venti per cento. 2. L'80 (l'ottanta) per cento degli studenti è stato promosso all'esame. 3. Mi ha promesso una percentuale dell'11 (undici) per cento sulle vendite.

**220** 1. La rosa è appassita durante la notte. 2. E' fuggito dalla finestra poi si è arrampicato su un albero. 3. Non vergognarti di questo risultato. 4. Si tuffano dalla scogliera. Rischiano di annegare. 5. Il ministro si è dimesso (ha rassegnato le dimissioni). 6. Quando è successo? 7. I soldati si sono potuti nascondere (hanno potuto nascondersi) poi ripiegare durante la notte. 8. Accanto alla chiesa sorge un bel campanile. 9. Passeggio (vado a spasso) fino al tramonto. 10. Faresti meglio a tacere, esclamò.

**221** 1. Bisogna che io vada a Roma e che tu vada a Parigi. 2. Se avessi tempo viaggerei. 3. Se tu viaggiassi saresti meno intollerante. 4. Mentre io viaggio, tu resti a casa tua. 5. Ci riconoscerà. 6. Se saranno libere le inviteremo. 7. Quando saranno in Francia li accoglieremo. 8. Scrivo spesso a mio nonno : gli scrivo ogni mese. 9. Telefono spesso a mia nonna : le telefono ogni domenica. 10. Se non puoi telefonar loro, spedisci loro delle cartoline.

1. La domenica mi alzo alle 8. 2. Vestiti presto, siamo in ritardo. 3. Mostraci questa lettera. 4. Chiama tua madre e chiedile se ha telefonato qualcuno. 5. Telefona a mia sorella e dille che sarò in ritardo. 6. Se scriverai a tuo fratello, digli che io lo saluto. 7. Dicci dove possiamo ritrovarti stasera. 8. Se vorrai (se vuoi) leggere questo romanzo te lo presterò. 9. Se me lo chiede (me lo chiederà) glielo dirò. 10. Se continuerà lo denuncerò.

1. Se vengono con me farò loro (gli farò) un regalo. 2. L'ho aspettata ieiri sera. Glielo hai detto? 3. L'ho visto in treno. Glielo hai detto? 4. Prendi questo quaderno e dammelo. 5. Compra delle caramelle e dalle a quei bambini. Dalle loro (dagliele) subito. 6. Perché non l'hai ancora detto loro (glielo hai ancora detto)? Dillo a loro (diglielo) subito. 7. Comprano vestiti solo per sé (stesse). 8. Da quando mi ha lasciato penso solo a lei. 9. La mia amica ha visto Sofia e le si è seduta accanto. 10. Sulla sua scrivania (sul suo tavolo da lavoro) davanti a lei si trova la foto di suo marito (*mais on dirait :* prese la foto di suo marito e la mise davanti a sé).

**223** 1. Les voleurs sont entrés juste au moment où les garçons de café baissaient le rideau de fer. 2. C'est bien ça. 3. Il fallait donner son nom. 4. Chacun pensait à son (propre) intérêt. 5. Il ne voulut pas te suivre? Eh! oui! (C'est ça! C'est tout-à-fait ça). 6. Ils décidèrent de se mettre à leur compte. 7. La politique a des règles qui lui sont propres. 8. Chacun voudrait posséder sa (propre) maison (particulière) (une maison bien à soi). 9. Ils viennent juste de téléphoner. 10. Il entra à ce moment précis.

**225** 1. Parle donc. Nous t'écoutons. 2. Sa sœur aussi (même sa sœur) étudie l'italien. 3. Même les voisins ne s'en sont pas aperçus (*ou :* les voisins non plus). 4. Bien qu'il ait (bien qu'ayant) habité Rome pendant trois ans il ne parle pas bien l'italien. 5. Je les ai tous invités pourtant ils ne sont pas venus. 6. Qu'il soit ou non à la retraite (même s'il est à la retraite) il doit rembourser son prêt. 7. Même s'il est de peu d'importance, un cadeau fait toujours plaisir. 8. Et pourtant elle tourne (la terre...).

**226** 1. Acqua acquedotto quoziente qualità quantità quadro quaglia quaderno quaranta quarto quartiere quindici quindicina questa (*ou :* quella) questo (*ou :* quel *ou :* quello *selon le cas,* 74), qui (*ou :* qua), qualifica (qualificazione).

**227** 1. Mi piace passeggiare sui lungosenna. 2. Ci sono troppe macchine sui lungarni. 3. Il treno arriverà al binario n° 2. 4. Molti film polizieschi si svolgono sulle banchine dei porti (in mezzo agli scalomerci, *entrepôts*).

**228** 1. Qualche giornale qualche minuto. 2. Qualche secondo. 3. C'è stata qualche difficoltà. 4. Qualche bue qualche pecora. 5. Si vede qualche uomo. 6. C'è solo qualche ragazza. 7. Qualche volta. 8. Qualche eccezione. 9. Qualche amico e qualche amica. 10. C'era qualche migliaio...

**229** 1. Quale menù preferite (*lei :* preferisce)? 2. Che sorpresa! 3. E' la nave su cui (sulla quale) ho fatto una crociera. 4. Dammi il coltello con cui (col quale) hai tagliato il formaggio. 5. La macchina con cui (con la quale) va a lavorare ha più di dieci anni. 6. Ecco due vocabolari. Quale vuoi? 7. Ecco due grammatiche : con quale volete (*lei :* vuole) studiare? 8. Ci sono due cassetti. In quale avete lasciato (*lei :* ha lasciato) il libretto degli assegni? 9. E' proprio come il padre : è tale quale il padre. 10. Ecco la famiglia a casa di cui ho trascorso la mia infanzia.

**230** 1. E' molto pesante : pesa almeno due tonnellate. 2. Ha bevuto un litro e mezzo di vino. 3. C'è troppo sale. 4. Ci sono pochi clienti. 5. Mi dia qualche ciliegia (una manciata, un pugno di ciliegie). 6. Mi basta un quartino (un quarto di vino).

**231** 1. Ça coûte combien? 2. Combien d'erreurs as-tu faites? 3. Que de larmes! 4. Ils ont tout volé. 5. Malgré tous nos efforts, nous n'avons pas réussi (nous ne sommes pas arrivés) à les retrouver. 6. Tous (autant qu'ils sont) sont responsables. 7. Bien qu'il ait crié (malgré ses cris) personne n'intervenait. 8. Pour ce qui est de ce problème, nous cherchons une solution qui convienne à l'ensemble de la population (à toute la population). 9. Combien on voit de clochards qui ne savent où aller dormir! 10. Je vous en prie, répondez au plus tôt.

1. Tu es aussi paresseux qu'un loir. 2. Ce serait particulièrement risqué (risqué au plus haut point). 3. Le combien sommes-nous? 4. Ce pull-over est aussi chaud que le tien. 5. Comme (qu'il) il joue bien du violon! 6. Pour ce qui me concerne, je n'ai pas encore choisi. 7. Que de pigeons! 8. Quelle foule (que de monde). 9. Que de chefs-d'œuvre! 10. Il vaut son pesant d'or.

**232** 1. Il (elle) ne mange presque rien. 2. Presque tous étaient étrangers. 3. C'est presque midi. Dépêche-toi. 4. Presque personne ne le connaît. 5. La police est intervenue presque tout de suite (aussitôt). 6. Tu as fini ton (ce) travail? Presque. 7. Il parle comme s'il était fou. 8. Il s'en est fallu de peu que je ne renverse un piéton. 9. Ils pensent à l'avenir comme s'ils étaient sûrs de guérir. 10. J'étais sur le point de lui dire qu'il me tapait sur les nerfs.

**234** 1. Vorrei quel libro lassù. Quale? Quello. 2. Sono i giocatori del tuo quartiere? Si, sono quelli. 3. Quegli scolari sono molto rumorosi. Quali? Quelli, laggiù. 4. Non è quello (ciò) che ho detto. 5. Queste due cravatte hanno lo stesso prezzo. Preferisci questa o quella?

**235** 1. Non ho capito la domanda. 2. Potete (*lei:* può) ripetere la domanda? 3. E' questione di vita o di morte. 4. Metteranno la questione sul tappeto. 5. Che vuoi? (capisci)? E' (una) questione di denaro. 6. Rispondete (*lei:* risponda) alla domanda.

**236** 1. Lesquels préfères-tu? Ceux-ci ou ceux-là? 2. Quand il se sentit attaqué, celui-ci (il) se défendit. 3. Elle est bien bonne! 4. C'est un peu gros! 5. Et alors? 6. Il ne manquait plus que cela (ça alors!). 7. Ça oui, c'est du champagne!

**237** 1. Dove sono? Sono qua. 2. Qui (quassù) in montagna si respira aria pura. 3. E' ancora lontano? No, è qui vicino. 4. Da queste parti non c'è niente da affittare. 5. Firma qui sotto. 6. Quale vuoi? Questo o quello? 7. Prendi piuttosto questi. 8. Tutti patiscono quaggiù.

**238** 1. Chi sei? 2. Chissà! Chi lo sa! 3. Di chi è questo portafoglio? 4. Puoi partire con chi vorrai. 5. Chi preferisce la letteratura chi la matematica. 6. E' uguale per chiunque. 7. Mi ha aiutato il che mi ha commosso. 8. L'ha fatto lui. 9. Dirà quello che mi converrà. 10. Le ragazze a cui (alle quali) scrivi non risponderanno.

**239** 1. Nous irons au cinéma puis nous irons danser. 2. Il fait froid aussi vaut-il mieux rentrer (à la maison). 3. Il n'était pas assuré : c'est pourquoi l'incendie l'a ruiné (aussi l'incendie l'a-t-il ruiné). 4. L'avion va à Rome puis au Caire. 5. Je ne sais quoi lui offrir; par conséquent il vaut mieux que ce soit toi qui choisisses.

**240** 1. In che consiste questo gioco? 2. Mi dica (ditemi) in che posso esserle (esservi) utile? 3. Qualunque cosa dicano non crederli. 4. Di che si tratta? 5. Non ha più di che vivere. 6. Prendi di che scrivere. 7. Quello che sogna è inaccessibile (irraggiungibile). 8. Le tigri, i leoni, le scimmie, insomma tutti gli animali. 9. A che serve? 10. C'è ancora molto da fare per terminare questo lavoro.

**241** 1. Il diamante è caro perché è raro. 2. Il colpo fu di una rara audacia. 3. E' la crisi : il denaro diventa scarso (raro, il denaro scarseggia). 4. Dopo l'incendio gli alberi erano scarsi in questa regione. 5. Il tasso (la percentuale) di successo è raro (= eccezionale) quest'anno. 6. Fu davvero qualcosa di raro.

**242** 1. Perderai la coincidenza. 2. Siete stati ancora bocciati al concorso? 3. Per la seconda volta ha sbagliato (mancato) il suo matrimonio. 4. Ti avevamo avvertito : è stato come previsto. 5. Non manca (sbaglia, fallisce) mai il colpo.

**243** 1. Lavati presto. 2. Pettinati. 3. Pettiniamoci. 4. Si lavi. 5. Non ferirti. 6. Non si ferisca. 7. Il bambino si è preso uno schiaffo. 8. Si gode l'aperitivo. 9. Questo successo, se l'attribuisce a torto. 10. Perché prendertela con me? 11. Quest'incidente non me lo spiego.

**244** 1. Mi rincresce di non aver studiato di più quando ero giovane. 2. Rimpiange il tempo in cui poteva ancora giocare a calcio. 3. Mi dispiace proprio (mi rincresce davvero) (di) dover lasciarti. Anche a me dispiace (rincresce). 4. Mi dispiace di non poter informarvi. 5. Può dirmi dov'è la via d'Azeglio? No, mi dispiace.

**245** 1. Mostrami la riproduzione che sta sulla tua scrivania. 2. Il fotografo che ha scattato questa foto è celebre. 3. Il quadro di cui parli si trova nel museo degli Uffizi. 4. E' il museo dove l'ho visto. 5. L'ho visto l'anno in cui sono andato a Firenze. 6. E' un gran quadro la cui cornice è di legno dorato. 7. Non so a chi rivolgermi. 8. Parlane alla persona a cui (alla quale) ti ho presentato ieri sera. 9. E' un giovane pittore le cui opere sono poco note. 10. Ci sono dieci passeggeri tra cui tre bambini.

**246** Riempi riempia riempiamo riempite
1. Il mio bicchiere è vuoto, riempilo. 2. E' cosciente (conscio) di assumere un incarico importante. 3. Come occupa le giornate? 4. Dovete (lei deve) compilare la carta d'imbarco. 5. Durante la guerra si sono riempito le tasche.

**247** 1. J'ai l'impression de rêver. 2. Je rêve ou je suis éveillé? (je suis éveillé ou je dors encore?). 3. J'ai rêvé que j'étais malade. 4. Il rêve d'une vie agréable. 5. Cette vie n'est pas un rêve, c'est un cauchemar. 6. Cette promotion, j'en rêvais la nuit.

**249** 1. San san santi. 2. santo santo. 3. santa. 4. santo. 5. sant' santa. 6. santo. 7. santo. 8. santa. 9. santa. 10. santo.

**250** 1. Tu sais conduire? 2. Fais-moi savoir quand tu reviendras. 3. C'est quelqu'un qui s'y entend (qui est bien au courant de cela). 4. Tu ne trouves pas que ça sent l'ail (que ça a un goût d'ail?). 5. Ça, tu dois le savoir par cœur. 6. J'ai appris que tu as été opéré.

**251** Abita abitano, anima animano, argina arginano, articola articolano (disarticola, disarticolano), benefica beneficano, calcola calcolano, celebra celebrano, chiacchiera chiacchierano, circola circolano, incomoda incomodano (scomoda scomodano), continua continuano, accredita accreditano, critica criticano, cronometra cronometrano, addebita addebitano, dedica dedicano, deposita depositano, dondola dondolano, esamina esaminano, fabbrica fabbricano, formula formulano, fotocopia fotocopiano, genera generano, (ingenera ingenerano, (degenera degenerano), giudica giudicano, incarica incaricano, integra integrano, (disintegra (disintegrano), allinea allineano, delinea delineano, illumina illuminano, merita meritano, opera operano, ordina ordinano, (disordina disordinano), coordina coordinano, impagina impaginano, ospita ospitano, palpita palpitano, pattina pattinano, spolvera spolverano (impolvera impolverano, *couvrir de poussière*), popola popolano, (spopola spopolano), prodiga prodigano, prospera prosperano, recita recitano, regola regolano, rotola rotolano, arrotola arrotolano, insanguina insanguinano, sciopera scioperano, semina seminano, consolida consolidano, spigola spigolano, stimola stimolano, strepita strepitano, termina terminano, intitola intitolano, venera venerano, verifica verificano, vincola vincolano, visita visitano, vomita vomitano, zoppica zoppicano, inzucchera inzuccherano

**252** 1. Se io fossi più giovane ti sposerei. 2. Se avessi saputo non sarei venuto. 3. Se avessi avuto fortuna (se fossi stato fortunato) me la sarei cavata. 4. Se avessi voluto avrei sposato una principessa. 5. Se gli allievi avessero ascoltato avrebbero capito. 6. Se io non avessi creduto quello che ha detto, non l'avrei aiutato. 7. Se la strada non fosse stata umida (bagnata, *mouillée*), non avrei avuto quest' incidente. 8. Se il ministro avesse spiegato la sua politica non ci sarebbe stata la rivoluzione. 9. Se tu avessi preso l'aereo, saresti arrivato il giorno prima. 10. Se tu avessi guardato la carta non avresti sbagliato strada.

1. Se mi chiamerà andrò con lui. 2. Se partirà domani, lo seguirò. 3. Se ripeterà ciò che gli ho detto non gli dirò più niente. 4. Se finirà il suo lavoro alle sei potrà andare a teatro. 5. Se farà un dolce lo mangeremo insieme. 6. Se berrà (dello) champagne me ne offrirà. 7. Se sedurrà Giulietta, Romeo sarà geloso. 8. Se produrrà delle primizie, si arricchirà. 9. Se darà denaro ne darò anch'io. 10. Se non vedrà il problema glielo spiegherò.

1. Se verrà con voi, io non verrò (non ci andrò). 2. Se ti toglierai la maglia, ti ammalerai. 3. Se proporrà un preventivo ne proporrò uno meno caro. 4. Se prenderà un avvocato ne prenderò uno anch'io. 5. Se sporgerà denuncia dirò tutto quello (*ou :* quanto) io so su di lui. 6. Se pioverà non usciremo. 7. Se avrà delle difficoltà lo aiuteremo. 8. Se diverrà (diventerà) cattivo lo punirò. 9. Se sarà promosso (all'esame), gli farò un regalo. 10. Se saprà rispondere a questa domanda, mostrerà di essere intelligente.

**254** 1. Ho dovuto ricominciare tutto. 2. Abbiamo potuto rispondere a tutte le domande. 3. Hai voluto vedere questo film? 4. Sono dovuto salire al primo piano. 5. E' potuto andare a trovare i genitori sabato. 6. Siamo voluti entrare dalla finestra. 7. Siamo voluti scendere subito. 8. Ho voluto scendere le scale a piedi. 9. Ho potuto portar su le valigie in camera. 10. Mia madre non è potuta venire.

**255** 1. Piange come un bambino. 2. Siccome è triste non vuole giocare. 3. Parli come se tu non fossi responsabile di niente. 4. Siccome (dato che) sono responsabili andranno in carcere.

**256** 1. C'est une église du XVIIIe siècle. 2. Le palais fut construit au XIXe siècle. 3. Le clocher fut détruit à la fin du XVIe siècle. 4. Du XIIIe au XVIe siècle Florence connut une période de grande splendeur. 5. Ils ont une belle collection d'estampes du XIXe siècle. 6. Cela se produisit au XVIIIe siècle. 7. Pétrarque est un poète du XIVe siècle.

**258** 1. Ils sortent toujours ensemble. 2. Après s'être levé de table (avoir quitté la table) il avait encore faim. 3. J'ai eu peur quand il a sorti un rasoir de sa poche. 4. Sors ton argent. Je dois sortir faire les commissions. 5. La voiture est sortie de la route (a quitté la route). 6. Pourquoi l'arbitre a-t-il sifflé? Le ballon n'était pas sorti du terrain. 7. Pourquoi sont-ils sortis en courant? 8. C'est un ancien élève de l'École militaire (il est sorti de l'École militaire). 9. Il en sortira encore vainqueur, j'en suis sûr. 10. Cette sculpture sort (dépasse) trop du mur. 11. Ils sortent (ils sont issus) d'une vieille famille.

**259** 1. Ne joue pas maintenant, c'est mon tour (c'est à moi). 2. Il me fallut (ce fut mon tour d') attendre à la maison. 3. C'est à nous de vous inviter. 4. C'est aux vieillards de se faire respecter. 5. Cette indemnité revient aux victimes. 6. C'est au ministre de prendre la décision. 7. Ce n'était pas à elle (*ou :* à vous) de nous juger. 8. Ce sont des problèmes qui ne vous regardent pas (concernent pas). 9. C'est toujours moi qui paie le café. 10. Si c'était à moi de parler je ne serais pas si prudent.

**261** 1. Soyez attentifs. 2. Tiens-toi droit. 3. Ne vous dérangez pas. 4. Restez assis. 5. Il est éveillé. 6. Tu es (vis) encore avec tes parents? 7. Il ne reste pas en place une minute. 8. On est dans de beaux draps (nous sommes frais). 9. Hésiter (tergiverser...). 10. Ne reste pas les bras croisés (les bras ballants, ne reste pas là à ne rien faire).

1. J'aime être en compagnie. 2. On voit qu'ils ne sont pas à leur aise. 3. Il t'a dressé une contravention? Cela te va bien (bien fait pour toi). 4. En en restant aux faits, nous pouvons conclure que... 5. Le fait est que nous ne l'avons pas invité. 6. Tout s'explique par le fait que la pendule (la montre) avait du retard. 7. D'accord? Non, je ne suis pas d'accord. 8. Laissons tomber. 9. Que faites-vous (qu'êtes-vous en train de faire)? 10. Nous verrons bien.

**263** 1. E' ancora lassù? 2. Portami su questo pacco, per favore. 3. Sei in età da metter su famiglia. 4. Ho speso sui dieci milioni. 5. Ho bisogno di divertimento per tirarmi su. 6. Lo scoppio lo fece sobbalzare (balzar su). 7. Che tempo avete lassù in montagna?

**264** 1. L'ho lasciato sulla tavola. 2. Sul momento non ho saputo rispondere. 3. Sbaglia tre volte su quattro. 4. Hai torto di contare su di lui. 5. Disegnalo sul tuo taccuino. 6. Si spediscono le informazioni su (dietro) richiesta. 7. Va sugli ottant'anni. 8. Tornerò sul tardi. 9. Bisogna lavorare sul serio. 10. Quando lo si chiama arriva subito (su due piedi).

**265** Io fossi. fossimo. fossero. parlassimo. tu parlassi. io parlassi. ripetessero. io ripetessi. ripeteste. che io partissi. tu partissi. partissimo. tu guarissi. guarissero. io dessi. dessero. tu stessi. stessimo. dicessimo. tu dicessi. estraessero. estraesse. io supponessi. supponessero. producessimo. produceste. traducessero. traducessimo. bevessero. io bevessi. io facessi. faceste. tu facessi.

1. Se facesse bel tempo, andrei allo stadio. 2. Se vincessi alla lotteria comprerei una Ferrari. 3. Se piovesse di più l'erba crescerebbe meglio. 4. Se producessero di più si arricchirebbero. 5. Se tu dicessi la verità ti perdonerei. 6. Se stesse tranquillo, non cadrebbe. 7. Se traduceste (se lei traducesse) meglio capireste (lei capirebbe). 8. Se tu bevessi meno guideresti meglio. 9. Se desse il suo nome lo si riconoscerebbe. 10. Se io fossi italiano preferirei vivere a Roma.

1. Se avessimo tempo ti spiegherei tutto. 2. Se la benzina non fosse così cara, viaggerei di più. 3. Ci trattavano come se facessimo parte della famiglia. 4. Ci guardavano come se dicessimo delle stupidaggini. 5. Ci parlava come se non dessimo la mancia. 6. Era vestito come se non avesse il becco di un quattrino. 7. Mi faceva dei regali come se fossi (stato) il suo amico. 8. Faceva delle smorfie come se bevesse aceto. 9. Era triste come se non fosse in buona salute. 10. Era vestito come se stesse per partire. (*à la place de «come se» on peut employer «quasi»,* 232)

**266** 1. Bisogna che io parli. Sì, è necessario che io risponda. 2. E' preferibile che tu torni. 3. E' meglio che io taccia. 4. Conviene che io rifletta ancora. 5. Vogliono che io parta. 6. Esigono che io rimborsi i miei debiti. 7. Si augurano che io resti qui. 8. Proibisce che io vi segua (che io la segua – *lei* –). 9. Lui permette che io risponda. 10. Preferiscono che io viaggi.

1. Può restare in questo bar purché non beva alcool. 2. Credo che sia esagerato. 3. Spero che sia finito. 4. Stimo che è (sia) troppo caro. 5. Giudico che questo dipende (dipenda) da te. 6. Ignoro dove se ne

trovi. 7. Mi chiedo se sia fresco. 8. Non so se sia recente. 9. Dicono che tu abbia torto. 10. Vorrei sapere se sia ancora possibile. 11. Mi pare che tu la conosca. 12. Suppongo che lui sia ricco. 13. E' meglio che lui impari a guidare. 14. E' indispensabile che lui dia i suoi documenti.

1. Temo (ho paura) che sia morto. 2. Temo che torni. 3. Ho paura che non guarisca. 4. E' augurabile che non ricominci. 5. E' impensabile che non dica la verità. 6. E' incredibile che non faccia il proprio lavoro. 7. Va a trovarlo prima che muoia. 8. Parla a voce sommessa perché non ti senta.

1. Bisogna che lui parta. 2. Bisognava che lui partisse. 3. Volevano che io tornassi. 4. Cammina come uno che sia malato (come se fosse malato). 5. Mi hanno scritto di tornare (hanno scritto che io tornassi). 6. Lavora come uno che non s'interessi a quello che fa. 7. Spero che sia finito. 8. Speravamo che fosse finito. 9. Mi pare (sembra) che è (sia) caro. 10. Mi pareva (sembrava) che fosse caro.

**267** 1. Che cosa è successo? 2. E' succeduta alla madre? 3. Non succederà (accadrà) niente di grave. 4. Se vuole (volete) succedere a suo (vostro) padre bisogna che Lei vi si prepari (bisogna che voi vi ci prepariate). 5. Succedettero ai genitori e diventarono ricchi. 6. Accadde (successe) una catastrofe.

**268** 1. Zitto (zitti! Silenzio!) Ora basta! 2. Basta pensarci. 3. Basterà rispondere. 4. Basta un quarto d'ora. 5. Basta riflettere. 6. Bastano alcuni milioni. 7. E' bastato un errore per compromettere tutto.

**269** 1. Non sei il ragazzo più bello della città. 2. Era il più grande cinema del quartiere (era il cinema più grande del quartiere). 3. Fa caldissimo. 4. E' il massimo che io possa fare. 5. Non accontentarti del minimo. 6. Il vino era ottimo.

**270** 1. tanto. 2. tanto. 3. tante. 4. tanto. 5. tanto. 6. altrettanti. 7. tanti. 8. tanti. altrettanti. 9. tanti. 10. tanto.

**272** Piove, lampeggia, grandina, gela, tira vento, nevica, annotta, il sole tramonta, fa brutto tempo.

1. Che tempo fa oggi? Fa bel tempo. 2. Il sole brilla (splende). 3. Al tramonto le nuvole sono molto belle. 4. Piove da stamattina. 5. Il vento è freddo e sibila tra gli alberi. 6. Ecco le previsioni del tempo. 7. Ascolto le previsioni della meteorologia; si annunciano acquazzoni. 8. Gela. Ci sarà del ghiaccio sulla strada. 9. Non uscire. Tira vento. 10. Torniamo, cala il sole (il sole tramonta) *(«annottare» signifierait : la nuit tombe).*

**274** 1. Dites-moi, Monsieur le député (le sénateur)... 2. Bonne nuit, Monsieur le Marquis. 3. Sa Sainteté est en voyage en Pologne. 4. Maître, puis-je vous offrir un café? 5. Écoutez, Monsieur... 6. Quand puis-je rencontrer Monsieur le Duc? 7. Madame le Ministre, je vous serais reconnaissant de... 8. Au-revoir, Monsieur le Directeur. 9. Monsieur l'ingénieur, expliquez-moi pourquoi... 10. Bonjour, Madame la Duchesse.

**275** 1. Comment est-il tombé? 2. Le soleil tombe et moi je tombe de sommeil. 3. Où suis-je tombé? 4. Je suis tombé sur un bavard. 5. J'ai pris la première chose qui me tombait sous la main. 6. Tu est tombé dans le panneau, hein? 7. Elle s'est évanouie. 8. Tout est tombé à l'eau. 9. Ma fête tombe le 30 mars. 10. Le lion tomba raide mort.

**276** 1. Voleva scoprire il mondo intero. 2. Mio zio ha girato il mondo per tutta la sua vita. 3. I nostri aerei permettono di fare il giro del mondo. 4. Questo giornalista è un vero giramondo. 5. Perché stupirsi? Tutto il mondo è paese. 6. Quanta gente! 7. La politica non dovrebbe farsi in funzione dei sondaggi d'opinione eseguiti presso l'uomo della strada. 8. Non ti presento. Credo che tu conosca tutti quanti. 9. Tutti (tutti quanti) se ne infischiano (tutta la gente se ne infischia).

**277** 1. Sei d'accordo? Nient'affatto! 2. E' del tutto d'accordo con me. 3. E' del tutto (affatto) scandaloso. 4. Non è del tutto terminato. 5. E' del tutto (affatto) nuovo. 6. Non è del tutto guarito. 7. Non è del tutto cotto. 8. E' affatto (del tutto) rassicurante.

**278** 1. Guarda queste (quelle) cravatte. Quale prendi? Le prendo tutte e due (tutt'e due). 2. Sono stati promossi tutti e cinque all'esame. 3. Tutte e due hanno sposato degli stranieri. 4. Siamo caduti tutti e quattro.

**279** 1. Che cosa stanno facendo? 2. Che cosa sta dicendo? 3. Che cosa stava traducendo? 4. Che cosa stavi proponendo a questo signore quando sono entrato? 5. Che cosa stai bevendo? 6. Che cosa dipingi? 7. Che cosa state estraendo (*ou :* cavando)? 8. Ci siamo incontrati in treno. 9. Stamattina non ero in forma. 10. Ha un tenore di vita da riccone.

**281** 1. Troppo è troppo (quando è troppo è troppo). 2. Parla troppo. 3. Non mangiare troppo. 4. Non prendere troppe pasterelle. 5. Metti troppo zucchero. 6. Troppa gente è disonesta. 7. Troppi automobilisti sono imprudenti. 8. Ci sono troppi incidenti stradali il sabato sera. 9. Ha capito? Non saprei. 10. E' fin troppo indulgente verso il marito (nei confronti del marito).

**282** 1. Perché non risponde? 2. Le ho telefonato ieri. 3. La chiamerò stasera. 4. Vuole qualcosa? 5. Cosa cerca? 6. Abbia pazienza. 7. Sia gentile, se ne vada. 8. Mi dica il suo indirizzo. 9. Mi dia un bicchiere di vino. 10. Mi faccia sapere quando tornerà.

1. Fagli vedere la tua macchina. 2. Dalle un consiglio. 3. Presentagli tua moglie. 4. Fa quello che credi preferibile. 5. Torna indietro. Non andare avanti. 6. Dammi una mano per favore. 7. Fa quello che devi fare. 8. Perché non porti la tua valigia? 9. Che cosa vuole tua moglie? 10. Esci da questa porta e torna da quell'altra.

**285** 1. Le discours durera environ une demi-heure. 2. J'ai porté un cadeau pour chacun. 3. Vous voulez en entendre une bien bonne? 4. Si quelqu'un me disait le contraire, je serais très surpris. 5. Hier j'ai vu quelqu'un qui cherchait à voler une voiture. 6. Je leur parlerai l'un après l'autre. 7. L'une d'entre vous viendra avec nous. 8. Il s'occupe trop des uns et des autres. 9. C'est toujours comme ça : on divorce et on le regrette. 10. Qui a dit ça? Quelqu'un que je ne connais pas.

**287** 1. Allez, monte m'embrasser. 2. Je viendrai si je vois que mon intervention est souhaitée. 3. Jules César «vint, vit et vainquit». 4. Je suis très content;

ce portrait est bien sorti (est réussi). 5. Sortez si vous avez un peu de courage. 6. Chez nous, la cuisine n'est faite qu'avec des produits frais. 7. Ils allaient disant qu'ils retourneraient. Comment se fait-il qu'ils ne soient pas là? 8. Au bout d'un moment la télé vous ennuie. 9. Ces crétins allaient en venir aux mains. 10. Avec le cadre, à combien revient (combien coûte) cette lithographie?

**288** 1. Vengono da Parigi. 2. Vieni con me? 3. Ha appena detto il contrario (ha detto il contrario proprio ora). 4. Ho appena pagato le tasse. 5. Erano appena arrivate (erano arrivate proprio allora) quando sono entrato. 6. Ti ho telefonato appena (poco fa, proprio ora). 7. La notizia era appena caduta (era caduta proprio allora) sulle telescriventi. 8. La tua lettera mi è giunta appena (proprio ora).

**289** *Ces exercices ne présentent aucune difficulté. Apprenez ce vocabulaire.*

**290** 1. Ecco (questa è) una lettera per te. 2. Questa è nuova (questa poi!). 3. Ecco finalmente il grande campione che aspettavamo. 4. Arriva: eccolo. 5. Arrivano: eccoli. 6. Non ti piace questo quadro? Eccone un altro. 7. Sono già due ore che è partito (è partito già da due ore). 8. Lasciami fare. Ecco fatto. 9. Finalmente. Eccovi. Cominciavo a preoccuparmi. 10. Basta con quella lagna. Reagite (*lei*: reagisca) con un po' di coraggio.

**291** 1. On vous demande au téléphone. 2. Vous voulez que je vous dise quelque chose? 3. Il en a fallu, tu sais? (j'ai eu du mal). 4. Pourquoi n'a-t-il pas voulu revenir? 5. Pourquoi as-tu voulu parler? 6. Si on voulait, on pourrait aller danser. 7. Si on voulait, on pourrait arriver plus tôt. 8. Je t'aime beaucoup. 9. On dirait qu'il va pleuvoir, tu ne crois pas? 10. Combien de temps faut-il pour aller à Rome? Il faut dix heures.

**296** 1. Ci andavo ogni mese. Adesso non ci vado più. 2. Ci crederò quando mi avrai portato le prove. 3. Bisogna abituarcisi. 4. Non posso rassegnarmici. 5. Non tornarci. 6. Tornateci (*lei*: ci torni). 7. Non tornateci. 8. Vacci subito. 9. Ci vado perché vi si incontrano (degli) amici. 10. Ci si vede molta gente. 11. Ci si riposerà (ci riposeremo) dopo la partita. 12. Ci si occuperà (ci occuperemo) di tutto. 13. Ci siete? Sì, tutto è a posto. 14. Posso contare su di te? Certo (senz'altro) ci puoi contare (contaci). 15. Non ci riuscirete (non ce la farete) da soli (*lei*: non ce la farà, non ci riuscirà da solo). 16. Ci vogliono due giorni compresa la visita ai musei. 17. Per riparare (aggiustare) un motore bisogna intendersene.

**298** 1. Umanizzare, divinizzare, minimizzare, razionalizzare, tesoreggiare.

2. Un aumento, un reclamo, un significato, un restauro, un trapianto.

# INDEX

Le signe ■ désigne les éléments (vocabulaire, structures linguistiques) particuliièrement utilisés dans les situations les plus courantes de la vie pratique; papl = pour aller plus loin.

## A


*à* mots terminés par *à*, 2, 3
■ ***A*** ( annonces), 1
***-a*** mots féminins terminés par – , 2, a
***-a*** mots masculins terminés par – , 2, 1b, 214, b
***-a*** (féminins pluriels en *-a*), 2, 2b, c, 214
***-a*** (mots masculins en *-a* invariables, 2, 2a)
■ ***a* préposition,** 3 (avec les verbes de mouvement, 3, 2c, 134, 2d, avec les prépositions, 3, 154, 2b, différences entre le français et l'italien, 3, 2 à traduit par *da*, 64, 2, traduit par *di*, 3, 2e, traduit par *in*, 3, 2e
■ **à qui est?** 29, 3, 2e, 77, 2c, 216, 2
***abbastanza / assai,*** 32
■ **abréviations,** 4, 226, 2
***a. C.,*** *avanti Cristo*, 4, 68, 2
***accadere / succedere,*** 30, 267, 2
■ **accent tonique,** 222, 280 *(tronchi)*, 207 *(piani)*, 251 *(sdruccioli)*
***-acchiare,*** 200, 2a
***accidenti* / accident / *incidente,*** 300
***-accio,*** 200, 1a
**accord du participe passé,** 193, 1 (différence avec le français, 193, 2 – avec les verbes serviles, 193, 2, 254)
***addosso a,*** 3
**adjectif qualificatif,** 5 (redoublement = superlatif absolu, 269, 2b)
■ **adjectif de couleur,** 5, 2b, 63
**adjectif verbal,** 6, 193, 4
■ **adresser, s'adresser,** 7
**adverbes** (formation, 8, manière 8, 126, 4, attitude, 8, 2, lieu, 154, temps 273, quantité, 230, – avec les verbes *venire*, 287, 2, et *andare*, 20 papl, 11)
**affaire,** 9
***affatto / del tutto,*** 10, 71, 277
***affittare / noleggiare / prenotare,*** 159
***affittasi, affittansi,*** 1
■ **âge,** 11
***aggiornare,*** 12
**ailleurs, d'ailleurs,** 13
■ **aimer,** 14, 2, 206
***alcuno,*** 37
■ **aller,** 15, 20
**aller** (= être sur le point de) 15, 2, 3, 115, 3, 20, 2d
**aller** (= *stare*, 15, 4, 261, 2d)
***allora (allora allora),*** 25
***allorché,*** 16
**alors** *(mentre* ou *allorché?)*, 16
■ **alphabet,** 17
***altrettanto,*** 39, 270, 2c, 56 / *tanto*
***altri = altro,*** 126, 5
***altroché,*** 103 papl,
***altrove / d'altronde,*** 13

***altrui / gli altri, /***
autrui, d'autrui, 40, 216, 2a
■ ***amare, voler bene, piacere,*** 14
***ambedue,*** 57
***amico, amici,*** 5, 1b
■ **amis (faux),** 18
***anche*** / aussi, même, 19
/ *perfino,* 19, 2
***andare,*** 20, 15
(auxiliaire, 20, 2ab, 115, emploi 2, – avec *sprecare, smarrire, perdere,* 20, 2b – avec gérondif, 20, 2c, 119, 2e
– avec adverbe, 20 papl,
– avec participe passé, 184, 4)
■ **anglicismes,** 21
■ **annonces publicitaires,** 1
***anzi / anche,*** 22, 19
**apercevoir (s'),** 23
■ **appels, cris, interjections,** 24, 103, 138, 55
***appena,*** 25, (venir de, 288, dès que, 75)
***apposta / a posto,*** 26
**apprendre,** 27, 253, 5
***appunto,*** 28
■ **à qui?** 29, 238, 1a, 2b
**à qui le tour?** 29, 50 papl, 259
■ **arithmétique (opérations),** 57, 1b
■ **arriver,** 30 (se produire, 30, 5 , 3, en arriver à, 30, 4)
**article contracté,** 31, 2, emplois, 3, 133, 2
**article défini,** 31, 1b, d (devant z, 297,2,– emplois différents en français et en italien, 31, emplois 1abc
– avec la date, 68, 31, 2b,
– à la place du possessif, 216, 2a – pas d'article devant *più* et *meno,* 152
– avec *quale* 229, 3
– avec le superlatif relatif, 269, 1b)
**article indéfini,** 31, 1ac,(emplois différents en français et en italien, 31, 1abc)
**article partitif,** 31, 4, 195
***assai,*** 32, 44, 168, 269, 2
**assez,** 32, 230, 3
***-astro,*** 200, 1c
***attaccare,*** 33
**attendre,** 34
**attention,** 35
***attento,*** 35, 47
**attitude,** 36
**aucun,** 37, 177, 1, 2
**augmentatifs (suffixes),** 38
**auquel? à laquelle?** 229, 3
**aussi** (voir *anche*), 19
**autant,** 39, 270, 2, 231
**avant,** 41
***avanti,*** 41a, papl
***avere,*** conjugaison,42, – *avere* en italien, être en français, 42, 1, 42, 5
***avere da = dovere,*** 85, 76, 2
**avoir** en français, *essere* en italien 99, 2, 76, 1, 254 (avec verbes serviles, 254)
■ **auxiliaires,** voir *avere, essere,*
***avvenire / accadere / capitare / succedere,*** 267, 2


## B


***bastare,*** 268
***battere,*** 43
**beau,** 45, (**avoir beau,** 45 papl, 108, 2b)
■ **beaucoup,** 44
***belga, belgi,*** 1, b
***bello,*** 5, 1c, 45
(*avere un bel* – 108, 2b,
– *belli / begli / bei,* 45, 2
– *bell'e...,* 45 papl)
***bene,*** 46
**bien,** 46
***bisognare / occorrere / ci vuole,*** 106, 184, 1
**bon,** 48
**bois** *(legno* ou *legna?),* 147

**bravo,** 47, 35
***buono,*** 48

## C

**ça y est,** 296 papl
***-ca*** (mots se terminant par-), 211, 2, 124, 2b
***capitare,*** 30, 3
***-care*** (verbes se terminant par –), 60 (présent de l'indicatif et du subjonctif, 218, 1c, 266, 1a, impératif, 132, 2, futur, 60, 115, c, 124, 2b, conditionnel, 124, 2)
**ceci, cela,** 74, 1d
**celui qui,** 234 papl
**cent,** 49
***centinaio, centinaia,*** 214 b
**ce que –,** 234
***-cere,*** verbes en – (présent de l'ind., du subj., impératif), 132, 2b
***cercasi, cercansi,*** 1
■ **césure,** 51, 248, 4
**c'est,** 50, **c'est moi, toi.. qui, ce sont...** 50, 238, 2a
**c'est à moi de...,** *(spettare, toccare, stare a),* 50 papl, 259, 29
**qui est-ce? C'est moi,** 167, 1
**chaque,** 185
***che*** **interrogatif et exclamatif,** 103, 2
***che*** (pronom relatif), 238
***che*** ou ***di?*** 52, 56, 78, 209
■ ***che*** = ***in cui,*** 191, 2b
**chez,** 53, 1, 2, 62, 1c, 64, 2, 65, 1, 216, 2a, 219 papl
***chi*** ou ***cui?*** 29, 54, 238, 245
***chi*** = **celui, ceux qui,** 238, 1c
***chiedere / domandare/ richiedere,*** 72
***chiunque,*** 238, 1d
■ ***ci vuole / bisognare, occorrere,*** 106
**-ci (celui-ci),** 237, d
***-cia*** (pluriel des mots en –), 211, 2b
***-ciare*** futur, conditionnel, 60, 211, 2b
***-cino,*** 80 f
***ciò,*** 74, 1d
***-cire*** (verbes en – : présent indicatif, subjonctif, impératif, 132, 2b)
***-co*** (pluriel des mots en –), 5, 1b, 211, 2, 124
***codesto,*** 74, 1c
***colui, colei, coloro,*** 74, 2b, 234
**comme,** 55, 56, (= *siccome,* 255)
***come se*** (et subjonctif imparfait), 55,1, 252
**comparatifs,** 56, 48 c, 209
■ **comparer,** 56, 209
***compiere*** (et âge),11
■ **compter,** 57
***con*** ( préposition –), 58, 31, 3, (*con* en italien, pas de préposition ou autre préposition en français, 58, 2)
***con*** **et infinitif,** 119, 2f
***concerner,*** 137, 2
**concordance des temps,** 59, 60, 3, 265, 266, – conditionnel et subjonctif imparfait, 59, 60, 3
**conditionnel** (formes, 60, concordance, 59, 3, 60, 2b, – emploi différent en italien et en français, 60, 3)
**conjonctions avec subjonctif,** 266, emplois lb
■ **conjugaisons à la forme** ***Lei,*** 149, 4
**connaissance,** 61
**consonne** (alternance consonantique), 218, 2c
■ **la conversation,** 274, 1
■ **correspondre,** 62, 1, a (la correspondance, la date, 68, 2)

***cosa,*** interrogatif, 240, 1
***cosí cosí,*** 55 papl
***costei, costui, costoro,*** 74, 2b
■ **couleurs,** 5, 2, 63, 139 e
**coup (un coup de...),** 67
***cui ,*** 54, 245, 238, 2b, 191 (où)
***cui*** / **qui,** 54, 238,2b
■ ***cuisine*** *(uovo),* 286

## D

***da*** (préposition), 64, 129, 2b, (*avere da = dovere,* 9 papl, 85)
***da*** = **chez,** 53
***da*** ou ***di?*** 79, 64, 77, 1, 2
**dans** (sens spatial), 65
**dans** (sens temporel), 66, 273, 2, 95 *(entro),* 113 )
■ ***dare*** (conjugaison et emplois), 67
■ **date,** 68, 77, 2b, 133, 2c, 256, 31, 2b
***data / dato,*** 69
***dato che,*** 69, 2b, 67
**davantage,** 150, 208, 1b
**de** (traduction de –), 77, 3d, 64, 79, 78
**de** non traduit en italien, 134, 2c, 70, 77, 2
**dehors, hors,** 114
***del tutto / affatto,*** 10, 71, 277
■ **demander,** 72
**demi,** 73
**démonstratifs** (adjectifs et pronoms), 74 , *quello,* 234, *questo,* 236, 269
**depuis,** 64, 2
**dès, dès que,** 75
■ **devoir,** 76, 85 (verbe servile, 254, 76)
***di,*** 77, (avec préposition de lieu, 154, 2c
– avec pronom, 77, 2b
– devant infinitif, 77, 2b
– *di* en italien autre préposition en français, 77, 2c,
– *di* = à, 77, 2c, 216, 2a
– *di* = en, 77, 2c
– *di* ou *che?* 56, 52, 78, 209
– *di che (avere di che),* 25
– *di* ou *da?* 79)
***di chi è?*** 29, 3, 2e, 216, 2a
***di cui*** ou ***il cui?*** 84, 1, 2
**diminutifs,** 80
***dimostrare*** (avec l'âge), 11
**diphtongués** (verbes), 81, 218, 2a
***di rado, di recente,*** 8, 1c
***discreto,*** 82
***dispiacere,*** 14, 3, 70, 83, 244
■ **distance,** 166,3
**il doit** = hypothèse, 76, 115, emplois, 3, 1b, 3a, 85, 3
***d. C.*** *(dopo Cristo),* 4, 68, 2
**dont,** 84, 245, 4
***dove,*** 191, 1a
■ ***dovere,*** 85 (employé comme verbe servile, 254, 85, 2, 76, 1
– il doit = hypothèse, 76, 115, emplois, 1b, 3a, 85, 3)
***dovunque,*** 191 papl

## E

***-e*** (mots se terminant par –), 87, 5
***ecco,*** 89, 74 papl, 290 a
■ **écouter,** 90, 253
***-ello, -erello,*** 80
**en** (adverbe et pronom), 91, 64, 2 (= comme), (*occuparsene,* 91, 6 c)
**enclise des pronoms,** 221, 134, 2
***-enne /-ennio,*** 11, 2
***entrambe, entrambi,*** 278
***entro / dentro,*** 95, 41 c, 66, 2, 273, 5
**environ,** 31, emplois 1c
***esperienza / esperimento,*** 104

***-essa*** (féminin en –), 190, 2b, 110, 2

***essere*** (auxiliaire), 99 (– et les verbes d'état, 99, 2c, 11, – et les phénomènes atmosphériques, 99, 2b, 272, 1, – *essere su,* 11)

***essere*** en italien, **avoir** en français, 99, 2

***estero / estraneo / forestiero / straniero,*** 101

**état** (verbes d'état avec *essere*), 99, 2b, 11

**étant donné que,** 55, 2, 69, 2b

***-eto /-etto,*** 100, 117, 2c

**étranger,** 101

**être** : traduit par *essere* ou par *avere?* 42, 4

**être en train de,** 261, 2a

**être sur le point de ,** 115, emplois, 3, 273, 2b, 261, 2b,

***-etti, -ette, -ettero*** (passé simple), 197, 85

***-etto, -ettino,*** 80

***evadere,*** 102

**exclamatifs,** 103, 24, 138, 55

**expérience,** 104

**exprès** (le faire –), 3 papl


## F


***fa*** (il y a), spatial, 129, 1, temporel, 129, 2, 105, 273

***fa / da,*** 105, 3, 129

***facendo / faccenda,*** 9, 5, 108, 1f

**falloir, il faut,** 106, 184, 2, 3

**famille,** 107, 192, 179, 216, 2b

***fare,*** 108 (*fare a meno di,* 108, 2c – *fare in tempo a, fare meglio a,* 108, 2c, 3, papl)

***fede,*** 109

**féminin,** 110, 117, 1b, 87, 183 (féminin des mots en ***-ore,*** 190 – féminin en italien, masculin en français, 117, 3, féminin en français, masculin en italien, 117, 2)

***-ficio*** (mots terminés par –), 117, 2e

***fidarsi di / diffidare di,*** 109 papl

***finché,*** 111, 156

***fin da,*** 75, 1

**fois,** 112

***forestiero / straniero / estraneo / estero,*** 101

***fra (tra),*** 66, 113, 156,

***fra poco,*** 41

***fra / in / entro,*** 66, 273, 5, 95, 113

***fra*** + **futur,** 66, 2

***fuori,*** 114

**futur,** 115 (concordance, 59, 2, 115, emplois, 1 – pour parler du –, 273, 2, – futur hypothétique, 115, emplois, 1b – futur proche, 218, 2, 115, emplois, 3 – futur en italien, présent de l'indicatif en français, 218, emplois 2c, 59, 2, 115, emplois 1a


## G


***-ga*** (mots se terminant par –), 211, 2b, 5, 1b

**gallicismes,** 116

***-gare*** (verbes se terminant par –), 60, 115, 2a, 124, 2b, 132, 2a, 218, 1c

**genre,** 117

**gens (les –),** 118

***gente (la –),*** 118

***-gere*** (verbes se terminant par –), 132, 2b

**gérondif,** 119, (gérondif / participe présent, 119, 2a, – *andare* + gérondif, 119, 2e, 20, 2c
*stare* + gérondif, 261, 2a)
***già,*** 120
***-gia*** (mots se terminant par –), 211, 2ba
***-giare*** (verbes se terminant par –), 60, 2b (conditionnel), 115, 2b (futur)
***-gire*** (verbes se terminant par –), 218, 2b (présent de l'indicatif), 132, 2b (impératif)
**glace,** 121
***gli / loro,*** 122
***-go*** (mots se terminant par –), 5, 1b, 211, 2a, 124, 2b
***grande,*** 5, 123 (*da grande,* 123, 2b)
***greco, greci,*** 5, 1b
***gu*** + voyelle (prononciation), 283, 222, 1c

## H

***h*** (emplois de –), 17, 2, 124, 266, 1a, 132, 2a, 124, 2b, 115, 2a, 60
**heure** 125, 31, emplois, 2b
**hypothèse** (exprimer l'-), 232, 252, 2, 130, 131, 265

## I

***-i*** (mots terminés par– ), 126, 5, 1b, (adverbes terminés par –, 8, 2, 126, 4)
***-ia*** (prononciation des mots terminés par –), 127
***-iare*** verbes se terminant par –, 115, 2 (futur), 60, 2 (conditionnel), présent de l'indicatif, 218, 2b
***-ica / –tion,*** 298, 2a
***-icchiare,*** 200, 2b
***-icino, –icello,*** 80, 1e
***-ie*** (mots terminés par –), 128, (invariables, 139)
***il che*** = ce qui, 238, 2a
**il faut,** 106, 184, 2, 3
**il y a** (temps, 129, 2, 273, 4, 105 *(fa),* (*orsono,* 188, 5)
**il y a** (spatial), 129, 1
**il y en a,** 129, 1b
***imparare / insegnare / apprendere,*** 27
**imparfait de l'indicatif,** 130
**imparfait de l'indicatif en français,** imparfait du subjonctif en italien, 130, 2, 135, 65, 265, 1, 2
**imparfait du subjonctif,** 265, 130, 131, 252, (concordance, 131, 1, 59, 265, 1, 2, 266, emplois, 2,
– imparfait du subjonctif / conditionnel, 130, 3, 265, 3)
**impératif affirmatif,** 132, (emploi de *tu / lei,* 282), impératif négatif, 132, 134, 2a, avec y, 282, 296, 2a, 221
***in,*** 133, 65, 3, 2, 65, 31, 2, (= chez, 53, 2 – avec la date, 68, 66, 1, 31, emplois, 2
– *venire in,* 57 papl
–, avec infinitif, 134, 2f
– *in* = à, à la, au, 3, 2e)
***incidente / accidenti,*** 300
***in cui*** = où, 191, 2a
**infinitif,** 134, (infinitif substantivé, 134, 1,
– infinitif en français, subjonctif en italien, 266, emplois, 4,
– exclamatif, 134, emplois 2b
– suivi d'un pronom, 14, 2c)
***-io,*** mots terminés par –, 5, 1b, 211, 2a

***insieme,*** 134,
(– *assieme,* 3, 2 papl)
**insultes, injures,** 135
***interessare,*** 137
**interjections, exclamations, appels,** 138, 24, 103
**invariables** (mots –), 139, 211, 128
***-ire*** (verbes en –), 140, 218, 1a
**irrégularités, verbes irréguliers,** pp. 344-351
**-isation** / ***-izzazione,*** 298, 1 / ***-mento*** 298, 2a / ***-ica*** 298, 2a
**-iser** / ***-izzare, -eggiare,*** 298 papl
***-ista*** (mots terminés par –), 141, 2,


## J


***J*** (lettre –), 17, 142
**jamais,** 162
**jouer,** 143
**jurons,** 135
**jusqu'à, jusqu'à ce que...** 111, 1
**juste** (il vient juste....), 223


## K


***k,*** 144


## L


**là, là-bas,** 145
***là, lí, laggiù,*** 145, 154
**là** = ***qui, qua,*** 145, 3, 237, c
***largo*** *(è – .... m.),* 166, 1b
**le pronom neutre,** 146
(on le sait)
***-le*** (adverbes formés sur les adjectifs se terminant en –le), 8, 1c
***leggero, leggermente,*** 8, 1c
***legno (il) / la legna,*** 147
**légume,** 148
***Lei*** (forme de politesse), 149, (*/ tu,* 282
– conjugaison *tu / lei,* verbes usuels, 182, 2ab, avec les verbes pronominaux, 220, 1)
**le mieux, le plus mal,** 150
**le plus, le moins,** 151, 152 (**le plus** + adverbe, 151, **le plus** + adjectif, 152)
**lequel, laquelle, lesquels, lesquelles,** 153, 245
***lí lí,*** *(stare – per),* 115, emplois, 3b, 145 papl
**lieu** (description d'un –), 154
***litigare / litigarsi,*** 42, 4
**long** (le – de ), 155, 166
**longtemps,** 156
***loro*** (adjectif possessif ), 157, 107, 192, 216, 2b
***loro*** **pronom,** 158, 149, 1b, 158 (*/ tu / lei,* 282)
***loro / gli,*** 122, 158, 2b
**louer,** 159
**lui** (= soi, soi-même, elle-même) , 160, 221
***lungo*** *(è – ... m.),* 166, 1b


## M


***macché,*** 103 papl
***magari,*** 161
***mai,*** 162
**masculin** (genre), 117, 183, 87, 3, 111, (masculin en italien, féminin en français, 117, 2,

– féminin en italien, masculin en français, 117, 3
– mots se terminant par *-ore*, 190, 2,
– pluriel des mots masculins, 211)
**marier (se)**, 163
***medesimo***, 164, 1
***meglio / peggio***, 150
**même**, 164, 19, 203,
**même pas, ni même**, 176, 2
***meno ... che / meno ... di***, 56, 2
***-menti*** (adverbes en –), 8, 1c, 2
***-mento*** (mots se teminant par –), 117, 2d
***mentre***, 16
***meravigliarsi***, 165
■ **mesurer**, 166, 230, 2
***metà***, 73, 2
***mezzo***, 73,1, 230, 2
**mi-**, 73
***migliaio, migliaia***, 2, 2b, 214
**moi**, 167
***molto***, 44, 168, 269, 2a
**monde** (tout le –, 276, 1, le – entier, 276, 2), 169, (le monde = *la gente*, 118, b)
**monosyllabiques** (impératifs –, 221, 1e, 282, 2b, 108, 1a)
**monsieur le...**, 170, 31, emplois, 2, 274 papl
■ mouvement (verbes de –), 171, 3, 2c, 20, 1

## N

■ ***Natale*** (Noël), 172
***ne*** = **en**, 173 (*ne* et verbe pronominal, *occuparsene*, 91, 6c)
**ne explétif**, (que je ne ...,) 174, 2, (avec subjonctif présent, 266, emplois 3, – avec impératif négatif, 174, 3
– **ne..., ne... que**, 174, 1)
***né*** = **ni**, 175
***neanche, neppure***, 164, 176, 19, 3
***nemico, nemici***, 5, 1b
***nessuno***, 177, 37
***niente***, 178, (*un bel –*, 45 papl, *nient' affatto*, 10)
■ **Noël**, 172
**nom** (substantif), 110, 183, 2, 2, (formation du féminin), 117 (genre), pluriel (211), invariables (139), (famille), 179
**noms composés**, 126, 3
**non / ne français**, 266, emplois, 3,
***non appena / appena***, 25
***non*** + **impératif négatif**, 174, 3, 132, 1a
**non** (traduction de – français), 180
***nonché***, 181
***notizia / novella***, 182
**nouvelle**, 182
***nulla***, 178
■ **numéraux**, 57 (cardinaux, 57, 1, ordinaux, 57, 2)

## O

***-o*** (mots se terminant par –), 183, 5, 211 (pluriel)
■ **obligation** (la notion d'-), (il faut), 106, 184
***occorrere / ci vuole / bisogna***, 106, 184, 2
***ogni, ognuno***, 185
***-ola***, 80, g
***oltre***, 186
■ **on**, 187 (on se, 187, 3, on y, 187, 4, on a + participe passé, 187, 5, *la gente* = on, 118)
***-one*** (suffixe –), 38, 1, 200, 1a
***onorevole***, 188
**on se**, 187, 4,

**on y,** 187, 3, 296, 1c
***ora*** **,** 189, (– suivi du présent = futur proche, 115, emplois, 3c, *or ora,* 25)
***or sono (= fa),*** 129, 2a, 189, 5
***-ore*** (mots se terminant par –), 190 (féminin, 110, 117, 2b)
***-otto*** (suffixe –), 38,2
**où,** 191, 245 (spatial, 245, 5a, 191, 1)
**où** (temporel, 191, 2, 245, 5b)

P

***paio, paia,*** 214
**par** = ***con,*** 58, 2b
**par** = ***da,*** 64, 2
**parce que,** 202, b
**parenté,** 107, 192, 216, b (adjectif possessif avec les noms de –)
participe passé, 193 (irréguliers, 193, 2, – / substantif, 193, 2)
**participe passé : accord du –,** 193, (avec *ne, fatto,* les verbes serviles, les verbes pronominaux)
**participe passé absolu,** 193, 3, 194 papl
**participe présent,** 194 ( – et gérondif, 119)
**partitif** (article – ), 195, 31, 4
**passé** (parler du –), 273, 3
**passé composé *(passato prossimo),*** 196, (avec *essere* en italien, **avoir** en français, 42, 196, 2a – **être** en français, ***avere*** en italien, 42, 99)
**passé simple *(passato remoto),*** 197
**payer,** 198
***pazzo*** *(andare – per),* 14 papl
***peggio,*** 199
**péjoratifs,** 200
***per,*** 201
***perbene*** (= comme il faut), 55 papl
***perché,*** 202
***perfino / anche,*** 203, 22, 164, 2, 19, 2,
***per lo più, per lo meno,*** 204
**personne,** 177, 1a
**peser,** 230, 2
**peu,** 205, 230, 168, 281
***piacere*** (aimer), 14, 206
***piani*** ( mots – ), 207, 222, 2
***più,*** 208, ***più che... più di...,*** 56, 2, 209 (= plusieurs, 208, 1d)
***piuttosto*** = assez, 32 b, 230, 3
**plaindre (se –),** 210
**pluriel,** 211, (pluriel des mots se terminant par *–ie,* 128, 139,
– se terminant par *–ista,* 141, 2, 1b
– mots masculins au singulier, féminins en ***–a*** au pluriel, 2, 2b, 214, b)
**double pluriel** (masculin en *–i,* féminin en *–a,* 2, 2c, 214, c)
**pluriel en français, singulier en italien,** 212
**pluriel en italien, singulier en français,** 213
**pluriels irréguliers,** 214
**pluriel avec on,** 187, 7
**plusieurs** = ***più,*** 208
**plus que...,** 209, 3
***poco,*** 205, 230, 168, 281 (*poco fa,* 25, 5)
***poi,*** 215 *(poi... da, in poi = a partire da,* 75)
**possession** (traduire la notion de –), 216, (**à qui est?** 3, 2e, adjectif possessif, 216, – avec parenté, 192, 216, 2b, 167, 4, – avec la forme *Lei,* 149, 3, – article défini

à la place de l'adjectif possessif, 31, emplois 2b, – verbes pronominaux / adjectif possessif, 220, 3a – *proprio,* 223)
**pour,** 202, **pour que,** 202, c
**pourcentages,** 31, 2b, 49 e, 77, 217
**pourquoi?** 202, a
**prépositions** (*a,* 3, *di,* 77, *da,* 64, *in,* 133, *con,* 58, *su,* 263, *per,* 201 , – prépositions avec le partitif, 195, 3c – prépositions de lieu, 154, 2)
**présent** (parler du –), 273, 1, présent de l'indicatif, 218 (verbes en *-ire,* 140)
***presso*** (= chez), 219, 53, 2
***presto,*** 41, d
***prima, prima di...,*** 41, a
**promener (se –),** 220, 2b, 3 papl
**pronoms personnels,** (sujets, compléments, réfléchis, formes faibles et formes fortes, groupés ), 221, 259 (moi, 167 – *Lei,* 149, 282 – *Loro,* 158)
**pronominaux (verbes –),** 220, (verbes – en italien pas en français, 220, 2a, – en français pas en italien, 220, 2b – double forme, pronominale et non pronominale, 220, 2c, 42, 4)
**prononciation,** 222, 2, (mots *piani,* 207, 218, 1b, *sdruccioli,* 251, 218, 1, mots *tronchi,* 280, prononciation du *s* 248, du *u,* 283, du *z,* 297, de *gu-,* 283, de *qu-,* 283)
***proprio,*** 223, 216, 1
**publicité,** 1, 72, 3
***pugno,*** 224
**puis,** 215
***pure,*** 225, 119, 2c (avec gérondif)

## Q

***q-,*** prononciation, 283, 222, 1c, 226
***qua, qui,*** 237 (= là, 145, 3, 237, c, *qua* + adverbe, 237 b)
**quai,** 227, 155
***qualche,*** 228, 230, 139, q (*qualche / alcuni, alcune,* 228, 2)
***quale (adjectif interrogatif, et exclamatif),*** 229, 153, ***quale pronom relatif,*** 229, (*quale / cui,* 54, 2a, 245
**qualificatif** (adjectif –), 5
**quantité** (comment parler de – adjectifs et pronoms de –, 230, 195, 3b, comparaison entre –, 56, 231,4)
***quanto* adverbe, adjectif et pronom,** 231, 11, 55, 166, 1a
***quasi,*** 232, 252, 2, *quasi quasi,* 15, 2, 232, 1b)
***quattro,*** 233
***quello,*** 234, 74 (*quello / bello,* 74, 2, 45, 1 – *quello /* article défini, 74, 2a – *non è più quello,* 74 papl)
**qu'est-ce...?,** 50 a
***questi* = *questo,*** 74, 2b, 126, 5, 236, 3
**question,** 235
***questo,* adjectif et pronom démonstratif,** 236, 74 (*questa* pronom neutre = ça, 45 papl, 236 papl, 290 – *questo = ecco,* 74 papl, 236 papl, 290, 2)
**qui interrogatif, exclamatif, et démonstratif,** 238, 54,

245 (**qui a...** + verbe?
50 b), relatif, 245
***quindi,*** 239, 215
**quoi**, 240

R

***rammaricarsi, rincrescere, rimpiangere,*** 244, 220, 2a
**rare** / ***raro,*** 241
**rater**, 242
***-re*** (adverbes formés sur les adjectifs en – ), 8, c
**réfléchis** (verbes –), 243, 220, 221, (**on** et verbe réfléchi, 187, 1, 2,
– réfléchis avec verbes serviles, 243, 2c)
**réfléchis en italien, pas en français**, 243, 2b
**régions**, 289, 292
**regretter**, 244, 14, 3, 83, 220, 2a
**relatifs** (pronoms), 245
**remplir**, 246
**réussir** (arriver à), 30, 2
**rêver**, 247
***rincrescere,*** 244, 83, 220, 2a
***roba (la roba),*** 9, 2

S

***s*** **prononciation**, 248
***s*** **«impur»**, 248, 3, 31 ab
***s*** **privatif**, 248, 5a
***s*** **avec valeur de renforcement**, 248, 5b, 43, 2
***santo,*** 249, 5, 1c
***sapere*** (savoir), 250, 27 (apprendre), 250, 2b *(sapere di)*
***sciare*** (futur, conditionnel, 60, 2b, 115, 2)
***sdruccioli*** (mots –), prononciation, 251, pluriel des mots –, 5, 1b, 211, 2,
***se*** (conjonction), 252, (avec futur, 59, 2, 115, 252, 2b, – avec subjonctif imparfait, 252, 2a, 265, 2, a – *se* = puisque, 252, 2d – *se* = quand, 252, 2c)
***sé*** = **lui, elle (même)**, 149, 5d
***semi-,*** 73
***sentire,*** 253
**serviles (verbes –)**, 254, 85 *(dovere),* 291, 2a *(volere),* 193, emplois, 2 (avec participe passé)
***siccome / come,*** 255, 55, 2 *(dato che),* 69, 2
**siècles**, 256, 68, 3
**sigles**, 257
**silence, chut** / ***zitto,*** 299
**situation** (décrire une –), adverbes et prépositions de lieu, 154, 3
***sognare,*** rêver (construction de –), 247
**soi** = ***lui,*** 160, 221, 2c
**sortir**, 258
***spettare,*** 259, 29, 50 papl
***sposarsi / ammogliarsi / maritarsi,*** 163
***sta / questa,*** 260, 236
***stare,*** 261 (*stare* + gérondif, 261, 2a,– *stare per* + infinitif, 15, 2, 115, 3, 134, 2e, 261, 2b, – *stare a* + infinitif, 261, 2c)
***stesso (lo stesso),*** 39, c
***stra-,*** 262
***straniero / estraneo / forestiero,*** 101
***su*** **adverbe**, 263
***su*** **préposition**, 264, 31, (*su* en italien, autre préposition en français, 264, 2b, pas de préposition en français, 264, c – *essere su,* 65, 2)
**subjonctif présent**, 266, (concordance, 59, 1,

252, – subjonctif présent en français, subjonctif imparfait en italien, 252, 265, subjonctif en italien, indicatif en français, 266, emplois 2)
**subjonctif imparfait,** 265 ( emplois, concordance, 59, 265, 1, 2 – avec la conjonction *se,* 252 – subjonctif imparfait en italien, conditionnel en français, 60, 3b, 265, 3, – subjonctif imparfait après un conditionnel, 60, emplois 3c, 265, 2b)
***succedere* / arriver,** 30, 267, 2
**substantif / participe passé,** 193, 2
**suffire,** 268
**suffixes** (augmentatif, 38, diminutif, 80, péjoratif, 200, suffixes des verbes, 200, 2, suffixes avec les adjectifs de couleur, 63, c, suffixes *«sdruccioli»,* 251, 1, 2, suffixes *«piani»,* 207)
***suonare* / jouer,** 143, 3
***superlatifs*** (superlatif relatif, 269, 1, 208, 2, – superlatifs irréguliers, 269, 1b, 2a,– superlatif absolu, 269, 2c, d, 48, 1c)
**sur traduit par *in,*** 65, c

## T

***tanto*** (adverbe, adjectif et pronom), 270 (*tanto ... quanto / cosí ... come,* 56, 1, 231, 4
***tanto / molto,*** 269, 2a
**tantôt,** 189, 6
**tant que,** 111, 2
**téléphoner,** 271
**tel quel,** 229 papl
**temps** (le temps qu'il fait), 272
**temps** (expression du temps, 273, voir : venir de-, parler du passé, – parler du futur, – il y a, 129)
**-tion / *-zione,*** 298
**titres** (usage des – ), 274
***toccare a / spettare a ,*** 259, 29 papl, 50
**tomber,** 275
**tous les ...** 2, 3..., 57, 278 *(entrambi),* tous les / *ogni,* 185
**tout le monde,** 276
**tout à fait,** 10, 71, 277 *(affatto / del tutto)*
***tra*** (sens spatial, 65, 113, b, sens temporel, 66, 113, c)
**train** (être en – de ), 279, 261, 2a, 119, d
***-trice*** (féminin en –), 190, 2a, 110, 2
***tronchi*** (accentuation des mots –), 280, 222, 2, 139, a
***troppo*** (adjectif et pronom quantitatif), 281, 230, (*anche –, fin –,* 44 papl)
**tutoyer / *dare del tu,*** 282, 67
***tutt' altro,*** 113 papl
***tutti e ...,*** 86, 2, 57

## U

***u*** (prononciation), 283
***-u*** (mots terminés par –), 284
***-uccio, –uccino,*** 80, 1c, 200, 1b
***uovo,*** 286
***uno*** (article, 31, 285, 1, numéral, 57, 285, 2, pronom indéfini, 285, 3, – *ognuno,* 185)
***-uria*** (prononciation), 127, 2c
***-uzzo,*** 80, 1d

## V

*vendesi* / *vendonsi*, 1
**venir de** (*appena*, présent et passé), 25, 273, 3, 288, 2ab
**venir** (= arriver), 30
***venire***, 287, (*venire* employé comme auxiliaire, 287, 2b, venir en français, autre verbe en français, 287 papl)
**verbes** (accentuation), 251, 3
**verbes diphtongués**, 81
**verbes irréguliers**, p. 344-351
**verbes pronominaux**, 220, 1
**verbes réfléchis**, 243, (verbes réfléchis en italien, pas en français, 243, 2b)
**verbes «serviles»**, 254, 291, 2a *(volere)*, 85, 2 *(dovere)*, 243, 2c (avec verbes réfléchis)
**villes**, 289
***violento, violentemente***, 8, 1c
**voici, voilà**, 290 (voilà que = depuis, 290 papl)
***volere***, 291 (*ci vuole*, il faut, 106, 106, 184, 3, *vuole* = futur proche, 115, emplois, 3d, *voler bene* = aimer, 14)
**vouvoyer** *(dare del voi)*, 67, 2, 149 *(Lei)*, 158 *(loro)*
**voyager**, 292, 289

## W

***W*** prononciation, 293

## X

***X*** *l'ora X* = l'heure H, 294

## Y

***Y*** (adverbe et pronom), traduction, 296

## Z

***Z*** prononciation, 297, a, b
***-zione*** / **tion**, 298
***zitto***, 299, 35, 47, 138
**zut**, 300

Achevé d'imprimer en juin 1996
sur les presses de l'Imprimerie Hérissey
27000 Évreux
N° d'imprimeur : 73259
Dépôt légal : 15486 - juin 1996